Entornos de Desarrollo
3ª Edición

Alicia Ramos Martín
Mª Jesús Ramos Martín

Técnico Superior en Desarrollo de Aplicaciones Multiplataforma y Web
DAM y DAW

Entornos de Desarrollo

3.ª Edición

Garceta
grupo editorial

Entornos de Desarrollo 3.ª Edición

Alicia Ramos Martín
Mª Jesús Ramos Martín

ISBN: 978-84-1903-460-1
IBERGARCETA PUBLICACIONES, S.L., Madrid 2024

Edición: 3.ª
Impresión: 1.ª
N.º de páginas: 406
Formato: 20 x 26 cm

Entornos de Desarrollo 3.ª Edición
© Alicia Ramos Martín, Mª Jesús Ramos Martín

3.ª edición, 1.ª impresión
OI: 306/2024
ISBN: 978-84-1728-962-1

Deposito Legal: M-19654-2024
Imagen de cubierta: © Isabel Capella
Impresión: Print House, marca registrada de Coplar S.A.

IMPRESO EN ESPAÑA - PRINTED IN SPAIN

ÍNDICE

## CAPÍTULO 1

DESARROLLO DE SOFTWARE

Contenidos

El software del ordenador.

Concepto de programa. Programa y componentes del sistema informático.

Ciclo de vida del software.

Lenguajes de programación. Características y clasificación.

Fases del desarrollo de una aplicación.

Código fuente, código objeto y código ejecutable; máquinas virtuales.

Objetivos

Reconocer la relación de los programas con los componentes del sistema informático.

Identificar las fases de desarrollo de una aplicación informática.

Diferenciar los conceptos de código fuente, código objeto y código ejecutable.

Clasificar los leguajes de programación.

RESUMEN DEL CAPÍTULO

En este capítulo aprenderemos a reconocer los elementos y herramientas que intervienen en el desarrollo de un programa informático, analizando sus características y las fases en las que actúan hasta llegar a su puesta en funcionamiento.

1.1. INTRODUCCIÓN

El ordenador se compone de dos partes: el hardware y el software. El hardware lo forman los componentes físicos que se pueden ver y tocar: el monitor, el teclado, el ratón, la placa base, la memoria RAM, el microprocesador, las tarjetas de expansión, el disco duro, etc. En cambio, el software forma la parte lógica del ordenador que no se puede tocar. Comprende el conjunto de programas y aplicaciones que actúan sobre el hardware del ordenador y facilitan al usuario la realización de diferentes tareas.

En este capítulo se estudiarán conceptos básicos que tienen que ver con el **desarrollo de software**.

1.2. EL SOFTWARE DEL ORDENADOR

Podemos dar varias definiciones sobre la palabra **software**, por ejemplo:

- El diccionario de la Real Academia Española (RAE) define software como *«el conjunto de programas, instrucciones y reglas informáticas para ejecutar ciertas tareas en una computadora».*

- El estándar 729 del IEEE (*Institute of Electrical and Electronics Engineers*), define software como *«el conjunto de los programas de cómputo, procedimientos, reglas, documentación y datos asociados que forman parte de las operaciones de un sistema de computación».*

En cualquier caso, el software es todo aquello que se refiere a los programas y datos almacenados en un ordenador, programas encargados de dar instrucciones para realizar tareas con el hardware o para comunicarnos con otro software, y datos necesarios para la ejecución de los programas.

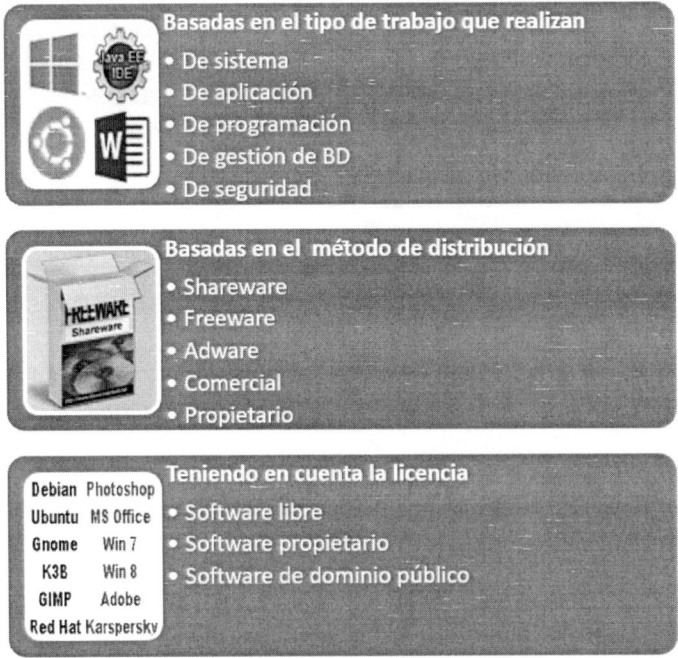

Figura 1.1. Clasificación del software.

Podemos decir que el software se divide en dos categorías: según el **tipo de tarea que realiza** y según el **método de distribución**. Teniendo en cuenta la licencia bajo la cual se distribuye un determinado software aparecen diferentes subconjuntos dentro del conjunto global del software, entre ellas destacamos: **software libre, software propietario** y **software de dominio público**. Véase Figura 1.1.

1.2.1. Software basado en el tipo de tarea que realiza

Podemos distinguir varios tipos de software:

- **Software de sistema**; es aquel que permite que el hardware funcione. Lo forman los programas que permiten la administración de la parte física o los recursos del ordenador, y es el que interactúa entre el usuario y los componentes hardware del ordenador. Ejemplo de esto son los sistemas operativos, los controladores de dispositivo, las herramientas de diagnóstico, las de corrección y optimización, etcétera.

- **Software de aplicación**; lo forman los programas que nos ayudan a realizar tareas específicas en cualquier campo susceptible de ser automatizado o asistido. Este software hace que el ordenador sea una herramienta útil para el usuario. Por ejemplo: las aplicaciones de control y automatización industrial, las aplicaciones ofimáticas, el software educativo, el software médico, las aplicaciones de contabilidad, de diseño asistido (CAD), etcétera.

- **Software de programación o desarrollo**; es el que proporciona al programador herramientas para ayudarle a escribir programas informáticos y a usar diferentes lenguajes de programación de forma práctica. Entre ellos se encuentran los entornos de desarrollo integrados (IDE), que agrupan las anteriores herramientas, normalmente en un entorno visual, de forma que el programador no necesite introducir múltiples comandos para compilar, interpretar, depurar, etc. Habitualmente, cuentan con una avanzada interfaz gráfica de usuario (GUI).

- **Software Empotrado (Embedded):** Se encuentra en dispositivos y sistemas dedicados, como electrodomésticos, automóviles, dispositivos médicos, etc. Está diseñado para realizar funciones específicas dentro del dispositivo.

- **Software de Gestión de Bases de Datos:** Diseñados para gestionar grandes cantidades de datos, como sistemas de gestión de bases de datos relacionales (RDBMS) como MySQL, PostgreSQL, Oracle, y bases de datos NoSQL como MongoDB.

- **Software de Seguridad:** Incluye programas antivirus, cortafuegos (firewalls), programas de cifrado, y otras herramientas diseñadas para proteger la información y los sistemas contra amenazas.

- **Software de Redes:** Se utiliza para gestionar y mantener redes de computadoras. Incluye programas para administrar servidores, enrutadores, conmutadores, y protocolos de comunicación como TCP/IP.

- **Software de Entretenimiento:** Juegos de video, aplicaciones interactivas, realidad virtual y aumentada, entre otros, diseñados para el entretenimiento y el ocio.

- **Software de Inteligencia Artificial:** Incluye sistemas de aprendizaje automático, redes neuronales, chatbots, y otras aplicaciones que simulan la inteligencia humana o realizan tareas complejas basadas en algoritmos.

- **Software de Negocios:** Aplicaciones empresariales como sistemas de gestión empresarial (ERP), sistemas de gestión de relaciones con el cliente (CRM), software de contabilidad, etc.

1.2.2. Software basado en el método de distribución

Entre estos se encuentran los así llamados programas enlatados, el software desarrollado por compañías y vendido principalmente por distribuidores; el freeware y software de dominio público, que se ofrece sin costo alguno; el shareware, que es similar al freeware, pero suele conllevar una pequeña tasa para los usuarios que lo utilicen profesionalmente:

- **Shareware.** Es una modalidad de distribución de software, tanto juegos como programas utilitarios, para que el usuario pueda evaluar de forma gratuita el producto por un tiempo especificado. Para adquirir una licencia de software que permita el uso del software de manera completa se requiere de un pago (muchas veces modesto), aunque también existe el llamado «shareware de precio cero»; sin embargo, esta modalidad es poco común. Por ejemplo: los compresores de archivos Winzip, WinRAR; herramientas de sistema como PC File, ZoneAlarm; edición de imágenes como Paint Shop Pro, The Logo Creator; antivirus como F-Prot, PC-Tools o Virus Scan.

- **Freeware.** Es un software que se distribuye sin cargo. A veces se incluye el código fuente, pero no es lo usual. El freeware suele incluir una licencia de uso, que permite su redistribución, pero con algunas restricciones, como no modificar la aplicación en sí, ni venderla y dar cuenta de su autor. Contrariamente a lo que se cree, los programas de software libre no necesariamente son freeware. Esto suele provenir de una confusión acerca del significado de la palabra free en inglés, que puede ser tanto «gratis» como «libre»; es decir, un tipo de software cuya licencia autoriza su uso, modificación y redistribución con y sin cambios.

- **Adware.** Suelen ser programas Shareware que de forma automática descargan publicidad en nuestro ordenador cuando lo ejecutamos o instalamos, hemos de estar atentos a la hora de instalarlos porque a veces se puede evitar su descarga. Al comprar la licencia del programa se elimina la publicidad.

- **Software Comercial:** Desarrollado por empresas con fines de lucro y vendido a los usuarios finales. Por ejemplo, Microsoft Office, Adobe Creative Suite, software de contabilidad como QuickBooks.

- **Software de Código Abierto (Open Source):** Su código fuente es público y puede ser modificado y distribuido libremente. Por ejemplo, el sistema operativo Linux, el navegador web Mozilla Firefox o la suite ofimática LibreOffice.

- **Software de Dominio Público:** Software que no está sujeto a derechos de autor y se puede utilizar, modificar y distribuir libremente. Los programas de utilidad de código abierto y las herramientas de desarrollo son ejemplo de este tipo de software.

- **Software de Suscripción (Software as a Service - SaaS):** Se accede a través de la web y se paga mediante una suscripción periódica que puede ser de duración limitada. Por ejemplo, los servicios de almacenamiento en la nube como Dropbox y Google Drive.

- **Software Propietario:** Desarrollado por una empresa y su código fuente no está disponible para el público. Los usuarios adquieren licencias para usar el software según los términos establecidos por el proveedor. Por ejemplo, el sistema operativo Microsoft Windows o el sistema gestor de base de datos Oracle Database.

- **Software de Distribución Comercial por Internet (Digital Distribution):** Se distribuye y se adquiere exclusivamente a través de Internet. Por ejemplo, la tienda de aplicaciones de Apple, Google Play Store y la plataforma de juegos Steam.

1.2.3. Licencias de Software. Software libre y propietario[1]

Una **licencia** de software es un contrato que se establece entre el desarrollador de un software sometido a propiedad intelectual y a derechos de autor y el usuario, en el cual se definen con precisión los derechos y deberes de ambas partes. Es el desarrollador, o aquél a quien éste haya cedido los derechos de explotación, quien elige la licencia según la cual distribuye el software. La Figura 1.2 muestra el contrato de licencia de usuario final.

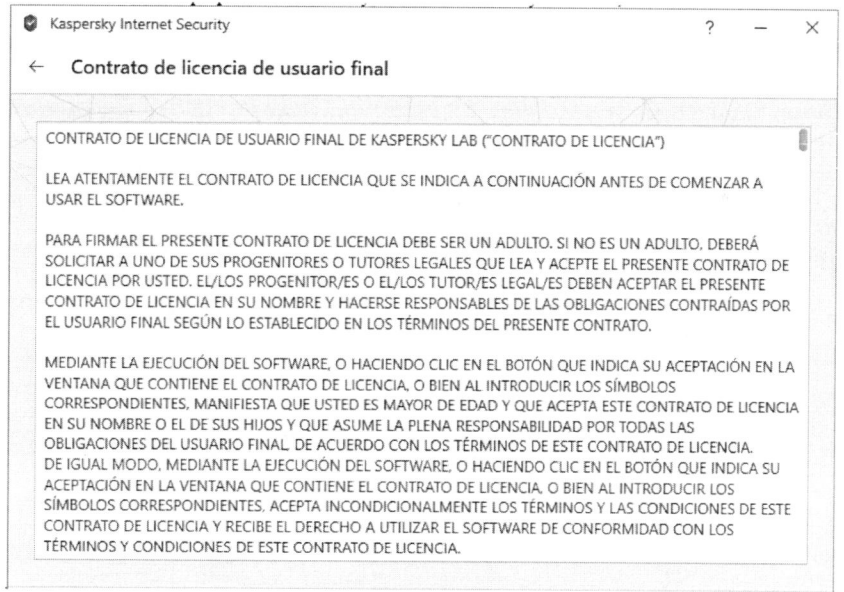

Figura 1.2. Contrato de licencia de usuario final.

El **software libre** es aquél en el cual el autor cede una serie de libertades básicas al usuario, en el marco de una licencia, que establece las siguientes libertades:

---

[1] Las definiciones de este epígrafe se ha obtenido del documento: *Propuesta de recomendaciones a la Administración General del Estado sobre utilización del software libre y de fuentes abiertas.NIPO: 326-05-044-3.*

1. Libertad de utilizar el programa con cualquier fin en cuantos ordenadores se desee.

2. Libertad de estudiar cómo funciona el programa y de adaptar su código a necesidades específicas; para ello, como condición previa, es necesario poder acceder al código fuente.

3. Libertad de distribuir copias a otros usuarios (con o sin modificaciones).

4. Libertad de mejorar el programa (ampliarlo, añadir funciones) y de hacer públicas y distribuir al público las modificaciones; para ello, como condición previa, es necesario poder acceder al código fuente

A diferencia del software libre y de fuentes abiertas, el **software propietario** es aquél que, habitualmente, se distribuye en formato binario, sin posibilidad de acceso al código fuente según una licencia en la cual el propietario, por regla general, prohíbe alguna o todas las siguientes posibilidades: la redistribución, modificación, copia, uso en varias máquinas simultáneamente, transferencia de titularidad, difusión de fallos y errores que se pudiesen descubrir en el programa, entre otras. Se dan diversas variantes: Freeware y Shareware.

Finalmente, un **software de dominio público** es aquél que carece de licencia o no hay forma de determinarla pues se desconoce al autor. Esta situación se produce bien cuando su propietario abandona los derechos que le acreditan como titular o bien cuando se produce la extinción de la propiedad por expiración del plazo de la misma, es decir, el fin del plazo de protección de los derechos de autor. El software de dominio público no pertenece a una persona concreta, sino que todo el mundo lo puede utilizar; e incluso cabe desarrollar una oferta propietaria sobre la base de un código que se encuentra en el dominio público.

La licencia más utilizada en los productos y desarrollos de software libre y de fuentes abiertas es la licencia **GPL** (*GNU General Public License - Licencia Pública General*) que da derecho al usuario a usar y modificar el programa con la obligación de hacer públicas las versiones modificadas de éste. La Figura 1.3 muestra las condiciones de la licencia de Moodle que es un paquete de software libre que se distribuye bajo licencia GPL.

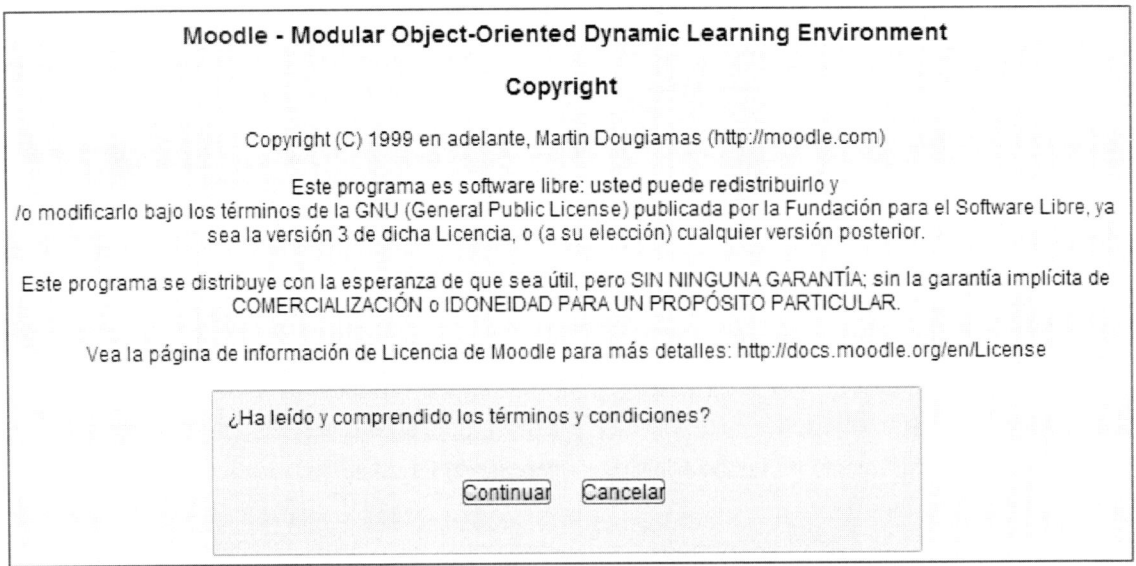

Figura 1.3. Condiciones de Licencia de Moodle.

¡INTERESANTE!
En esta dirección encontrarás más información sobre licencias de software libre compatibles con la licencia GPL *http://www.gnu.org/licenses/license-list.es.html#SoftwareLicenses.*

1.3. CICLO DE VIDA DEL SOFTWARE

El proceso de desarrollo del software implica un conjunto de actividades que se tienen que planificar y gestionar de tal manera que aseguren un producto final que dé solución a las necesidades de todas aquellas personas que lo van a utilizar.

1.3.1. Definición

El estándar ISO/IEC 12207-1 define **ciclo de vida del software** como: *Un marco de referencia que contiene los procesos, las actividades y las tareas involucradas en el desarrollo, la explotación y el mantenimiento de un producto de software, abarcando la vida del sistema desde la definición de los requisitos hasta la finalización de su uso.*

El **ciclo de vida** de un producto software comprende el periodo que transcurre desde que el producto es concebido hasta que deja de estar disponible o es retirado. Normalmente se divide en etapas y en cada etapa se realizarán una serie de tareas. Usualmente se consideran las siguientes etapas: especificación y análisis de requisitos, diseño del sistema, implementación del software, aplicación y pruebas, entrega y mantenimiento:

1. **Análisis.** Construye un modelo de los requisitos. En esta etapa se debe entender y comprender de forma detallada el problema que se va a resolver. Es muy importante producir en esta etapa una documentación entendible, completa y fácil de verificar y modificar.

2. **Diseño.** En esta etapa ya sabemos qué es lo que hay que hacer, ahora hay que definir cómo se va a resolver el problema. Se deducen las estructuras de datos, la arquitectura de software, la interfaz de usuario y los procedimientos. Por ejemplo, en esta etapa hay que seleccionar el lenguaje de programación, el Sistema Gestor de Bases de Datos, etc.

3. **Codificación.** En esta etapa se traduce lo descrito en el diseño a una forma legible por la máquina. La salida de esta fase es código ejecutable.

4. **Pruebas.** Se comprueba que se cumplen criterios de corrección y calidad. Las pruebas deben garantizar el correcto funcionamiento del sistema.

5. **Mantenimiento.** Esta fase tiene lugar después de la entrega del software al cliente. En ella hay que asegurar que el sistema pueda adaptarse a los cambios. Se producen cambios porque se han encontrado errores, es necesario adaptarse al entorno (por ejemplo, se ha cambiado de sistema operativo) o porque el cliente requiera mejoras funcionales.

Cada etapa tiene como entrada uno o varios documentos procedentes de las etapas anteriores y produce otros documentos de salida, por ello una tarea importante a realizar en cada etapa es **la documentación.**

1.3.2. Modelos de ciclo de vida

Existen varios modelos de ciclo de vida, es importante tener en cuenta las características del proyecto software para elegir un modelo u otro. Los modelos más importantes son: *Cascada*, *Incremental* y *Evolutivo*.

1.3.2.1. Ciclo de vida en cascada

En este modelo las etapas para el desarrollo del software tienen un orden, de tal forma que para empezar una etapa es necesario finalizar la etapa anterior; después de cada etapa se realiza una revisión para comprobar si se puede pasar a la siguiente, véase Figura 1.4 (1). Este modelo permite hacer iteraciones, por ejemplo, durante la etapa de mantenimiento del producto el cliente requiere una mejora, esto implica que hay que modificar algo en el diseño, lo cual significa que habrá que hacer cambios en la codificación y se tendrán que realizar de nuevo las pruebas, es decir, si se tiene que volver a una de las etapas anteriores hay que recorrer de nuevo el resto de las etapas, véase Figura 1.4 (2).

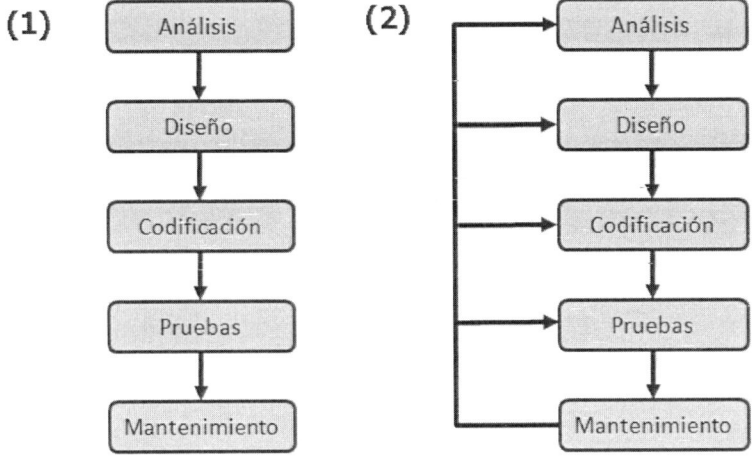

Figura 1.4. Modelo en Cascada.

Tiene varias variantes, una de la más utilizada es la que produce una realimentación entre etapas, se la conoce como ***Modelo en Cascada con Realimentación***. Por ejemplo, supongamos que la etapa de *Análisis* (captura de requisitos) ha finalizado y se puede pasar a la de *Diseño*. Durante el desarrollo de esta etapa se detectan fallos (los requisitos han cambiado, han evolucionado, ambigüedades en la definición de estos, etc.), entonces será necesario retornar a la etapa anterior, realizar los ajustes pertinentes y continuar de nuevo con el *Diseño*. A esto se le conoce como realimentación, pudiendo volver de una etapa a la anterior o incluso varias etapas a la anterior, véase Figura 1.5.

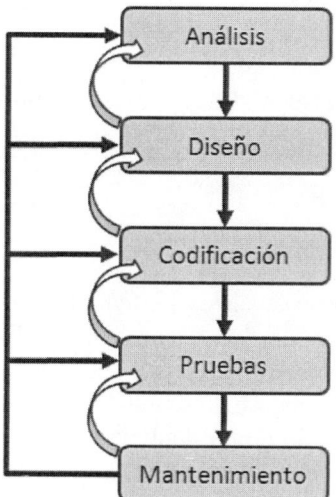

Figura 1.5. Modelo en Cascada con Realimentación.

Ventajas:

- Fácil de comprender, planificar y seguir.

- La calidad del producto resultante es alta.

- Permite trabajar con personal poco cualificado.

Inconvenientes:

- La necesidad de tener todos los requisitos definidos desde el principio (algo que no siempre ocurre ya que pueden surgir necesidades imprevistas).

- Es difícil volver atrás si se comenten errores en una etapa.

- El producto no está disponible para su uso hasta que no está completamente terminado.

Se recomienda cuando:

- El proyecto es similar a alguno que ya se haya realizado con éxito anteriormente.

- Los requisitos son estables y están bien comprendidos.

- Los clientes no necesitan versiones intermedias.

1.3.2.2. Modelos evolutivos

El software evoluciona con el tiempo, es normal que los requisitos del usuario y del producto cambien conforme se desarrolla el mismo. La competencia en el mercado del software es tan grande que las empresas no pueden esperar a tener un producto totalmente completo para lanzarlo al mercado, en su lugar se van introduciendo versiones cada vez más completas que de alguna manera alivian las presiones competitivas.

El modelo en cascada asume que se va a entregar un producto completo, en cambio los modelos evolutivos permiten desarrollar versiones cada vez más completas hasta llegar al producto final deseado. En estos modelos se asume que las necesidades del usuario no están completas y se requiere una vuelta a planificar y diseñar después de cada implantación de los entregables.

Los modelos evolutivos más conocidos son: el *Iterativo incremental* y el *Espiral*.

MODELO ITERATIVO INCREMENTAL

Está basado en varios ciclos cascada realimentados aplicados repetidamente. El modelo incremental entrega el software en partes pequeñas, pero utilizables, llamadas «incrementos». En general, cada incremento se construye sobre aquél que ya ha sido entregado[2]. En la Figura 1.6 se muestra un diagrama del modelo bajo un esquema temporal, se observa de forma iterativa el modelo en cascada para la obtención de un nuevo incremento mientras progresa el tiempo en el calendario (por simplificar el diagrama se ha puesto el modelo en cascada más básico, el lineal secuencial).

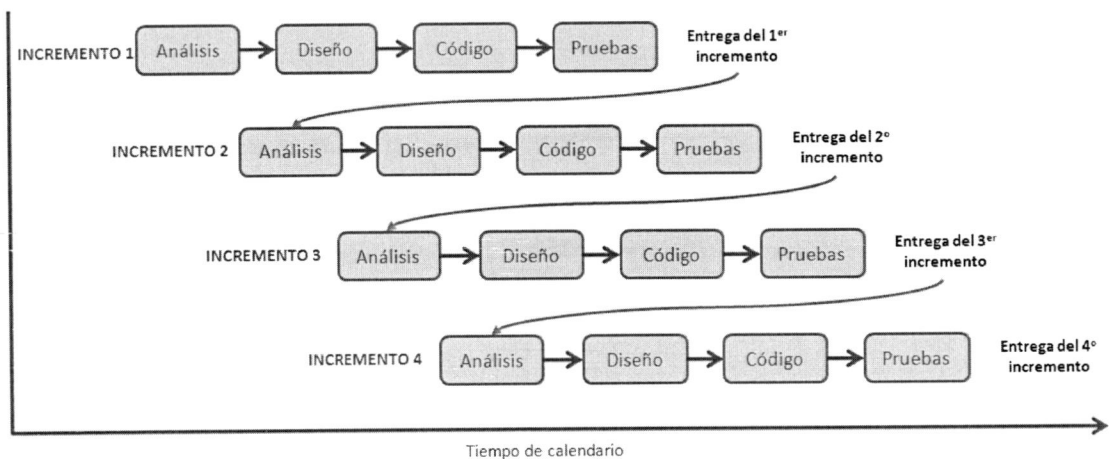

Figura 1.6. Modelo Iterativo Incremental.

Como ejemplo de software desarrollado bajo este modelo se puede considerar un procesador de textos, en el primer incremento se desarrollan funciones básicas de gestión de archivos y de producción de documentos; en el segundo incremento se desarrollan funciones gramaticales y de corrección ortográfica, en el tercer incremento se desarrollan funciones avanzadas de paginación, y así sucesivamente.

Ventajas:

- No se necesitan conocer todos los requisitos al comienzo.

- Permite la entrega temprana al cliente de partes operativas del software.

- Las entregas facilitan la realimentación de los próximos entregables.

---

[2] Ingeniería del software. Un enfoque práctico. Roger S. Pressman.

Inconvenientes:

- Es difícil estimar el esfuerzo y el coste final necesario.

- Se tiene el riesgo de no acabar nunca.

- No recomendable para desarrollo de sistemas de tiempo real, de alto nivel de seguridad, de procesamiento distribuido, y/o de alto índice de riesgos.

Se recomienda cuando:

- Los requisitos o el diseño no están completamente definidos y es posible que haya grandes cambios.

- Se están probando o introduciendo nuevas tecnologías.

MODELO EN ESPIRAL

Este modelo combina el ***Modelo en Cascada*** con el modelo iterativo de construcción de prototipos. El proceso de desarrollo del software se representa como una espiral, donde en cada ciclo se desarrolla una parte del mismo. Cada ciclo está formado por cuatro fases, véase Figura 1.7, y cuando termina produce una versión incremental del software con respecto al ciclo anterior. En este aspecto se parece al ***Modelo Iterativo Incremental*** con la diferencia que en cada ciclo se tiene en cuenta el análisis de riesgos.

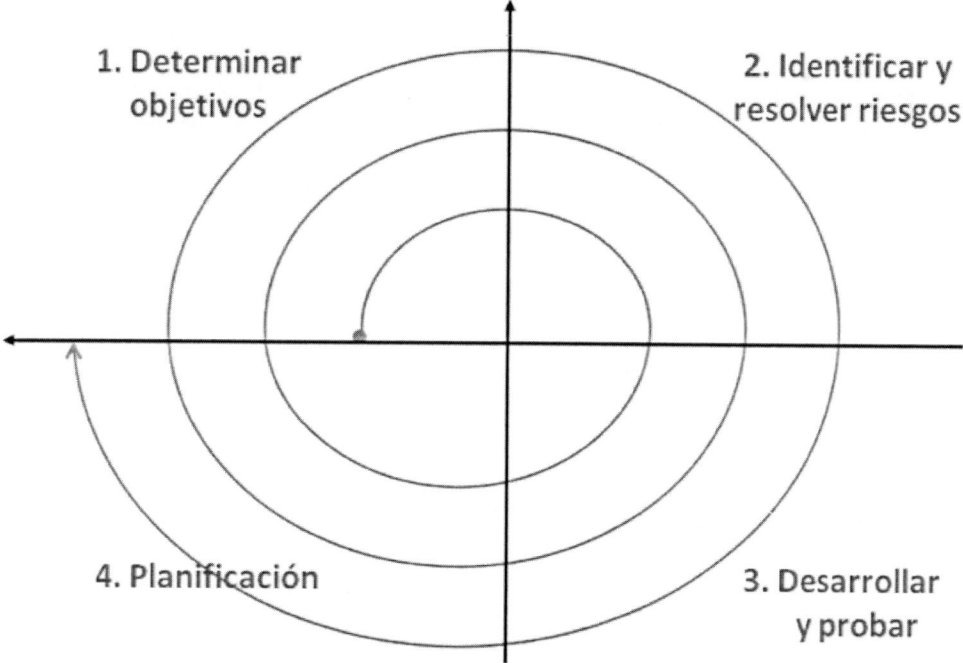

Figura 1.7. Modelo en espiral.

Durante los primeros ciclos la versión incremental podría ser maquetas en papel o modelos de pantallas (prototipos de interfaz); en el último ciclo se tendría un prototipo operacional que implementa algunas funciones del sistema. Para cada ciclo, los desarrolladores siguen estas fases:

1. **Determinar objetivos.** Cada ciclo de la espiral comienza con la identificación de los objetivos, las alternativas para alcanzar los objetivos (diseño A, diseño B, reutilización, compra, etc.), y las restricciones impuestas a la aplicación de las alternativas (costos, plazos, interfaz, etc.)

2. **Análisis del riesgo.** A continuación, hay que evaluar las alternativas en relación con los objetivos y limitaciones. Con frecuencia, en este proceso se identifican los riesgos involucrados y (si es posible) la manera de resolverlos. Un riesgo puede ser cualquier cosa: requisitos no comprendidos, mal diseño, errores en la implementación, etc. Utiliza la construcción de prototipos (representación limitada de un producto) como mecanismo de reducción de riesgos.

3. **Desarrollar y probar.** Desarrollar la solución al problema en este ciclo, y verificar que es aceptable.

4. **Planificación.** Revisar y evaluar todo lo que se ha hecho, y con ello decidir si se continúa, entonces hay que planificar las fases del ciclo siguiente.

La Figura 1.8 muestra un ejemplo de este modelo con cuatro ciclos. En **el ciclo más interno** se comienza con los requisitos y un plan inicial de desarrollo; se evalúan los riesgos y se construyen prototipos de las alternativas. Para terminar, se construye un documento con «el concepto de las operaciones» que describen la funcionalidad del sistema. Al final del ciclo se genera el plan de requisitos del sistema y el plan para todo el ciclo de vida útil.

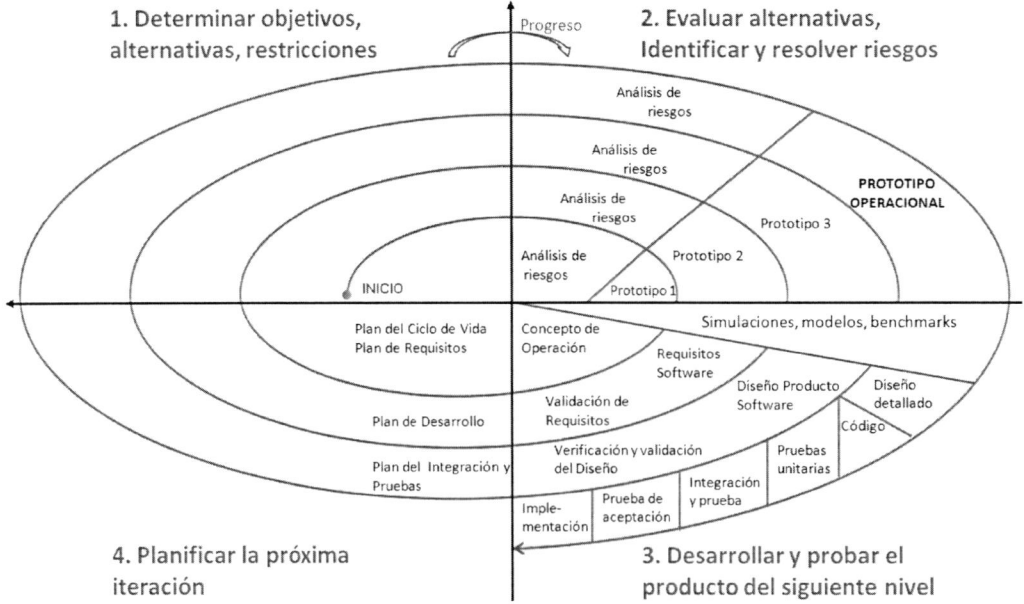

Figura 1.8. Ejemplo de Modelo en espiral.

A partir de aquí comienza el **segundo ciclo**, el resultado será la especificación y validación de los requisitos del software y la elaboración del plan de desarrollo. En el **tercer ciclo** se hace el diseño del producto software, la verificación y validación del diseño y se produce el plan de integración y pruebas. En el **cuarto ciclo** los desarrolladores producen un diseño detallado; implementan los módulos, realizan pruebas unitarias, de integración y aceptación. En este punto del desarrollo se puede haber alcanzado el éxito o no, en cuyo caso será necesario otro ciclo.

En todos los ciclos se hace un análisis de riesgo, donde se evalúan las alternativas según los requisitos y restricciones, y se construyen prototipos para analizarlas y seleccionar una. Estos prototipos pueden ser modelos en papel, modelos de pantallas, simulaciones del sistema, prototipos operacionales, y dependerán del riesgo a evaluar, del ciclo en el que se esté y del tipo de aplicación.

Ventajas:

- No requiere una definición completa de los requisitos para empezar a funcionar.
- Análisis del riesgo en todas las etapas.
- Reduce riesgos del proyecto
- Incorpora objetivos de calidad

Inconvenientes:

- Es difícil evaluar los riesgos.
- El costo del proyecto aumenta a medida que la espiral pasa por sucesivas iteraciones.
- El éxito del proyecto depende en gran medida de la fase de análisis de riesgos.

Se recomienda para:

- Proyectos de gran tamaño y que necesitan constantes cambios.
- Proyectos donde sea importante el factor riesgo.

Este sistema es muy utilizado para el desarrollo de sistemas orientados a objetos.

¡INTERESANTE!

El **modelo de construcción de prototipos** comienza con la recogida de requisitos, se definen los objetivos globales para el software y se identifican los requisitos y las áreas donde es obligatoria más definición. Entonces aparece un diseño rápido que se centra en una representación de esos aspectos software que serán visibles al usuario o cliente. Esto lleva a la construcción del prototipo que puede servir como primer sistema construido.

El objetivo es crear un producto intermedio antes de realizar el producto final y así con el prototipo se puede ver cómo responde la funcionalidad prevista para el producto final.

1.4. FASES DEL DESARROLLO DE UNA APLICACIÓN

Antes de desarrollar un proyecto software hay que elegir un modelo de ciclo de vida. Será necesario examinar las características del proyecto para elegir un modelo u otro. Independientemente del modelo elegido hay una serie de etapas que se deben seguir para construir un proyecto de calidad, algunas se nombraron en el epígrafe anterior. Estas etapas se tratan a continuación.

1.4.1. Análisis

Lo más importante del éxito de un proyecto software es entender y comprender el problema que se necesita resolver, y una vez comprendido darle solución. En esta fase se analizan y especifican los **requisitos** o capacidades que el sistema debe tener porque el cliente así lo ha pedido.

La obtención de requisitos no es tarea fácil ya que el cliente puede no tenerlos claros, pueden surgir nuevos requisitos, pueden cambiar lo especificados, pueden existir malos entendidos por falta de conocimiento del equipo de desarrollo sobre el problema a resolver, el cliente puede no expresarse de forma clara debido a la falta de conocimientos informáticos, etc. Para realizar un proyecto satisfactorio es necesario obtener unos buenos requisitos y para ello es esencial una buena comunicación entre el cliente y los desarrolladores. Para facilitar esta comunicación se utilizan varias técnicas, algunas son las siguientes:

- **Entrevistas.** Es la técnica más tradicional que consiste en hablar con el cliente. Hay que tener sobre todo conocimientos de psicología.

- **Desarrollo conjunto de aplicaciones** (JAD, *Joint Application Development*). Se apoya en la dinámica de grupos, es un tipo de entrevista muy estructurada aplicable a grupos de personas (usuarios, administradores, analistas, desarrolladores, etc). Cada persona juega un rol concreto y todo lo que se hace está reglamentado.

- **Planificación conjunta de requisitos** (JRP *Joint Requirements Planning)*. Es un subconjunto de JAD, se caracterizan por estar dirigidas a la alta dirección y en consecuencia los productos resultantes son los requisitos de alto nivel o estratégicos.

- **Brainstorming.** Es un tipo de reuniones en grupo cuyo objetivo es generar ideas desde diferentes puntos de vista para la resolución de un problema. Su utilización es adecuada al principio del proyecto, pues puede explorar un problema desde muchos puntos de vista.

- **Prototipos.** Es una versión inicial del sistema, se utiliza para clarificar algunos puntos, demostrar los conceptos, en definitiva, para enterarse más acerca del problema y sus posibles soluciones. Después se tira o bien se usa como base para añadir más cosas.

- **Casos de uso**. Es la técnica definida en **UML** (*Unified Modeling Language*), se basa en escenarios que describen como se usa el software en una determinada situación.

Se especifican dos tipos de requisitos:

- **Requisitos funcionales**. Describen con detalle la función que realiza el sistema, cómo reacciona ante determinadas entradas, cómo se comporta en situaciones particulares, etc.

- **Requisitos no funcionales.** Tratan sobre las características del sistema, como puede ser la fiabilidad, mantenibilidad, sistema operativo, plataforma hardware, restricciones, limitaciones, etc.

La siguiente tabla muestra un ejemplo de requisitos funcionales y no funcionales para una aplicación de gestión de una agenda de contactos:

Requisitos funcionales	Requisitos no funcionales
El usuario puede agregar un nuevo contacto.	La aplicación debe funcionar en sistemas operativos Linux y Windows.
El usuario puede ver una lista con todos los contactos.	El tiempo de respuesta a consultas, altas, bajas y modificaciones ha de ser inferior a 5 segundos.
A partir de la lista de contactos el usuario puede acceder a un contacto.	Utilizar un sistema gestor de base de datos para almacenar los datos.
El usuario puede eliminar un contacto o varios de la lista.	Utiliza un lenguaje multiplataforma para el desarrollo de la aplicación.
El usuario puede modificar los datos de un contacto seleccionado de la lista.	La interfaz de usuario es a través de ventanas, debe ser ser intuitiva y fácil de manejar.
El usuario puede seleccionar determinados contactos.	El manejo de la aplicación se realizará con el teclado y el ratón.
El usuario puede imprimir la lista de contactos.	Espacio libre en disco, mínimo: 1GB. Mínima cantidad de memoria 2GB.

Para representar los requisitos se utilizan diferentes técnicas:

- **Diagramas de flujo de datos, DFD**. Es un diagrama que representa el flujo de datos entre los distintos **procesos**, **entidades externas** y **almacenes** que forman el sistema. Los **procesos** identifican funciones dentro del sistema, se representan mediante burbujas ovaladas o circulares. Las **entidades externas** representan componentes que no forman parte del sistema (por ejemplo, una persona, un departamento, etc) pero proporcionan datos al sistema o los reciben de él, se representan mediante rectángulos. Los **almacenes** representan los datos desde el punto de vista estático, es decir, representan el lugar donde se almacenan los datos procesados o desde donde se recuperan para apoyar un proceso; se representan gráficamente mediante dos líneas horizontales y paralelas. Por último, el **flujo de datos** representa el movimiento de datos dentro del sistema, se representa mediante flechas.

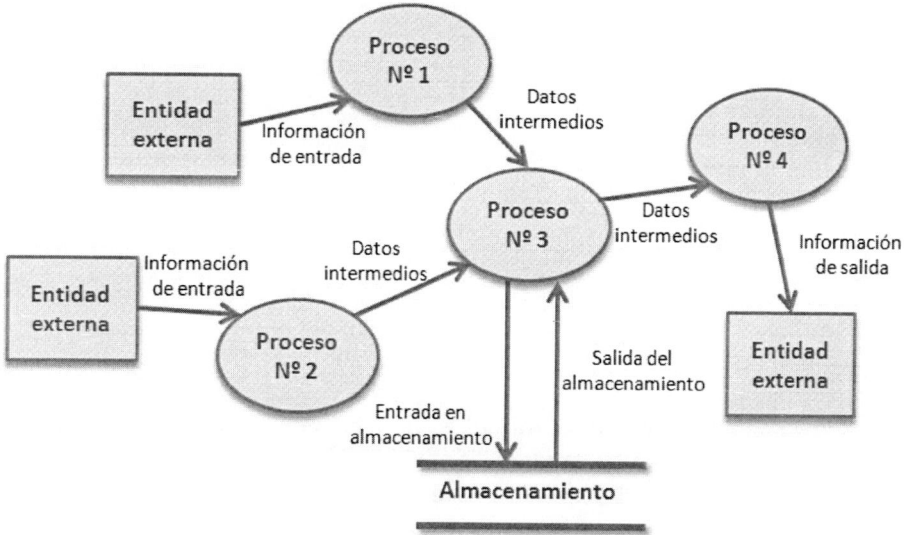

Figura 1.9. Diagrama de flujo de datos o DFD.

En la Figura 1.9 se muestran varios procesos que aceptan datos de entrada y los trasforman en datos de salida, las entidades externas proporcionan datos al sistema o los reciben de él, el almacenamiento recibe datos de un proceso y el mismo proceso consulta datos sobre él, por último, las flechas representan el flujo de los datos.

- **Diagramas de flujo de control, DFC**. Similar a los DFD con la diferencia que muestra el flujo de control, en lugar de datos. Se representa con flechas discontinuas.

- **Diagramas de transición de estados, DTE**. Representa cómo se comporta el sistema como consecuencia de sucesos externos. Indica que acciones se llevan a cabo como consecuencia de un suceso.

- **Diagrama Entidad / Relación, DER**. Usado para representar los datos y la forma en la que se relacionan entre ellos. La Figura 1.10 representa un DER con dos entidades: EMPLEADOS y DEPARTAMENTOS y sus relaciones. La relación TIENE significa que un departamento tiene como mínimo 1 empleado y como máximo M empleados (1:M); y un empleado pertenece a uno y solo un departamento (1:1). La relación DIRIGE significa que un empleado dirige a 0 o M empleados (0:M), y un empleado es dirigido por 0 o un empleado (0:1).

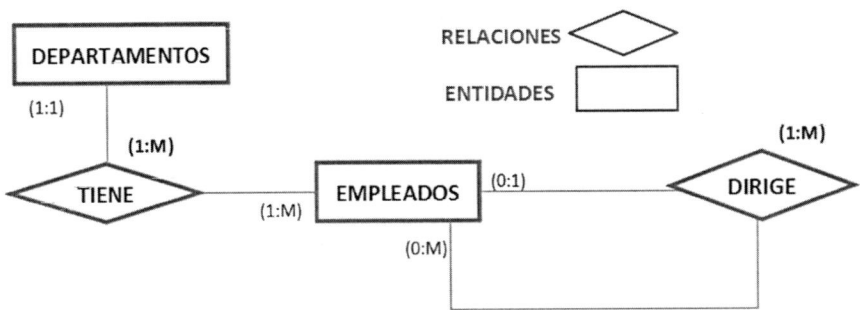

Figura 1.10. Diagrama Entidad/Relación.

- **Diccionario de datos, DD**. Es una descripción detallada de los datos utilizados por el sistema que gráficamente se encuentran representados por los flujos de datos y almacenes presentes sobre el conjunto de DFD.

Todo lo realizado en esta fase debe quedar reflejado en el documento de *Especificación de Requisitos del Software* **(ERS),** este documento no debe tener ambigüedades, debe ser completo, consistente, fácil de verificar y modificar, fácil de utilizar en la fase de explotación y mantenimiento, y fácil de identificar el origen y las consecuencias de los requisitos. Sirve como entrada para la siguiente fase en el desarrollo de la aplicación. La estructura del documento ERS propuesta por el IEEE en la última versión del estándar 830 [IEEE, 1998][3] es la siguiente:

---

[3] http://www.fdi.ucm.es/profesor/gmendez/docs/is0809/ieee830.pdf

1. Introducción.

    1.1 Propósito.

    1.2 Ámbito del Sistema.

    1.3 Definiciones, Acrónimos y Abreviaturas.

    1.4 Referencias.

    1.5 Visión general del documento.

2. Descripción General.

    2.1 Perspectiva del Producto.

    2.2 Funciones del Producto.

    2.3 Características de los usuarios.

    2.4 Restricciones.

    2.5 Suposiciones y Dependencias.

    2.6 Requisitos Futuros.

3. Requisitos Específicos.

    3.1 Interfaces Externas.

    3.2 Funciones.

    3.3 Requisitos de Rendimiento.

    3.4 Restricciones de Diseño.

    3.5 Atributos del Sistema.

    3.6 Otros Requisitos.

4. Apéndices.

¡INTERESANTE!

Consulta el documento *http://www.fdi.ucm.es/profesor/gmendez/docs/is0809/ieee830.pdf* para ver qué es lo que se desarrolla dentro de cada apartado.

1.4.2. Diseño

Una vez identificados los requisitos es necesario componer la forma en que se solucionará el problema. En esta etapa se traducen los requisitos funcionales y no funcionales en una representación de software.

Principalmente hay dos tipos de diseño, el **diseño estructurado** que está basado en el flujo de los datos a través del sistema; y el **diseño orientado a objetos** donde el sistema se entiende como un conjunto de objetos que tienen propiedades y comportamientos, y eventos que activan operaciones que modifican el estado de los objetos; los objetos interactúan de manera formal con otros objetos.

El **diseño estructurado** (diseño clásico) produce un modelo de diseño con 4 elementos (véase Figura 1.11):

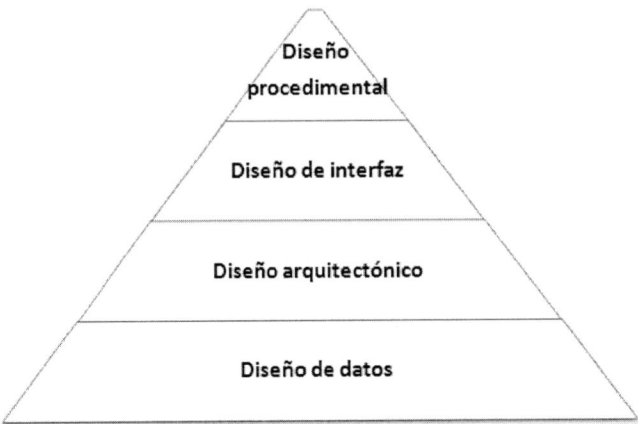

Figura 1.11. Modelo de diseño.

- **Diseño de datos.** Se encarga de transformar el modelo de dominio de la información creado durante el análisis, en las estructuras de datos que se utilizarán para implementar el software. El diseño de datos está basado en los datos y las relaciones definidos en el diagrama entidad relación además de los datos detallados contenidos en el diccionario de datos.

- **Diseño arquitectónico.** Se centra en la representación de la estructura de los componentes del software, sus propiedades e interacciones[4]. Un componente del software puede ser tan simple como un módulo de programa, pero también puede ser algo tan complicado como una base de datos o los conectores que permitan la comunicación, coordinación y cooperación entre los componentes. Partiendo de los DFD se establece la estructura modular del software que se desarrolla.

- **Diseño de la interfaz.** Describe cómo se comunica el software consigo mismo, con los sistemas que operan con él, y con las personas que lo utilizan. El resultado de esta tarea es la creación de formatos de pantalla.

- **Diseño a nivel de componentes (diseño procedimental).** Transforma los elementos estructurales de la arquitectura del software en una descripción procedimental de los componentes del software. El resultado de esta tarea es el diseño de cada componente software con el suficiente nivel de detalle para que pueda servir de guía en la generación de código fuente en un lenguaje de programación. Para llevar a cabo este diseño se utilizan representaciones gráficas mediante diagramas de flujo, diagramas de cajas, tablas de decisión, pseudocódigo, etc.

Los fundamentos del diseño a nivel de componentes se establecieron cuando se propuso el uso de un conjunto de construcciones lógicas con las que podía formarse cualquier programa. Las construcciones son: **secuencial, condicional** y **repetitiva**[4] (Figuras 1.12, 1.13 y 1.14); y son fundamentales para la **programación estructurada:**

---

[4] Ingeniería del software. Un enfoque práctico. Roger S. Pressman.

- La construcción **secuencial**: implementa los pasos del proceso esenciales para la especificación de cualquier algoritmo.

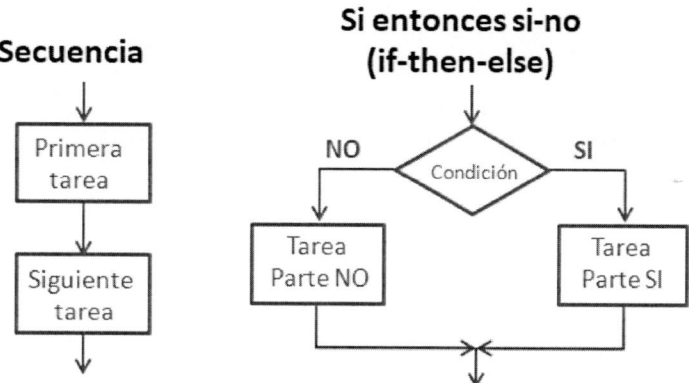

Figura 1.12. Construcción secuencial y condicional.

- La **condicional**: permite seleccionar un proceso u otro a partir de la evaluación de una condición lógica (que se representa mediante un rombo). Si se cumple la condición se realiza la tarea de la *Parte SI,* si no se cumple se realiza la tarea de la *Parte NO*. La *selección múltiple* es una extensión de la estructura *Si entonces si-no*; en este caso un parámetro se prueba por decisiones sucesivas hasta que ocurre una condición verdadera y se ejecuta el camino de procesamiento asociado. Por ejemplo, en la Figura 1.13 si al evaluar el parámetro ocurre la *Condición 1* se ejecuta la tarea *Parte Caso 1*, si ocurre la *Condición 2* se ejecuta la tarea *Parte Caso 2* y si ocurre la *Condición 3* se ejecuta la tarea *Parte Caso 3*.

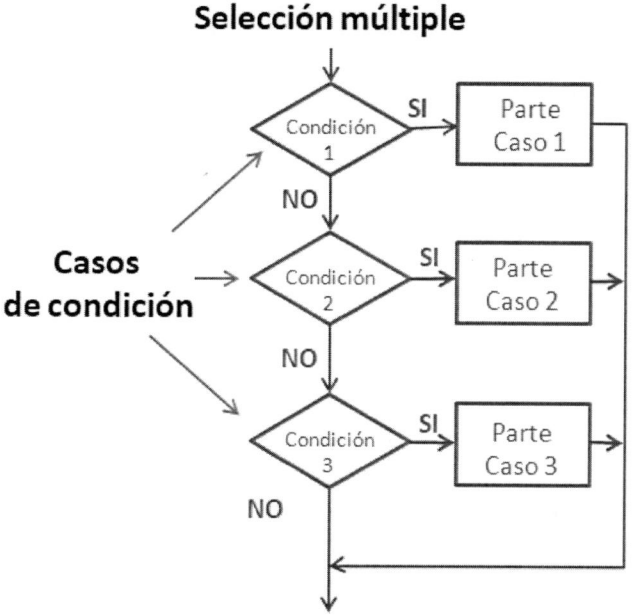

Figura 1.13. Construcción selección múltiple.

- La **repetitiva**: proporciona los bucles. *Repetir-hasta*: primero ejecuta la tarea del bucle y después comprueba la condición, si no se cumple se vuelve a realizar la tarea; si la condición se cumple finaliza el bucle, la tarea se realiza al menos una vez. *Hacer-mientras*: primero se comprueba la condición y después se realiza la tarea del bucle repetidamente siempre y cuando la condición se cumpla; el bucle finaliza cuando la condición no se cumple.

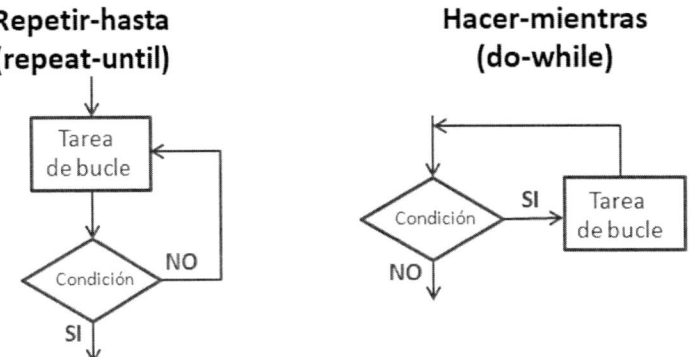

Figura 1.14. Construcciones repetitivas.

1.4.2.1. Notaciones gráficas para el diseño

Para representar el diseño se emplean algunas herramientas gráficas como son: diagramas de flujo, diagramas de cajas, tablas de decisión o pseudocódigo.

DIAGRAMA DE FLUJO

Es una herramienta muy usada para el diseño procedimental. Se utilizan los símbolos vistos anteriormente:

Una caja indica un paso del proceso.

Un rombo representa una condición lógica.

Las flechas indican el flujo de control.

DIAGRAMA DE CAJAS

Surgió con el deseo de desarrollar una representación de diseño procedimental que no permitiera la violación de las construcciones estructuradas. El elemento fundamental es la caja:

- Para representar una secuencia se conectan varias cajas seguidas.

- Para una condicional se representa una caja para la *Parte SI* y otra para la *Parte NO*, encima se indica la condición.

- En las repetitivas el proceso a repetir se encierra en una caja que está dentro de otra caja donde en la parte superior (*do-while*) o inferior (*repeat-until*) se indica la condición del bucle.

- Por último, en la selección múltiple en la parte superior se indica el caso de condición, se definen tantas columnas como valores se vayan a comprobar en la condición, debajo de cada valor se indica la parte a realizar.

Son las siguientes:

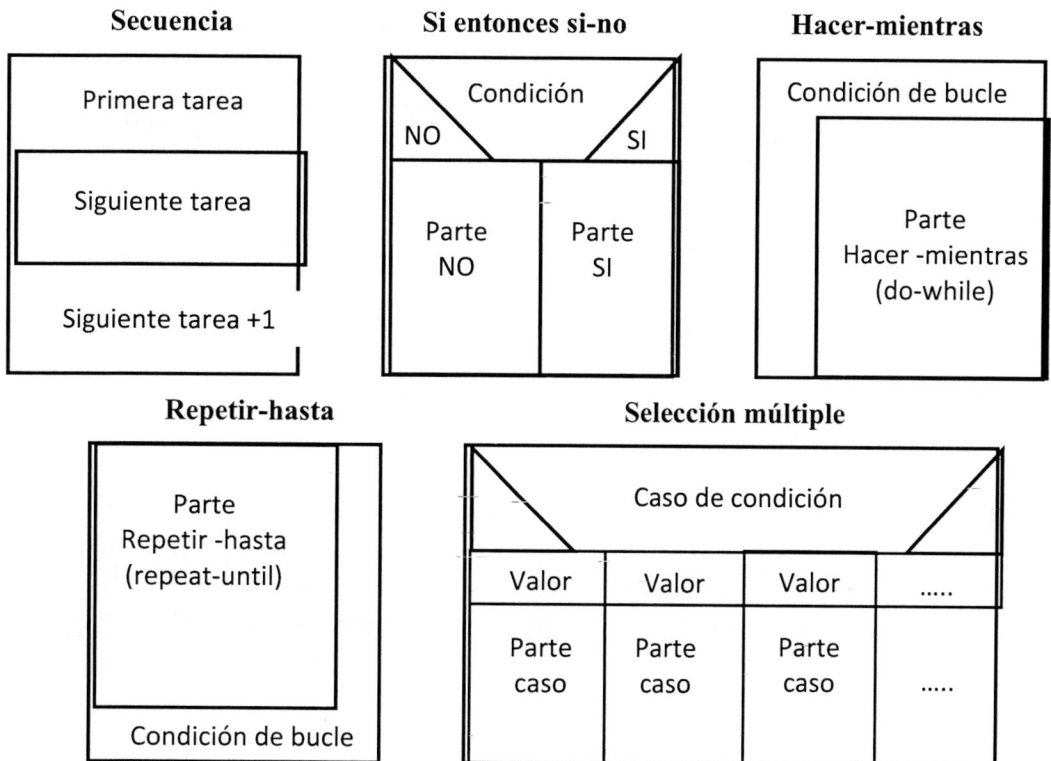

TABLAS DE DECISIÓN

A veces en una aplicación es necesario que un módulo de programa evalúe una combinación compleja de condiciones y seleccione las acciones según esas condiciones. Las tablas de decisión permiten representar en forma de tabla las condiciones y las acciones que se llevan a cabo combinando esas condiciones. Se dividen en cuatro cuadrantes:

- Cuadrante superior izquierdo: contiene la lista de todas las condiciones posibles.

- Cuadrante inferior izquierdo: lista de todas las acciones posibles basándose en la combinación de condiciones.

- Cuadrante superior derecho: entrada de las condiciones.

- Cuadrante inferior derecho: entrada de las acciones.

Reglas

Condiciones	1	2	3	4		n
Condición nº 1	☑		☑			
Condición nº 2		☑	☑			
Condición nº 3	☑			☑		
Acciones						
Acción nº1	☑			☑		
Acción nº 2	☑	☑				
Acción nº 3			☑	☑	☑	
Acción nº 4				☑	☑	

Cada columna de los cuadrantes de la derecha forma una regla de procesamiento, las reglas establecen las acciones a realizar con cada combinación de condiciones. Para construir una tabla se realizan los siguientes pasos:

1. Hacer una lista de todas las acciones y todas las condiciones.

2. Asociar conjuntos específicos de condiciones con acciones específicas, eliminando combinaciones imposibles de condiciones.

3. Determinar las reglas indicando que acción o acciones ocurren para un conjunto de condiciones.

Por ejemplo, en la siguiente tabla de decisión se definen las siguientes reglas:

Reglas

Condiciones	1	2	3	4
Cliente registrado	SI	SI	NO	NO
Importe compra > 800 €	SI	NO	SI	NO
Acciones				
Aplicar 1% Bonificación sobre el importe compra	☑	☑		
Aplicar 3% Descuento sobre el importe compra	☑		☑	
Calcular Factura	☑	☑	☑	☑

Regla 1: Si el cliente SI está registrado y el importe de la compra SI supera 800 €, entonces se aplica un 1% de bonificación y un 3% de descuento sobre el importe de la compra y se calcula la factura.

Regla 2: Si el cliente SI está registrado y el importe de la compra NO supera 800 €, entonces se aplica un 1% de bonificación sobre el importe de la compra y se calcula la factura.

Regla 3: Si el cliente NO está registrado y el importe de la compra SI supera 800 €, entonces se aplica un 3% de descuento sobre el importe de la compra y se calcula la factura.

Regla 4: Si el cliente NO está registrado y el importe de la compra NO supera 800 €, entonces se calcula la factura.

PSEUDOCÓDIGO

El pseudocódigo utiliza texto descriptivo para realizar el diseño de un algoritmo. A primera vista se parece a un lenguaje de programación, ya que mezcla frases en lenguaje natural con estructuras sintácticas que incluyen palabras clave que permiten construir las estructuras básicas de la programación estructurada, declarar datos, definir subprogramas y establecer características de modularidad.

El pseudocódigo dependerá mucho del que lo escriba ya que no hay un estándar definido. Al no ser un lenguaje de programación no puede ser compilado. A continuación, se muestra una representación en pseudocódigo de las estructuras básicas de la programación estructurada.

Secuencial	Instrucción 1 Instrucción 2 .... Instrucción n
Condicional	**Si** <condición> **Entonces** <Instrucciones> **Si no** <Instrucciones> **Fin si**

Condicional múltiple.	**Según sea** <variable> **Hacer**
	    Caso valor 1:
	        <Instrucciones>
	    Caso valor 2:
	        <Instrucciones>
	    Caso valor 3:
	        <Instrucciones>
	    Otro caso:
	        <Instrucciones>
	Fin según

Repetir-hasta	**Repetir** <instrucciones> **Hasta que** <condición >
Hacer-mientras	**Mientras** <condición> **Hacer** <instrucciones> **Fin mientras**

El siguiente ejemplo muestra el pseudocódigo de un proceso repetitivo de lectura y tratamiento de los registros de un fichero secuencial:

```
Inicio
    Abrir Fichero
    Leer Registro del Fichero
    Mientras no sea Fin de Fichero Hacer
            Procesar Registro leído
            Leer Registro del Fichero
    Fin mientras
    Cerrar Fichero
Fin.
```

1.4.2.2. Diseño orientado a objetos

El diseño de software orientado a objetos (DOO) es difícil. Para llevarlo a cabo hay que partir de un análisis orientado a objetos (AOO). En dicho análisis se definen todas las clases que son importantes para el problema que se trata de resolver, las operaciones y los atributos asociados, las relaciones y comportamientos y las comunicaciones entre clases.

El diseño orientado a objetos define 4 capas de diseño[5]:

- **Subsistema**. Se centra en el diseño de los subsistemas que implementan las funciones principales del sistema.
- **Clases y Objetos**. Especifica la arquitectura de objetos global y la jerarquía de clases requerida para implementar un sistema.
- **Mensajes**. Indica como se realiza la colaboración entre los objetos.
- **Responsabilidades**. Identifica las operaciones y atributos que caracterizan cada clase.

Para el análisis y diseño orientado a objetos se utiliza **UML** (*Unified Modeling Language - Lenguaje de Modelado Unificado*). Es un lenguaje de modelado basado en diagramas que sirve para expresar modelos (un modelo es una representación de la realidad donde se ignoran detalles de menor importancia). Se ha convertido en el estándar de facto de la mayor parte de las metodologías de desarrollo orientado a objetos que existen hoy en día. En los capítulos 5 y 6 se tratará más ampliamente **UML**.

1.4.3. Codificación

Una vez realizado el diseño se realiza el proceso de codificación. En esta etapa, el programador recibe las especificaciones del diseño y las transforma en un conjunto de instrucciones escritas en un lenguaje de programación, almacenadas dentro de un programa. A este conjunto de instrucciones se le llama **código fuente**. El programador debe conocer la sintaxis del lenguaje de programación utilizado.

En todo proyecto en el que trabaja un grupo de personas debe haber unas normas de codificación y estilo, claras y homogéneas. Estas normas facilitan las tareas de corrección y mantenimiento de los programas, sobre todo cuando son realizadas por personas que no los han desarrollado. Por ejemplo, estos dos programas son el mismo, pero uno de ellos resulta más fácil de leer:

```
public class Ejemplo {
  public static void main(String[]
args){
    int suma = 0;
    int contador = 0;
    while(contador < 10) {
      contador++;
      suma = suma + contador;
    }
    System.out.println("Suma => " +
suma);
  }
}
```

```
public class
Ejemplo {
public static

void main(String[] args) {

  int suma=0; int contador=0;
        while(contador <10)
{
          contador++;
    suma=suma+contador;}

  System.out.println("Suma => "
+ suma);
  }
}
```

---

[5] Ingeniería del software. Un enfoque práctico. Roger S. Pressman.

A continuación, se describen una serie de normas de escritura de código fuente en Java que facilita la lectura de los programas haciendo que sea más sencillo mantenerlos y encontrar errores, incluso por personas que no han desarrollado el código[6].

Nombres de ficheros.

La extensión para los ficheros de código fuente es *.java* y para los ficheros compilados es *.class*.

Organización de ficheros.

Cada fichero debe contener una sola clase pública y debe ser la primera. Las clases privadas e interfaces asociados con esa clase pública se pueden poner en el mismo fichero después de la clase pública. Las secciones en las que se divide el fichero son:

- Comentarios. Todos los ficheros fuente deben comenzar con un comentario que muestra el nombre de la clase, información de la versión, la fecha, y el aviso de derechos de autor.

- Sentencias del tipo *package* e *import*. Van después de los comentarios, la sentencia *package* va delante de *import*. Ejemplo:

```
/*
 * Nombre de clase
 *
 * Información de la versión
 *
 * Fecha
 *
 * Aviso de Copyright
 */
package paquete.ejemplo;
import java.io.*;
```

- Declaraciones de clases e interfaces. Consta de las siguientes partes:

1. Comentario de documentación (/** ... */) acerca de la clase o interfaz.

2. Sentencia *class* o *interface*.

3. Comentario de la implementación (/* ... */) de la clase o interfaz.

4. Variables estáticas, en este orden: públicas, protegidas y luego privadas.

5. Variables de instancia, en este orden: públicas, protegidas y luego privadas.

6. Constructores.

7. Métodos. Se agrupan por su funcionalidad no por su alcance.

Identación

- Como norma general se usarán cuatro espacios.

- La longitud de las líneas de código no debe superar 80 caracteres.

---

[6] Fuente: http://www.oracle.com/technetwork/java/javase/documentation/codeconvtoc-136057.html

- La longitud de las líneas de comentarios no debe superar 70 caracteres.

- Cuando una expresión no cabe en una sola línea: romper después de una coma, romper antes de un operador, alinear la nueva línea al principio de la anterior.

Comentarios

Los comentarios deben contener sólo la información que es relevante para la lectura y la comprensión del programa. Existen dos tipos de comentarios: de documentación y de implementación.

Los comentarios de documentación están destinados a describir la especificación del código. Se utilizan para describir las clases Java, los interfaces, los constructores, los métodos y los campos. Debe aparecer justo antes de la declaración. Existe una herramienta llamada *Javadoc* que genera páginas HTML partiendo de este tipo de comentarios. Tienen el siguiente formato:

```
/**
 * La clase Ejemplo proporciona ...
 */
public class Ejemplo {...
```

Los comentarios de implementación son para comentar algo acerca de la aplicación particular. Puede ser de 3 tipos:

- Comentarios de bloque:

```
/*
 * Esto es un comentario de bloque
 */
```

- Comentarios de línea: `/* Esto es un comentario de línea */`
- Comentario corto: `// Esto es un comentario corto`

Declaraciones

- Se recomienda declarar una variable por línea.

- Inicializar las variables locales donde están declaradas y colocarlas al comienzo del bloque. Ejemplo:

```
void miMetodo() {
    int var1 = 0;        //comienza el bloque de miMetodo
    int var2 = 10;
    if (var1 == var2) {
        int suma = 0;     // comienza el bloque if
        ....
    } else {
        var2 = var1;
        ....
    }
    ....
}
```

- En las clases e interfaces:

  1. No se ponen espacios en blanco entre el nombre del método y el paréntesis "(".

  2. La llave de apertura "{" se coloca en la misma línea que el nombre del método o clase.

  3. La llave de cierre "}" aparece en una línea aparte y en la misma columna que el inicio del bloque, excepto cuando el bloque está vacío.

  4. Los métodos se separan por una línea en blanco.

```
class Ejemplo extends Object {
    int var1;
    int var2;

    Ejemplo(int i, int j) {
        var1 = i;
        var2 = j;
    }

    int metodoVacio() {}
    ...
}
```

Sentencias

- Cada línea debe contener una sentencia.

- Si hay un bloque de sentencias, éste debe ser sangrado con respecto a la sentencia que lo genera y debe estar entre llaves, aunque sólo tenga una sentencia.

- Sentencias *if-else*, *if else-if else*. Definen bloques a los que se aplican las normas anteriores. Todos los bloques tienen el mismo nivel de sangrado.

- Bucles. Definen un bloque, que sigue las normas anteriores. Si el bucle está vacío no se abren ni se cierran llaves.

- Las sentencias *return* no deben usar paréntesis.

Separaciones

Mejoran la legibilidad del código. Se utilizan:

- Dos líneas en blanco: entre las definiciones de clases e interfaces.

- Una línea en blanco: entre los métodos, la definición de las variables locales de un método y la primera instrucción, antes de un comentario, entre secciones lógicas dentro de un método para mejorar la legibilidad.

- Un carácter en blanco: entre una palabra y un paréntesis, después de una coma, los operadores binarios menos el punto, las expresiones del *for*, y entre un cast y la variable.

Nombres

Los nombres de las variables, métodos, clases, etc, hacen que los programas sean más fáciles de leer ya que pueden darnos información acerca de su función. Las normas para asignar nombres son las siguientes:

- Paquetes: el nombre se escribe en minúscula, se pueden utilizar puntos para reflejar algún tipo de organización jerárquica. Ejemplo: *java.io*.

- Clases e interfaces: los nombres deben ser sustantivos. Se deben utilizar nombres descriptivos. Si el nombre está formado por varias palabras la primera letra de cada palabra debe estar en mayúscula: Ejemplo: *HiloServidor*.

- Métodos: se deben usar verbos en infinitivo. Si está formado por varias palabras el verbo debe estar en minúscula y la siguiente palabra debe empezar en mayúscula. Ejemplo: *ejecutar()*, *asignarDestino()*.

- Variables: deben ser cortas (pueden ser de una letra) y significativas. Si son varias palabras la primera debe estar en minúscula. Ejemplos: *i, j, sumaTotal*.

- Constantes: el nombre debe ser descriptivo. Se escriben en mayúsculas y si son varias palabras van unidas por un carácter de subrayado. Ejemplo: *MAX_VALOR*.

Las herramientas utilizadas para el desarrollo de los programas suelen ayudar a formatear correctamente el código. Por ejemplo, desde el entorno Eclipse con el fichero Java abierto se puede pulsar en la opción de menú *Source>>Format* para formatear el código, véase Figura 1.15 (las reglas de formato incorporadas por defecto en Eclipse cumplen en su mayoría las reglas definidas por Oracle).

Una vez generado el código fuente es necesario traducirlo a un lenguaje que sea entendido por la máquina, para ello se utilizan otros programas llamados **compiladores** o **intérpretes**. El resultado de la traducción es el **código objeto**. Este último aún no es ejecutable por la máquina. Se necesita un programa enlazador o montador que tome el código objeto y lo conecte con una serie de librerías para construir el **código ejecutable**. Una vez obtenido el código ejecutable es necesario probar el programa con el fin de comprobar y verificar que cumple con las especificaciones del diseño.

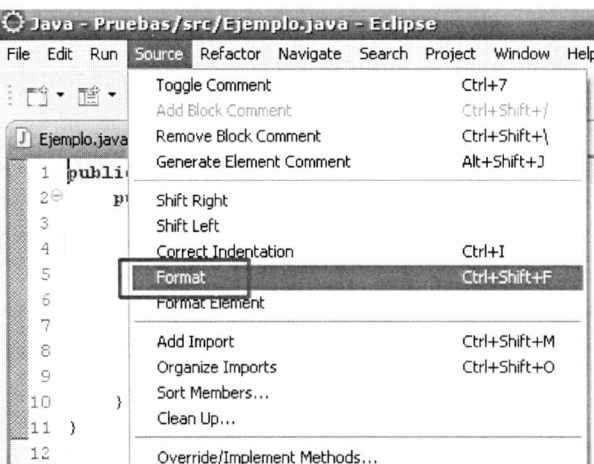

Figura 1.15. Formateo de texto desde Eclipse.

A la vez que se va desarrollando código se deben ir escribiendo los manuales técnicos y de referencia necesarios, así como la parte inicial correspondiente del manual de usuario. Esta documentación es esencial para la etapa de pruebas y mantenimiento, así como para la entrega final del producto.

1.4.4. Pruebas

En esta etapa ya se dispone del software y se trata de encontrar errores, no solo de codificación sino también relativos a la especificación o el diseño. Durante la prueba del software se realizarán tareas de verificación y validación del software (V&V):

- **La verificación**: se refiere al conjunto de actividades que tratan de comprobar si se está construyendo el producto correctamente, es decir, si el software implementa correctamente una función específica.

- **La validación**: se refiere al conjunto de actividades que tratan de comprobar si es el producto es correcto, es decir, si el software construido se ajusta a los requisitos del cliente.

El objetivo en esta etapa es planificar y diseñar pruebas que sistemáticamente saquen a la luz diferentes clases de errores, haciéndolo con la menor cantidad de tiempo y de esfuerzo. Una prueba tiene éxito si descubre un error no detectado hasta entonces. Un **caso de prueba** es un documento que especifica los valores de entrada, salida esperada y las condiciones previas para la ejecución de la prueba.

Las recomendaciones para las pruebas son las siguientes:

- Cada prueba debe definir los resultados de salida esperados.

- Un programador o una organización debe evitar probar sus propios programas.

- Es necesario revisar los resultados de cada prueba en profundidad.

- Las pruebas deben incluir datos de entrada válidos y esperados, así como no válidos e inesperados.

- Centrar las pruebas en dos objetivos: 1) comprobar si el software no hace lo que debe hacer y 2) comprobar si el software hace lo que no debe hacer.

- Evitar hacer pruebas que no estén documentadas ni diseñadas con cuidado.

- No planear pruebas asumiendo que no se encontrarán errores.

- La probabilidad de encontrar errores en una parte del software es proporcional al número de errores ya encontrados.

- Las pruebas son una tarea creativa.

El flujo de proceso para probar el software se muestra en la Figura 1.16, es el siguiente:

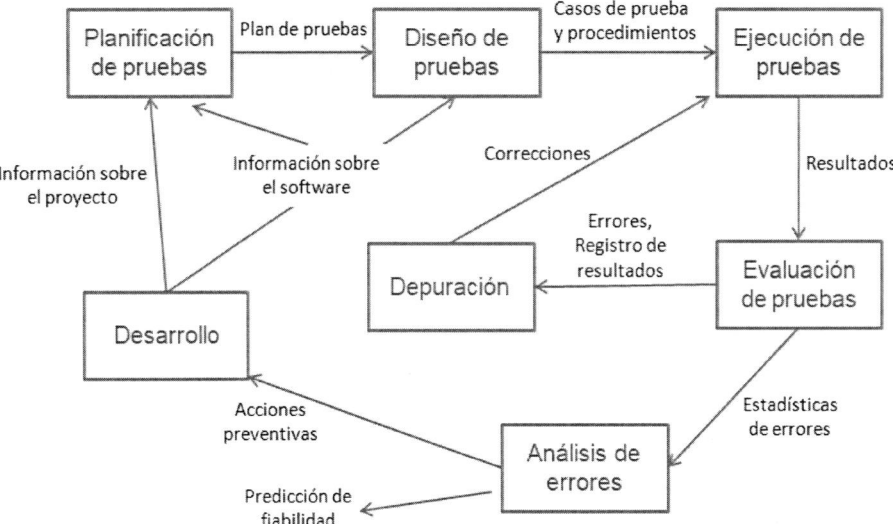

Figura 1.16. Flujo de proceso para probar el software.

1. En primer lugar, hay que **generar un plan de pruebas** partiendo de la documentación del proyecto y de la documentación sobre el software a probar.

2. A partir del plan **se diseñan las pruebas**. Se identifican las técnicas a utilizar para probar el software.

3. **Generación de los casos de prueba.** Se han de confeccionar los distintos casos de prueba según la técnica o técnicas identificadas previamente.

4. **Definición de los procedimientos de la prueba.** Hay que especificar cómo se va a llevar a cabo el proceso, quién lo va a realizar, cuándo, etc.

5. **Ejecución de las pruebas** aplicando los casos de prueba generados previamente.

6. **Evaluación.** Se identifican los posibles errores producidos al comparar los resultados obtenidos en la ejecución con los esperados. Es necesario realizar un informe con el resultado de ejecución de las pruebas, qué casos de prueba pasaron satisfactoriamente, cuáles no, y qué fallos se detectaron.

7. **Depuración.** Trata de localizar y corregir los errores. Si se corrige un error se debe volver a probar el software para ver que se ha resuelto el problema. Si no se consigue localizar un error puede ser necesario realizar más pruebas para obtener más información.

8. El **análisis de errores** puede servir para predecir la fiabilidad del software y mejorar los procesos de desarrollo.

Para llevar a cabo el diseño de casos de prueba se utilizan dos técnicas: **prueba de caja blanca** y **prueba de caja negra** (véase Figura 1.17). Las primeras se centran en validar la estructura interna del programa (necesitan conocer los detalles procedimentales del código) y las segundas se centran en validar los requisitos funcionales sin fijarse en el funcionamiento interno del programa (necesitan saber la funcionalidad que el código ha de proporcionar). Estas pruebas no son excluyentes y se pueden combinar para descubrir diferentes tipos de errores.

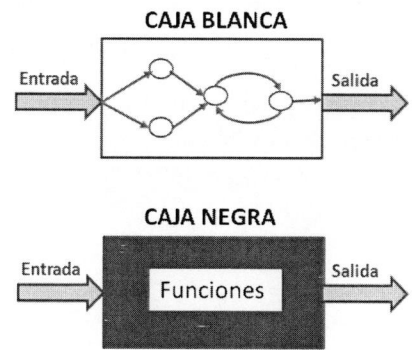

Figura 1.17. Pruebas de caja blanca y negra.

En el Capítulo 3 se tratarán más ampliamente el diseño y la realización de las pruebas.

1.4.5. Documentación

Todas las etapas del desarrollo deben quedar perfectamente documentadas. En esta etapa será necesario reunir todos los documentos generados y clasificarlos según el nivel técnico de sus descripciones.

Los documentos relacionados con un proyecto de software:

- Deben actuar como un medio de comunicación entre los miembros del equipo de desarrollo.

- Deben ser un repositorio de información del sistema para ser utilizado por el personal de mantenimiento.

- Deben proporcionar información para ayudar a planificar la gestión del presupuesto y programar el proceso del desarrollo del software.

- Algunos de los documentos deben indicar a los usuarios cómo utilizar y administrar el sistema.

Por lo general se puede decir que la documentación presentada se divide en dos clases:

- **La documentación del proceso**. Estos documentos registran el proceso de desarrollo y mantenimiento. Son documentos en los que se indican planes, estimaciones y horarios que se utilizan para predecir y controlar el proceso de software, que informan sobre cómo usar los recursos durante el proceso de desarrollo, sobre normas de cómo se ha de implementar el proceso.

- **La documentación del producto**. Esta documentación describe el producto que está siendo desarrollado. Define dos tipos de documentación: la documentación del sistema que describe el producto desde un punto de vista técnico, orientado al desarrollo y mantenimiento del mismo; y la documentación del usuario que ofrece una descripción del producto orientada a los usuarios que utilizarán el sistema.

La **documentación del proceso** se utiliza para gestionar todo el proceso de desarrollo del software. La **documentación del producto** se utiliza después de que el sistema está en funcionamiento, aunque también es esencial para la gestión del desarrollo del sistema.

DOCUMENTACIÓN DEL USUARIO

Los usuarios de un sistema no son todos iguales. Hay que distinguir entre los usuarios finales y los usuarios administradores del sistema.

Los usuarios finales utilizan el software para realizar alguna tarea, quieren saber cómo el software les ayuda a realizar su tarea, no están interesados en el equipo informático o en los detalles del programa. **Los administradores del sistema** son responsables de la gestión de los programas informáticos utilizados por los usuarios finales, pueden actuar como un gestor de red si el sistema implica una red de estaciones de trabajo o como un técnico que arregla problemas de software de los usuarios finales y que sirve de enlace entre los usuarios y el proveedor de software.

Para atender a los distintos tipos de usuarios con diferentes niveles de experiencia, se definen una serie de documentos que deben ser entregados con el sistema de software (aunque se pueden entregar en el mismo documento), véase Figura 1.18:

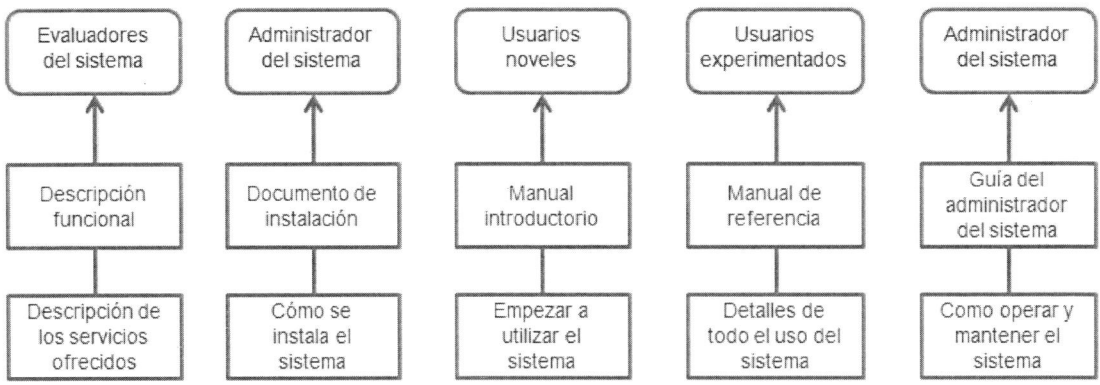

Figura 1.18. Diferentes tipos de documentación de usuario.

Descripción funcional del sistema.	Proporciona una descripción general de las funciones del sistema. Los usuarios deben ser capaces de leer este documento como un manual introductorio y decidir si el sistema es lo que necesitan.
Documento de instalación del sistema.	Está destinado a los administradores del sistema. Describe cómo instalar el sistema en un entorno particular. Debe contener una descripción de los ficheros que componen el sistema, su configuración, el hardware mínimo requerido, cómo iniciar el sistema, etc.
Manual introductorio.	Proporciona explicaciones sencillas de cómo empezar a utilizar el sistema. Para facilitar las explicaciones se deben usar ejemplos. Los usuarios principiantes cometen errores, se debe describir la manera de recuperarse ante ellos.
Manual de referencia del sistema.	Proporciona la descripción detallada de la instalación del sistema y su uso. Debe proporcionar una lista completa de mensajes de error y debe describir cómo recuperarse ante los errores detectados. Debe ser completo, formal y descriptivo.
Guía del administrador del sistema.	Para algunos sistemas donde hay que introducir comandos de control se deben indicar las tareas del operador, se deben describir los mensajes que se producen y las respuestas que el operador tiene que dar al sistema. Por ejemplo, se deben describir los mensajes generados cuando el sistema interactúa con otros sistemas.
Tarjeta de referencia rápida.	Sirven para hacer búsquedas rápidas. Por ejemplo, un sistema de ayuda en línea que contiene información breve sobre alguna parte del sistema permite al usuario ahorrar el tiempo invertido en consultar manuales (aunque no debe ser visto como sustituto para la documentación más completa).

DOCUMENTACIÓN DEL SISTEMA

La documentación del sistema incluye todos los documentos que describen el sistema, desde la especificación de requisitos hasta las pruebas de aceptación. Los documentos que describen el diseño, la implementación y las pruebas del sistema son esenciales para entender y mantener el software.

En los grandes sistemas software la documentación debe incluir:

Fundamentos del sistema.	Describe los objetivos de todo el sistema.
El análisis y especificación de requisitos.	Proporciona información exacta sobre la especificación de los requisitos, según lo acordado entre las partes interesadas (usuarios, clientes, desarrollador).
Diseño	Describe la arquitectura del sistema: cómo se aplican los requisitos del sistema, la forma en que se descompone el sistema en un conjunto de unidades de programas que interactúan y la función de cada unidad de programa.
Implementación	Proporciona la descripción de: la forma en que se expresa el sistema detallado en algún lenguaje de programación formal y las acciones del programa en forma de comentarios dentro de los programas.
Plan de pruebas del sistema	Proporciona una descripción de cómo las unidades de programa son evaluadas individualmente y como todo el sistema se prueba después de la integración.
Plan de pruebas de aceptación	Se describen las pruebas que el sistema debe pasar antes de que los usuarios las acepten.
Los diccionarios de datos	Contiene las descripciones de todos los términos que se relacionan con el sistema de software en cuestión.

Para los sistemas más pequeños la documentación suele ser menos amplia, como mínimo se debe tratar de mantener la especificación del sistema, el documento de diseño arquitectónico y el código fuente del programa.

Por desgracia, el mantenimiento de la documentación a menudo se descuida y puede no estar en sintonía con el software asociado, causando problemas para los usuarios y mantenedores del sistema. La mejor solución a este problema consiste en apoyar el mantenimiento de documentos con herramientas software que registran los documentos, las relaciones entre ellos avisan a los desarrolladores cuando hay cambios en un documento, registran posibles inconsistencias en la documentación.

ESTRUCTURA DEL DOCUMENTO

La documentación debe estar correctamente organizada para permitir a los lectores localizar la información más fácilmente, organizada en capítulos, y dentro de estos capítulos, en secciones y subsecciones. La estructura del documento tiene un impacto importante en la legibilidad y usabilidad. Algunas **pautas mínimas** de estructuración son las siguientes:

- Todos los documentos, por muy breves que sean, deben tener **una portada** que identifica el proyecto, el tipo de documento, el autor, la fecha de la creación, la versión, los revisores, los destinatarios del documento, la clase de la confidencialidad del documento.

- Deben contener **un índice con capítulos, secciones y subsecciones**. Se debe definir un esquema de numeración coherente para capítulos, secciones y subsecciones y para numerar las páginas (el número de página debe ser capítulo – página).

- Se debe incluir al final **un glosario de términos** ya que el documento está dirigido a un amplio espectro de lectores que pueden tener diferentes vocabularios.

El estándar IEEE para la documentación del usuario (IEEE, 2001) propone que la estructura de un documento debe incluir los componentes que se muestran en la tabla:

COMPONENTE	DESCRIPCIÓN
Datos de identificación.	Datos como el título y el identificador que únicamente identifican el documento.
Tabla de contenidos.	Capítulo, nombres de las secciones y los números de página.
Lista de ilustraciones.	Números de figura y títulos.
Introducción.	Define el propósito del documento y un breve resumen de los contenidos.
Información para el uso de la documentación.	Sugerencias para diferentes lectores sobre cómo utilizar la documentación con eficacia.
Conceptos de las operaciones.	Una explicación de la base conceptual para el uso del software.
Procedimientos.	Las instrucciones sobre cómo utilizar el software.
Información sobre los comandos software.	Una descripción de cada uno de los comandos soportados por el software.
Mensajes de error y resolución de problemas.	Una descripción de los mensajes de error que pueden aparecer y cómo recuperarse de ellos.
Glosario.	Las definiciones de términos especiales utilizados.
Fuentes de información relacionadas.	Las referencias o enlaces a otros documentos que proporcionan información adicional.
Características de navegación.	Las características que permiten a los lectores encontrar su actual ubicación y moverse por el documento.
Índice.	Una lista de términos clave y las páginas en las que estos términos son referenciados.
Capacidad de búsqueda.	En la documentación electrónica, indicar la manera de encontrar términos específicos en la documentación.

1.4.6. Explotación

Una vez que se han realizado todas las pruebas y documentado todas las etapas se pasa a la explotación del sistema. En esta etapa se lleva a cabo la instalación y puesta en marcha del producto software en el entorno de trabajo del cliente.

En esta esta etapa se llevan a cabo las siguientes tareas:

- **Se define la estrategia para la implementación del proceso.** Se desarrolla un plan donde se establecen las normas para la realización de las actividades y tareas de este proceso. Se definen los procedimientos para recibir, registrar, solucionar, hacer un seguimiento de los problemas y para probar el producto software en el entorno de trabajo.

- **Pruebas de operación.** Para cada *release* del producto software, se llevarán a cabo pruebas de funcionamiento y tras satisfacerse los criterios especificados, se libera el software para uso operativo.

- **Uso operacional del sistema.** El sistema entrará en acción en el entorno previsto de acuerdo con la documentación de usuario.

- **Soporte al usuario.** Se deberá proporcionar asistencia y consultoría a los usuarios cuando la soliciten. Estas peticiones y las acciones subsecuentes se deberán registrar y supervisar.

1.4.7. Mantenimiento

El mantenimiento del software se define (*Norma IEEE 1219 para Mantenimiento de Software*) como la modificación de un producto de software después de la entrega para corregir los fallos, para mejorar el rendimiento u otros atributos, o para adaptar el producto a un entorno modificado.

Existen cuatro tipos de mantenimiento del software que dependen de las demandas de los usuarios del producto software a mantener (véase Figura 1.19):

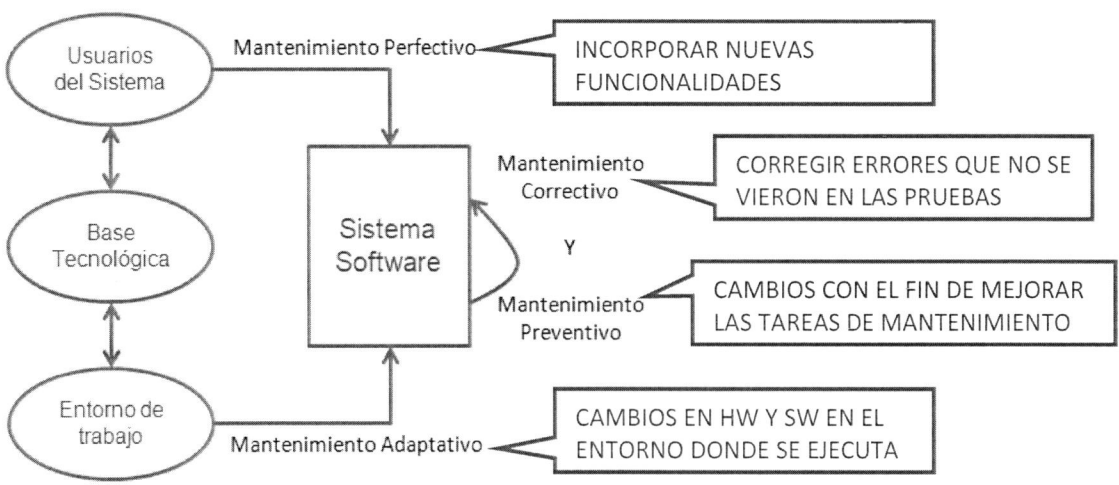

Figura 1.19. Tipos de mantenimiento del software.

- **Mantenimiento adaptativo**. Con el paso del tiempo es posible que se produzcan cambios en el entorno original (CPU, sistema operativo, reglas de la empresa, etc) para el que se desarrolló el software. El mantenimiento adaptativo tiene como objetivo la modificación del producto por los cambios que se produzcan tanto en el hardware como en el software del entorno en el que se ejecuta. Este tipo de mantenimiento es el más usual debido a los rápidos cambios que se producen en la tecnología informática, que en la mayoría de las ocasiones dejan obsoletos los productos software desarrollados.

- **Mantenimiento correctivo.** Es muy probable que después de la entrega del producto, el cliente encuentre errores o defectos, a pesar de las pruebas y verificaciones realizadas en las etapas anteriores. Este tipo de mantenimiento tiene como objetivo corregir los fallos descubiertos.

- **Mantenimiento perfectivo.** Conforme el cliente utiliza el software puede descubrir funciones adicionales que le pueden aportar beneficios. El mantenimiento perfectivo es la modificación del producto de software orientado a incorporar nuevas funcionalidades (más allá de los requisitos funcionales originales) y nuevas mejoras en el rendimiento o la mantenibilidad del producto.

- **Mantenimiento preventivo.** Consiste en la modificación del producto de software sin alterar sus especificaciones, con el fin de mejorar y facilitar las tareas de mantenimiento. Este tipo de mantenimiento hace cambios en programas con el fin de que se puedan corregir, adaptar y mejorar más fácilmente, por ejemplo, se pueden reestructurar los programas para mejorar su legibilidad o añadir nuevos comentarios que faciliten la comprensión del mismo. A este mantenimiento también se le llama *reingeniería del software.*

Las tareas que se llevan a cabo en esta etapa son (véase Figura 1.20):

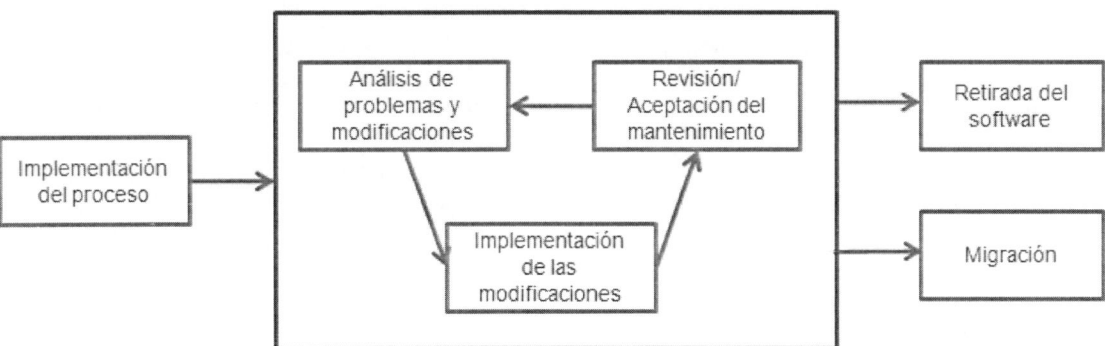

Figura 1.20. Tareas en el mantenimiento del software.

- **Implementación del proceso.** El responsable de mantenimiento deberá preparar, documentar y ejecutar planes y procedimientos para llevar a cabo las actividades y tareas del proceso de mantenimiento. Deberá establecer procedimientos para recibir, registrar y hacer seguimiento a los informes de problemas y a las peticiones de modificaciones de los usuarios y proporcionar información a los usuarios sobre su situación.

- **Análisis de problemas y modificaciones.** El responsable de mantenimiento deberá analizar el informe del problema o la petición de modificación de acuerdo con su impacto en la organización, el sistema existente y los sistemas con los que interacciona. Deberá verificar el problema, desarrollar opciones para la implementación de la modificación y documentar la solicitud de modificación, los resultados del análisis y las opciones de implementación.

- **Implementación de las modificaciones.** El responsable de mantenimiento deberá llevar a cabo el análisis y determinar qué documentación, unidades de software y versiones deben ser modificados, se debe documentar este análisis. Deberá ejecutar el proceso de desarrollo para implementar las modificaciones.

- **Revisión/aceptación del mantenimiento**. El responsable de mantenimiento deberá llevar a cabo revisiones, con la organización que autoriza las modificaciones, para determinar la integridad del sistema modificado. Deberá obtener aprobación para la finalización satisfactoria de la modificación.

- **Migración.** Se deberá preparar, documentar y ejecutar un plan de migración. Las actividades de planificación deberán incluir a los usuarios a los que se les dará notificación de los planes y actividades de migración.

- **Retirada del software.** El producto software se retirará por petición del propietario. Se deberá preparar y documentar un plan de retirada para el cese del soporte activo por parte de las organizaciones de operación y mantenimiento. Se deberá notificar a los usuarios los planes y actividades de la retirada. Para facilitar la transición al nuevo sistema, conviene que se lleve a cabo la operación en paralelo del sistema a retirar y del nuevo producto software. Durante este período, se deberá proporcionar formación a los usuarios.

1.5. CONCEPTO DE PROGRAMA

Un **programa informático** es un conjunto de instrucciones escritas en un lenguaje de programación que aplicadas sobre un conjunto de datos resuelven un problema o parte del mismo. Para que el programa pueda ser ejecutado es necesario traducirlo a un lenguaje entendible por el ordenador, el lenguaje máquina; esta tarea es llevada a cabo por otro programa llamado compilador. Una vez que tenemos el programa en código entendible por la máquina hay que cargarlo en la memoria principal para que el procesador ejecute una a una todas las instrucciones.

1.5.1. Programa y componentes del sistema informático

Para ejecutar un programa se necesitan los recursos hardware del ordenador: el procesador (también conocido como UCP *Unidad Central de Proceso* o CPU), la memoria RAM (o memoria principal), los dispositivos de E/S, etc. Las instrucciones de un programa se cargan en la memoria principal y la CPU será la encargada de ejecutarlas.

En una arquitectura Von Neumann, véase Figura 1.21, la CPU está formada por varios componentes:

- **La Unidad de Control (UC)** que interpreta y ejecuta las instrucciones máquina almacenadas en la memoria principal y genera las señales de control necesarias para ejecutarlas.

- **La Unidad Aritmético-Lógica (UAL)**, recibe los datos sobre los que efectúa operaciones de cálculo y comparaciones, y toma decisiones lógicas (determina si una afirmación es cierta o falsa mediante las reglas del álgebra de Boole), y devuelve el resultado, todo ello bajo la supervisión de la Unidad de Control.

- **Los registros** de trabajo o de propósito general donde se almacena información temporal, es el almacenamiento interno de la CPU.

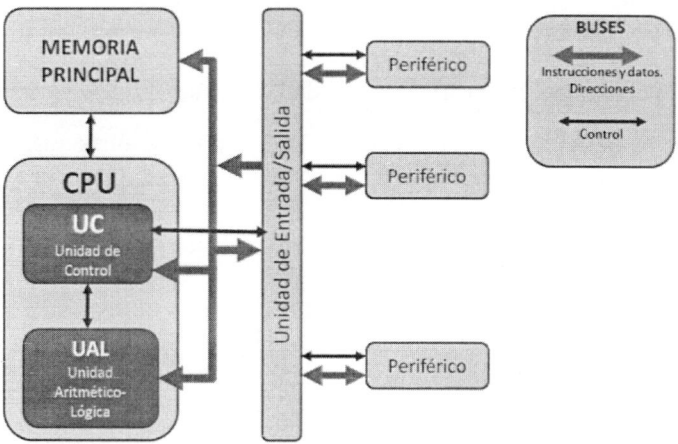

Figura 1.21. Arquitectura Von Neumann.

La UC consta de una serie de registros que intervienen en la ejecución de las instrucciones, un decodificador y un reloj:

- **Contador de Programa** o de instrucciones (CP, *Program Counter*). Contiene la dirección de la siguiente instrucción a ejecutar, su valor es actualizado por la CPU después de capturar una instrucción.

- **Registro de Instrucción** (RI, *Instruction Register*). Contiene el código de la instrucción a ejecutar, aquí se analiza el código de operación. Está dividido en dos zonas: el código de operación y la dirección de memoria donde se encuentra el operando.

- **Registro de dirección de memoria** (RDM *Memory Address Register*). Contiene la dirección de una posición de memoria, donde se encuentra o va a ser almacenada la información, este intercambio se realiza a través del bus de direcciones. Apunta a una instrucción o un dato.

- **Registro de intercambio de memoria** (RIM *Memory Buffer Register*). Recibe o envía, dependiendo de si es una operación de lectura o escritura, la información o el dato contenido en la posición apuntada por el RDM, el intercambio de datos con la memoria se realiza a través al bus de datos. Contiene la instrucción o dato apuntada por RDM.

- **Decodificador de instrucción (DI).** Se encarga de extraer y analizar el código de operación de la instrucción en curso contenida en el RI y genera las señales de control necesarias para ejecutar correctamente la instrucción.

- **El Reloj.** Proporciona una sucesión de impulsos eléctricos a intervalos constantes, va marcando los tiempos de ejecución de los pasos a realizar para cada instrucción, marca el ritmo de funcionamiento del decodificador de instrucción.

- **El secuenciador.** Este dispositivo genera órdenes o microórdenes elementales, que sincronizadas con los impulsos de reloj hace que se ejecute paso a paso y de manera ordenada la instrucción cargada en él.

A la hora de ejecutar una instrucción se distinguen dos fases:

- **Fase de búsqueda.** Consiste en localizar la instrucción a ejecutar dentro de la memoria principal y llevarla a la Unidad de Control o UC para procesarla.

- **Fase de ejecución.** Es la realización de las acciones que llevan asociadas las instrucciones. Por ejemplo, una suma, una resta, una carga de datos.

Para poder realizar operaciones de lectura o de escritura de o en una celda de memoria, se utilizan: **el registro de dirección (RDM)** y **el registro de intercambio o de datos (RIM),** y el **selector de memoria o decodificador de direcciones** que es el dispositivo que conecta la celda de memoria cuya dirección figura en el RDM con el registro de intercambio RIM posibilitando la transferencia de los datos en un sentido o en otro dependiendo de la operación de lectura o de escritura.

Vamos a ver con un ejemplo como se llevarían a cabo las fases de búsqueda y ejecución para un programa almacenado en memoria que lee dos números, los suma y visualiza la suma; podemos imaginarnos la memoria como una serie de casillas con su dirección asociada. El mapa de memoria se muestra a continuación:

MEMORIA			
PROGRAMA		DATOS	
1	9	17	25
2	10	18	26
3	11	19	27 Dato A
4 Leer A	12	20	28 Dato B
5 Leer B	13	21	29 Dato C
6 Calcular C=A+B	14	22	30
7 Visualizar C	15	23	31
8	16	24	32

Las instrucciones del programa comienzan en la dirección de memoria 4. Los datos se van a almacenar en las posiciones 27, 28 y 29, tal y como se muestra en el dibujo. Cada instrucción tiene su fase de búsqueda y su fase de ejecución. Se ejecuta la instrucción *Leer A*. En la Figura 1.22 podemos ver la fase de búsqueda de esta instrucción

Fase de búsqueda:

1. En el CP se almacena la dirección de memoria de comienzo del programa, la 4.

2. La UC envía una orden para que el contenido del CP se transfiera al RDM (registro de dirección de memoria).

3. El selector de memoria localiza la posición 4, y transfiere su contenido al RIM (registro de intercambio). El RIM contiene: *Leer A.*

4. La UC da la orden de transferir el contenido del RIM al registro de instrucción RI en el que deposita el código de la instrucción a ejecutar.

5. Seguidamente el decodificador de instrucción (DI) analiza el código contenido en el RI (en el ejemplo la operación es *Leer A*) y genera las señales de control para ejecutar correctamente la instrucción.

6. El CP se incrementa en uno y apuntará a la siguiente instrucción, en este caso es la 5 *Leer B.*

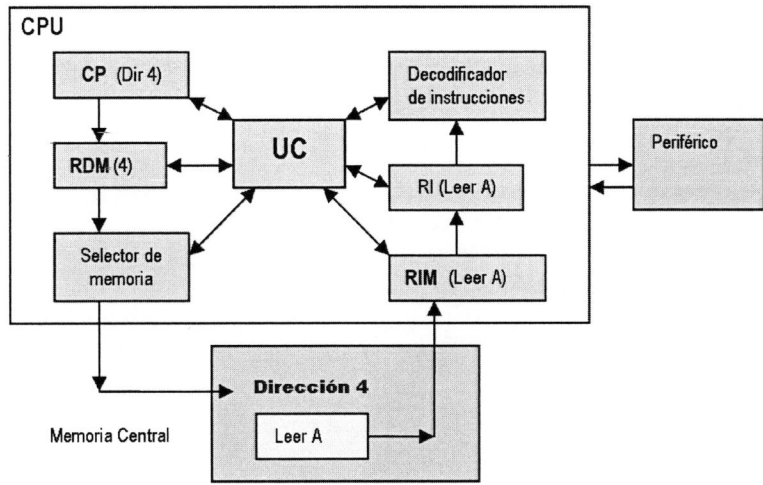

Figura 1.22. Fase de búsqueda de la instrucción *Leer A.*

Fase de ejecución:

7. Una vez conocido el código de operación, la U.C. establece las conexiones con el dispositivo de entrada para aceptar el dato A.

8. La UC da la orden de que el dato leído se cargue en el RIM y que en el RDM se cargue la dirección de memoria donde se va a almacenar el dato leído, en el ejemplo esta dirección es la 27.

9. El selector de memoria es el encargado de guardar en la dirección indicada por RDM, la 27 el contenido del RIM.

Aquí termina la ejecución de la primera instrucción, ver Figura 1.23.

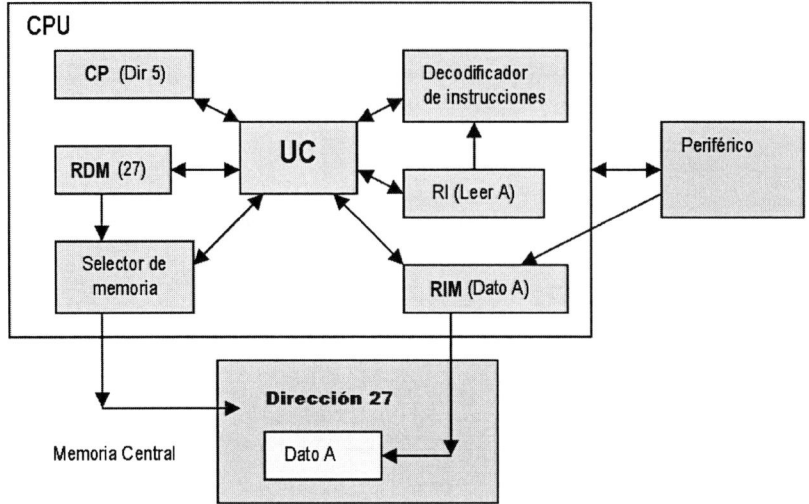

Figura 1.23. Fase de ejecución de la instrucción *Leer A*.

Las fases de la instrucción *Leer B* son similares a *Leer A*. Veamos las fases en la instrucción *Calcular C=A+B*.

Fase de búsqueda:

1. El CP contiene la dirección 6.

2. La UC ordena que el contenido del CP pase al RDM.

3. El selector de memoria localiza la posición 6, y transfiere su contenido al RIM. El RIM contiene: *Calcular C=A+B*.

4. La UC da la orden de transferir el contenido del RIM al registro de instrucción RI.

5. Seguidamente, el decodificador de instrucción (DI) analiza el código contenido en el RI y genera las señales de control para ejecutar correctamente la instrucción.

6. El CP se incrementa en uno y apuntará a la siguiente instrucción, en este caso es la 7, *Visualizar C*.

Fase de ejecución:

7. Se transfiere la dirección del primer operando A (27) desde el RI hasta el RDM.

8. El selector extrae el contenido de la posición 27 y lo deposita en el RIM.

9. El contenido del RIM se carga en el registro acumulador de la UAL, véase Figura 1.24.

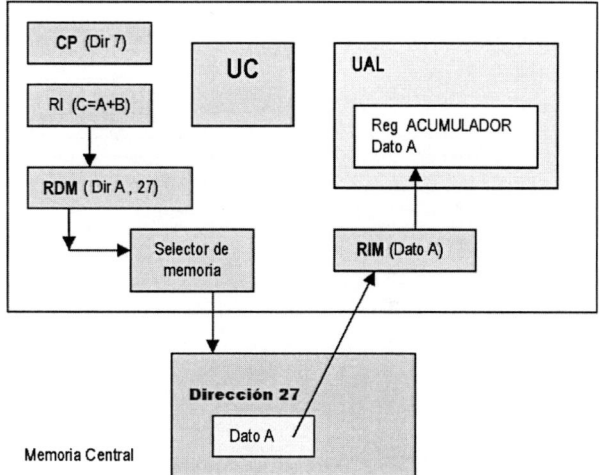

Figura 1.24. Carga en el acumulador el dato A.

10. Se transfiere la dirección del segundo operando B (28) desde el RI hasta el RDM.

11. El selector extrae el contenido de la posición 28 y lo deposita en el RIM.

12. Se envía una orden para que el contenido del RIM se sume al contenido del registro acumulador de la UAL, y el resultado se almacene en el acumulador. Véase Figura 1.25.

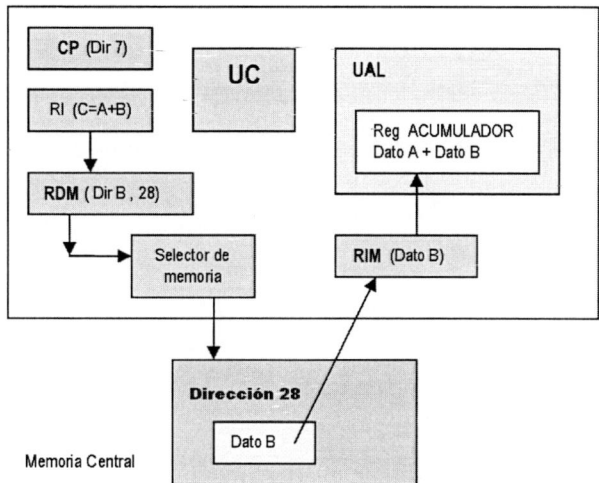

Figura 1.25. Suma al acumulador el dato B.

13. Se envía este resultado es enviado desde el registro acumulador al RIM para almacenarlo en memoria, pero antes hay que localizar en qué dirección se va a almacenar.

14. Se transfiere desde el RI (recuerda que en el RI está la instrucción del cálculo de la suma, es decir el código de operación y la dirección de los operandos), al RDM la dirección donde se va a almacenar el resultado, es decir la dirección de C (29).

15. Finalmente se transfiere el resultado desde el RIM a la dirección indicada por el RDM, el resultado C queda almacenado en la posición 29. Véase Figura 1.26.

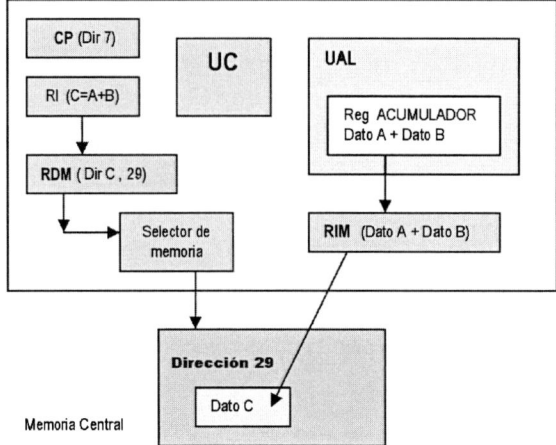

Figura 1.26. Carga en Dato C el acumulador que contiene la suma.

Por último, se ejecuta la instrucción *Visualizar C*.

Fase de búsqueda:

1. El CP contiene la dirección 7.

2. El contenido del CP se transfiera al RDM.

3. El selector de memoria localiza la posición 7, y transfiere su contenido al RIM.

4. La UC da la orden de transferir el contenido del RIM al registro de instrucción RI.

5. El decodificador de instrucción (DI) analiza el código contenido en el RI y genera las señales de control para ejecutar la instrucción.

6. El CP se incrementa en uno y su valor es 8, fin de programa.

Fase de ejecución:

7. Una vez conocido el código de operación, la U.C. establece las conexiones con el dispositivo de salida para visualizar el dato C.

8. La dirección del dato a visualizar se carga en el RDM, la 29.

9. El selector de memoria selecciona esa posición y guarda en el RIM el contenido del dato C.

10. Se generan las órdenes para que el contenido del RIM salga por la unidad de salida.

1.6. LENGUAJES DE PROGRAMACIÓN

Anteriormente se definió lo que es un programa informático, un conjunto de instrucciones escritas en un lenguaje de programación. Podemos definir un lenguaje de programación como un conjunto de caracteres, las reglas para la combinación de esos caracteres y las reglas que definen sus efectos cuando son ejecutadas por un ordenador. En definitiva, un lenguaje de programación consta de los siguientes elementos:

- **Un alfabeto o vocabulario (léxico):** formado por el conjunto de símbolos permitidos.

- **Una sintaxis**: son las reglas que indican cómo realizar las construcciones con los símbolos del lenguaje.

- **Una semántica:** son las reglas que determinan el significado de cualquier construcción del lenguaje.

1.6.1. Clasificación y características

Los lenguajes de programación se pueden clasificar atendiendo a varios criterios:

Según su nivel de abstracción.	Lenguajes de bajo nivel.
	Lenguajes de nivel medio.
	Lenguajes de alto nivel.
Según la forma de ejecución.	Lenguajes compilados.
	Lenguajes interpretados.
Según el paradigma de programación	Lenguajes imperativos.
	Lenguajes funcionales.
	Lenguajes lógicos.
	Lenguajes estructurados.
	Lenguajes orientados a objetos.

SEGÚN SU NIVEL DE ABSTRACCIÓN

Lenguajes de bajo nivel

Son lenguajes de programación que se acercan al funcionamiento de un ordenador. El lenguaje de más bajo nivel por excelencia es el **lenguaje máquina** que es entendible directamente por la máquina. Las instrucciones están formadas por cadenas de ceros y unos, es decir, utilizan el alfabeto binario (0 y 1). Los programas en este lenguaje son específicos para cada procesador.

A éste le sigue el **lenguaje ensamblador**. Este lenguaje es difícil de aprender y es específico para cada procesador. Un programa escrito en este lenguaje necesita ser traducido a lenguaje máquina para poder ejecutarse. Se programa utilizando nombres nemotécnicos y las instrucciones trabajan directamente con registros de memoria física de la máquina. La Figura 1.27 muestra un programa en ensamblador.

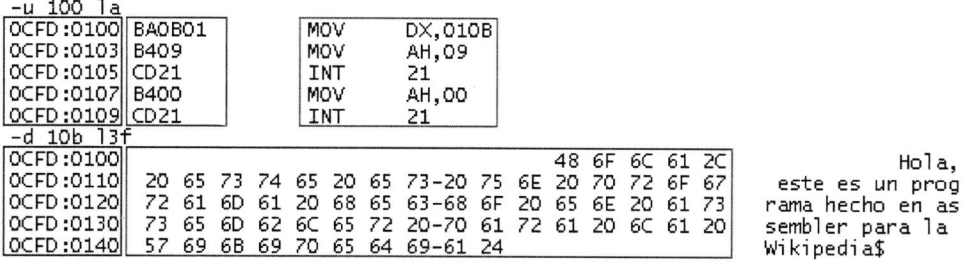

Figura 1.27. Programa en ensamblador[7].

---

[7] http://commons.wikimedia.org/wiki/File:Codigo_de_maquina.png.

Lenguajes de nivel medio

Este tipo de lenguajes tienen ciertas características que los acercan a los lenguajes de bajo nivel, pero a la vez también tienen características de los lenguajes de alto nivel. Un lenguaje de programación de este tipo es el lenguaje C. Se suelen utilizar para aplicaciones como la creación de sistemas operativos.

Lenguajes de alto nivel

Son normalmente más fáciles de aprender porque están formados por palabras del lenguaje natural, como el inglés. Para poder ejecutarlos en el ordenador se necesita un programa intérprete o compilador que traduzca las instrucciones escritas en este lenguaje, en instrucciones en lenguaje máquina que el ordenador pueda entender.

Los lenguajes de programación de alto nivel son independientes de la máquina, es decir, no dependen del hardware del ordenador y no requieren ningún conocimiento de código máquina por parte del usuario que lo utiliza. El alfabeto utilizado se acerca más a la del problema que se trata de resolver que al código máquina.

Algunos lenguajes de alto nivel son: ALGOL, Basic, C++, C#, Clipper, COBOL, Fortran, Java, Logo, Pascal, Object Pascal, Perl, PHP, PL/SQL, Python, Modula-2, etc.

SEGÚN LA FORMA DE EJECUCIÓN

Lenguajes compilados

Un programa que se escribe en un lenguaje de alto nivel tiene que traducirse a un código que pueda utilizar la máquina. Los programas traductores que pueden realizar esta operación se llaman compiladores o intérpretes.

Un compilador (véase Figura 1.28) es un programa que puede leer un programa escrito en un determinado lenguaje (un lenguaje fuente) y traducirlo en un programa equivalente en otro lenguaje (lenguaje destino). Hay que tener en cuenta que el compilador devolverá errores si el programa en el lenguaje fuente no está bien escrito. El programa destino se podrá ejecutar si el lenguaje destino es directamente ejecutable por la máquina.

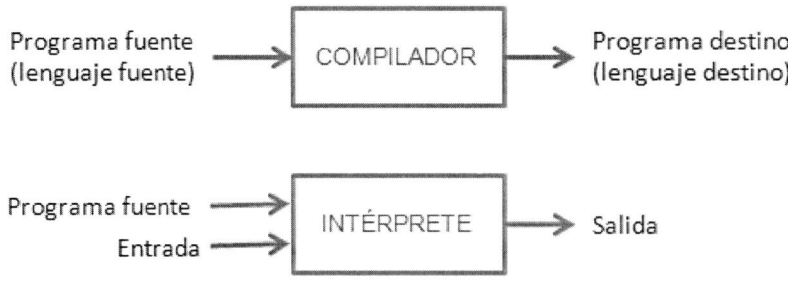

Figura 1.28. Compilador e Intérprete.

Lenguajes interpretados

Los intérpretes son otra alternativa para traducir los programas escritos en lenguaje de alto nivel. En este caso, en vez de producir un programa destino como resultado del proceso de traducción, el intérprete nos da la apariencia de ejecutar directamente las operaciones especificadas en el programa fuente con las entradas proporcionadas por el usuario (véase Figura 1.28). Cada vez que se ejecuta una instrucción se debe interpretar y traducir a lenguaje máquina.

El programa destino en el lenguaje máquina que produce un compilador es por lo general más rápido que un intérprete al momento de asignar las entradas a las salidas. El intérprete elimina la necesidad de realizar una compilación después de cada modificación del programa. Algunos ejemplos de lenguajes interpretados son: PHP, Java Script, Python, Perl, Logo, Ruby, ASP, Basic, etc.

Los procesadores del lenguaje Java combinan la compilación y la interpretación, como se muestra en la Figura 1.29. Un programa fuente en Java (por ejemplo *miprograma.java*) puede compilarse primero en un formato intermedio, llamado *bytecodes* (*miprograma.class*), después una máquina virtual los interpreta (*java miprograma.java*).

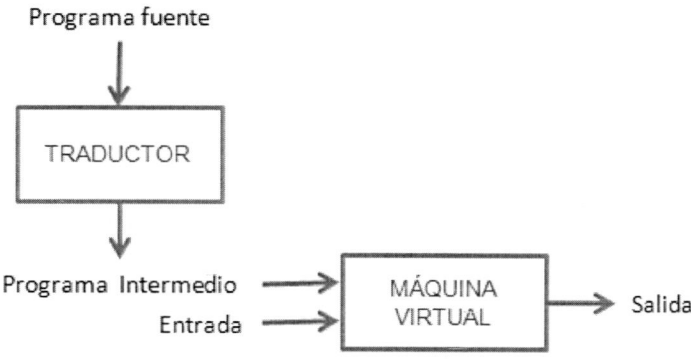

Figura 1.29. Un compilador híbrido.

SEGÚN EL PARADIGMA DE PROGRAMACIÓN

Un paradigma de programación es un enfoque particular para la construcción del software. Define un conjunto de reglas, patrones y estilos de programación que son usados por los lenguajes de programación. Un lenguaje de programación puede usar más de un paradigma. Dependiendo del problema a resolver un paradigma resultará más apropiado que otro.

Constituyen varias categorías de los lenguajes de programación: imperativos, funcionales (o aplicativos) y lógicos (o declarativos).

Lenguajes imperativos

Los primeros lenguajes imperativos fueron los lenguajes máquina de los ordenadores, en estos las instrucciones eran muy simples, después se utilizaron los lenguajes ensambladores. En los lenguajes imperativos un cálculo consiste en una serie de sentencias que establecen explícitamente como se debe manipular la información digital presente en memoria, y/o como se debe recoger o enviar información desde/hacia los dispositivos.

La sentencia principal es la asignación. Las estructuras de control permiten establecer el orden de ejecución y cambiar el flujo del programa dependiendo de los resultados de las acciones primitivas.

Ejemplos de lenguajes imperativos son: Basic, Fortran, Algol, Pascal, C, Ada, C++, Java, C#. La mayoría de los lenguajes usados para desarrollo de software comercial son imperativos. Ejemplo de un programa en lenguaje C que calcula el factorial de un número leído por teclado y lo muestra en pantalla:

```c
int main() {
    int x;
    int fact = 1;
    scanf("%i", &x);

    for(int i = 2; i <= x; i++) {
        fact = fact * i;
    }
    printf ("Factorial = %i", fact);
}
```

Dentro de esta categoría se engloba la **programación estructurada**, la **programación modular** (paradigma de programación que consiste en dividir un programa en módulos o subprogramas con el fin de hacerlo más legible y manejable), y **la programación orientada a objetos** (paradigma de programación que usa objetos y sus interacciones para diseñar programas).

Lenguajes funcionales

El paradigma funcional está basado en el concepto matemático de función. Los programas escritos en lenguajes funcionales estarán constituidos por un conjunto de definiciones de funciones (entendiendo estas no como subprogramas clásicos de un lenguaje imperativo) junto con los argumentos sobre los que se aplican.

En los lenguajes funcionales:

- No existe la operación de asignación.

- Las variables almacenan definiciones o referencias a expresiones.

- La operación fundamental es la aplicación de una función a una serie de argumentos.

- La computación se realiza mediante la evaluación de expresiones.

Ejemplos de lenguajes funcionales son: Lisp, Scheme, ML, Miranda o Haskell. Se utilizan menos que los anteriores para el desarrollo de software comercial. A continuación, se muestra una función en lenguaje Lisp que calcula el factorial de N de forma recursiva:

```lisp
(defun factorial (N)
  "Calcula el factorial de N."
  (if (= N 1)
     1
   (* N (factorial (- N 1)))))
```

Lenguajes lógicos

En este tipo de lenguajes un cálculo es el proceso de encontrar qué elementos de un dominio cumplen determinada relación definida sobre dicho dominio o el proceso de determinar si un determinado elemento cumple o no dicha relación.

Los programas escritos en estos lenguajes se pueden ver como una base de datos formada por listas de declaraciones lógicas (reglas) que pueden ser consultadas. La ejecución consistirá en realizar preguntas de forma interactiva.

El lenguaje lógico por excelencia es Prolog, está especialmente indicado para aplicaciones muy específicas como: sistemas expertos, demostración de teoremas, consulta de bases de datos relacionales, procesamiento del lenguaje natural. El siguiente ejemplo muestra varias relaciones *padrede* en Prolog y a continuación muestra varias consultas sobre esas relaciones y el valor devuelto por el sistema:

```
padrede(pedro,maria). % pedro es padre de maria
padrede(juan,luis).   % juan  es padre de luis
padrede(juan,marta).
padrede(manuel,ana).
```

Las siguientes consultas (símbolos ?-) producen las respuestas especificadas (yes o no):

```
?- padrede(maria,juan).
no.
?- padrede(manuel,ana).
yes.
?- padrede(pedro,marta).
no.
```

Lenguajes de programación estructurados

En el apartado de diseño se nombraron las tres construcciones lógicas que son el fundamento de la programación estructurada: la estructura secuencial, la condicional y la repetitiva. Los lenguajes de programación basados en la programación estructurada son los llamados lenguajes de programación estructurados.

Un programa estructurado, que utiliza las tres construcciones lógicas nombradas anteriormente, resulta fácil de leer, es decir, puede ser leído secuencialmente desde el comienzo hasta el final sin perder la continuidad de lo que hace. El problema de estos programas es que todo el código se concentra en un único bloque, si el programa es demasiado grande o el problema a resolver es complejo resulta difícil su lectura y manejo.

Actualmente cuando se habla de programación estructurada, nos solemos referir a la división de un programa en partes más manejables conocidas como **módulos**. Así un programa estructurado puede estar compuesto por un conjunto de estos módulos, cada uno tendrá una entrada y una salida. La comunicación entre ellos debe estar perfectamente controlada y se debe poder trabajar de forma independiente con cada uno de ellos. La Figura 1.30 muestra un programa que se divide en varios módulos, el módulo raíz (o programa principal) controla el resto de los módulos; el primero muestra una pantalla de entrada de datos, en el segundo módulo se hace la entrada y comprobación de los datos y en el tercer módulo se insertan los datos en la base de datos.

A esta evolución de la programación estructurada se le llama **programación modular**. Esta división en módulos aporta una serie de ventajas:

- Al dividir el programa en varios módulos, varios programadores pueden trabajar simultáneamente.

- Los módulos se pueden reutilizar en otras aplicaciones.

- Es menos costoso resolver pequeños problemas de forma aislada que abordar el problema a resolver de forma global.

Ejemplos de lenguajes estructurados son: Pascal, C, Fortran, Modula-2, etc.

Figura 1.30. Programa dividido en módulos.

Lenguajes de programación orientados a objetos

En la programación orientada a objetos un programa está compuesto por un conjunto de objetos no por un conjunto de instrucciones o un conjunto de módulos, como en la programación estructurada.

Un **objeto** consta de una estructura de datos y de una colección de métodos u operaciones que manipulan esos datos. Los datos definidos dentro de un objeto son sus atributos. Las operaciones definen el comportamiento del objeto y cambian el valor de uno o más atributos. Estas operaciones pueden ser vistas como módulos en un sentido convencional.

Los objetos se comunican unos con otros a través del paso de mensajes. Por ejemplo, un objeto **A** como parte de la ejecución del *Método2* requiere el proceso asociado con la operación *Alta* de otro objeto **B**, entonces el objeto **A** envía un mensaje de la forma: ***B**.Alta(datos)*; la operación de *Alta* completa su ejecución y envía un valor de retorno al objeto **A** (Figura 1.31)

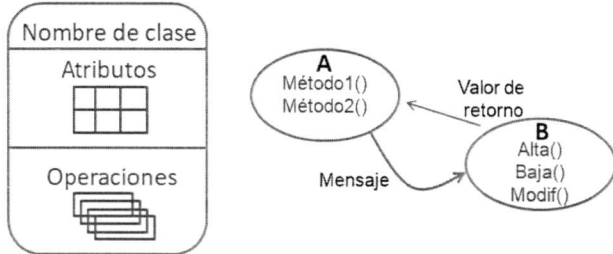

Figura 1.31. Clase y paso de mensajes entre objetos.

Una **clase** no es más que una plantilla para la creación de objetos. Cuando se crea un objeto (instanciación) se ha de especificar de qué clase es el objeto instanciado, para que el compilador comprenda las características del objeto. Una clase Java de nombre *Persona* con dos atributos, un constructor y cuatro métodos es la siguiente:

```
public class Persona {
  //Atributos
  private String nombre;
  private int edad;

  //Constructor
  public Persona(String nombre,int edad)      {
    this.nombre = nombre;
    this.edad = edad;
  }

  //Métodos
  public void setNombre(String nom){nombre = nom;}
  public void setEdad(int ed){edad = ed;}
  public String getNombre(){return nombre;} //devuelve nombre
  public int getEdad(){return edad;}        //devuelve edad
}
```

La creación de un objeto de esa clase sería: *Persona persona= new Persona("Manuel", 20);*

Desde el punto de vista de la programación estructurada, una clase se asemejaría a un módulo, los atributos a las variables globales de dicho módulo, y los métodos a las funciones del módulo. Entre las ventajas de la programación orientada a objetos destacamos que facilita la reutilización de código, el trabajo en equipo o el mantenimiento del software. Sin embargo, la principal desventaja es la complejidad para adaptarse a esta programación ya que es menos intuitiva que la estructurada.

Ejemplos de lenguajes orientados a objetos son: C++, Java, Ada, Smalltalk, etc.,

1.7. OBTENCIÓN DE CÓDIGO EJECUTABLE

Durante la etapa de diseño se construyen los componentes software con el suficiente nivel de detalle de tal forma que sirvan como guía en la generación de código fuente en un lenguaje de programación; algunas herramientas utilizadas para ello son los diagramas de flujo o el pseudocódigo.

La generación del código fuente se lleva a cabo en la etapa de codificación. En esta etapa el código pasa por diferentes estados.

1.7.1. Tipos de código

El código de un programa pasa por diferentes estados desde que se escribe hasta que se ejecuta en el ordenador:

- **Código fuente.** Es el código escrito por los programadores utilizando algún editor de texto o alguna herramienta de programación. Se utiliza un lenguaje de programación de alto nivel apropiado para el problema que se trata de resolver. Para escribir el código se parte de los diagramas de flujo o pseudocódigos diseñados en la etapa de diseño. Este código no es directamente ejecutable por el ordenador.

- **Código objeto.** Es el código resultante de compilar el código fuente. No es directamente ejecutable por el ordenador ni entendido por el ser humano. Es un código o representación intermedia de bajo nivel.

- **Código ejecutable.** Es el resultado de enlazar el código objeto con una serie de rutinas y librerías, obteniendo así el código que es directamente ejecutable por la máquina.

1.7.2. Compilación

El proceso de compilación de un programa se lleva a cabo mediante dos programas, el compilador y el enlazador, véase Figura 1.32. Si el compilador en el proceso de traducción devuelve algún error (falta algún signo de puntuación, sentencias mal escritas, tipos de datos no compatibles, variables no definidas, etc.) no se generará el programa objeto (o código objeto), será necesario modificar el programa fuente y pasarlo de nuevo por el compilador.

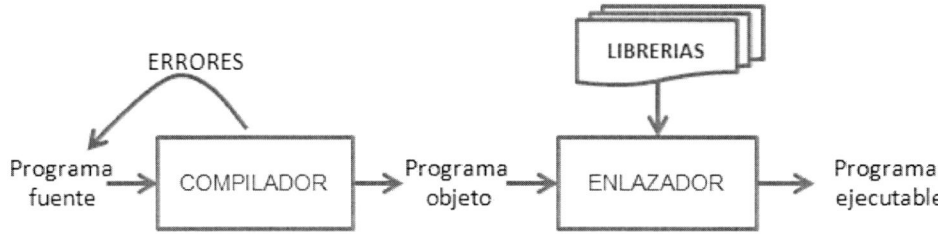

Figura 1.32. Proceso de compilación.

El compilador se compone internamente de varias etapas o fases que realizan distintas operaciones (Figura 1.33):

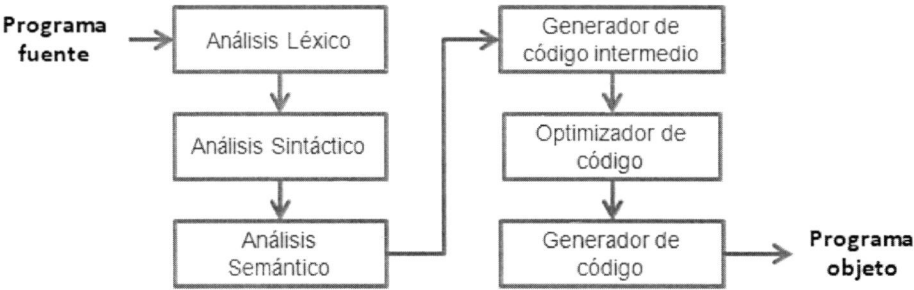

Figura 1.33. Fases de un compilador.

- **Análisis léxico**: se lee secuencialmente todo el código fuente obteniendo unidades significativas de caracteres denominadas tokens. Por ejemplo, la instrucción: suma = x + 2, generaría 5 tokens: suma, =, x, +, 2.

- **Análisis sintáctico**: recibe el código fuente en forma de tokens y realiza el análisis sintáctico que determina la estructura del programa; es decir, se comprueba si las construcciones de tokens cumplen las reglas de sintaxis definidas en el lenguaje de programación correspondiente. El proceso es semejante al análisis gramatical sobre alguna frase en lenguaje natural.

- **Análisis semántico**: se comprueban que las declaraciones son correctas, se verifican los tipos de todas las expresiones, si las operaciones se pueden realizar sobre esos tipos, si los arrays tienen el tamaño y tipo adecuados, etc.

- **Generación de código intermedio**: después del análisis se genera una representación intermedia similar al código máquina con el fin de facilitar la tarea de traducir al código objeto.

- **Optimización de código**: trata de mejorar el código intermedio generado en la fase anterior de tal forma que el código resultante sea más fácil y rápido de interpretar por la máquina.

- **Generación de código**: genera el código objeto de nuestro programa.

El programa enlazador inserta en el código objeto las funciones de librería necesarias para producir el programa ejecutable. Por ejemplo, en un programa escrito en C si el fichero fuente hace referencia a funciones de una biblioteca o a funciones que están definidas en otros ficheros fuentes, entonces el ligador combina estas funciones con el programa principal para crear un fichero ejecutable.

1.8. MÁQUINAS VIRTUALES

Una máquina virtual es una aplicación software de una máquina (por ejemplo, un ordenador) que ejecuta los programas como si fuese una máquina real. Se pueden clasificar en dos categorías:

- **Máquinas virtuales de sistema** (en inglés *System Virtual Machine*). Permiten ejecutar en la misma máquina física varias máquinas virtuales cada una con un sistema operativo, de esta manera pueden coexistir diferentes sistemas operativos sobre una misma máquina. Un ejemplo de este software es *VMware Workstation* y *Virtual Box*; que se pueden utilizar para evaluar y probar nuevos sistemas operativos, para ejecutar aplicaciones sobre distintos sistemas operativos, etc.

Las máquinas virtuales agregan gran complejidad al sistema en tiempo de ejecución y pueden hacer que al ejecutar algún proceso el ordenador vaya lento; por lo tanto, hay que tener en cuenta que la máquina donde se ejecute la máquina virtual debe tener una capacidad notable.

- **Máquinas virtuales de proceso** (en inglés *Process Virtual Machine*). Una máquina virtual de proceso, a veces llamada "máquina virtual de aplicación", se ejecuta como un proceso normal dentro de un sistema operativo y soporta un solo proceso. La máquina se inicia automáticamente cuando se lanza el proceso que se desea ejecutar y se detiene cuando éste finaliza. Su objetivo es el de proporcionar un entorno de ejecución independiente de la plataforma de hardware y del sistema operativo, que oculte los detalles de la plataforma subyacente y permita que un programa se ejecute siempre de la misma forma sobre cualquier plataforma. El ejemplo más conocido actualmente de este tipo de máquina virtual es la **máquina virtual de Java**[8].

---

[8] Fuente: http://es.wikipedia.org/wiki/Máquina_virtual.

1.8.1. La máquina virtual de Java

Los programas compilados en lenguaje Java se pueden ejecutar en cualquier plataforma: es decir, pueden ejecutarse en entornos UNIX, Mac, Windows, Solaris, etc. Esto es debido a que el código generado por el compilador no lo ejecuta el procesador del ordenador, sino que lo ejecuta la *Máquina Virtual de Java* (**JVM,** *Java Virtual Machine*). El proceso de compilación y ejecución de un programa Java se muestra en la Figura 1.34.

Figura 1.34. Compilación y ejecución de un programa Java.

El código fuente del programa está escrito en ficheros de texto plano que tienen la extensión *.java*. La compilación del fichero, mediante el compilador Java **javac,** genera un fichero (o varios) con la extensión *.class* (siempre y cuando no haya errores). Un fichero *.class* contiene código en un lenguaje intermedio cercano al lenguaje máquina, pero independiente del ordenador y el sistema operativo en que se ejecuta, este código se llama *bytecode*. La *Máquina Virtual de Java* toma y traduce el *bytecode* en código binario para el procesador que se utiliza para ejecutar el programa. Como está disponible en muchos sistemas operativos diferentes, los ficheros *.class* pueden ser ejecutados en distintas plataformas: Microsoft Windows, Solaris, Linux o Mac OS, Figura 1.35.

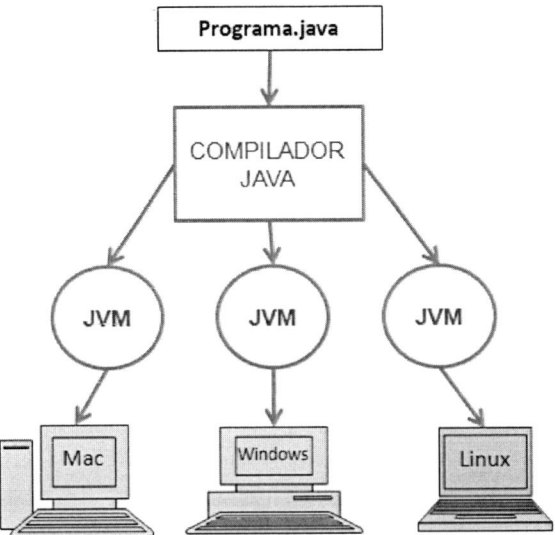

Figura 1.35. Ejecución de un programa Java en distintas plataformas.

Las tareas principales de la *Máquina Virtual Java* son las siguientes:

- Reservar espacio en memoria para los objetos creados y liberar la memoria no utilizada.

- Comunicarse con el sistema huésped (sistema donde se ejecuta la aplicación) para ciertas funciones, como controlar el acceso a dispositivos hardware.

- Vigilar el cumplimiento de las normas de seguridad de las aplicaciones Java.

La principal desventaja de los lenguajes basados en máquina virtual es que son más lentos que los lenguajes completamente compilados, debido a la sobrecarga que genera tener una capa de software intermedia entre la aplicación y el hardware del ordenador, sin embargo, esta desventaja no es demasiado crítica.

Para instalar el entorno de ejecución de la *Máquina Virtual Java* podemos acceder a la web de Oracle desde https://www.java.com/es/download/. También desde la web de **OpenJdk** https://openjdk.java.net/ podemos consultar las versiones y elegir el paquete que nos interese según la versión del sistema operativo que tengamos. Al software de Java que nos descargamos (o *Java Runtime Environment*) se le conoce también como: Java Runtime, Runtime Environment, Runtime, JRE, máquina virtual de Java, máquina virtual, Java VM, JVM, VM, plugin de Java, complemento de Java o descarga de Java.

1.9. HERRAMIENTAS UTILIZADAS EN PROGRAMACIÓN

Para llevar a cabo la codificación y prueba de los programas se suelen utilizar entornos de programación. Estos entornos nos permiten realizar diferentes tareas:

- Crear, editar y modificar el código fuente del programa.

- Compilar, montar y ejecutar el programa.

- Examinar el código fuente.

- Ejecutar el programa en modo depuración.

- Realizar pruebas del programa de forma automática.

- Generar documentación.

- Gestionar los cambios que se van haciendo en el programa (control de versiones).

- Etc.

A estos entornos de programación se les suele llamar entornos de desarrollo integrado o **IDE** (*Integrated Development Environment*). Los IDEs están diseñados para maximizar la productividad del programador. Un IDE es un programa informático formado por un conjunto de herramientas de programación que facilitan las tareas de creación, modificación, compilación, implementación y depuración de software.

La mayoría de los IDEs actuales proporcionan un entorno de trabajo visual formado por ventanas, barras de menús, barras de herramientas, paneles laterales para presentar la estructura en árbol de los proyectos o del código del programa que estamos editando, pestañas adicionales con el resultado de aplicar determinadas herramientas o bien que nos permiten tener abiertos varios ficheros del proyecto, asistentes que ayudan al programador a desarrollar parte del proyecto o del código, etc.

Los editores suelen ofrecer facilidades como el resaltado de la sintaxis utilizando diferentes colores y tipos de letra, el emparejamiento de llaves o paréntesis poniendo el cursor sobre uno de ellos, el plegado y desplegado de código, por ejemplo, una función se puede reducir a una simple línea de cabecera.

Un mismo IDE pueda funcionar con varios lenguajes de programación, este es el caso de *Eclipse* o *Netbeans* que mediante la instalación de plugins se le puede añadir soporte de lenguajes adicionales. En el siguiente capítulo se estudiarán los entornos de desarrollo.

1.10. METODOLOGÍAS ÁGILES

Durante mucho tiempo, las metodologías más extendidas para el desarrollo de proyectos software se basaban en el desarrollo del mismo en una serie de fases que se realizaban de forma secuencial, de manera que hasta que no se completa el trabajo de una fase, no comienza el de la siguiente. Usualmente se consideraban las etapas vistas en el ciclo de vida del Software: especificación y análisis de requisitos, diseño del sistema, implementación del software, aplicación y pruebas, entrega y mantenimiento.

Pero, ¿qué ocurre si durante la implementación, se descubren nuevos requisitos? ¿O si durante las pruebas se descubre que no tiene el diseño correcto? Estas metodologías implicaban un gran esfuerzo en cada etapa con el fin de pasar a la siguiente evitando volver a la anterior. Cuando se cometía algún error grave entre las etapas resultaba complicado ajustar el proyecto de forma sencilla. A estos problemas se añade que hasta terminar la etapa de implementación lo único que se tenia era la documentación, no pudiendo comprobar el trabajo realizado en el desarrollo del proyecto.

Actualmente, debido a los rápidos avances tecnológicos y a que la demanda de los usuarios es más rápida que la capacidad de producción de las empresas, se hace necesario cambiar la metodología tradicional por una ***metodología más ágil*** que permita el desarrollo del proyecto adaptándose de forma rápida a las necesidades cambiantes.

1.10.1. Características

En 2001, 17 desarrolladores de software se reunieron en Utah para discutir estos métodos de desarrollo. Publicaron el "***Manifesto for Agile Software Development***" (manifiesto para el desarrollo software ágil). Este documento describe mejores formas de desarrollar software[9] valorando:

- ***Individuos e interacciones*** *sobre procesos y herramientas.*

- ***Software funcionando*** *sobre documentación extensiva.*

- ***Colaboración con el cliente*** *sobre negociación contractual.*

- ***Respuesta ante el cambio*** *sobre seguir un plan.*

---

[9] https://agilemanifesto.org/iso/es/manifesto.html

En los puntos anteriores podemos ver que se da más importancia a los elementos escritos en negrita que a los que le siguen a la derecha. Para conseguir esta forma de desarrollar software se definen doce principios base:

1. Nuestra mayor prioridad es satisfacer al cliente mediante la **entrega temprana y continua** de software con valor.

2. **Aceptamos que los requisitos cambien**, incluso en etapas tardías del desarrollo. Los procesos ágiles aprovechan el cambio para proporcionar ventaja competitiva al cliente.

3. **Entregamos software funcional frecuentemente**, entre dos semanas y dos meses, con preferencia al periodo de tiempo más corto posible.

4. Los responsables de negocio y los desarrolladores **trabajamos juntos** de forma cotidiana durante todo el proyecto.

5. Los proyectos se desarrollan en torno a **individuos motivados**. Hay que darles el entorno y el apoyo que necesitan, y confiarles la ejecución del trabajo.

6. El método más eficiente y efectivo de comunicar información al equipo de desarrollo y entre sus miembros es la **conversación cara a cara**.

7. El **software funcionando** es la medida principal de progreso.

8. Los procesos ágiles promueven el **desarrollo sostenible**. Los promotores, desarrolladores y usuarios debemos ser capaces de mantener un ritmo constante de forma indefinida.

9. La **atención continua** a la excelencia técnica y al buen diseño mejora la agilidad.

10. La **simplicidad**, o el arte de maximizar la cantidad de trabajo no realizado, es esencial.

11. Las mejores arquitecturas, requisitos y diseños emergen de **equipos auto-organizados**.

12. A intervalos regulares el equipo reflexiona sobre **cómo ser más efectivo** para a continuación ajustar y perfeccionar su comportamiento en consecuencia.

Se dice entonces que una metodología que siga estos principios es una *Metodología Ágil*. En definitiva, estas metodologías tratan de dar respuesta a las necesidades de proyectos cada vez más cambiantes y dinámicos basándose en desarrollos incrementales e iterativos que van sumando funcionalidad al software entregable.

1.10.2. Técnicas

Algunas de las metodologías ágiles más populares son:

- **Scrum**: más que una metodología es un marco de trabajo con su propio manual de aplicación. Sus roles principales son el *Product Owner*, *Scrum Master* y el equipo de desarrollo o *Development Team*.

- **Programación eXtrema (XP)**: sirve para gestionar proyectos en equipo, pactando entregas constantes y evitando así que los cambios de requisitos del cliente obliguen a empezar de cero. Tiene la particularidad de que el cliente forma parte del equipo de trabajo. Se utiliza en proyectos a corto plazo donde el plazo de entrega sea para ayer.

- **Kanban**: es una metodología de desarrollo que da prioridad a la entrega justo a tiempo y se apoya en la representación visual del flujo de trabajo. Persigue la calidad sobre la rapidez, la reducción de desperdicio, la mejora continua y la flexibilidad.

SCRUM

Scrum es un proceso en el que se aplican de manera regular un conjunto de buenas prácticas para trabajar colaborativamente, en equipo, y obtener el mejor resultado posible de un proyecto. No solo se utiliza en proyectos de software, también se puede utilizar en otros contextos o áreas de conocimiento. Está conformado por 3 roles principales:

- El ***Product Owner*** (dueño del producto): Representa al cliente dentro del equipo de trabajo. Tiene la responsabilidad de decidir qué trabajo necesita hacerse, de gestionar los presupuestos, de contratar al equipo de desarrollo y de explicar cuál es el valor que produce el producto en el que está invirtiendo.

- El ***Scrum Master*** (dueño del proceso): Es el líder del equipo de trabajo, es un moderador. Ayuda al equipo y a la organización a entender y usar lo mejor posible la metodología **Scrum**. Es como el administrador del proyecto.

- El ***Development Team*** (miembros del equipo de desarrollo): Grupo de profesionales con los conocimientos técnicos necesarios que son los responsables de dar cumplimiento a los ***Sprint***. Son grupos estructurados y autorizados por la organización para organizar y gestionar su propio trabajo. Un ***Sprint*** es como un un miniproyecto de no más de un mes (ciclos de ejecución muy cortos -entre una y cuatro semanas), cuyo objetivo es conseguir un incremento de valor en el producto que se está construyendo.

El ciclo de vida de **Scrum** se puede observar en la Figura 1.36. El ***Product Owner*** define un artefacto, es decir, un documento con la lista completa de las funcionalidades, necesidades y requisitos del cliente a implementar en el producto. A este artefacto se le llama el ***Product Backlog*** o pila de trabajo del producto.

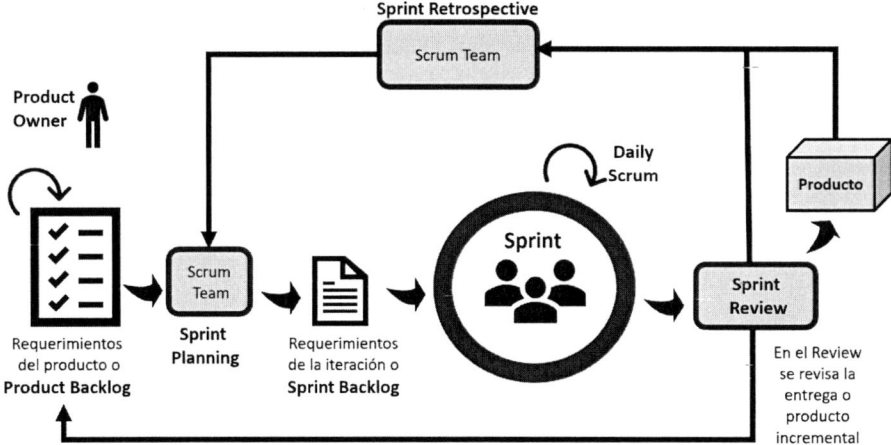

Figura 1.36. Ciclo de vida de **Scrum**.

Una vez que se tienen los requerimientos del producto se lleva a cabo una reunión llamada ***Spring Planning*** donde se comunican todas todas las ideas al equipo de desarrollo, y cómo se va a dar solución a la primera fase del producto final.

Como resultado de esta reunión se va a elaborar una lista de funcionalidades llamadas ***Sprint Backlog***. Consiste en un conjunto de requisitos que se deben construir en un plazo de 1 a 4 semanas. Es el llamado ***Sprint***, el corazón del Scrum. Todo ***Sprint*** cuenta con una definición y una planificación que ayudará a lograr las metas marcadas. En él intervienen el ***Scrum Master*** y el ***Development Team***, este último se encargará de desarrollar y construir toda la funcionalidad del software y el ***Scrum Master*** les facilitará todo lo necesario para que el equipo pueda trabajar.

Una de las actividades principales realizadas por el ***Scrum Master*** con el equipo de desarrollo son las reuniones diarias o ***Daily Scrum***. Estas tienen como objetivo el seguimiento de todos los procesos que se realizan en el ***Sprint***. En ellas se realiza una retroalimentación, se preguntará a cada persona del equipo de desarrollo sobre las tareas que está realizando: qué se hizo ayer, qué se está haciendo hoy, qué se va a realizar mañana, qué problemas se han encontrado. Las reuniones no deben ser mayores de 15 minutos. El objetivo, es que el equipo establezca un plan para las próximas 24 horas. Se suelen realizar frente a un tablero tipo **Kanban** (se verá en el siguiente apartado) donde se definen todas las tareas asociadas a cada miembro del equipo.

Al final del ***Sprint*** se hace una nueva reunión de revisión que se llama ***Sprint Review***, donde se exponen los puntos completados y los que no con el fin de garantizar la entrega del producto al cliente final.

Después de la entrega se hace una nueva reunión de retrospectiva o ***Spring Retrospective***, tiene como objetivo que el equipo reflexione sobre los resultados del ***Sprint*** anterior y saque como resultado posibles acciones de mejora a aplicar en el siguiente. A ella, debe asistir todo el equipo **Scrum** (dueño del producto, equipo de desarrollo y dueño del proceso). Es una de las reuniones más importantes ya que es un espacio de reflexión y mejora continua.

Al finalizar el ***Sprint*** se debe comenzar con otro tomando otra de las funcionalidades del ***Product Backlog***. Así se inicia de nuevo el proceso hasta tener un nuevo producto funcional que se pueda entregar al cliente.

Ejemplos de empresas que utilizan metodologías ágiles como **Scrum** son[10]: Adobe, Autentia, IBM, Google, Intel, Microsoft, Apple, SAP, etc. Herramientas para usar **Scrum**: Jira, Monday.com, Smartsheet, Quickscrum, Hubstaff Tasks, Miro, Azure Boards, Orangescrum, Taiga, VivifyScrum, Asana (Fuente: https://geekflare.com/es/best-scrum-tools/).

Kanban

El origen de la metodología **Kanban** debemos buscarlo en los procesos de producción "just-in-time" (JIT) ideados por Toyota, en los que se utilizaban tarjetas para identificar necesidades de material en la cadena de producción. Su objetivo es gestionar de manera general cómo se van completando tareas.

La filosofía de **Kanban** es realizar el trabajo por trozos, crear un producto mínimo viable que tiene que funcionar y una vez que funciona y el cliente da su visto bueno, seguir añadiendo más características y funcionalidades. Se parte de algo básico y se va haciendo más sofisticado.

Para gestionar todo el proceso se utilizan ***tarjetas visuales***. Estar *tarjetas* son una forma de poder visualizar todo el proceso de trabajo, es decir, con solo un vistazo podemos ver lo que se está haciendo, lo que está hecho y lo que queda por hacer. Incluso podemos saber lo que está haciendo cada persona del equipo; así si hay algún miembro del equipo que ha terminado sus tareas y otro va atrasado, puede apoyarlo y repartir el trabajo. Su sistema de gestión visual posibilita la detección de embotellamientos dentro del flujo de trabajo y su posterior corrección.

---

[10] https://ingenio.edu.pe/blog/grandes-empresas-que-aplican-scrum/

Generalmente un cuadro común de **Kanban** tiene las siguientes divisiones, en las que se puede ver en todo momento el flujo por el que van pasando las tareas, véase Figura 1.37:

- **To Do** (Por hacer): aquí se indican las tareas que hay que hacer.

- **Doing** (En proceso): tareas que se están realizando.

- **Done** (Hecho): tareas que se han realizado.

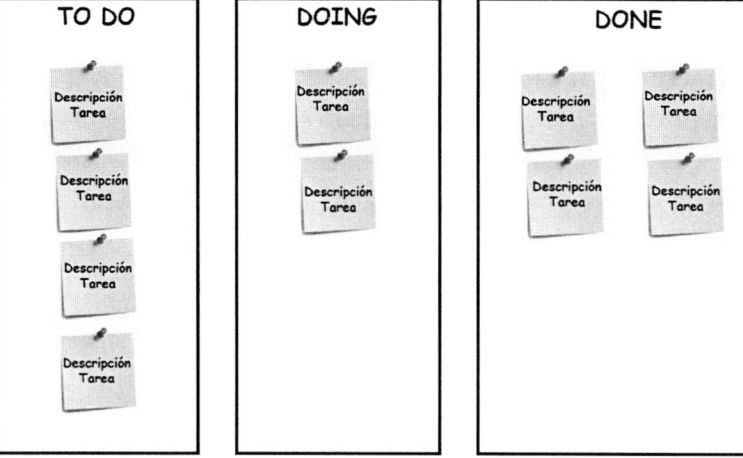

Figura 1.37. Tablero **Kanban**.

Algunas herramientas on line que podemos utilizar para esta metodología son: *Trello* (https://trello.com/es), *Asana* (https://asana.com/es) o *KambanTool* (https://kanbantool.com/es/).

Programación eXtrema XP

Es una metodología basada en prueba y error para obtener un software que funcione. Orientada a quien produce y usa software, donde el cliente participa muy activamente. Reduce el costo del cambio en todas las etapas del ciclo de vida del sistema. Esta metodología apoya la idea de que ser capaz de adaptarse a los cambios de requisitos en cualquier punto de la vida del proyecto es una aproximación mejor y más realista que intentar definir todos los requisitos al comienzo del proyecto. La planificación no debe ser estricta sino flexible y abierta.

Esta metodología se basa en 5 valores:

- **Comunicación** entre todos los integrantes del grupo.

- **Sencillez**, realizar programas sencillos que tengan la funcionalidad que se indica en los requisitos y que faciliten su mantenimiento.

- **Retroalimentacion**, las pruebas realizadas sobre el software mantienen informado del grado de fiabilidad del sistema. El cliente conoce el estado del proyecto en tiempo real.

- **Valentia**, asumir retos, afrontar problemas, reconstruir el código cuando sea necesario, saber cuándo desechar un código.

- **Respeto** del trabajo del resto, sin menospreciar a nadie. Respetar a las personas involucradas directa o indirectamente en el proyecto.

El flujo de trabajo para construir el software está formado por una serie de fases. Cada vez que se terminan las fases de planificación, diseño, codificación y pruebas, se produce un giro, cada giro supone un incremento del software que implica una entrega del mismo. Véase la Figura 1.38.

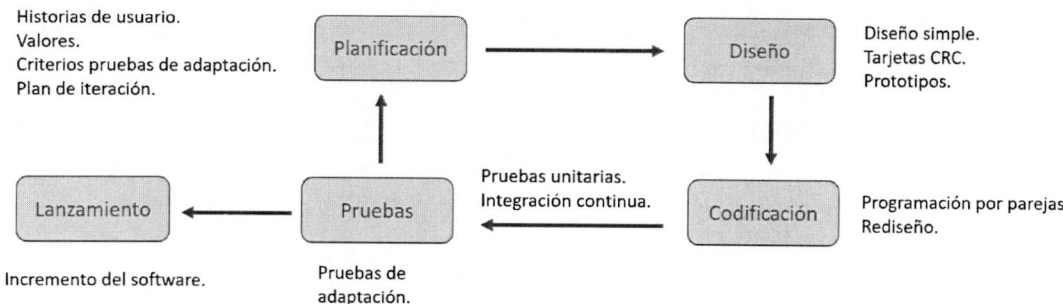

Figura 1.38. Fases en XP.

- **Planificación**. Se crean las historias de usuario, es decir, la lista de funcionalidades o requerimientos. Debe ser un escrito muy sencillo en lenguaje natural donde se dice lo que el cliente quiere que desarrolle el software. Se aplican los valores descritos anteriormente, sobre todo la comunicación. En esta etapa se determinan qué pruebas debe superar el software una vez construido. Por último, se define el plan de iteración, es un plan en el que se deciden como se van a estructurar los diferentes incrementos que se dan en cada giro, qué se hace en cada iteración, como se acopla cada una.

- **Diseño**. En este paso se intentará trabajar con un diseño sencillo, orientado a objetos, haciendo lo mínimo imprescindible para que funcione. Para ello se crearán tarjetas CRC (Clase-Responsabilidad-Colaboración). Para soluciones más complejas se construirá un prototipo.

- **Codificación**. Se orienta a las pruebas, primero se diseña la prueba y después se pasa a la codificación. La programación se hace por parejas, cada funcionalidad la tiene que afrontar dos programadores al mismo tiempo. Ambos construyen su versión y una vez terminada hacen pruebas y deciden cuál de las dos es la que se entregará o si las fusionan o construyen una funcionalidad más completa. Se deben realizar pruebas unitarias que se deben ir comprobando que tienen el valor suficiente para ser presentada. Una vez que pasan todas las pruebas se pasa a la integración, donde estas funcionalidades se juntarán con las demás funcionalidades que conforman el pequeño incremento. En esta fase también se permite el rediseño, ya que el diseño inicial se realiza de forma sencilla, puede que falte algun requerimiento y sea necesario modificarlo.

- **Pruebas**. Se deben realizar pruebas automáticas continuamente. Por último, se hace la prueba de aceptación global, donde todas las funcionalidades en conjunto deben funcionar correctamente. Al tratarse normalmente de proyectos a corto plazo, este testeo automatizado y constante es clave.

- **Lanzamiento**. Una vez que pasa la prueba de aceptación, se hace el lanzamiento del incremento del software. Se hace la entrega del primer incremento al cliente. Con esto se puede calcular la velocidad del proyecto y el tiempo de entrega.

1.11. EJEMPLOS

En este apartado se presenta el ejemplo de una de las técnicas más utilizadas en el Análisis Orientado a Objetos, los casos de uso. Al final del capítulo se muestran ejemplos sencillos de elaboración de programas utilizando dos notaciones gráficas: el pseudocódigo y los diagramas de flujo.

1.11.1. Casos de uso

Los casos de uso modelan el sistema desde el punto de vista del usuario. Proporcionan una descripción clara de cómo el usuario interactúa con el sistema y viceversa. Se extraen del documento de *Especificación de Requisitos del Software* (ERS).

Un caso de uso se suele escribir en un lenguaje sencillo y sin tecnicismos para que pueda ser entendido y comprendido por todos los participantes en el proceso de análisis. En el capítulo 6 se tratarán más ampliamente.

Para dibujar el diagrama de casos de uso se utilizan una serie de símbolos, entre ellos estos:

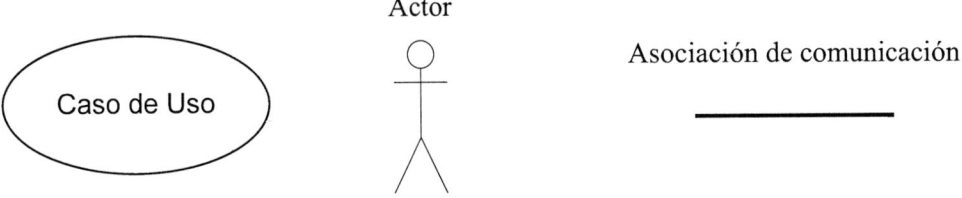

Los elementos de un diagrama de casos de uso son los siguientes:

- **Los actores.** Un actor puede ser cualquier cosa que interactúa con el sistema y es externo a él. No necesariamente es una persona, puede ser un dispositivo u otro sistema. Se representan mediante un monigote con un nombre debajo.

- **Los casos de uso.** Representan una unidad funcional del sistema que se realiza tras una orden de algún agente externo que puede ser un actor u otro caso de uso. Un caso de uso es iniciado por un actor, a partir de ese momento, ese actor junto con otros interactúan con el sistema participando de ese caso de uso. Se representan mediante un óvalo o elipse y dentro se escribe una descripción textual.

- **Las relaciones.** Existen varios tipos de relaciones que se verán más adelante. La más típica es la asociación entre actores y casos de uso que se representan mediante una línea continua, significa la participación del actor en el caso de uso.

- Puede aparecer un rectángulo que muestre los límites del sistema.

Supongamos una tienda en línea que vende productos los cuales se pueden visitar y para poder comprarlos los clientes se tienen que registrar. En la tienda existe un administrador que se encargará de administrar y mantener el sistema y de gestionar los productos. Podemos definir los siguientes actores:

- **Cliente no registrado**: Un individuo o una entidad que interactúa con el sistema para buscar productos.

- **Cliente registrado**: Un individuo o una entidad que realiza compras en la tienda en línea. Los clientes interactúan con el sistema para buscar productos, realizar pedidos y seguir el estado de sus pedidos.

- **Administrador**: Un usuario interno responsable de administrar y mantener el sistema de gestión de clientes. También realiza tareas como agregar nuevos productos al catálogo, administrar la información de los clientes, generar informes y administrar los pedidos.

Podemos definir los siguientes casos de uso:

- **Buscar productos**: El sistema permite a los clientes registrados y no registrados buscar los productos en la tienda.

- **Registrar cliente**: El sistema permite registrar nuevos clientes. Para los clientes, se pueden almacenar detalles como nombre, dirección, dirección de correo electrónico, y número de teléfono.

- **Gestionar productos:** El sistema permite a los administradores agregar nuevos productos al catálogo. Cada producto tiene un nombre, una descripción, un precio y la cantidad disponible en inventario.

- **Realizar pedidos:** El sistema permite que los clientes registrados pueden realizar pedidos seleccionando los productos que desean comprar y proporcionando su información de envío y pago. Cada pedido se registra en el sistema junto con los detalles del cliente, los productos solicitados y el estado del pedido.

- **Seguir pedidos:** El sistema permite a los clientes realizar un seguimiento de los pedidos. Pueden ver el estado de sus pedidos, como "pendiente", "en proceso" o "enviado".

- **Administrar pedidos:** El sistema permite a los administradores actualizar el estado de los pedidos a medida que se procesan y se envían.

En la Figura 1.39 se muestra el diagrama de casos de uso.

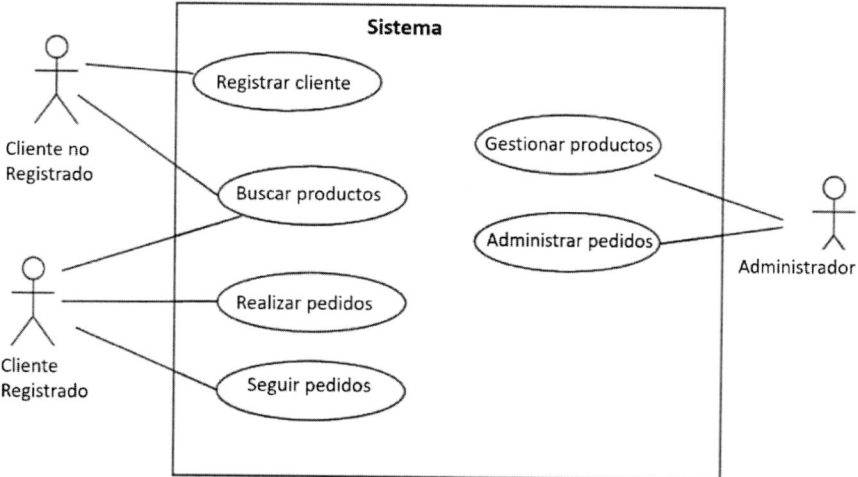

Figura 1.39. Diagrama Casos de uso de la tienda en línea.

A continuación, documentamos los casos de uso *Registrar cliente* y *Realizar pedidos*:

Nombre: Registrar cliente
ID: CU-1
Descripción:
El cliente no registrado solicita registrarse en la tienda.
Actores: Cliente no Registrado.
Precondiciones: el cliente no tiene que estar registrado en el sistema.
Curso normal del caso de uso:
1. El cliente solicita al sistema registrarse en la tienda.   2. El sistema solicita al cliente que introduzca sus datos.   3. El cliente introduce sus datos.   4. El sistema comprueba los datos introducidos y registra al cliente.

Nombre: Realizar pedidos
ID: CU-2
Descripción:
El cliente solicita realizar un pedido de productos.
Actores: Cliente Registrado.
Precondiciones: el cliente tiene que estar registrado en el sistema.
Curso normal del caso de uso:
1. El cliente solicita realizar un pedido.   2. El sistema solicita sus datos y los datos del pago.   3. El cliente proporciona la información de envío y facturación requerida, como dirección de entrega, método de pago y datos de contacto.   4. El sistema valida la información proporcionada por el cliente y procesa el pago utilizando el método seleccionado.   5. El sistema confirma el pedido y genera un número de pedido único.   6. El cliente recibe la confirmación del pedido.   7. El sistema registra el pedido y notifica al departamento correspondiente para que prepare el pedido para su envío.

1.11.2. Pseudocódigo y diagramas de flujo

En el siguiente apartado se muestran algunos ejemplos de pseudocódigos y el correspondiente diagrama de flujo. Además de los símbolos vistos anteriormente utilizaremos los siguientes símbolos:

Símbolo *Terminador*, representa el inicio y final de un programa.	
Símbolo de *Entrada/Salida*, representa entrada y salida de datos.	
Pantalla, se utiliza para representar salida por pantalla.	
Impresora, se utiliza como símbolo de entrada (documento de entrada) y salida (impresora).	
Teclado, se utiliza como símbolo de entrada por teclado.	
Conector, se utiliza para unir una parte del diagrama con otra.	
Llamada a subrutina o procedimiento.	
Disco magnético, representa una función de entrada/salida para soporte en un disco magnético.	

Ejemplo 1. Programa que lee dos números y muestra la suma en pantalla.	
Se utilizan estructuras secuenciales básicas.	
Pseudocódigo	**Diagrama de flujo**

Inicio
   Leer Nume1, Nume2
   Suma=Nume1+Nume2
   Visualizar "La suma es:" Suma
 Fin
	INICIO
	
	 Nume1, Nume2
	
	 Suma= Nume1+Nume2
	
	 "La suma es:" Suma
	
	 FIN

Ejemplo 2. Programa que lee dos números y muestra el mayor de ellos en pantalla, si son iguales deberá mostrar un mensaje indicándolo. Se utiliza la estructura condicional para comprobar los valores: **Si** <condición> **Entonces** <Instrucciones> **Si no** <Instrucciones> **Fin si.**

Además, se muestra una estructura condicional dentro de otra.

Pseudocódigo	Diagrama de flujo
Inicio Leer A, B **Si** A > B **Entonces** Visualizar "El mayor es:" A **Si no** **Si** A = B **Entonces** Visualizar "Son iguales" **Si no** Visualizar "El mayor es:" B **Fin si** **Fin si** **Fin**	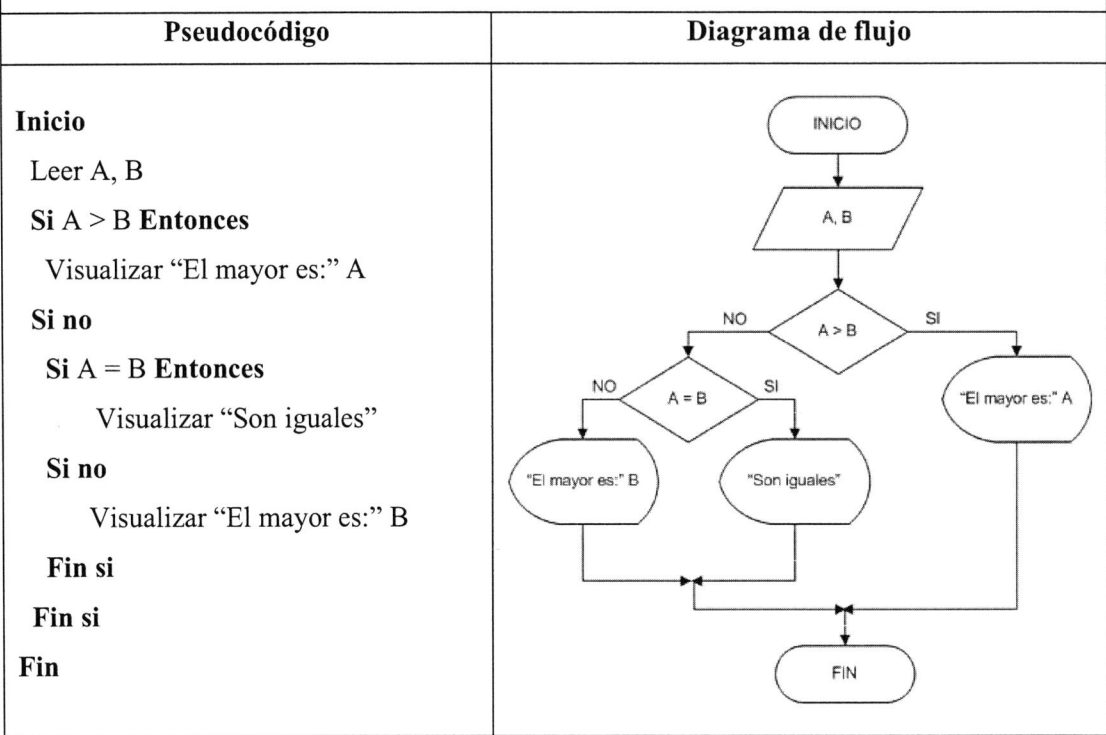

Ejemplo 4. Programa que lee 10 números en un proceso repetitivo y muestra la suma.

Es necesario declarar variables para contar los números que se van leyendo y para ir guardando la suma. Se deben inicializar a 0.

Se utiliza la estructura repetitiva **Repetir** <instrucciones> **Hasta que** <condición>.

Pseudocódigo	Diagrama de flujo
Inicio Declarar Cuenta=0 Declarar Suma =0 **Repetir** Visualizar "Escribe un número" Leer A Cuenta = Cuenta +1 Suma = Suma + A **Hasta** Cuenta = 10 Visualizar "La suma es:" Suma **Fin**	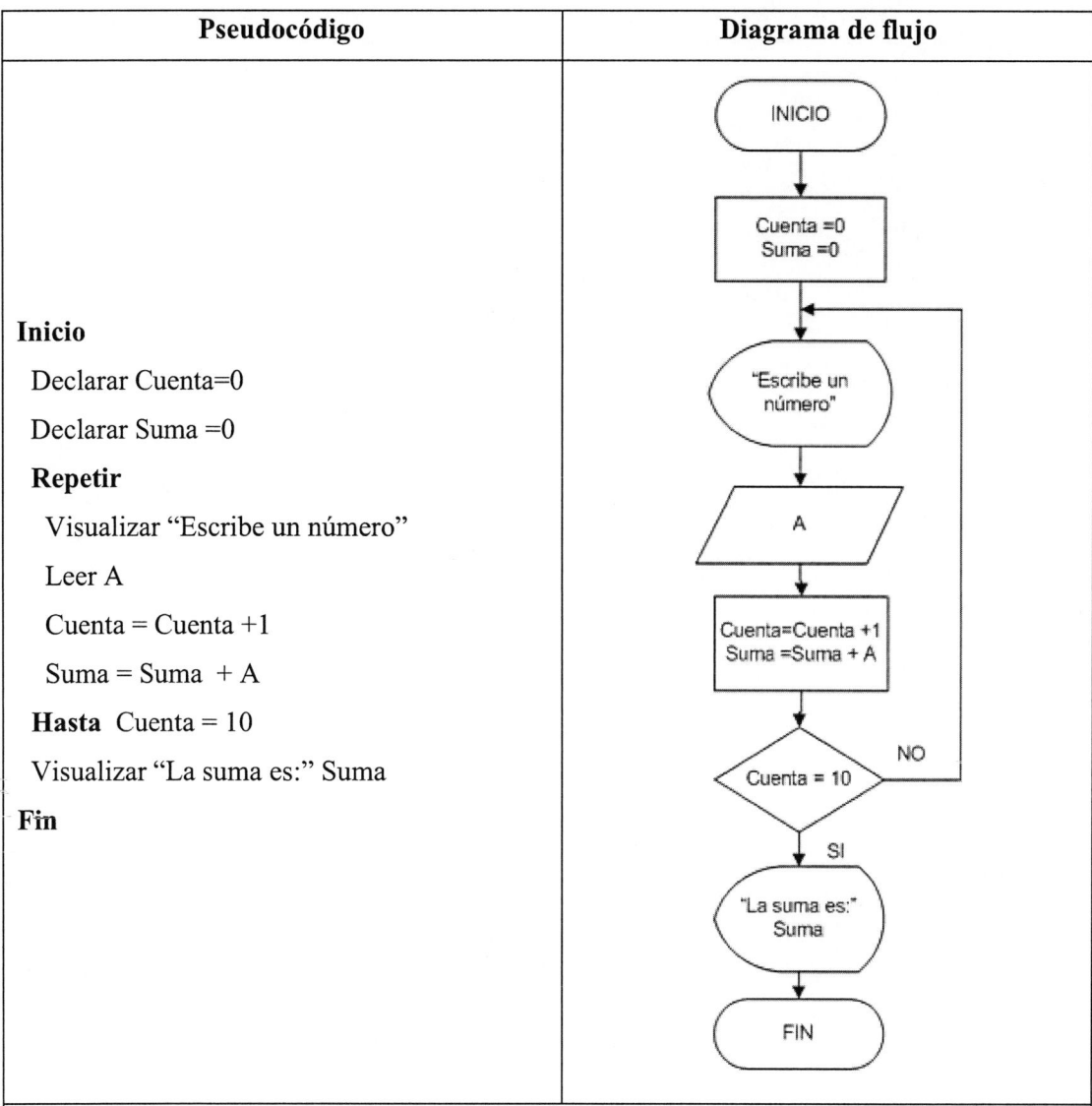

Ejemplo 5. Programa que lee registros de un fichero secuencial. Cada registro contiene información de un alumno: Nombre, Curso, Nota.

El programa debe mostrar por cada registro leído el Nombre, el Curso y la Nota.

Al final del proceso de lectura debe mostrar la nota media. Esta se calcula sumando las notas de todos los alumnos y dividiéndola por el número de alumnos que hay.

Se utiliza la estructura repetitiva **Mientras** <condición> **Hacer** <instrucciones> **Fin mientras**.

Se declaran tres variables, una para contar alumnos, otra para sumar notas y una tercera para guardar la nota media.

Pseudocódigo	Diagrama de flujo

Inicio
 	
  Declarar Cuenta=0
 	
  Declarar Suma =0
 	
  Declarar Media
 	
  Abrir Fichero Notas
 	
  Leer Registro (Nombre, Curso, Nota)
 	
  Mientras NO sea Final de Fichero **Hacer**
 	
    Visualizar Nombre, Curso, Nota
 	
    Cuenta = Cuenta +1
 	
    Suma = Suma + Nota
 	
    Leer Registro (Nombre, Curso, Nota)
 	
  Fin mientras
 	
  Media= Suma/Cuenta
 	
  Visualizar "Nota media:" Media
 	
  Cerrar Fichero Notas
 	
Fin
	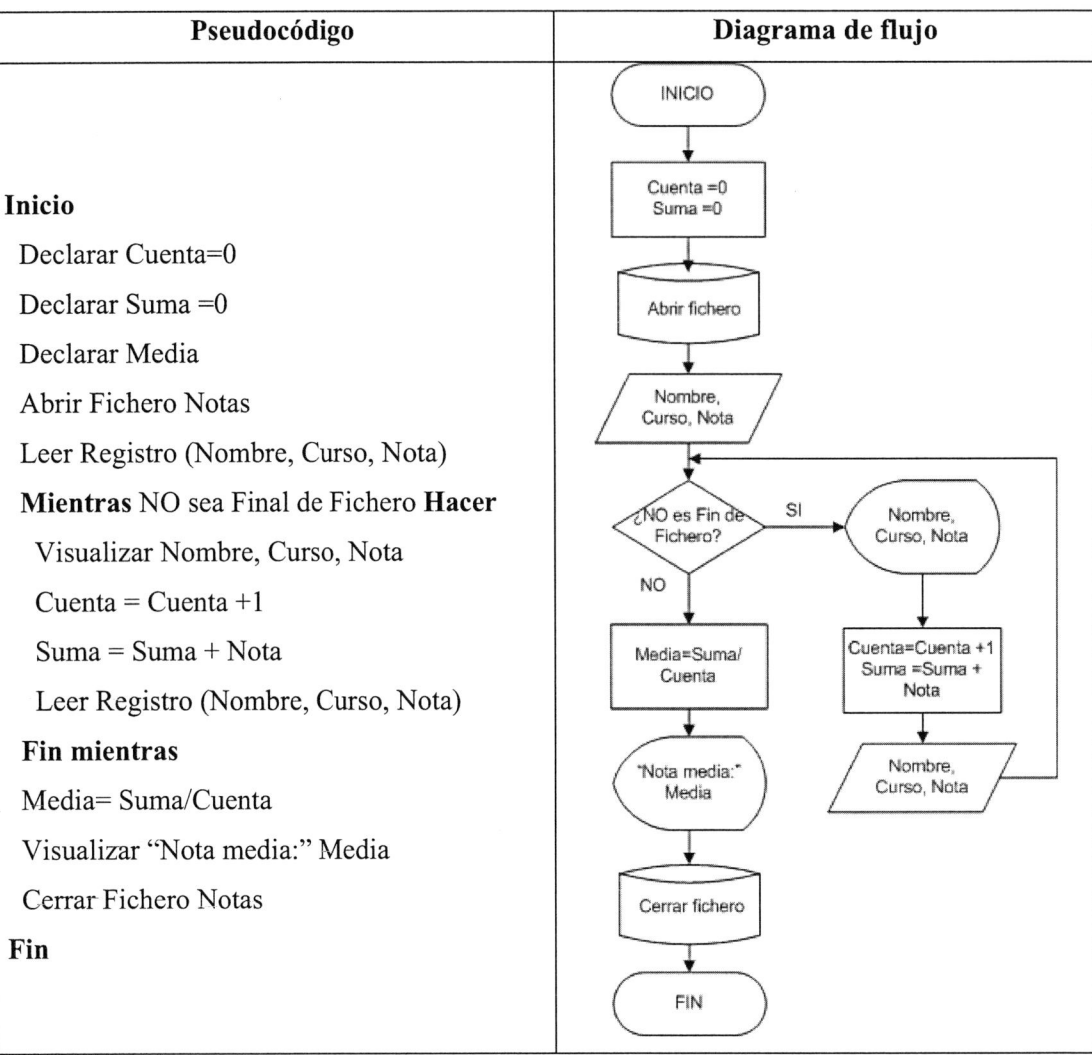

Ejemplo 6. Programa que lee un número de teclado y muestra a qué día de la semana se corresponde.

Si el número leído es 1 visualizará Lunes, si es 2, visualizará Martes, si es 3 visualizará Miércoles, si es 4 Jueves, si es 5 Viernes, si es 6 Sábado y si es 7 Domingo.

Para cualquier otro valor visualizará *No válido*.

Se utilizará la estructura **Según sea**:

> **Según sea** <variable> **Hacer**
>
> > **Caso** valor 1: Instrucciones
> >
> > **Caso** valor 2: Instrucciones
> >
> > **Otro caso**: Instrucciones
>
> **Fin según**

Pseudocódigo	Diagrama de flujo

Inicio
 Leer N
Según sea N **Hacer**
  Caso 1:
   Visualizar "Lunes"
  Caso 2:
   Visualizar "Martes"
  Caso 3:
   Visualizar "Miércoles"
  Caso 4:
   Visualizar "Jueves"
  Caso 5:
   Visualizar "Viernes"
  Caso 6:
   Visualizar "Sábado"
  Caso 7:
   Visualizar "Domingo"
  Otro caso:
   Visualizar "No válido"
 Fin según
Fin	

COMPRUEBA TU APRENDIZAJE

1. ¿Cuál de las siguientes afirmaciones es correcta?

   a) En los modelos evolutivos no se necesita conocer todos los requisitos al comienzo.

   b) Es muy común en el modelo en cascada el uso de prototipos.

   c) El análisis de riesgos se lleva a cabo en cada incremento del modelo iterativo incremental.

   d) El modelo en cascada es apropiado cuando se necesita una versión inicial del software a desarrollar.

2. Relaciona:

	Es fácil de comprender.
	Los clientes necesitan versiones intermedias.
	No se necesita conocer todos los requisitos al comienzo.
Modelo en cascada	Reduce riesgos del proyecto.
Modelo iterativo incremental	Los requisitos son estables.
Modelo en espiral	Genera mucho trabajo adicional.
	No se sabe cuándo va a terminar.
	Los requisitos son estables.
	El proyecto es similar a uno ya realizado
	Se acomoda bien a los cambios de requisitos.

3. ¿Qué se hace en la etapa de análisis del desarrollo de una aplicación? ¿Qué tipos de requisitos se especifican en esta fase? Nombra algunas herramientas para obtener y representar los requisitos. ¿Dónde debe quedar reflejado todo lo realizado en esta fase?

4. ¿Cuál de estas afirmaciones sobre la fase de diseño en el desarrollo de una aplicación es correcta?

   a) En esta fase se especifica qué hay que hacer.

   b) En esta fase se especifica cómo hacerlo.

   c) En esta fase se realiza el proceso de programación.

   d) En esta fase se realizan las pruebas.

5. ¿Cuáles son los 4 elementos fundamentales que intervienen en el diseño estructurado? Nombra algunas notaciones gráficas utilizadas para representar la fase de diseño.

6. ¿Por qué crees que debe haber normas de codificación y estilo a la hora de llevar a cabo la fase de codificación en el desarrollo de una aplicación?

7. ¿En qué consisten las tareas de verificación y validación del software?

8. ¿Qué técnicas se utilizan para llevar a cabo el diseño de casos de prueba? ¿En qué consisten?

9. La documentación de un proyecto software se divide en dos clases: la documentación del proceso y la del producto. ¿Qué contiene cada una?

10. ¿Qué información debe contener la documentación del usuario y la del sistema?

11. ¿Qué tareas se llevan a cabo durante la explotación del sistema?

12. ¿Cuántos tipos de mantenimiento del software existen? ¿En qué consisten?

13. ¿Qué tareas se llevan a cabo en la etapa de mantenimiento del software?

14. ¿Qué relación tiene un programa con el hardware del ordenador donde se ejecuta?

15. ¿De qué tres elementos consta un lenguaje de programación?

16. ¿Qué diferencia hay entre un lenguaje de alto nivel y otro de bajo nivel?

17. Diferencias entre un compilador y un intérprete.

18. ¿Qué ventajas aporta la programación modular?

19. ¿Cuáles son los diferentes estados por los que pasa el código de un programa desde que se escribe hasta que se ejecuta por el ordenador?

20. ¿Cuáles son las etapas o fases de un compilador?

21. Cuáles de las siguientes afirmaciones sobre la máquina virtual de Java es cierta:

    a) Un fichero *.class* contiene código en un lenguaje máquina.

    b) La máquina virtual de Java toma y traduce el *bytecode* en código binario.

    c) Los ficheros *.class* sólo pueden ser ejecutados en Microsoft Windows y Linux.

    d) A la hora de instalar el entorno de ejecución de la máquina virtual Java necesitamos saber en qué sistema operativo se va a instalar.

22. ¿Qué es un Sprint en Scrum?

23. ¿Cuál es el propósito de la Daily Scrum?

24. ¿Qué es el Product Backlog en Scrum?

25. ¿Cuál es la diferencia clave entre Scrum y Kanban?

26. ¿Cuál es el objetivo principal de un tablero Kanban?

27. ¿Qué es la programación en parejas (Pair Programming) en XP?

ACTIVIDADES DE AMPLIACIÓN

1. Modifica el pseudocódigo y el diagrama de flujo de los Ejemplos 3 y 4, de forma que se utilice la estructura *Mientras <condición> Hacer <instrucciones> Fin mientras*.

2. Modifica el pseudocódigo y el diagrama de flujo del Ejemplos 5, de forma que se utilice la estructura *Repetir <instrucciones> Hasta <condición>*.

3. Utilizando como modelo el Ejemplo 6, realiza un pseudocódigo y un diagrama de flujo que lea un número y muestre la nota a la que corresponde. Si el valor es 5 debe mostrar *Suficiente,* si es 6 *Bien,* si es 7 *Notable bajo,* si es 8 *Notable alto,* si es 9 *Sobresaliente,* si es 10 *Matrícula de honor*; para cualquier otro valor debe mostrar *Suspenso.*

4. Modifica el pseudocódigo del Ejemplo 6 de manera que se utilice la estructura *Si <condición> Entonces <Instrucciones> Si no <Instrucciones> Fin si*, en lugar de *Según sea.*

5. Utilizando como modelo el Ejemplo 2, realiza un pseudocódigo y un diagrama de flujo que lea dos números y muestre el menor de ellos. Si los números son iguales debe mostrar un mensaje indicándolo.

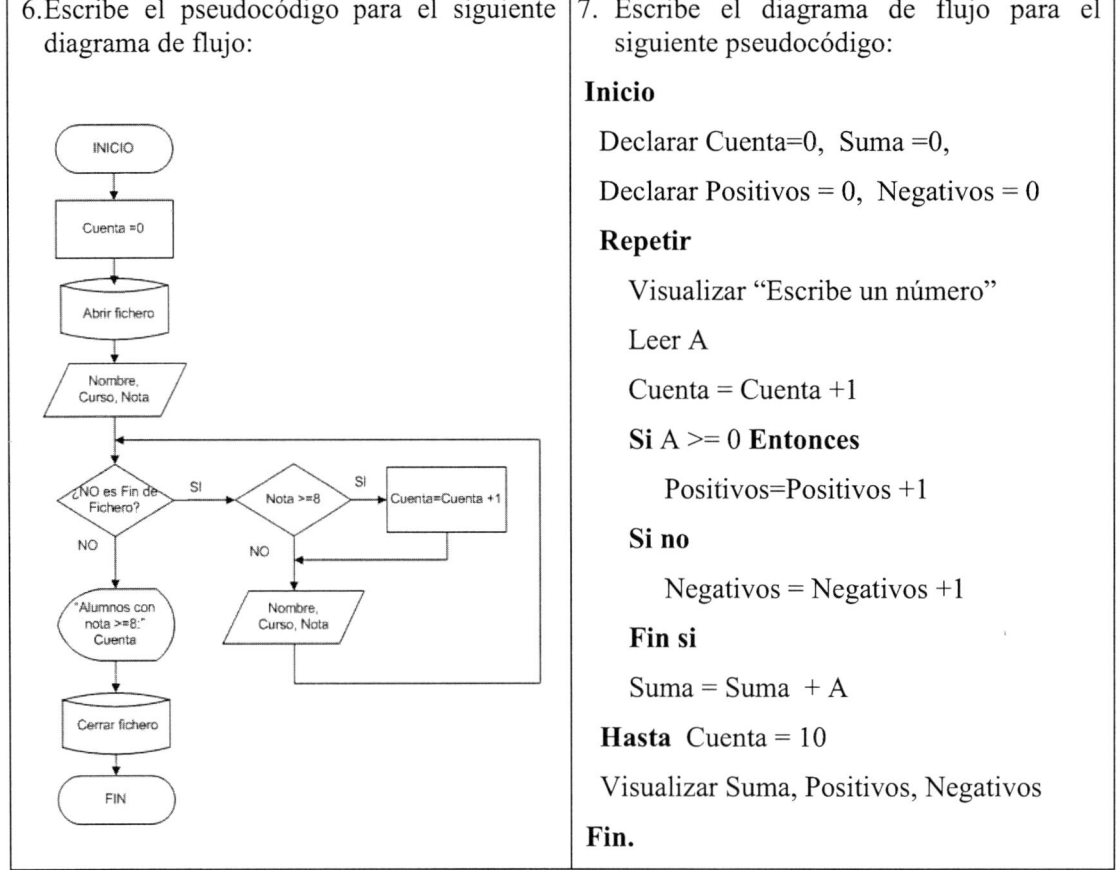

6.Escribe el pseudocódigo para el siguiente diagrama de flujo:	7. Escribe el diagrama de flujo para el siguiente pseudocódigo:
	Inicio
	Declarar Cuenta=0, Suma =0,
	Declarar Positivos = 0, Negativos = 0
	Repetir
	Visualizar "Escribe un número"
	Leer A
	Cuenta = Cuenta +1
	Si A >= 0 **Entonces**
	Positivos=Positivos +1
	Si no
	Negativos = Negativos +1
	Fin si
	Suma = Suma + A
	Hasta Cuenta = 10
	Visualizar Suma, Positivos, Negativos
	Fin.

8. Se desea realizar un sencillo sistema de gestión de notas en el que van a interactuar profesores y alumnos. El sistema permitirá a un alumno consultar la nota de las asignaturas en que está matriculado y a un profesor introducir las notas de los cursos a los que imparte clase. Tanto el profesor como el alumno deben identificarse para entrar al sistema mediante un nombre de usuario y una clave. Si la identificación no es correcta el sistema rechaza al usuario.

Realiza los casos de uso y la descripción de cada uno.

## CAPÍTULO 2

INSTALACIÓN Y USO DE ENTORNOS DE DESARROLLO

Contenidos

Funciones de un entorno de desarrollo.

Instalación de un entorno de desarrollo.

Configuración y actualización de un entorno de desarrollo.

Uso básico de un entorno de desarrollo.

Análisis y comparación de entornos de desarrollo libres y comerciales más usuales.

Objetivos

Conocer las características de los entornos de desarrollo.

Evaluar entornos integrados de desarrollo, analizando, sus características para editar código fuente y generar ejecutables.

Instalar y configurar entornos de desarrollo.

Utilizar entornos de desarrollo.

RESUMEN DEL CAPÍTULO

En este capítulo estudiaremos para qué se utilizan los entornos de desarrollo. Instalaremos varios entornos de trabajo, un entorno orientado a la Base de datos MySQL, en el que se instalará el entorno XAMPP para usar el *phpMyAdmin*, y hacer operaciones con bases de datos. Y otro entorno más orientado al desarrollo de programas el ECLIPSE, en este se instalarán plugins para añadir funcionalidades y se aprenderá a utilizar el entorno para crear ventanas para aplicaciones, para utilizar varios lenguajes o para importar modelos de datos accediendo a bases de datos.

2.1. INTRODUCCIÓN

IDE son las siglas de *Integrated Development Environment*, en español *Entorno Integrado de Desarrollo*, es una aplicación informática que está compuesta por un conjunto de herramientas de programación que van a facilitar la tarea al programador y obtener mayor rapidez en el desarrollo de las aplicaciones. Esta herramienta puede estar pensada para utilizarse con un único lenguaje de programación o bien puede dar cabida a varios lenguajes.

En la fase de desarrollo de software intervienen varias herramientas en cada una de las distintas etapas hasta llegar a obtener el resultado final, podremos encontrar IDEs para todas las etapas del desarrollo.

2.2. COMPONENTES DE UN ENTORNO DE DESARROLLO

Un IDE normalmente consiste en un editor de texto donde escribir el código con resaltado de sintaxis y corrector sintáctico, un compilador y/ o intérprete, un depurador, un control de versiones, un constructor de interfaz gráfica (GUI), entre otras funcionalidades.

- **Editor de texto:** Es la parte que nos permite escribir el código fuente del programa, ofrece funciones propias de la edición como como copiar, cortar, pegar, o buscar. Además, es capaz de reconocer, resaltar y cambiar los colores de las variables, las cadenas de caracteres, las palabras reservadas, las instrucciones, el inicio y fin de los corchetes, de esta manera el código fuente será mucho más visual, cómodo y se podrán reconocer los errores a simple vista.

- **Compilador:** Es el encargado de traducir el código fuente tecleado por el programador y escrito en un lenguaje de alto nivel, a un programa escrito en lenguaje de bajo nivel llamado lenguaje máquina, capaz de ser interpretado y ejecutado por la máquina. El proceso de traducción se conoce como compilación.

- **Intérprete o interpretador:** Los intérpretes se diferencian de los compiladores en que sólo realizan la traducción a medida que se va ejecutando la instrucción. Normalmente no guardan el resultado de dicha traducción. Son más lentos que los compilados debido a la necesidad de traducir el programa mientras se ejecuta, pero a cambio son más flexibles como entornos de programación y depuración y permiten ofrecer al programa interpretado un entorno no dependiente de la máquina donde se ejecuta el intérprete, sino del propio intérprete (lo que se conoce comúnmente como máquina virtual).

- **Depurador (Debugger):** Es el encargado de depurar y limpiar los errores en el código fuente de un programa informático. El depurador permite examinar paso a paso, instrucción a instrucción la ejecución de un programa y examinar las distintas situaciones y cambios que se produzcan en las variables del programa o en los registros del procesador. El depurador va a permitir detener el programa en cualquier punto de ruptura para examinar la ejecución.

- **Constructor de interfaz gráfica:** Esta herramienta de programación simplifica la creación de interfaces gráficas de usuario permitiendo al diseñador colocar los controles (botones, listas, menús, y demás elementos) utilizando un editor WYSIWYG de arrastrar y soltar. Algunos IDE incorporan estas herramientas incluyendo el plugin correspondiente, es el caso del Eclipse.

- **Control de versiones:** Estas herramientas permiten controlar los cambios que se realizan sobre las aplicaciones, de esta manera se obtendrán revisiones y versiones de las aplicaciones en un momento dado de su desarrollo.

Existen en el mercado multitud de entornos integrados de desarrollo tanto libres como propietarios. Los entornos integrados libres tienen licencia de uso público, no hay que pagar por ellos. Los más populares para desarrollar en Java son: *Eclipse, Visual Studio Code (VS Code)* o *NetBeans*. Además de Java también soportan otros lenguajes como Python, PHP o C/C++.

Sin embargo, los entornos integrados de desarrollo propietarios necesitan licencia, hay que pagar por ellos, el más conocido para Java es *IntelliJ IDEA* que también soporta PHP o Python. *Microsoft Visual Studio*, desarrollado por Microsoft disponible para plataformas Windows es otro ejemplo. Soporta lenguajes como C#, Visual Basic, F#, C++, o Python,

2.3. INSTALACIÓN DE ECLIPSE

Eclipse es una plataforma de software compuesto por un conjunto de herramientas de programación de código abierto y multiplataforma para desarrollar lo que el proyecto llama "Aplicaciones de Cliente Enriquecido", opuesto a las aplicaciones "Cliente-liviano" basadas en navegadores. Esta plataforma, típicamente ha sido usada para desarrollar entornos de desarrollo integrados (del inglés IDE), como el IDE de Java llamado *Java Development Toolkit* (JDT) y el compilador (ECJ) que se entrega como parte de Eclipse (y que son usados también para desarrollar el mismo Eclipse). (Fuente https://es.wikipedia.org/wiki/Eclipse_(software))

Eclipse fue desarrollado originalmente por IBM como el sucesor de su familia de herramientas para *VisualAge*. Eclipse es ahora desarrollado por la *Fundación Eclipse*, una organización independiente sin ánimo de lucro que fomenta una comunidad de código abierto y un conjunto de productos complementarios, capacidades y servicios.

Desde la página oficial https://www.eclipse.org/ se podrá ver las últimas versiones del proyecto, y las últimas aportaciones.

Para instalar Eclipse basta con descargarse el fichero comprimido y descomprimirlo en el disco duro. Hay multitud de versiones de Eclipse, a nosotros nos interesa descargarnos la versión de paquetes, dentro de la página https://www.eclipse.org/downloads/ seleccionamos *Dowload Pakages* (https://www.eclipse.org/downloads/packages/) y en la página seleccionamos el paquete con el que vamos a trabajar, véase la Figura 2.1, la versión a utilizar en este capítulo es esta: *eclipse-java-2024-03-R-win32-x86_64.zip*. El paquete incluye el plugin **JDT** el cual le añade el soporte para Java. Podemos descargar e instalar otros *plugins* en función del lenguaje o los lenguajes, que vayamos a utilizar.

Figura 2.1. Página de descargas de Eclipse.

En esta unidad utilizaremos una de las versiones menos pesada de Eclipse, suficiente para lo que vamos a necesitar. A lo largo de la unidad se irán añadiendo *plugins* para ir aumentando las funcionalidades.

Actualmente se puede trabajar con varias versiones de Java. Están las versiones JDK de Oracle, y las versiones Open JDK, JDK es el acrónimo de *Java Development Kit*. Veamos la historia de cada una de ellas.

OpenJDK es una implementación de código abierto de la Plataforma *Java Standard Edition (Java SE)*, que es desarrollada principalmente por **Oracle Corporation**. Esta implementación es gratuita y de código abierto, lo que significa que cualquiera puede acceder al código fuente, modificarlo y distribuirlo según los términos de la Licencia Pública General de GNU (GNU GPL) o la Licencia Pública General Reducida de GNU (LGPL). Proporciona una alternativa de código abierto a la implementación oficial de Java proporcionada por Oracle. Esto permite una mayor transparencia en el desarrollo de Java y fomenta la colaboración de la comunidad en la mejora y la evolución de la plataforma.

Oracle JDK es una distribución de la Plataforma *Java Standard Edition (Java SE)*, desarrollada y mantenida por **Oracle Corporation**. Es una implementación oficial de Java y proporciona herramientas y bibliotecas para el desarrollo, compilación y ejecución de aplicaciones Java. Incluye características y herramientas adicionales que pueden no estar disponibles en otras implementaciones de Java, como *OpenJDK*. Estas características pueden incluir herramientas de diagnóstico y monitoreo, optimizaciones de rendimiento y soporte técnico.

Aunque *Oracle JDK* solía estar disponible bajo una licencia comercial y una licencia de uso gratuito solo para desarrollo y prueba, a partir de abril de 2019, Oracle anunció un cambio en la política de licencias, moviendo el soporte a largo plazo solo a las versiones de pago. Esto llevó a un mayor impulso hacia *OpenJDK* como alternativa de código abierto y gratuita. Sin embargo, *Oracle JDK* sigue siendo una opción para aquellos que necesitan soporte comercial y están dispuestos a pagar por ello, o para aquellos que requieren características específicas proporcionadas por Oracle que no están presentes en otras distribuciones de Java.

CONCLUSIONES

Oracle JDK se puede utilizar para desarrollar aplicaciones web Java, aplicaciones independientes y muchas otras interfaces gráficas de usuario junto con otras herramientas de desarrollo. Todas las tareas que hacemos con *Oracle JDK*, se pueden realizar también con *OpenJDK,* la diferencia es la ***integración y la implementación de licencias y otras herramientas.***

Las ventajas de usar *OpenJDK* son que el rendimiento, la escalabilidad y la implementación, se pueden modificar según los requisitos de la aplicación para ajustar la máquina virtual Java según sea necesario, por ser *Open Source,* código abierto. La desventaja es que hay que lidiar con dos posibles problemas: *las actualizaciones y el soporte.* Si se quiere soporte a más largo plazo, en teoría, no lo habrá y habrá que ir subiendo de versión.

La ventaja de usar *Oracle JDK* tiene beneficios en términos de estándares utilizados en la implementación que asegurarán que las aplicaciones sean estables y estén bien mantenidas. En el entorno empresarial esta es la opción más elegida.

Cuando trabajemos con una versión de Java, o de cualquiera otra herramienta, por ejemplo, el sistema operativo *Ubuntu,* nos fijaremos en las versiones *LTS o Long Term Support.* Significa que esas versiones *son versiones estables y se garantiza que el propietario te dará soporte y actualizaciones periódicas para la versión durante varios años*. Esto es muy interesante para las grandes empresas, porque se aseguran de tener soporte durante bastante tiempo.

La siguiente tabla muestra la guía de licencias **LTS** de **Oracle JDK** y **Oracle OpenJDK** de las últimas versiones de Java:

Versión Java	Lanzamientos	Licencia
Lanzamientos de seis meses, Java 22 y posteriores	Oracle JDK, todas las versiones	Licencia de términos y condiciones sin cargo de Oracle para todos los usuarios
	Oracle OpenJDK, todas las versiones	GPLv2+CPE para todos los usuarios
Java 21 (LTS)	Oracle JDK, lanzamientos hasta septiembre de 2026	Licencia de términos y condiciones sin cargo de Oracle para todos los usuarios
	Oracle OpenJDK, lanzamientos hasta enero de 2024	GPLv2+CPE para todos los usuarios
Lanzamientos de seis meses, Java 18 y posteriores	Oracle JDK, todas las versiones	Licencia de términos y condiciones sin cargo de Oracle para todos los usuarios
	Oracle OpenJDK, todas las versiones	GPLv2+CPE para todos los usuarios
Java 17 (LTS)	Oracle JDK, lanzamientos hasta septiembre de 2024	Licencia de términos y condiciones sin cargo de Oracle para todos los usuarios
	Oracle OpenJDK, lanzamientos hasta enero de 2022	GPLv2+CPE para todos los usuarios
Java 11 (LTS)	Oracle JDK, todas las versiones	*My Oracle Support* (solo clientes de Oracle) y Acuerdo de licencia de Oracle Technology Network para Java SE para usuarios personales, de desarrollo y otros usuarios únicamente.

Desde la siguiente url se puede consultar una tabla con fechas clave para las ofertas de productos *Oracle Java SE*: https://www.oracle.com/java/technologies/java-se-support-roadmap.html

De *Oracle JDK* la última versión *descargable gratuita* a fecha Abril-2024 es la 22 (no LTS). Podemos acceder a la url: https://www.oracle.com/java/technologies/downloads para ver las descargas disponibles.

Las versiones de *OpenJdk* se pueden consultar en: https://openjdk.java.net/projects/jdk/. Las versiones de *JDK* se pueden consultar en https://en.wikipedia.org/wiki/Java_version_history..

INSTALACIÓN DE JAVA

Aunque el entorno Eclipse incluye soporte para el lenguaje Java, vamos a ver como instalar Java en nuestra máquina para poder compilar y ejecutar programas Java desde la línea de comandos del DOS. Instalaremos la última versión LTS, en este caso **JDK 21**. Accedemos a la url: https://www.oracle.com/java/technologies/downloads y descargamos la versión para Windows, en este caso se ha descargado el fichero *jdk-21_windows-x64_bin.exe*. Hacemos doble clic y se lanza el asistente, se dejan las opciones por defecto, y se instala en la carpeta *C:\Program Files\Java*. Se creará una carpeta de nombre *jdk-21* (depende de la versión). En versiones anteriores como JDK8 se creaban dos carpetas, una para el JDK y otra para el JRE, en las últimas versiones solo una carpeta que incluye los dos entornos:

- El *JRE* o *Java Runtime Environment* (*Ambiente de Ejecución de Java*) es un entorno en tiempo de ejecución que proporciona todo lo necesario para ejecutar aplicaciones Java, incluida la *JVM* (*Java Virtual Machine*) y las bibliotecas de clases Java. El *JRE* es lo que necesitamos para ejecutar un programa Java en nuestro sistema.

- El *JDK* o *Java Development Kit* (*Kit de Desarrollo de Java*). Provee del entorno de desarrollo necesario para escribir aplicaciones en Java, también incluye el entorno en tiempo de ejecución o *JRE*, así como las herramientas necesarias para compilar, depurar, documentar y ejecutar nuestras aplicaciones en Java, además de otras APIs.

Para ver si se ha instalado el ejecutable accedemos a la línea de comandos del DOS. Escribimos en la caja de *Buscar* de la barra de tareas de Windows la orden **CMD**, y pulsamos sobre *Simbolo del sistema*. Se abre la consola del DOS, escribimos la orden *java -version*, se debe mostrar la versión del intérprete de Java instalada, y *javac -version* la versión del compilador, ejemplo:

```
Microsoft Windows [Versión 10.0.19045.4291]
(c) Microsoft Corporation. Todos los derechos reservados.

C:\Users\usuario>java -version
java version "21.0.3" 2024-04-16 LTS
Java(TM) SE Runtime Environment (build 21.0.3+7-LTS-152)
Java HotSpot(TM) 64-Bit Server VM (build 21.0.3+7-LTS-152, mixed mode,
sharing)

C:\Users\usuario>javac -version
javac 21.0.3
```

Más adelante veremos cómo compilar y ejecutar programas Java desde la línea de comandos o símbolo del sistema. Para empezar a trabajar con Eclipse, primero se descomprime el fichero que lo contiene en una carpeta, abrimos la carpeta y buscamos la aplicación ***eclipse.exe.*** Hacemos doble clic y ejecutamos. Se mostrará un cuadro de diálogo en el que pedirá seleccionar el ***workspace*** de trabajo (véase la Figura2.2), Eclipse almacena los proyectos en espacios de trabajo llamados *Workspaces*. Se puede crear en ese momento la carpeta para el *workspace* o seleccionar una ya creada en el equipo. O dejar el ***workspace*** por defecto.

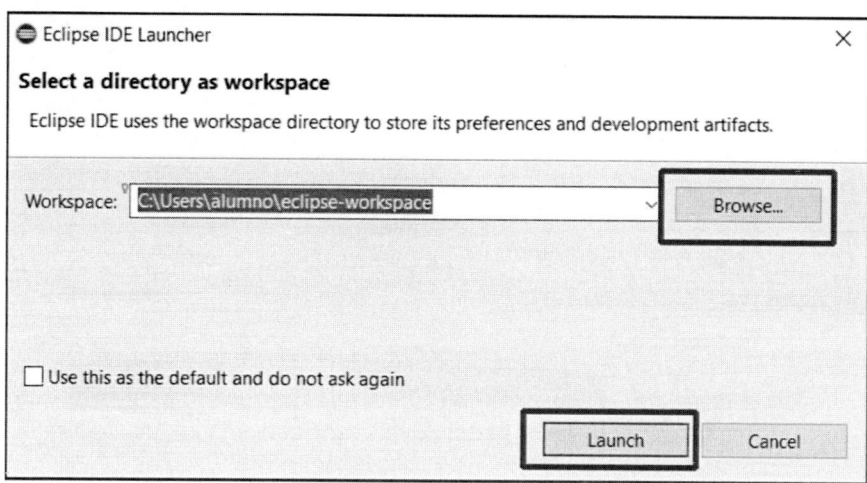

Figura 2.2. Selección del *workspace* de trabajo.

Antes de entrar aparecerá una ventana de bienvenida y una serie de opciones para ver tutoriales, o para ver lo nuevo, o para ver los ejemplos. Podemos cerrar esta ventana o pulsar el botón **Hide** o **Workbench** situado en la parte superior derecha, para ocultarla.

A continuación, aparece la ventana principal de Eclipse. Observa el panel de la izquierda, como no hay proyectos en el *workspace*, sugiere *Crear un proyecto Java*, *Crear un Proyecto* o *Importar proyectos*. Para movernos por la herramienta lo primero que vamos a hacer es cargar un proyecto ya realizado. Para ello creamos una carpeta de trabajo en el disco duro para guardar los proyectos Java, por ejemplo: *EjerciciosTema2*, y copiamos el proyecto *FicheroAleatorioVentana* que se encuentra en la carpeta de recursos del capítulo dentro de *ProyectosEclipse*.

Lo siguiente es hacer que la carpeta de trabajo creada sea el workspace de Eclipse. Para ello abrimos el menú ***File/Switch Workspace /Other***, y pedirá que se seleccione una nueva carpeta de trabajo, se pulsa ***Browse***, se selecciona la carpeta creada anteriormente *EjerciciosTema2*, se pulsa el botón ***Launch*** para que se reinicia Eclipse.

Lo siguiente es cargar el proyecto Java de prueba *FicheroAleatorioVentana*, que está en el *workspace*. Abrimos el menú ***File/Import***. Se selecciona la carpeta **General** y se despliega, se selecciona ***Existing Projects into Workspace.*** En la ventana que aparece a continuación se selecciona la carpeta de trabajo, se marca el proyecto, y se pulsa el botón ***Finish***, véase la Figura 2.3.

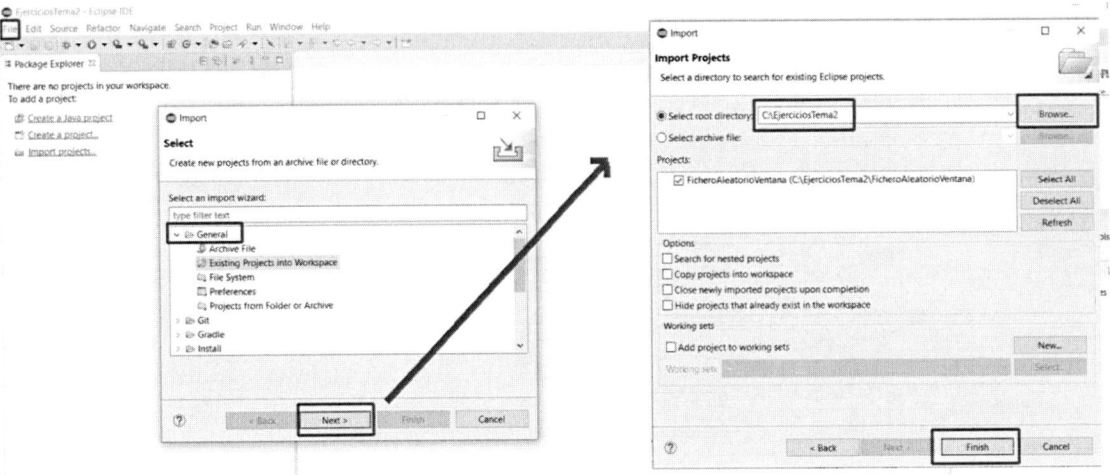

Figura 2.3. Importar proyecto existente en el workspace.

Una vez cargado el proyecto, se mostrará en el ***Package Explorer*** o explorador de proyectos. Si lo desplegamos y clicamos en una de las clases, esta se abrirá en la ventana del editor de código. En la ventana principal de trabajo de Eclipse, véase la Figura 2.4 podremos distinguir los siguientes bloques:

- ***Pakage Explorer*** o la zona de proyectos, desde aquí se podrá navegar por todo el workspace, por los proyectos y los elementos que los componen, paquetes, clases, carpetas, ficheros, librerías, etc.

- ***Zona de edición,*** aquí se escribirá el código de los programas. Observa que el texto aparece resaltado para identificar la sintaxis y palabras del lenguaje. Si se escribe una instrucción errónea el editor marcará la línea y ofrecerá posibles soluciones. Además, al escribir código muestra propuestas de plantilla, muy útil para simplificar la escritura, por ejemplo, de los métodos de las clases.

- ***Outline***, en esta zona se muestra el esquema de la clase que se edita en ese momento, permite acceder de forma más rápida a sus métodos y atributos.

- ***Consola Java***, en esta zona se muestra el resultado de la ejecución de los programas, los mensajes de salida por consola, y los errores de ejecución.

- ***Barras de Herramientas y de Menús,*** que contienen accesos directos a las operaciones más usuales, y la barra de menú que tendrá el acceso a todas las opciones del software. A la derecha se visualiza la barra de perspectivas o ***Perspectivas***, que contiene accesos directos a las perspectivas que se están utilizando en el proyecto.

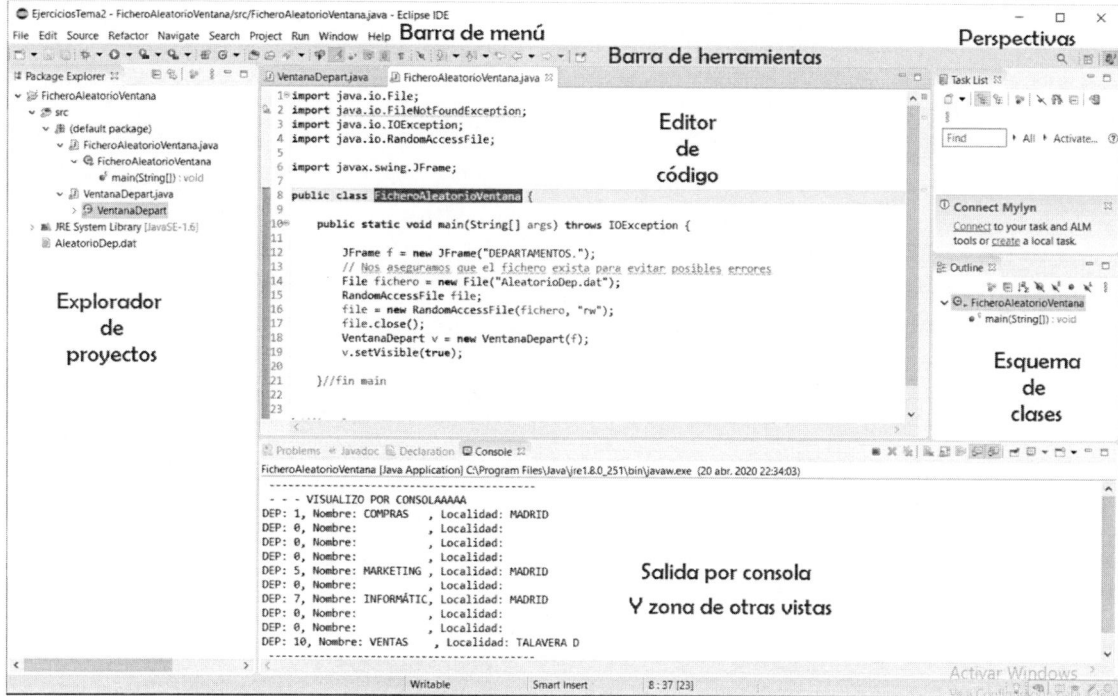

Figura 2.4. Ventana de trabajo de Eclipse.

La visualización de la ventana principal puede cambiar eligiendo una ***perspectiva*** diferente y dependiendo del tipo de desarrollo que se vaya a realizar y de los ***plugins*** que se tengan instalados. También se podrán mostrar otras vistas dentro del Eclipse, desde el menú ***Windows/Show View***. Para ejecutar el proyecto se pulsa el botón ***Run*** de la barra de herramientas, se representa con un circulito verde y una flecha blanca rellena.

CREACIÓN DE UN PROYECTO JAVA

Para crear un nuevo proyecto en Eclipse pulsamos sobre la opción de menú ***File /New /Java Project***, escribimos el nombre del proyecto en el campo *Project Name*, dejamos el entorno de ejecución JRE seleccionado por defecto, desmarcamos la casilla *Create module-info.java file* y pulsamos el botón *Next*.

Desde la siguiente pantalla se pueden configurar algunas opciones como, por ejemplo: agregar una nueva carpeta, enlazar con carpetas de otros proyectos, añadir librerías (.jar) al proyecto, etc. Como en este proyecto no se va a añadir ninguna librería, dejamos la configuración por defecto en la que se creará la carpeta **src** para almacenar los ficheros fuente Java y la carpeta **bin** para los ficheros Java compilados (con la extensión *.class*). Pulsamos el botón ***Finish*** para finalizar. Véase Figura 2.5.

Se muestra en el ***Package Explorer*** el proyecto generado. Véase Figura 2.6. En el disco duro, en la carpeta del workspace se habrá creado una carpeta de nombre *Proyecto1* con varias carpetas: *.settings*, que contiene ficheros de configuración del proyecto, *bin* y *src*; y 2 ficheros de configuración: *.classpath*, que contiene información en XML sobre las rutas de las clases y dependencias del proyecto; y *.project* que contiene información sobre el tipo de proyecto, el nombre y otras configuraciones específicas del proyecto.

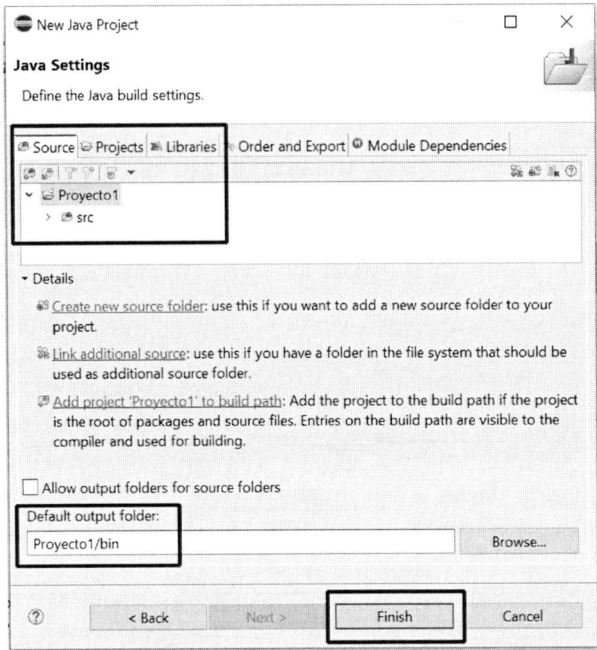

Figura 2.5. Configuración de carpetas del proyecto.

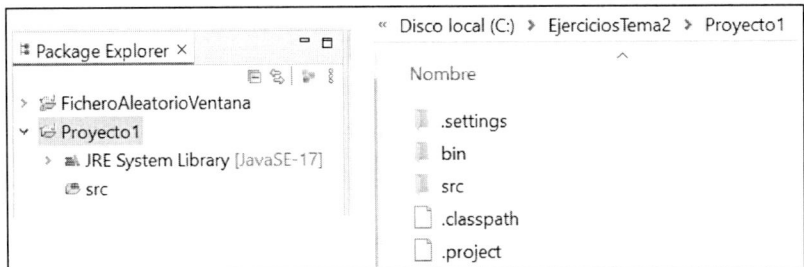

Figura 2.6. Proyecto1 desde Eclipse y carpetas del Proyecto1 en el workspace.

El fichero **module-info.java** forma parte de la modularidad introducida en Java 9 permitiendo una mejor organización y estructura en proyectos Java. Se utiliza para declarar dependencias con otros módulos, especificar qué paquetes dentro del módulo deseamos hacer accesibles para otros módulos, también puede contener configuraciones adicionales para el módulo, como el nombre y la versión. Dicho fichero será compilado como cualquier fichero Java, a un fichero.

CREACIÓN DE UNA CLASE JAVA

Vamos a crear una clase Java dentro de un paquete. Creamos primero el paquete y luego la clase dentro del paquete. Para ello pulsamos con el botón derecho del ratón sobre **src** y seleccionamos **New/Package**, escribimos *es.ejemplo* en el campo *Name* y pulsamos *Finish* (Figura 2.7). El nombre del paquete suele ser el dominio de Internet dado la vuelta. Aunque no es obligatorio, sí es muy recomendable el uso de paquetes ya que permiten organizar el código de manera estructurada, agrupando clases relacionadas. Esto facilita la navegación y el mantenimiento del proyecto.

A continuación pulsamos con el botón derecho del ratón sobre el paquete y seleccionamos *New/ Class*, en el campo *Name* escribimos el nombre de la clase, por ejemplo *HolaMundo*, marcamos la casilla *public static void main(String [] args)* para poder ejecutar la clase y pulsamos *Finish.* Véase Figura 2.7.

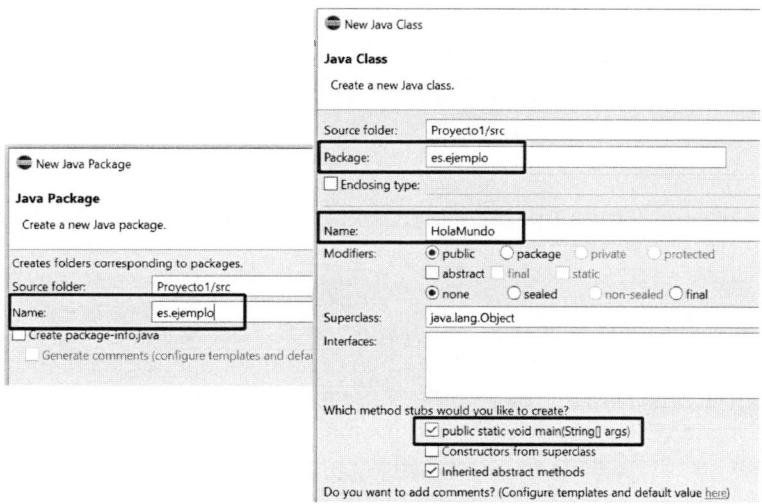

Figura 2.7. Creación de un paquete y una clase Java.

En la Figura 2.8 se puede observar el proyecto con el paquete creado dentro de la carpeta **src** y la clase creada dentro del paquete *es.ejemplo*. El nombre del paquete será la primera línea del código de las clases Java que se creen en él, aparecerá con la orden **package**: *package es.ejemplo;*

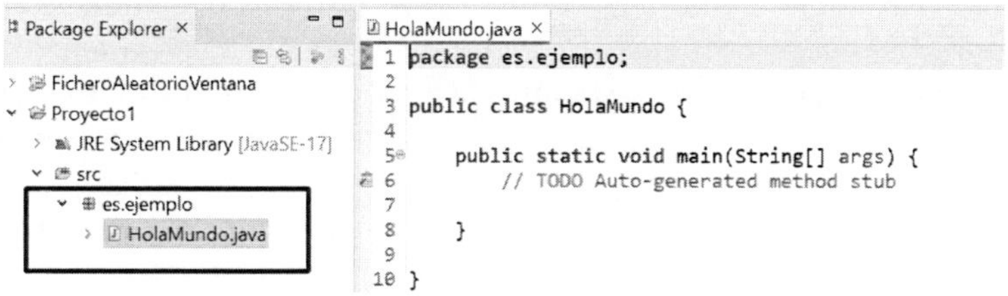

Figura 2.8. Creación de un paquete y una clase Java.

Si en la zona del editor de código el código se ve muy pequeño, podemos usar la combinación de teclas **[Ctrl +]** para ampliar el tamaño, para disminuir el tamaño usamos **[Ctrl -]**. A continuación escribimos la línea *System.out.println("Hola Mundo");* dentro del método *main()* para que al ejecutar la clase se muestre en consola un mensaje.

Para ejecutar la clase podemos usar el botón *Run*  de la barra de herramientas, o bien pulsamos con el botón derecho del ratón sobre la clase Java y seleccionamos ***Run As / Java Application***. Un error común es intentar ejecutar una clase Java sin un método *main()*. El método *main()* es el punto de partida para ejecutar el programa, sin él el programa no se ejecutará. Si en el código hay errores, se mostrarán marcadas las sentencias que producen error, véase Figura 2.9.

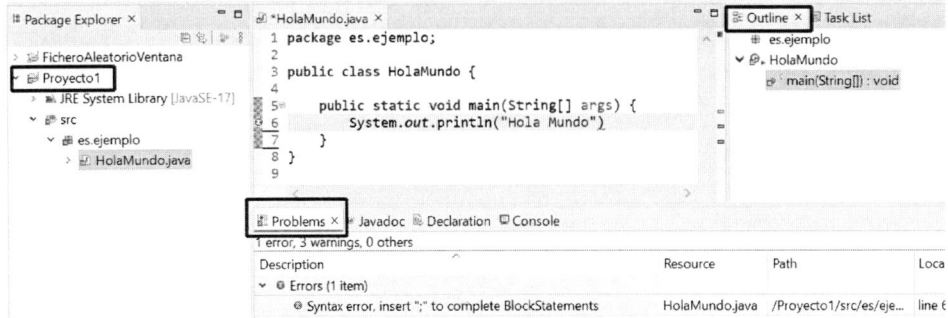

Figura 2.9. Código con errores de compilación.

Se mostrará en el ***Package Explorer*** un icono de error en el proyecto donde está la clase con el error, también en la clase, en el editor de código en la línea donde está el error, en la pestaña ***Problems*** también se muestra el error y en ***OutLine*** también se puede ver la clase en la que hay error. Al pasar el puntero del ratón sobre la instrucción que produjo el error, se mostrará una breve explicación de por qué dicha línea se ha marcado como errónea y posibles soluciones al error.

2.3.1. Generar Getters y Setters

Los métodos getters y setters se utilizan en programación orientada a objetos para acceder y modificar los valores de los campos (variables miembro) de una clase de manera controlada.

Vamos a crear una clase de nombre *Persona* en un nuevo paquete que llamaremos *datos*, dentro del paquete *es.ejemplo*. Pulsamos con el botón derecho del ratón sobre el proyecto y seleccionamos ***New/Package***, escribimos *es.ejemplo.datos* en el campo *Name* y pulsamos *Finish*. A continuación, creamos la clase *Persona* dentro de este paquete. Pulsamos con el botón derecho del ratón sobre el paquete *es.ejemplo.datos* y seleccionamos ***New/ Class***, en el campo *Name* escribimos *Persona*, no marcamos la casilla *public static void main(String [] args)* porque no es la clase principal a ejecutar y pulsamos *Finish.* En la clase *Persona* definimos 2 atributos privados *nombre* y *edad*, nos debe quedar así:

```
package es.ejemplo.datos;

public class Persona {
    private String nombre;
    private int edad;
}
```

Pulsamos con el botón derecho del ratón sobre *Persona* y seleccionamos ***Source/ Generate Getters and Setters***. Se abre una nueva ventana desde la que se seleccionan los dos campos, *nombre* y *edad*, pulsamos el botón ***Generate***. Automáticamente se generan en la clase los métodos getter y setter. Véase Figura 2.10. En la vista ***Outline*** se muestran una serie de botones que nos permiten visualizar de forma ordenada los elementos de la clase, ocultar o mostrar campos y métodos, etc.

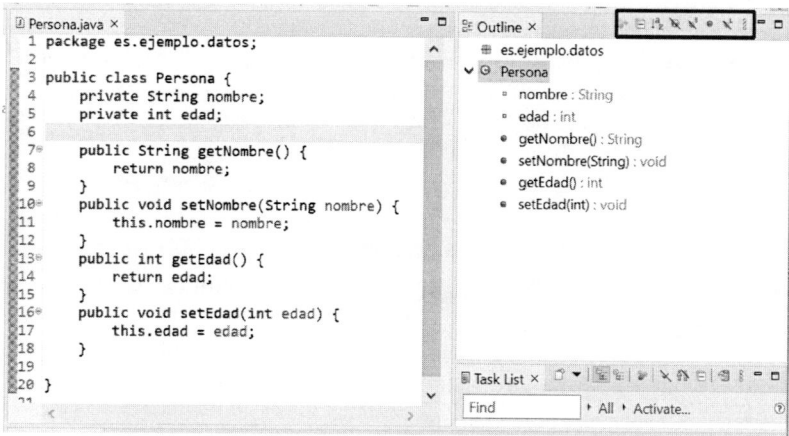

Figura 2.10. Getters y setters de la clase Persona.

Además de los métodos getters y setters, también se pueden generar constructores. Un constructor es un tipo especial de método que se utiliza para inicializar objetos de una clase. Su nombre debe coincidir exactamente con el nombre de la clase y no tienen ningún tipo de retorno. Se invoca automáticamente cuando se crea una instancia (objeto) de una clase utilizando la palabra clave *new*.

Para generar los constructores de la clase pulsamos con el botón derecho del ratón sobre la clase *Persona* y seleccionamos ***Source/ Generate Constructor using Fields*** o bien ***Generate Constructors from Superclass.*** La primera opción nos permite seleccionar los campos a incluir en el constructor. La segunda opción crea un constructor llamando al constructor de la superclase, esto es útil cuando estamos creando clases que heredan de otras clases y deseamos inicializar las propiedades de la superclase utilizando uno de sus constructores.

Para el ejemplo seleccionamos la primera opción, pulsamos el botón ***Select All*** para seleccionar todos los campos. De la lista ***Insertion point*** podemos seleccionar el lugar donde queremos insertar el constructor, pulsamos el botón ***Generate*** para finalizar. Se habrá creado el constructor en el lugar indicado. Repetimos los pasos para generar otro constructor, pero en este caso no seleccionamos ningún campo o pulsamos ***Deselect All***. Se pueden crear más constructores seleccionando distintos campos. En el ejemplo se han creado los siguientes constructores:

```java
public Persona(String nombre, int edad) {
    super();
    this.nombre = nombre;
    this.edad = edad;
}

public Persona() {
    super();
}
```

A continuación creamos una clase de nombre *Main.java* con su método *main()* dentro del paquete *es.ejemplo*. Dentro de la clase se creará un objeto de tipo *Persona* de nombre *Maria* y edad *19*; y se mostrará en pantalla el nombre y la edad usando los métodos getters. Escribimos el siguiente código:

```
public class Main {
    public static void main(String[] args) {
        Persona p = new Persona("Maria", 19); //crea una Persona
        System.out.println("Nombre: " + p.getNombre());
        System.out.println("Edad: " + p.getEdad());
    }
}
```

Se observa un error en la línea donde se crea el objeto *Persona* (véase Figura 2.11), ya que para poder usar la clase *Persona,* es necesario importar el paquete donde está dicha clase. Al pulsar sobre el icono del error se muestra la solución del mismo. En este caso hay que importar la clase *Persona* que está en el paquete *es.ejemplo.datos* esto se hace con la orden ***import.*** Se pulsa sobre el mensaje de error para que se incluya la línea: *import es.ejemplo.datos.Persona.*

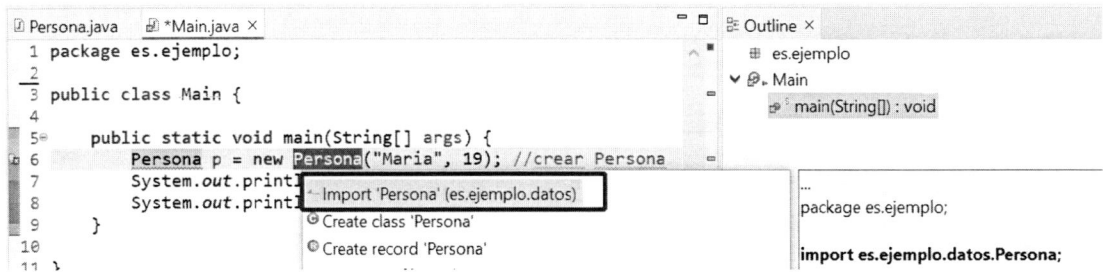

Figura 2.11. Error al crear un objeto Persona.

A la hora mostrar la estructura de paquetes del proyecto podemos hacer que se vea de forma jerárquica. Para ello con el proyecto seleccionado pulsamos sobre el botón *View Menú* ⋮ seleccionamos ***Package Presentation/ Hierarchical***. Desde el ***Package Explorer*** podemos navegar por toda la jerarquía de nuestro proyecto, véase Figura 2.12.

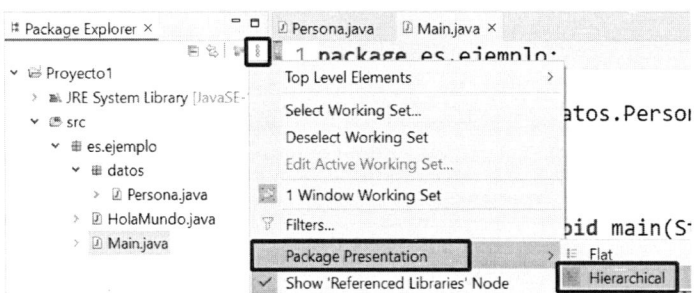

Figura 2.12. Estructura jerárquica del proyecto.

2.3.2. Personalización del entorno

Desde la ventana del editor de código se puede ver que algunas palabras están coloreadas de forma diferente, por ejemplo, las palabras reservadas del lenguaje aparecerán escritas en negrita y en color burdeos, los comentarios en verde y los comentarios de documentación (javadoc) en azul. Este marcado de palabras es debido a que Eclipse incorpora el plugin JDT.

Desde la opción de menú **Windows/ Preferences/ General/ Appearance** podemos cambiar la apariencia o tema de Eclipse, por defecto el tema activo es el **Light**. Se pueden elegir entre varios, véase Figura 2.13, prueba a seleccionar el tema **Dark** y pulsa el botón **Apply and Close**, puedes reiniciar Eclipse o no para ver los cambios. Después de cerrar se mostrará el entorno con el nuevo tema.

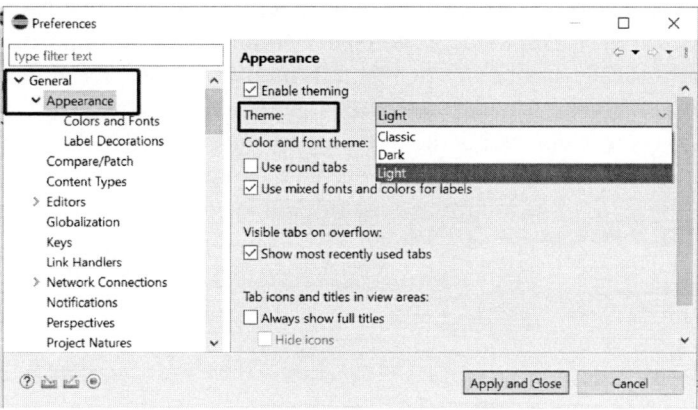

Figura 2.13. Apariencia del entorno Eclipse.

Desde la opción de menú **Windows/ Preferences/ General/ Appearance/ Colors and Fonts** se muestran las preferencias de color y fuente para varias secciones del workbench. Desde la sección **Basic**, véase Figura 2.14, se pueden configurar las siguientes fuentes:

- **Banner Font**: Se utiliza en editores PDE, páginas de bienvenida y en el área de título de muchos asistentes. Por ejemplo, el asistente **New/ Project** utiliza esta fuente para el título superior.

- **Dialog Font**: Se utiliza para widgets en cuadros de diálogo.

- **Header Font**: Se utiliza como encabezado de sección. Por ejemplo, la página de bienvenida de la plataforma Eclipse utiliza esta fuente para el título superior.

- **Text Font**: Utilizado en editores de texto. Desde aquí se puede cambiar el tamaño y tipo de letra usado en el editor de código y en la consola de Java.

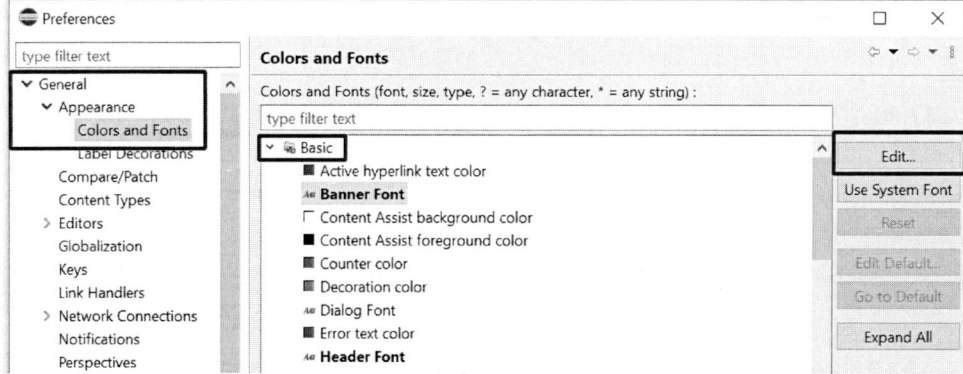

Figura 2.14. Sección *Basic* de *Colors and Fonts*.

Para cambiar el tipo de fuente se selecciona la fuente deseada y se pulsa el botón *Edit* para elegir el tamaño y tipo. Se pulsa el botón *Accept* para aceptar y después se aplican los cambios pulsando sobre *Apply and Close*. Desde la sección *Terminal/ Terminal Console Font* podemos cambiar el tamaño de texto en la terminal de Eclipse (para acceder a la terminal pulsamos con el botón derecho sobre el proyecto Java y seleccionamos *Show in/ Terminal*).

Normalmente se utilizan las configuraciones de color del sistema operativo, pero en los casos en que la configuración del sistema operativo no sea suficiente, Eclipse nos permite definir otros colores. Por ejemplo, desde la opción de menú *Window/ Preferences/ Java/ Editor/ Syntax Coloring* se puede cambiar el aspecto de los elementos de *Java* (aspecto de la palabra clave *return*, de los corchetes, colores de los métodos, de las cadenas, etc), de los elementos *Javadoc* (colores de las etiquetas HTML, palabras clave y enlaces) y de los comentarios (desde *Comments*). En la Figura 2.15 se modifica el color para los comentarios de varias líneas.

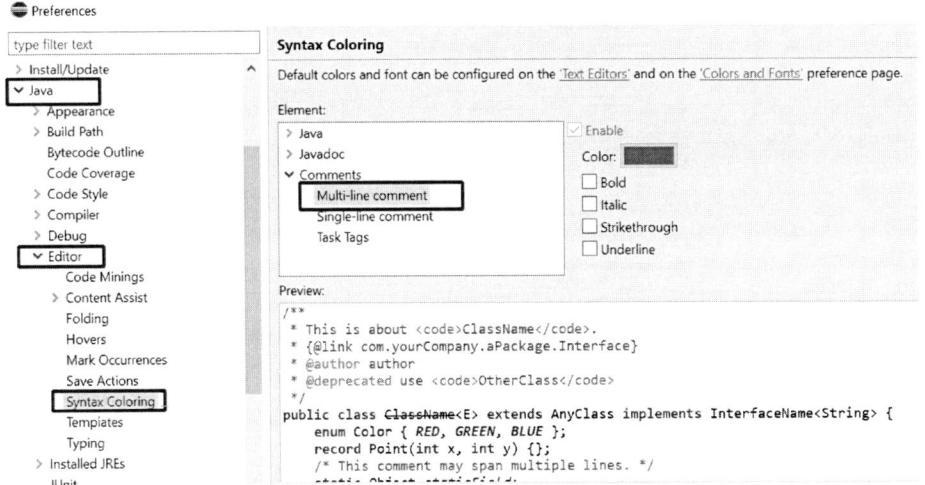

Figura 2.15. Cambiando el color de los comentarios de varias líneas.

Desde el editor de código podemos escribir un punto o el nombre de una clase Java seguida de un punto y automáticamente se muestran sugerencias de qué se puede escribir a continuación, véase Figura 2.16. Si no se muestra es necesario activar el autocompletado desde la opción *Window/ Preferences/ Java/ Editor/ Content Assist* y marcar la opción *Enable auto activation*. Pulsando la combinación de teclas **[Ctrl Espacio]** también se puede acceder al autocompletado.

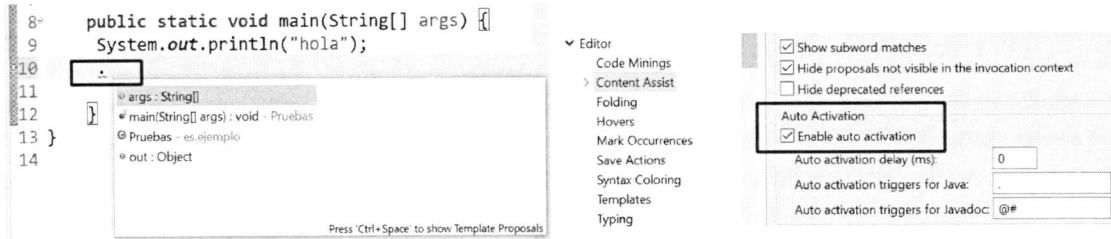

Figura 2.16. Autocompletado.

Eclipse proporciona plantillas de código que se suelen utilizar a menudo y que permiten escribir código de forma automática. Podemos acceder a la vista de *Templates* pulsando sobre la opción de menú ***Window/ Show View / Other/ General/ Templates***. Esta vista nos permite trabajar con las plantillas, por ejemplo, si voy a escribir un bucle *do while* en mi código puedo seleccionar de la plantilla la orden ***do*** y arrastrarla al editor de código a la línea de mi programa donde quiero que aparezca, véase Figura 2.17, se mostrará la orden para que empecemos a añadir las líneas de código. La zona *Preview* de la vista ***Templates*** muestra el formato de la orden que se va a insertar.

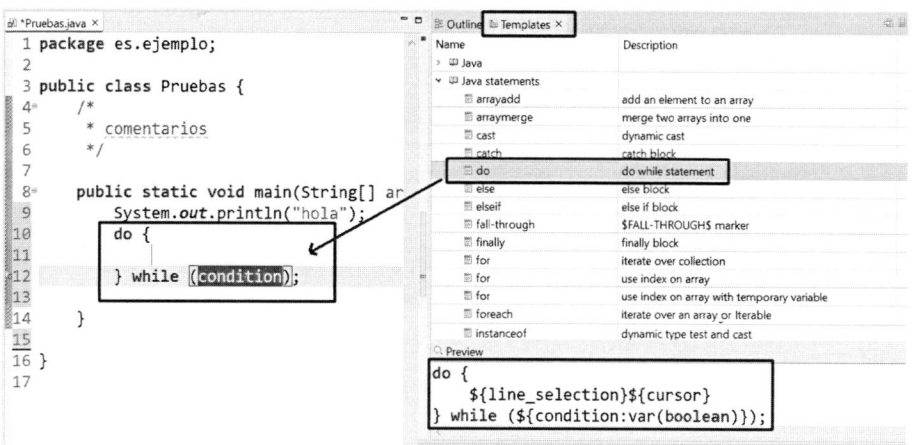

Figura 2.17. Uso de plantillas.

Otra forma de acceder a las plantillas es pulsando desde el editor de código la combinación de teclas **[Ctrl Espacio]** para elegir la orden de la lista. O bien, podemos escribir la orden desde el editor y después pulsar la combinación de teclas **[Ctrl Espacio]**, por ejemplo: para escribir en pantalla la orden *System.out.println()* escribimos **syso** y **[Ctrl Espacio]**, para escribir la sentencia *if* escribimos **if** y **[Ctrl Espacio]**, y luego seleccionamos el formato deseado; podemos hacer lo mismo para la sentencia *for*, *while* y *do while*.

El plugin JDT define una gran cantidad de plantillas, tanto para construcciones de código, como para la escritura de Javadoc. También es posible definir nuevas plantillas personalizadas o modificar las existentes usando los botones de la vista ***Templates.*** Desde la opción de menú **Window/ Preferences/ Java/ Editor/ Templates** se puede acceder a la ventana de configuración de plantillas desde donde se pueden crear, modificar y eliminar plantillas.

Es muy importante cuando escribimos código que lo hagamos de forma ordenada, legible y fácil de entender. Eclipse incorpora una herramienta para formatear el código que muestra el editor activo, pulsamos con el botón derecho del ratón sobre el código y seleccionamos ***Source/ Format*** del menú contextual que aparece.

El formateador de código puede configurarse desde el menú ***Window/ Preferences/ Java/ Code Style/ Formatter***. Hay varios perfiles disponibles, prueba a seleccionar uno u otro. Desde esta ventana, se puede editar el perfil y se puede modificar entre otras cosas, la longitud de las líneas de texto, la identación a aplicar, la posición de las llaves y los paréntesis, el formato para las asignaciones, etc.

La actualización del entorno Eclipse se puede configurar desde el menú ***Window/ Preferences/ Install/Update***. Por defecto, está configurado para revisar las actualizaciones una vez al mes. Normalmente se dejan las opciones por defecto. Para llevar a cabo la actualización seleccionamos la opción de menú ***Help/ Check for Updates***. Si se encuentran actualizaciones continuamos con el asistente de instalación y reiniciamos el IDE cuando se nos solicite. Puede mostrarse algún error, en ese caso hemos de leer atentamente el mensaje de error para saber qué componente está en conflicto y establecer su estrategia de resolución. O bien podemos cancelar el proceso de actualización. Podemos visualizar la vista ***Progress*** para ver el progreso de la instalación desde el menú ***Window/ Show View / Other/ General/ Progress***. Podemos cancelar la operación pulsando el cuadradito rojo que aparece a la derecha de cada elemento que se está actualizando.

La opción de menú ***Help/ Help Contents*** nos permite acceder a la documentación de ayuda del entorno Eclipse.

2.4. INSTALACIÓN DE PLUGINS EN ECLIPSE

Un ***plugin*** es un programa o una aplicación informática que añade funcionalidades específicas a otro programa que hace de programa principal. Su nombre procede del inglés (*plug-in* significa "*enchufable*") y su presencia es muy habitual en los navegadores web, en reproductores de música, en sistemas de gestión de contenidos y en herramientas de desarrollo como Eclipse.

Los plugins no son parches ni actualizaciones, sino propiedades añadidas a programas originales, aparecidas por primera vez a mediados de los años 70 y conocidas también como complementos, extensiones y *addons* (del inglés add-on, "agregado"). Un ejemplo muy conocido es la extensión *AdBlock Plus* para navegadores web como Chrome o Firefox y que permite bloquear anuncios molestos y ventanas emergentes.

2.4.1. Plugin Window-Builder y aplicaciones de escritorio

Eclipse no dispone de una interfaz gráfica de usuario para crear aplicaciones con ventanas, para ello es necesario instalar plugins. Los plugins aumentan las funcionalidades del Eclipse. Uno de los plugins más populares para esto es ***WindowBuilder***, que permite desarrollar de forma rápida y cómoda la GUI (interfaz gráfica de usuario) de las aplicaciones Java.

Eclipse incorpora un repositorio de plugins al que podremos acceder a través de **Eclipse Marketplace** https://marketplace.eclipse.org/. Desde Eclipse pulsamos el menú ***Help/Eclipse Marketplace.*** Se muestra una ventana (pestaña ***Search***) en la que se teclea el nombre del plugin a buscar, y se pulsa el botón ***Go***. A continuación, aparecerá una lista de plugin que contienen las palabras de búsqueda que hayamos puesto. En nuestro caso seleccionamos la versión ***WindowBuilder Current***. Para instalarlo se pulsa el botón ***Install***. Véase la Figura 2.18.

También desde Eclipse Marketplace se pueden desinstalar plugin, se pulsa en la pestaña ***Installed*** para ver los plugin instalados y se busca el plugin a desinstalar. Al lado del plugin se muestra la lista *Change* con dos opciones, se selecciona ***Uninstall***, se mostrarán los elementos del plugin, seleccionamos todos y vamos confirmando los cambios. Al final nos pedirá reiniciar Eclipse.

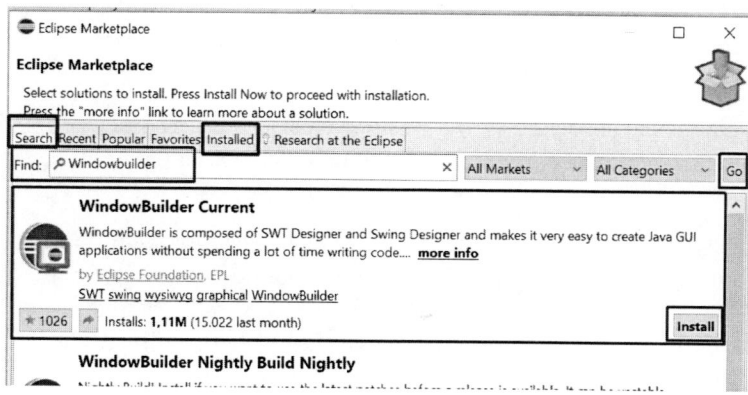

Figura 2.18. Eclipse MarketPlace.

Se visualizará una ventana indicando todo lo que se va a instalar, se dejan las opciones que aparecen, pulsamos el botón **Confirm**, a continuación, pedirá aceptar los términos de la licencia. Se aceptan, se pulsa el botón **Finish** y comenzará la descarga e instalación. La instalación de software se hace en **backgraund**, con lo que veremos en la línea de estado (línea inferior de la ventana del Eclipse) el progreso de la instalación. Una vez instalado pedirá reiniciarse.

Para comprobar que el plugin se ha instalado podemos abrir la ayuda de Eclipse desde el menú **Help/About Eclipse IDE**, y comprobar que aparece en la lista de plugins, véase la Figura 2.19.

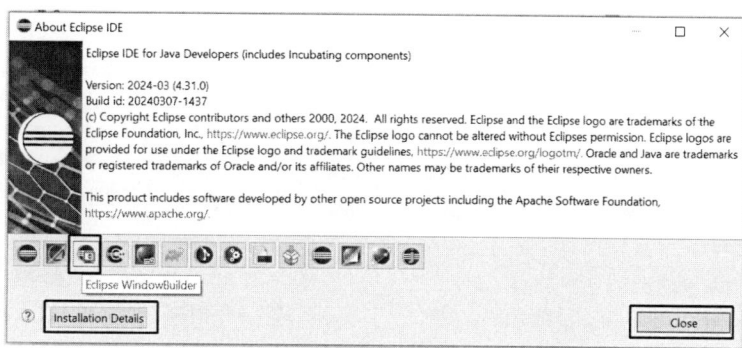

Figura 2.19. Plugin instalados en Eclipse.

CREACIÓN DE UN PROYECTO CON UNA INTERFAZ GRÁFICA

Una vez instalado el plugin, podremos crear proyectos Java utilizando la interfaz gráfica. El objetivo es aprender a utilizar la herramienta para diseñar pantallas, sin tener mucha carga de programación.

Clases a utilizar para trabajar con ventanas:

JFrame es una clase utilizada en **Swing** (biblioteca gráfica de Java) para generar ventanas sobre las cuales añadir distintos objetos con los que podrá interactuar o no el usuario. Normalmente la clase **JFrame** se emplea para crear la ventana principal de una aplicación. **JFrame** posee algunas nociones típicas de una ventana como minimizar, cerrar, maximizar y poder moverla.

JDialog es una clase utilizada para generar cuadros de diálogo, se puede considerar como una ventana emergente que aparece cuando se debe mostrar un mensaje. No es una ventana completamente funcional como el *JFrame*.

JPanel es un contenedor puro y no es una ventana en sí misma. El único propósito es organizar los componentes en una ventana. Un *JFrame* contiene a un *JPanel* para colocar los componentes de la ventana.

Para crear un proyecto abrimos el menú *File/New/Java Project*, y en la ventana que aparece se escribe el nombre del proyecto, se dejan las opciones por defecto, se desmarca la casilla *Create module-info.java file* y se pulsa el botón *Finish*. Véase la Figura 2.20, observa el JRE *(Java Run Time)* por defecto (definido en el fichero *eclipse.ini*). Existe la posibilidad de cambiar el JRE por defecto si tenemos varias versiones de Java instaladas en el ordenador.

A continuación, se añade una ventana al proyecto, para ello nos posicionamos sobre el nombre del proyecto, pulsamos el botón derecho del ratón y en el menú contextual se elige *New/Other*. Se busca la carpeta *WindowBuilder/Swing Designer* y se elige *JFrame*, véase la Figura 2.21. Seguidamente se escribe el nombre de la ventana y se pulsa *Finish*. Así se crea una ventana para la aplicación. Si se ejecuta el proyecto se visualizará la ventana inicialmente vacía.

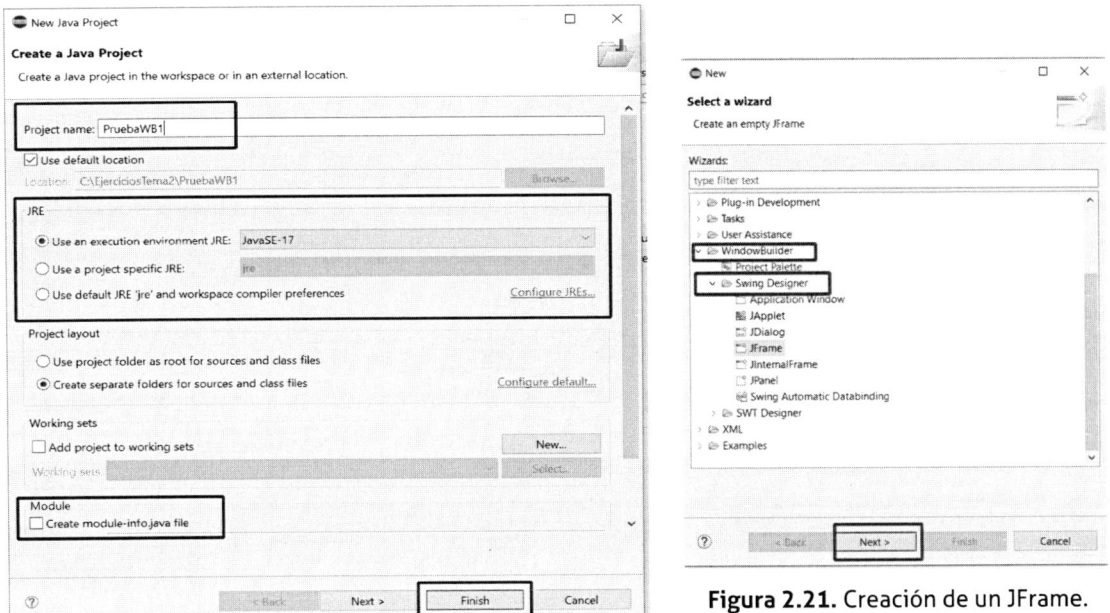

Figura 2.20. Creación de un Proyecto Java

Figura 2.21. Creación de un JFrame.

Observa en el explorador del proyecto que se ha creado una clase con el nombre puesto a la ventana, esa clase se puede editar en modo *Source (fuente)* o en modo *Desing (diseño)*. En la Figura 2.22 se muestra la ventana en modo diseño, se distinguen varios bloques:

- *Structure,* donde se ven de manera jerárquica los componentes que se han agregado a la ventana. Inicialmente aparece el primer componente el JFrame, y dentro un JPanel.

- **Properties**, se muestran las propiedades del elemento o componente seleccionado, como el título, tipo de letra, tamaño, color, etc., estas propiedades se pueden cambiar.

- **Palette**, se muestran los elementos de tipo contenedor que se pueden añadir a la ventana; los *layouts*, es decir la distribución de los elementos en la ventana; o los componentes, tipo etiquetas, cajas de texto, listas desplegables, etc., que se pueden añadir a la ventana

- **La ventana o formulario**, que es donde se van añadiendo los elementos. Al seleccionar un componente de la estructura jerárquica, se seleccionará en esta ventana

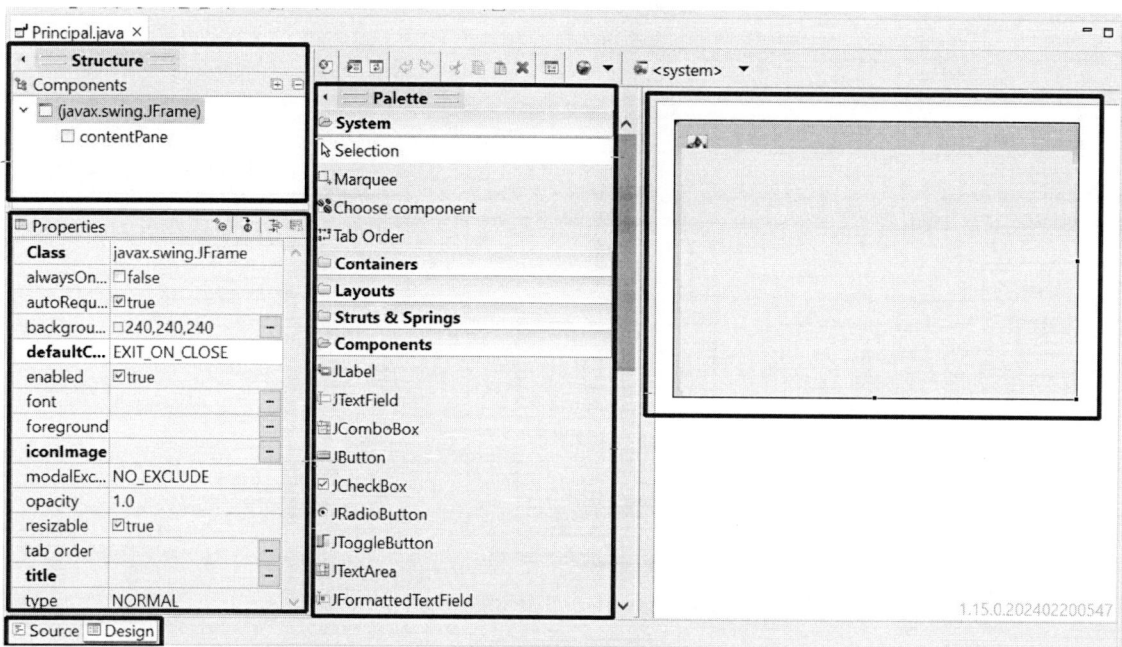

Figura 2.22. Vista diseño de la interfaz gráfica.

Si al abrir una ventana no se ve la pestaña de diseño **Design**, hemos de abrir la clase pulsando sobre ella con el botón derecho del ratón y seleccionando **Open With / WindowBuilder Editor**.

Para añadir componentes a la ventana primero se pulsa **Absolute layout**, en **Palette/Layouts**, y se arrastra al marco interno de la ventana (este marco interno es un **JPanel** con el nombre de **contentPane**) esto va a permitir colocar los componentes en cualquier parte de la ventana.

ACTIVIDAD 2.1

Crea la ventana de la Figura 2.23. Componentes para utilizar:

JLabel. Representa a una etiqueta en la ventana, la utilizamos para poner títulos, en el ejercicio las etiquetas son el rótulo DATOS DE DEPARTAMENTOS, Código Departamento, Nombre Departamento, Localidad Departamento.

JTextField. Representa a las cajas de texto, se utilizan para entrada de datos. En el ejercicio son las casillas vacías.

JButton. Este componente se utiliza para añadir los botones de la ventana

JPanel. Es un panel que agrupa a componentes, en el ejercicio es la caja que encierra a los componentes *JLabel* y *JTextField*. Primero se crea el *JPanel*, y luego se añaden los componentes.

Cambia las propiedades desde el panel de propiedades (véase la Figura 2.24). En la propiedad *Variable* es donde ponemos el nombre del control, es importante el nombre, para luego poderlo referenciar dentro del programa. Para cambiar el aspecto utiliza: *background, font, foreground, text, horizontalAlignment, verticalAlignment* etc.

Observa el código fuente que se va generando en la clase al ir añadiendo los controles.

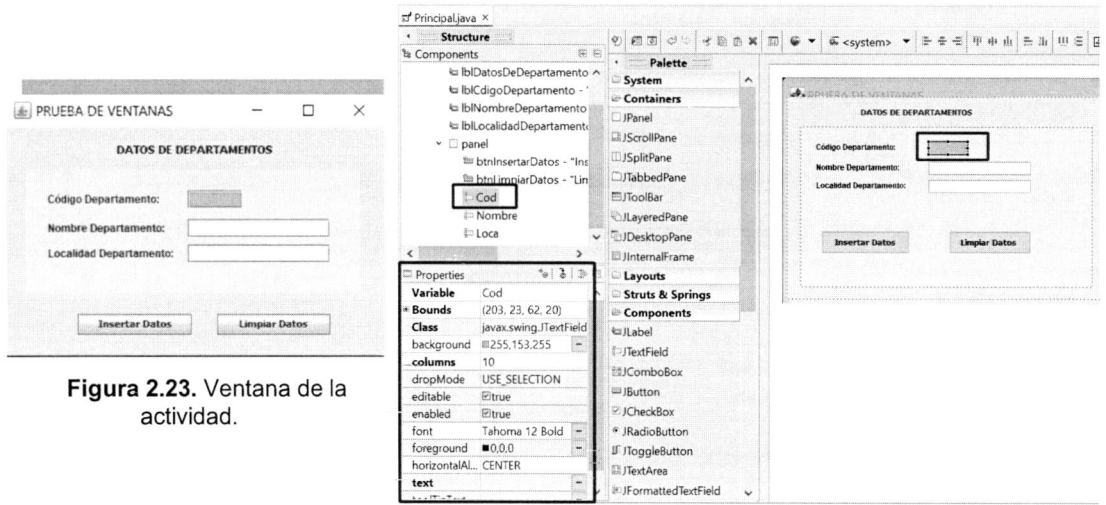

Figura 2.23. Ventana de la actividad.

Figura 2.24. Propiedades de los componentes.

Para añadir acción a los botones de las ventanas se hace doble clic sobre el botón y se visualiza el código *actionPerformed* asociado al botón, las acciones se añadirían en ese método. Por ejemplo, si queremos visualizar un mensaje en la consola al pulsar el botón limpiar y al pulsar el botón insertar escribimos dentro del *actionPerformed* de cada botón la siguiente línea:

```java
JButton btnLimpiarDatos = new JButton("Limpiar Datos");
btnLimpiarDatos.addActionListener(new ActionListener() {
    public void actionPerformed(ActionEvent e)
        {
            System.out.println(" SE HA PULSADO EL BOTÓN LIMPIAR");
        }
});

JButton btnInsertarDatos = new JButton("Insertar Datos");
btnLimpiarDatos.addActionListener(new ActionListener() {
    public void actionPerformed(ActionEvent e)
        {
            System.out.println(" SE HA PULSADO EL BOTÓN INSERTAR");
        }
});
```

Si se desea trabajar con los controles en toda la aplicación, para cargar valores o asignar valores, como es el caso de las cajas de texto, se debe de convertir el control a *field*, es decir definir el control como un atributo de la clase. Se selecciona el control y en los botones de la paleta de propiedades se marca el botón ***Convert local to field***, véase la Figura 2.25.

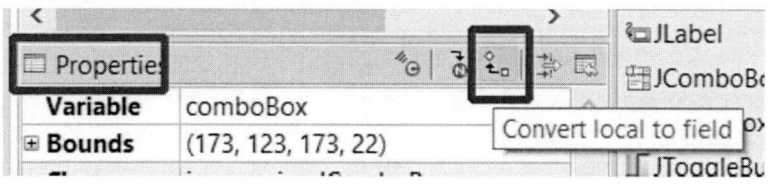

Figura 2.25. Convertir Local a *field*.

Para asignar valores a una caja de texto utilizamos el método ***setText***("*Texto a asignar*"). Y para cargar el valor que tenga almacenado, el método ***getText***(). Estos dos métodos se utilizarán en la mayoría de los controles, ***set*** para asignar y ***get*** para cargar.

Así en el ejemplo al pulsar el botón *Insertar datos*, voy a visualizar, además, el contenido de los controles para saber lo que se ha tecleado. A los controles los he llamado *Cod*, *Nombre* y *Loca*, y utilizo el método ***getText()***, las instrucciones para visualizar el contenido serían:

```
System.out.println("Cod tecleado: " + Cod.getText());
System.out.println("Nombre tecleado: " + Nombre.getText());
System.out.println("Localidad tecleada: " + Loca.getText());
```

Si ahora se desea limpiar el contenido de los controles al pulsar el botón *Limpiar datos*, utilizo el método ***setText(texto)***, y añado las siguientes instrucciones dentro del código asociado al botón:

```
Cod.setText("");
Nombre.setText("");
Loca.setText("");
```

AÑADIENDO MÁS CONTROLES

*Añadimos un **JCombobox*** para seleccionar un nombre de país. Una vez añadido a la ventana, abrimos la paleta de propiedades, y en la propiedad ***model***, añadimos los elementos del combo. Véase la Figura 2.26.

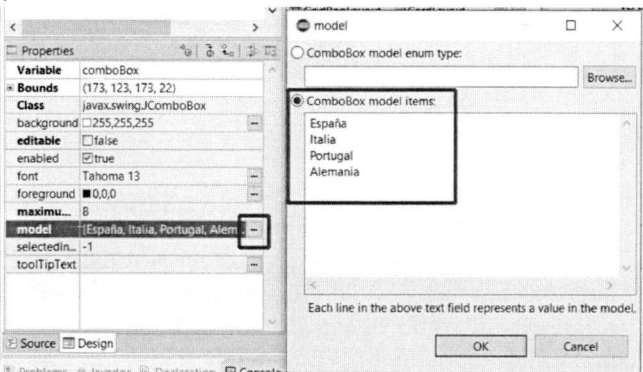

Figura 2.26. Propiedad ***model*** del JComboBox.

Los métodos utilizados para cargar el elemento actual del **ComboBox** y saber lo que se ha seleccionado son **getSelectedIndex(),** que devuelve un entero con el índice del elemento seleccionado, el primer elemento tiene la posición 0. Y **getSelectedItem()** devuelve una cadena con el contenido.

```
System.out.println("Posición: " + comboBox.getSelectedIndex());
System.out.println("Contenido: " + comboBox.getSelectedItem());
```

Añadimos a continuación un **JTextArea**, para visualizar mensajes. Si se va a utilizar este componente, se incluye dentro de un **JScrollPane**, para añadir las barras de desplazamiento al textArea. Así pues, primero se crea el **JScrollPane** y luego el **JTextArea**, que se arrastrará al *Viewport* del **JScrollPane**. Véase la Figura 2.27. Antes será necesario aumentar el tamaño de la ventana seleccionando el componente *frm* y arrastrando hacia abajo con el puntero del ratón sobre la ventana en la zona de edición.

Una vez añadido el textArea se mostrará debajo del scrollPane dentro de la estructura de los componentes de la ventana. Los métodos para asignar texto en el textArea son **setText("texto")**, si quiero limpiarlo asigno vacío, es decir **setText("")**. Y cuando quiera añadir líneas utilizo el método **append("Texto a añadir")**. Al utilizar **append** hay que añadir saltos de línea, porque si no, el texto se visualiza todo seguido. El salto de línea se pone con **\n**. Por ejemplo, si el textArea lo he llamado *textArea* pondré:

```
textArea.setText(""); //Limpio el textarea
textArea.setText("Primera línea."); //asigno contenido
textArea.append("\nEsta es la segunda línea"); //añado una línea
textArea.append("\nEsta es la siguiente"); //añado otra
```

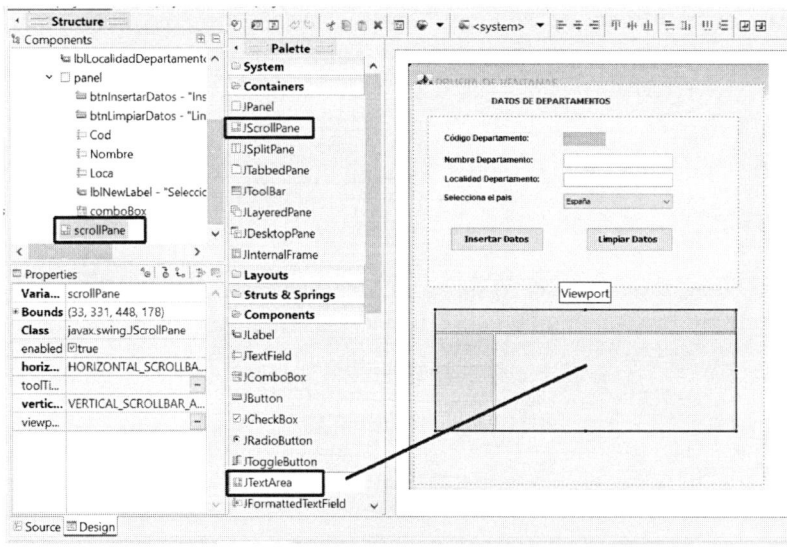

Figura 2.27. Insertar **JTextArea** en un **JScrollPane**

Para crear botones de radio seleccionamos **JRadioButton**. Normalmente los botones de radio suelen ir en un grupo para marcar sólo uno de ellos, e indicar una sola opción. Para crearlos, primero se añadirán los botones de radio, luego los seleccionamos a todos, y se indicará que forman parte del mismo grupo. Con el botón derecho del ratón con todos seleccionados elegiremos del menú contextual las opciones **SetButtonGroup->New standard**.

Añadimos un grupo de botones de radio a nuestra ventana para indicar el tipo de departamento, por ejemplo, Gestión, Personal, Apoyo y Tecnológico. Y los llamamos igual. Tendremos que ampliar el tamaño de la ventana y del panel hacia la derecha. Véase la Figura 2.28.

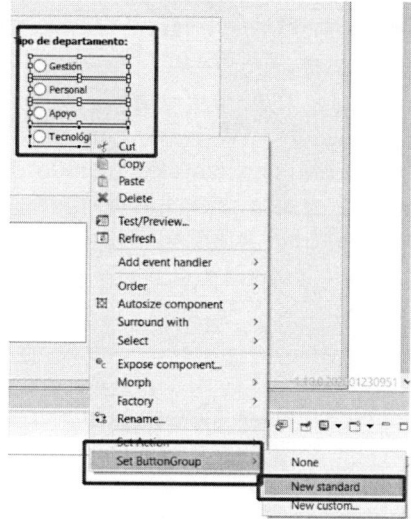

Figura 2.28. Añadir Grupo de botones de radio.

Se creará un atributo de clase como este:

```
private final ButtonGroup buttonGroup = new ButtonGroup();
```

Y los botones se añadirán automáticamente al grupo con las instrucciones:

```
buttonGroup.add(gestion);
buttonGroup.add(personal);
buttonGroup.add(apoyo);
buttonGroup.add(tecnologico);
```

Cuando queramos saber qué botón se ha seleccionado, por ejemplo, al pulsar el botón *Insertar datos* del ejercicio anterior, cargaremos los botones en un **ButtonModel**, cada uno en uno:

```
ButtonModel gest= gestion.getModel();
ButtonModel pers= personal.getModel();
ButtonModel apo= apoyo.getModel();
ButtonModel tecno= tecnologico.getModel();
```

Recuerda que los componentes para utilizarlos en toda la aplicación se tienen que convertir a **Field**. Igualmente, en el programa habrá que importar la clase **ButtonModel**. Se podrá hacer automáticamente yendo al error e importando la clase desde el menú contextual.

Y para preguntar por el botón seleccionado, se pregunta si el **ButtonModel** seleccionado del grupo coincide con alguno de los **ButtonModel** creados anteriormente. Este sería el código:

```
if (buttonGroup.getSelection()!=null)
{
```

```
        if (buttonGroup.getSelection().equals(gest))
                    System.out.println("Pulsaste gestion ");
        if (buttonGroup.getSelection().equals(pers))
                    System.out.println("Pulsaste personal ");
        if (buttonGroup.getSelection().equals(apo))
                    System.out.println("Pulsaste apoyo ");
        if (buttonGroup.getSelection().equals(tecno))
                    System.out.println("Pulsaste tecnológico ");
}
```

Si se desea añadir un componente **JCheckBox**. Para preguntar si el componente se ha seleccionado o no, utilizaremos el método **isSelected(),** que devolverá *true* si se ha marcado, y *false* si no. Por ejemplo, en estas líneas visualizo el contenido de un **JCheckBox** con nombre *check* si este aparece marcado, es decir si está seleccionado:

```
if (check.isSelected()) {
    System.out.println("Check Pulsado: " + check.getText());
}
```

ACTIVIDAD 2.2

Crea la ventana que se muestra en la Figura 2.29, en la que deben de aparecer 2 cajas de texto para nombre y precio de producto, con sus etiquetas asociadas. Un **JComboBox** para seleccionar los tipos de productos De temporada, Importado, Consumo popular, Durarero, No durarero. Un grupo de 4 botones de radio para seleccionar la categoría del artículo: Extra, Primera, Segunda, Super-Extra, deben de pertenecer al mismo grupo. Otro grupo distinto para seleccionar el Iva: 4%, 10% y 21%. Un **JCheckBox** para marcar si se aplica tasa o no. 2 botones y un textArea.

Al pulsar el botón *Ver datos tecleados* se mostrará en el textArea todos los datos tecleados, los datos de las cajas de texto, el combo, los radiobutton, y el checkbox. Si no se ha seleccionado categoría, o IVA o TASA se debe de indicar en el text-área que no se ha seleccionado.

Al pulsar el botón *Limpiar Datos* se limpiarán los datos de las cajas de texto y el textArea.

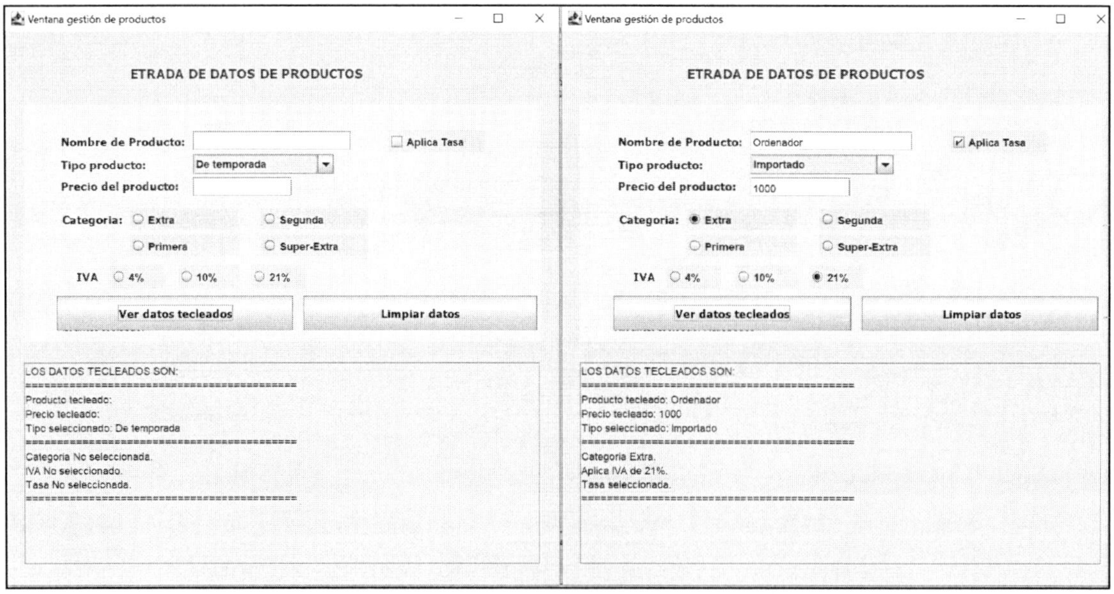

Figura 2.29. Ventana de la actividad sin datos tecleados y con datos.

CREAR JDIALOG

Un *JDialog* es una ventana de diálogo que se utiliza para dar un mensaje o alguna especificación del programa o sencillamente dar a conocer un resultado. Se pueden añadir los controles que se deseen. A diferencia de un *JFrame*, un *JDialog* no muestra el botón de aplicación en la barra de tareas cuando se está ejecutando, el *JFrame* sí. El *JDialog* es invocado desde una ventana padre, que puede ser un *JFrame* u otro *JDialog*.

Puede ser *modal* o *no modal*. Es modal cuando este al estar abierto, impide que se abran otras ventanas de la aplicación hasta que este se cierre. Y no modal cuando se pueden abrir más ventanas dentro de la aplicación, y no se necesita que se cierren. Los *JDialog* son ideales para ventanas secundarias. Un *JDialog* se puede abrir cuando ocurra un evento, para informar sobre una operación realizada, o para hacer cualquier tipo de operación.

Añadimos un *JDialog* en el proyecto de prueba. Y en la ventana principal del *JFrame*, añadiremos un botón para abrir el *JDialog*.

Un *JDialog* es una clase, y tenemos que crearla añadiendo una nueva clase al proyecto. Así pues, dentro del proyecto de pruebas, pulsamos botón derecho del ratón y en el menú contextual se elige *New/Other*. Se busca la carpeta *WindowBuilder/Swing Designer* y se elige *JDialog*. Escribimos el nombre, por ejemplo, *Dialogo1*, y nos aseguramos que la clase *Principal* y esta nueva clase, estén en el mismo paquete (*Package*). Se pulsa *Finish* y se crea la ventana.

Observa que se crea con el método *main()*, al tener este método podrá ejecutarse independiente de la ventana padre que lo abrirá. Prueba la ejecución y observa que no se muestra el icono de aplicación en la barra de tareas de Windows. Observa también que viene con dos botones ya definidos *OK* y *Cancel*. Estos se podrán cambiar si nos interesa escribir otros nombres. En el ejemplo creamos el siguiente cuadro de diálogo para insertar datos de oficinas, Véase Figura 2.30:

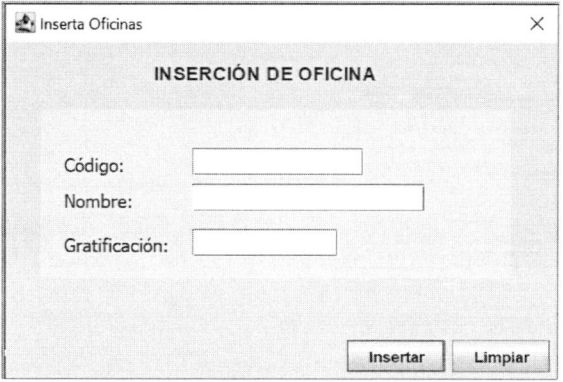

Figura 2.30. Ventana de Diálogo.

Una vez creado, añadimos un botón en la ventana *Principal*, para que llame a este cuadro de diálogo. El botón lo llamamos *Insertar Oficina*. Y al hacer clic en el botón, pondremos el código que viene en el método main() del *JDialog*. Al copiar se aparecerá un error en la línea donde aparece la clase *JDialog*, es porque hay que importar la clase *javax.swing.JDialog*. Se hace clic en el error, en la numeración de la línea y seleccionamos importar. El código a poner es:

```java
JButton btnNewButton = new JButton("Insertar Oficina");
btnNewButton.addActionListener(new ActionListener() {
    public void actionPerformed(ActionEvent arg0) {

        try {
                Dialogo1 dialog = new Dialogo1();
                dialog.setDefaultCloseOperation(JDialog.DISPOSE_ON_CLOSE);
                dialog.setVisible(true);
        } catch (Exception e) {
                e.printStackTrace();
        }
    }
});
```

Si pruebas la ejecución, verás que al pulsar el botón *Insertar Oficina,* se mostrará el diálogo creado. Y si pulsas varias veces el botón el cuadro de diálogo se abrirá múltiples veces. Por ser un diálogo no modal. Véase la Figura 2.31.

Figura 2.31. Diálogo no modal.

Para cambiar el ***JDialog*** y convertirlo a modal, en el diseño del cuadro de diálogo, buscamos la propiedad ***modal*** en la paleta de propiedades y marcamos la casilla para que aparezca true. Prueba de nuevo la ejecución, y ahora hasta que no se cierre el cuadro de diálogo, no podremos movernos a otra ventana de la aplicación.

CREAR PESTAÑAS

Es posible que queramos hacer otro tipo de aplicación en el que tengamos varios paneles en una misma ventana, y para cambiarnos de panel abrir una pestaña u otra.

Para crear pestañas se añade un componente ***JTabbedPane*** y dentro de este se añaden ***JPanel***, tantos como pestañas. A los ***JPanel*** hay que marcarles con ***Absolute Layout*** para poder colocar los elementos en cualquier posición del ***JPanel***.

Para hacer la prueba de pestañas, creamos un nuevo proyecto Java, y lo llamamos *EjemploWB_Pestanyas*. Dentro del proyecto vamos a crear un *JFrame* que será la ventana principal, la llamamos Principal, y dentro del *JFrame*, dentro del diseño, añadiremos dos pestañas. Una para *Insertar Departamentos*, y otra para *Insertar Oficinas*.

Una vez en el diseño ponemos título a la ventana (*Gestión de datos*) marcamos ***Absolute layout*** en el ***contetPane***. Marcamos el *Containers **JTabbedPane*** y lo arrastramos al *contentPane* del *JFrame*. Hacemos un rectángulo. Lo siguiente es añadir las pestañas. Marcamos el contenedor *JPanel* y lo arrastramos al ***JTabbedPane***. Se creará una pestaña, hacemos lo mismo para la segunda, pero ahora el *JPanel* lo arrastramos al lado de la primera pestaña. Observa cómo tiene que quedar la estructura del *contentPane* en la vista de *Structure*. Véase la Figura 2.32

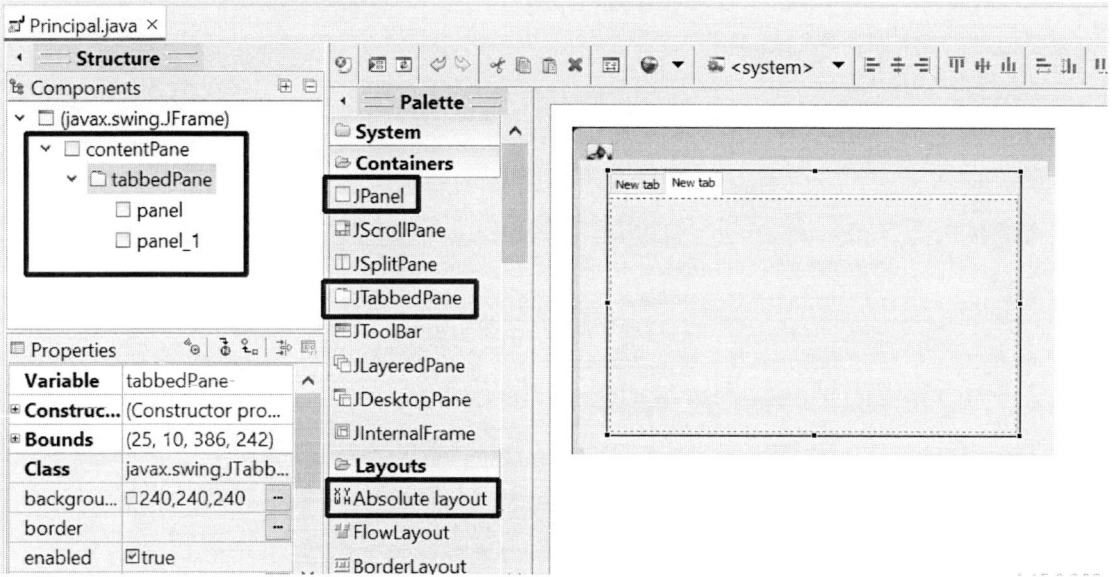

Figura 2.32. Creación de pestañas.

Para cambiar los títulos de las pestañas, accedemos a las propiedades, con la pestaña marcada, se despliega la propiedad ***Association***, y donde pone ***title***, añadimos el título.

Para añadir campos al ***panel*** de las pestañas hay que ponerlos en ***Absolute layout***. Es muy importante que cuando se trabaja con pestañas **todos los controles que se añadan tienen que tener un nombre diferente**, para así saber de qué pestaña son. Por ejemplo, si tengo un textArea en cada pestaña, no hay que llamarlas igual, porque a la hora de trabajar con ella no sabremos en que textArea se mostrarán los datos.

ACTIVIDAD 2.3

Realiza la siguiente ventana con dos pestañas, véase la Figura 2.33.

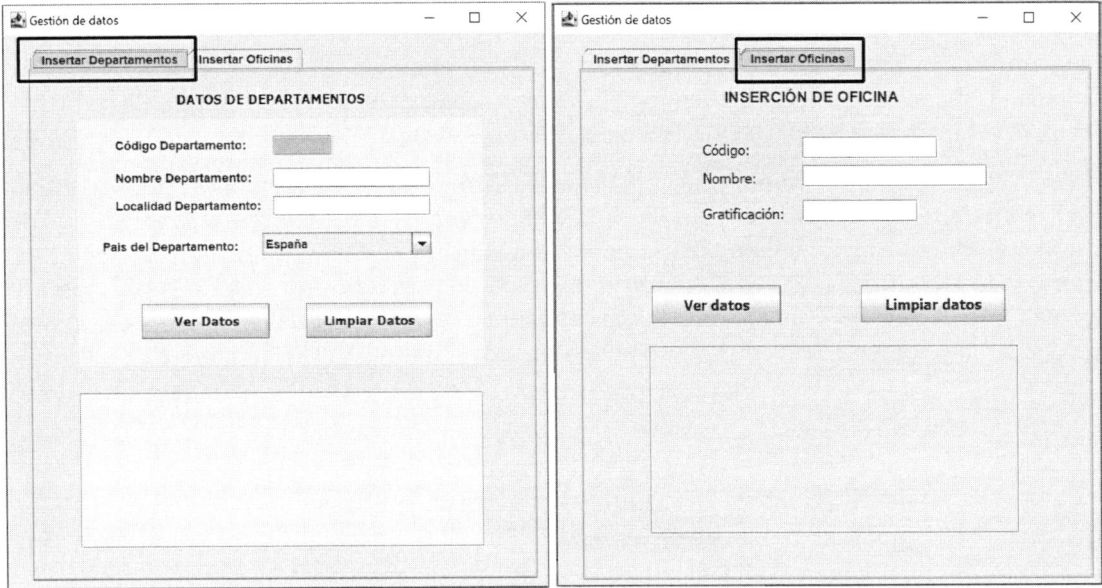

Figura 2.33. Pestañas de la Actividad 2.3.

En la lista *Pais del Departamento* se definen los países España, Italia, Francia y Portugal. Al pulsar el botón *Ver datos* se mostrará en el textArea correspondiente todos los datos tecleados. Al pulsar el botón *Limpiar Datos* se limpiarán los datos de las cajas de texto y el textArea correspondiente.

2.4.2. Plugin ER-Master y modelos de datos

En este apartado vamos a estudiar otra herramienta de código abierto utilizada para crear modelos de datos dentro de Eclipse. Con este plugin podremos hacer gráficamente diagramas Entidad/Relación y crear las tablas del diagrama en una base de datos. También se podrá imprimir el diagrama, exportar el DDL desde el diagrama etc. Algunas de las características que *ERMaster* proporciona son las siguientes

- Soporta todas las bases de datos principales (Oracle, MySQL, DB2, SQLITE, PostgreSQL, SQL Server y HSQLDB).

- Posibilidad de importar la base de datos existente (ingeniería inversa).

- Exportar a varios formatos (Java, Excel, PNG y HTML).

- Generación DDL.

- Permite ver los modelos físicos y lógicos.

Toda la información del plugin se encuentra en la página: http://ermaster.sourceforge.net/. Para instalarlo se abre el menú **Help/Install New Software**, en el campo **Work with** se teclea http://ermaster.sourceforge.net/update-site/ se pulsa *Add*, y en el siguiente cuadro de diálogo que se muestra, tecleamos el nombre si se quiere, se pulsa *Add*. Se localiza el plugin, se seleccionan los elementos (véase la Figura 2.34) y se pulsa *Next*. Se aceptan los términos de la licencia, se pulsa *Finish* y comienza la instalación. Nos pregunta si confiamos en el contenido a instalar, marcamos la casilla que aparece en **Authoriy/Update Site** y pulsamos el botón **Trust Selected**. Cuando termina pide reiniciar.

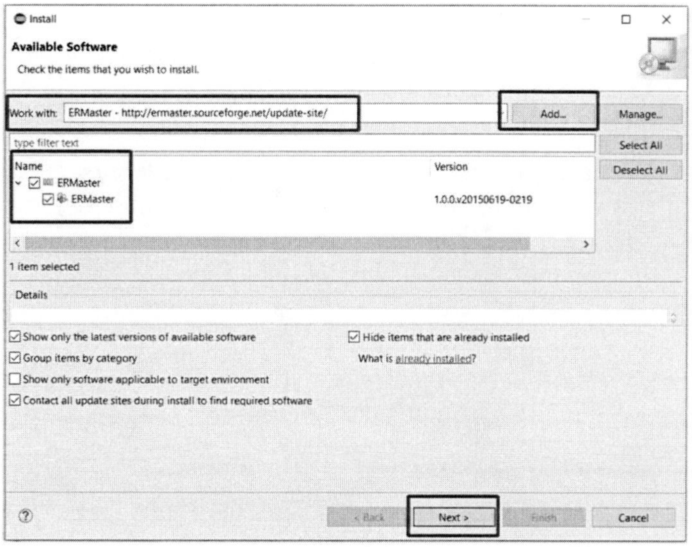

Figura 2.34. Instalación Plugin E/R Master.

CREACIÓN DE MODELOS DE DATOS CON ER MASTER

Para trabajar con ER Master primero creamos un proyecto Java, y ya dentro del mismo añadiremos los modelos de datos. Así pues, se crea un nuevo proyecto Java, desde el menú *File/New/Java Project*, escribimos el nombre para el proyecto, y *a* continuación vamos a crear un modelo, se abre el menú *File/New/Other*, y en la ventana que se muestra se elige la carpeta **ERMaster** y el elemento *ER Master*.

Se pulsa *Next,* pedirá que se seleccione el proyecto donde se guardará el fichero a crear, y pedirá teclear el nombre. Se escribe el nombre para el modelo y se selecciona la base de datos donde se va a crear el modelo. Para este ejemplo se selecciona la base de datos *Oracle*, estos datos se podrán cambiar cuando se necesite. Seguidamente se pulsa *Finish* y se abre la ventana de diseño. Dentro de la ventana de diseño se puede observar la barra de botones, la paleta de diseño a la izquierda y la vista de edición donde se añadirán las entidades y relaciones, véase la Figura 2.35.

Figura 2.35. Ventana de diseño E/R Master

IMPORTAR ESQUEMAS

En este ejercicio partimos de que tenemos instalada la base de datos *Oracle Express* y tenemos creado el usuario ENTORNOS. Dentro del usuario se han creado las tablas Empleados y Departamentos (el script de creación de las tablas se encuentra en los recursos del capítulo).

Desde el menú contextual de la vista de edición se selecciona **Import/Database**, se muestra la ventana de conexión a la base de datos, en ella se escribe el nombre del servidor: *localhost*, el puerto de Oracle, por defecto es *1521*, el nombre de la base de datos, por defecto es *xe*, nombre del usuario y password, tecleamos ENTORNOS. Véase la Figura 2.36.

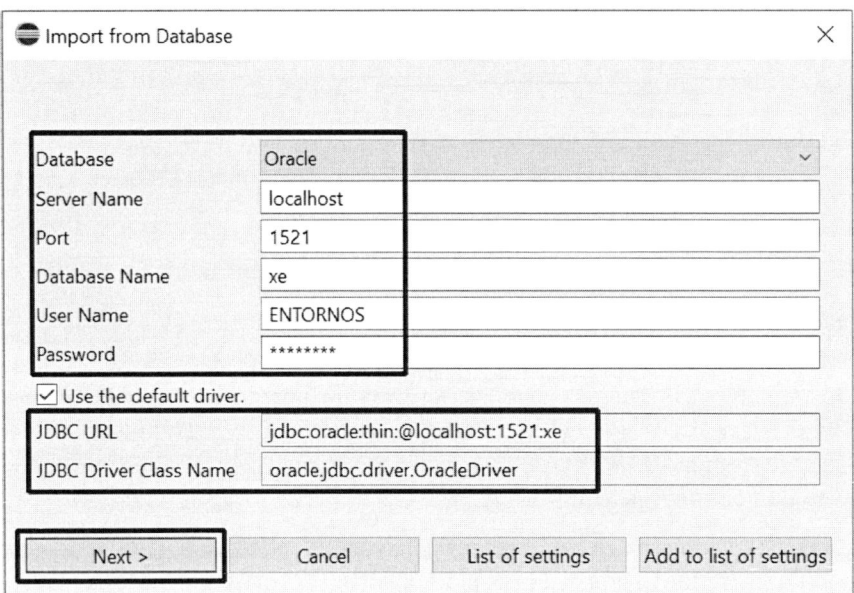

Figura 2.36. Ventana de conexión a MySQL.

Al pulsar *Next* pide el *path* donde se encuentra el driver de la base de datos para poder realizar la conexión. Es necesario tener el **conector** o **driver** a la base de datos para poder realizar la conexión, en Oracle podemos usar *oraclejdbc6.jar*, y en MySQL *mysql-connector-java-5.1.38-bin.jar;* estos ficheros se encuentran en la carpeta *lib* del proyecto ejemplo y en los recursos del capítulo. En la siguiente ventana veremos todos los esquemas de todos los usuarios de la base de datos Oracle, para el ejemplo seleccionamos el usuario ENTORNOS y pulsamos el botón *Next*.

Seguidamente se muestran los elementos seleccionados del usuario, dejamos la selección que aparece y pulsamos *OK*, véase la Figura 2.37. Se mostrará un aviso indicando que se borrará todo lo que tuviéramos escrito en el diagrama. Desmarcamos la casilla *Clear Contents of the current ER diagram* si queremos conservar lo que tengamos en el diagrama actual.

Finalmente se muestra el diagrama *Entidad/Relación* de las tablas del usuario ENTORNOS de Oracle. Desde la vista*Outline* se puede ver el detalle de todos los objetos importados, diccionario, tablas, vistas, disparadores, secuencias e índices, véase la Figura 2.38

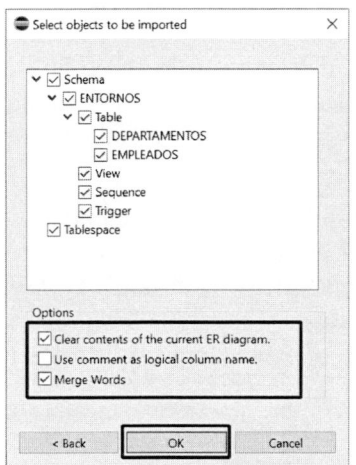

Figura 2.37. Esquema a importar.

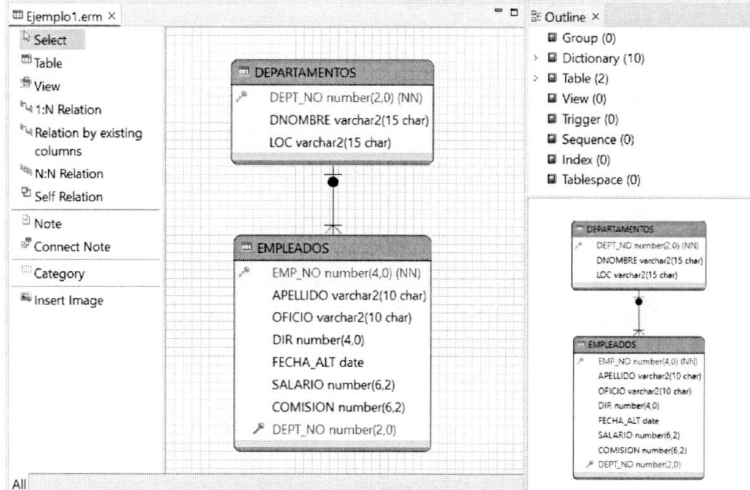

Figura 2.38. Esquema a importar.

Desde el menú contextual de la vista de edición, se podrá seleccionar varias opciones:

- Con *Display*, se podrá cambiar el modo de visualización, con *View Mode* se cambia la visualización del modelo (modo Lógico, Físico, o ambos). También se puede cambiar la notación del esquema (*Notation*) o los colores del diseño (*Design*).

- Si se selecciona *Options* podremos cambiar de base de datos, y hacer que el diseño se pueda luego crear en la base de datos seleccionada. Se mostrará una ventana en la se seleccionará la base de datos y se configurará la conexión. Recuerda que necesitas tener los conectores de las bases de datos con las que vayas a trabajar.

- Si se selecciona *Export*, se podrá generar el fichero DDL, con las instrucciones SQL para generar el modelo en la base de datos seleccionada. O convertir a una hoja de cálculo Excel, o a una página HTML con la información completa de la base de datos. También se puede convertir el modelo de datos a Java, creando una clase para cada tabla. En todos los casos pedirá una carpeta donde almacenar el fichero generado. Normalmente se seleccionará la carpeta del proyecto.

ACTIVIDAD 2.4

Exporta el modelo de datos anterior a una imagen y a una página HTML.

Exporta el modelo de datos anterior a un fichero DDL de nombre *Ejemplo1.sql*.

Instala el plugin *SQL Editor* para poder ver el fichero sql generado con una sintaxis y colores más amigable.

Exporta a Java el modelo de datos al paquete de nombre *clasesJava* en el directorio *src*.

2.4.3. Plugin PyDev

PyDev es un plugin que permite utilizar Eclipse como IDE del lenguaje **Python**. Utiliza técnicas avanzadas de inferencia de tipos que le permiten proporcionar cosas como finalización y análisis de código, además de proporcionar un depurador, consola interactiva, refactorización, navegador de tokens, integración de Django, etc.

Lo primero que tenemos que hacer es descargar e instalar la última versión de Python desde la página oficial en https://www.python.org/downloads/. Hemos de asegurarnos de seleccionar la opción de *Add Python.exe to PATH* durante la instalación. En este ejemplo se ha instalado ***python-3.12.3-amd64.exe***. Una vez instalado nos vamos al símbolo del sistema y escribimos la orden *py* para comprobar si se ha realizado la instalación (la carpeta por defecto donde se instala es *C:\Users\usuario\AppData\Local\Programs\Python\Python312*):

```
C:\Users\usuario>py
Python 3.12.3 (tags/v3.12.3:f6650f9, Apr  9 2024, 14:05:25) [MSC v.1938
64 bit (AMD64)] on win32
Type "help", "copyright", "credits" or "license" for more information.
>>>
```

Pasos para instalar el **PyDev**:

- Desde Eclipse seleccionamos la opción de menú ***Help/ Install New Software***; se abre la ventana *Available Software*. Pulsamos el botón *Add*. En *Name* escribimos un nombre, por ejemplo: *PYDEV* y en *Location* escribimos la URL del repositorio de **PyDev**: *http://www.pydev.org/updates*. Pulsamos el botón ***Add.*** En el campo *Work with* se mostrará la URL del repositorio. Véase Figura 2.39

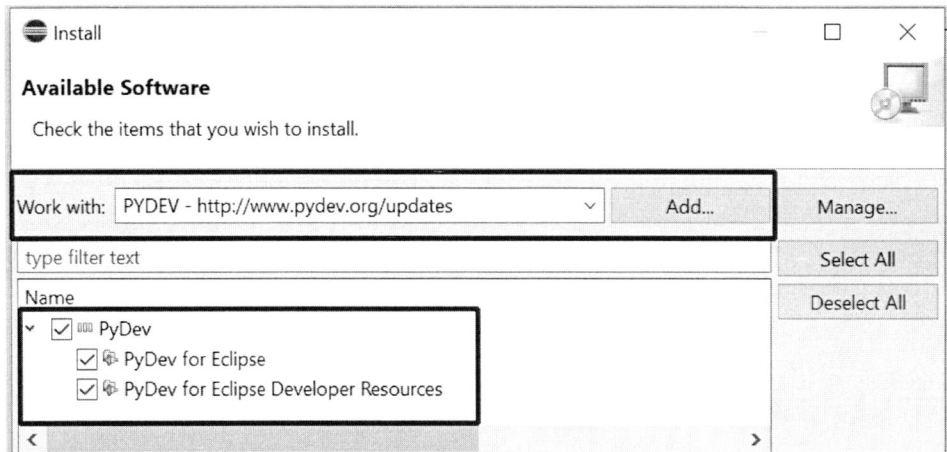

Figura 2.39. Instalación del plugin *PyDev*.

- Se marca *PyDev* para seleccionar los dos elementos incluidos en la lista. Se pulsa el botón *Next*. Se muestra un resumen de lo que vamos a instalar. Pulsamos de nuevo *Next*. Seguidamente aceptamos los términos de la licencia de *PyDev* y pulsamos *Finish*.

- En la siguiente pantalla nos pregunta si confiamos en el certificado de *PyDev*. Marcamos la casilla y pulsamos el botón *Trust Selected*. Al acabar la instalación nos pide reiniciar Eclipse, aceptamos reiniciar.

Una vez instalado es necesario decirle a Eclipse en qué carpeta del disco duro se encuentra el intérprete de Python. Desde la opción de menú ***Window/ Preferences/ PyDev/ Interpreters/ Python Interpreter*** pulsamos el botón *New* y seleccionamos ***Browse for python/pypy.exe***, véase la Figura 2.40. En la siguiente ventana pulsamos el botón *Browse* para buscar en el disco duro la carpeta donde se instaló Python y *OK* para finalizar, véase Figura 2.41

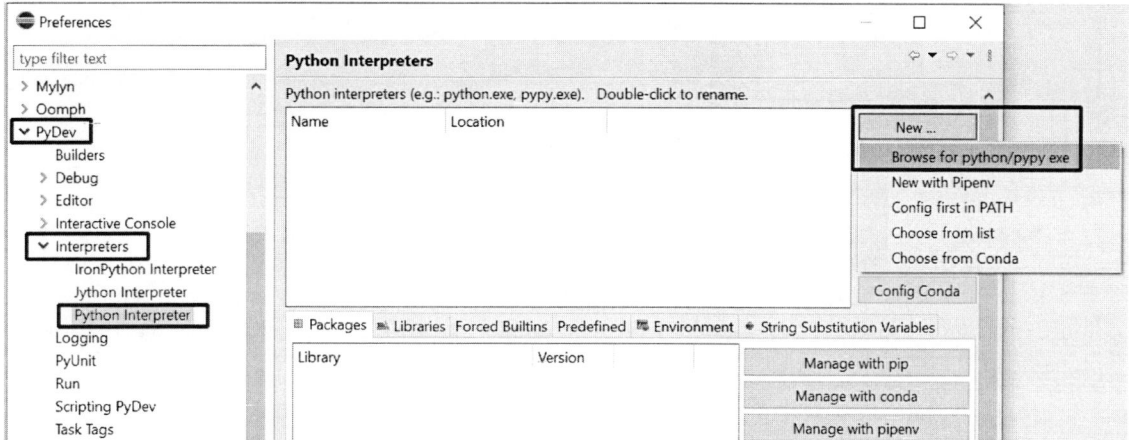

Figura 2.40. Configurando el intérprete de Python en Eclipse.

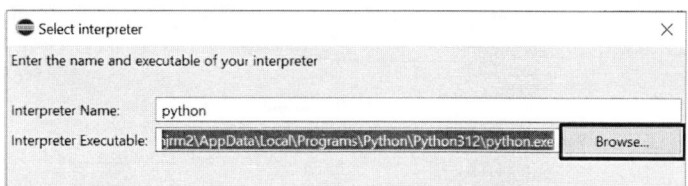

Figura 2.41. Seleccionando el fichero *Python.exe*.

En la siguiente pantalla se mostrarán una serie de carpetas que se añadirán al *pythonpath* del sistema. Pulsamos el botón *OK*. En la ventana de la Figura 2.40 se mostrará la localización y los paquetes y librerías instaladas. Pulsamos *Apply and Close* para finalizar.

El siguiente paso es crear un proyecto en Python. Pulsamos en la opción de menú ***File/ New/ Other/ PyDev/ PyDev Project***, pulsamos el botón *Next*, escribimos un nombre para el proyecto (véase Figura 2.42). De la lista *Interpreter* seleccionamos el intérprete, en este caso elegimos el nombre que aparece en el campo *Interpreter name* que se creó al seleccionar la localización del ejecutable, en este caso *python* (Figura 2.41). Pulsamos el botón *Finish* y aceptamos abrir la perspectiva *PyDev*. En el ***Package Explorer*** podemos observar el proyecto creado.

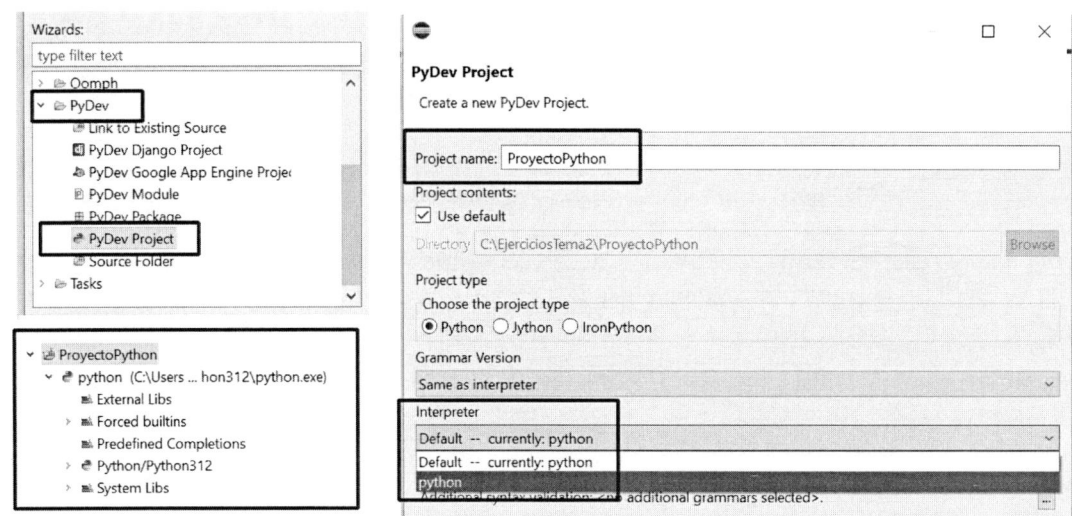

Figura 2.42. Creando un proyecto en Python.

El paso siguiente será crear un paquete y crear dentro los ficheros Python que podremos ejecutar desde el entorno, a estos ficheros se les llama módulos. Pulsamos sobre el proyecto con el botón derecho del ratón y seleccionamos *New/ Other/ PyDev/ PyDev Package* asignamos un nombre, pulsamos *Finish,* en la siguiente ventana (si se muestra) dejamos marcadas las opciones y pulsamos *OK.*

Se creará el paquete y dentro el fichero *__init__.py.* Pulsamos con el botón derecho del ratón sobre el paquete, y elegimos *New/ Pydev Module,* asignamos un nombre (por ejemplo, *HolaMundo*) y pulsamos *Finish.* Se nos solicita elegir una plantilla, elegimos la plantilla por defecto *<Empty>* y pulsamos *OK.* Aparecerá nuestro módulo con un comentario que muestra la fecha de creación y el autor. Añadimos la sentencia *print("¡Hola, Mundo!").* Véase Figura 2.43.

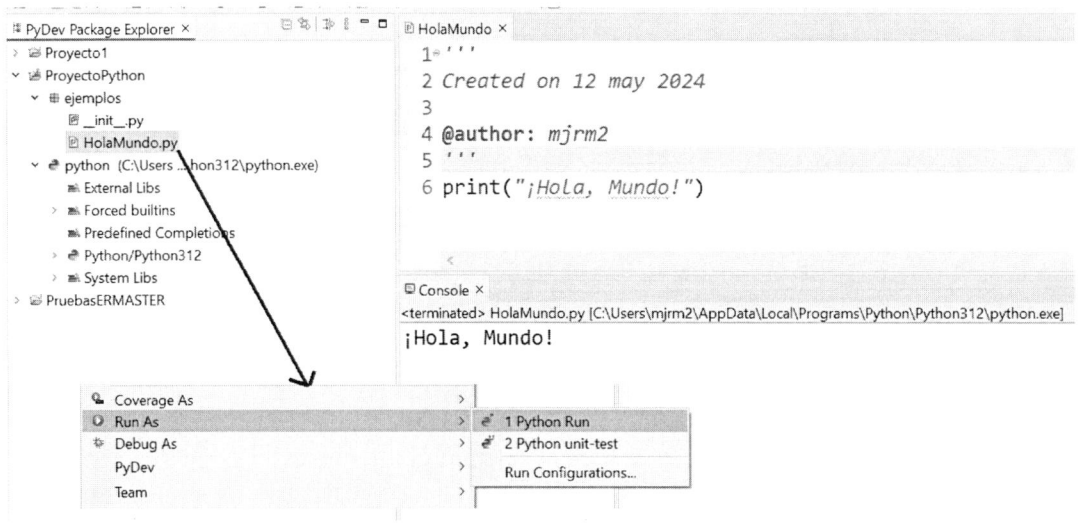

Figura 2.43. Ejecución de un módulo en Python.

Un paquete en Python consiste en un directorio que contiene uno o más módulos (ficheros con extensión *.py*) y puede contener también subpaquetes (directorios que a su vez contienen módulos y otros subpaquetes). Es similar al paquete en Java. El fichero *__init__.py* puede estar vacío o puede contener código Python que inicialice el paquete. Por ejemplo, podría contener importaciones de otros módulos o definiciones de variables que se comparten entre los módulos del paquete. Es una forma de estructurar y organizar el código en paquetes en Python.

Para ejecutar el fichero pulsamos sobre él con el botón derecho del ratón y seleccionamos ***Run As/ Python Run***. En la consola se mostrará el resultado de la ejecución. Igual que en las clases Java si hay algún error en el fichero se mostrará un icono de error en la línea donde se localiza.

ACTIVIDAD 2.5

Prueba a ejecutar varios ejemplos en Python que puedes encontrar en los recursos del capítulo. Copia el fichero y pégalo en el paquete *ejemplos* del proyecto Python.

2.5. AÑADIR UN JRE EN ECLIPSE

El entorno de desarrollo ***Eclipse*** nos va a permitir añadir nuevos ***JRE*** (***Java Run Time,***) para probar las nuevas funcionalidades de las versiones Java que van saliendo o para usar en aplicaciones que usan versiones anteriores.

Para la prueba vamos a añadir **JDK 21** que se instaló en la instalación de Java al principio del capítulo. Para añadir el JRE, abrimos el menú ***Windows/Preferences/Java/Installed JREs***. Pulsamos el botón ***Add***. Seleccionamos el tipo de JRE, que va a ser ***Standard VM***, se pulsa *Next* (véase la Figura 2.44) y se busca la carpeta (C:\Program Files\Java\jdk-21) donde está el JDK. Una vez seleccionada se pulsa *Finish* y vemos que aparece en la lista de los JREs instalados. Pulsamos *Apply and Close* para salir de esta ventana. Podemos instalar también versiones inferiores, JDK8, JDK11, etc.

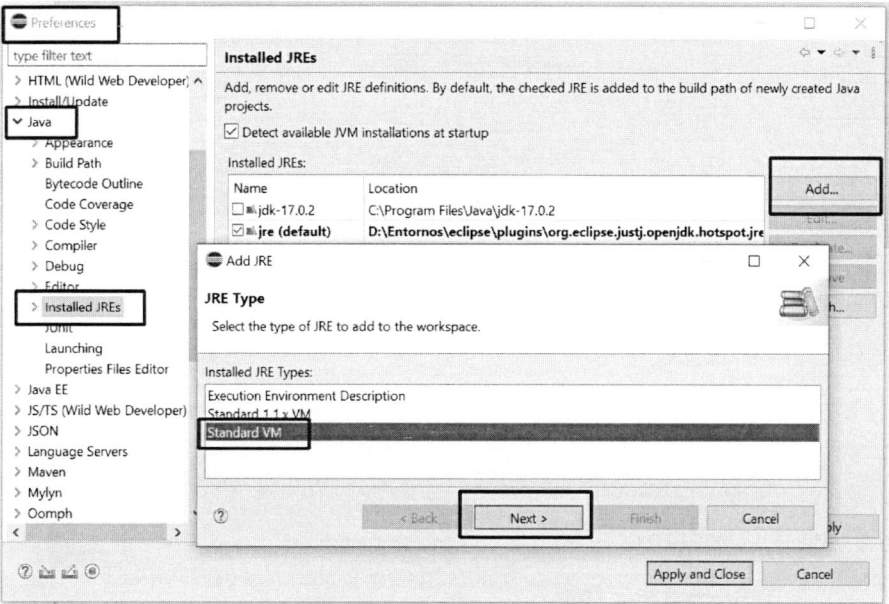

Figura 2.44. Instalar JRE.

Una vez instalado podemos crear un proyecto y asignar el nuevo JRE. Al crear el proyecto hacemos clic en *Use a project specific JRE* y seleccionamos *jdk-21* (que acabamos de añadir), véase Figura 2.45. El proyecto mostrará en su *JRE System Library* el JDK seleccionado (Figura 2.46).

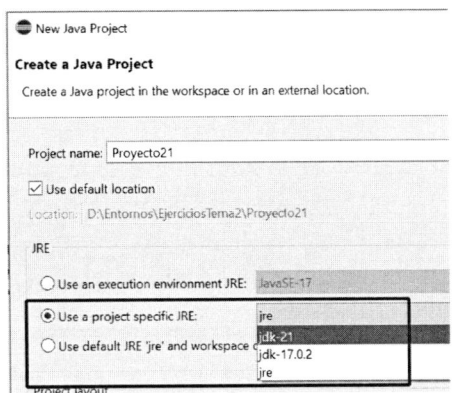

Figura 2.45. Asignando JRE al proyecto.   **Figura 2.46.** Proyecto con el nuevo JRE.

También podemos hacer que un proyecto se ejecute con la nueva versión. Desde el menú contextual del proyecto, seleccionamos *Run AS/Run ConFigurations*. Se selecciona la pestaña *JRE*. Y se marca *Alternate JRE,* para elegir el nuevo JRE, véase la Figura 2.47, se pulsa el botón *Run* para ejecutarlo.

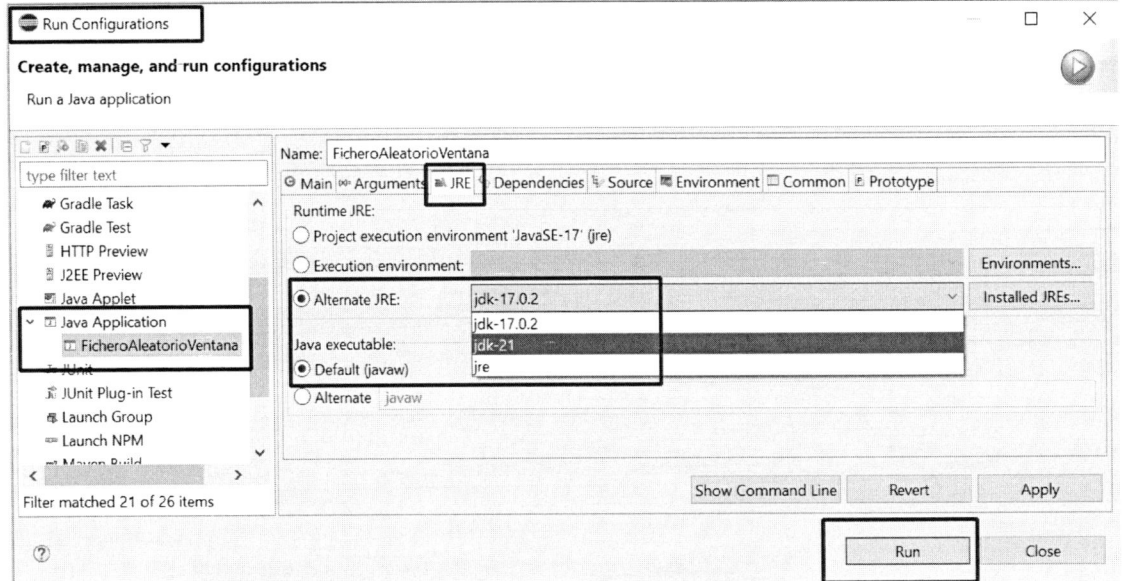

Figura 2.47. Cambio del JRE en la ejecución de un proyecto.

A partir de ahora nuestro IDE estará preparado para realizar proyectos con una nueva versión de Java instalada. Al crear el proyecto se seleccionará la versión de Java con la que deseemos ejecutarlo.

2.6. CREAR FICHEROS JAR EJECUTABLES

Hemos visto cómo el entorno Eclipse facilita las tareas de compilación y ejecución de los programas Java. A veces necesitamos ejecutar un programa en otro ordenador, pero no tenemos por qué instalar el entorno Eclipse, nos llevamos el fichero ejecutable y lo ejecutamos. Será necesario instalar la máquina virtual de Java en el ordenador donde se vaya a ejecutar el programa.

JAR es un acrónimo de *Java ARchive*. Los ficheros JAR son útiles para empaquetar aplicaciones y bibliotecas Java de manera organizada y portátil. Pueden ser ejecutados directamente por la máquina virtual de Java (JVM) utilizando el comando *java -jar*, lo que facilita la distribución y ejecución de aplicaciones Java independientemente del sistema operativo. Puede contener varios elementos:

- Ficheros de clase (*.class*): son los ficheros compilados que contienen *bytecode* Java ejecutable.

- Ficheros de recursos: pueden ser ficheros de configuración, imágenes, ficheros de propiedades, ficheros de texto, etc., utilizados por la aplicación.

- Metadatos: como el fichero MANIFEST.MF, que puede contener información sobre la aplicación, como el nombre del desarrollador, la versión de la aplicación, las clases principales, las dependencias, etc.

- Bibliotecas externas: también puede incluir otras bibliotecas JAR que la aplicación necesita para su funcionamiento.

Para crear el ejecutable de una aplicación (que no sea Web) hemos de empaquetarla en un fichero **.jar**. Este fichero suele almacenar varios ficheros Java y metadatos de manera similar a un fichero .zip. Muchos de ellos son contenedores de clases que otros programas necesitan y otros pueden ejecutarse haciendo doble clic en ellos.

Para crear el fichero **JAR** ejecutable del ejemplo *FicheroAleatorioVentana* pulsamos con el botón derecho del ratón sobre el proyecto y seleccionamos ***Export/Java/Runnable JAR File*** y pulsamos ***Next***, véase Figura 2.48.

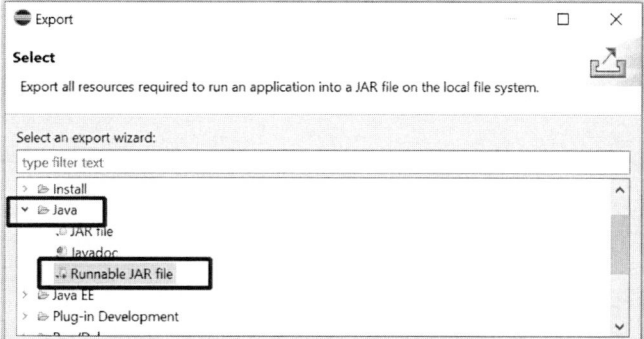

Figura 2.48. Crear Runnable JAR file de un proyecto

En la siguiente pantalla seleccionamos de la lista ***Launch configuration (Nombre de clase - nombre de proyecto)*** la clase con el método ***main()*** del proyecto del cual vamos a crear el ejecutable, véase Figura 2.49.

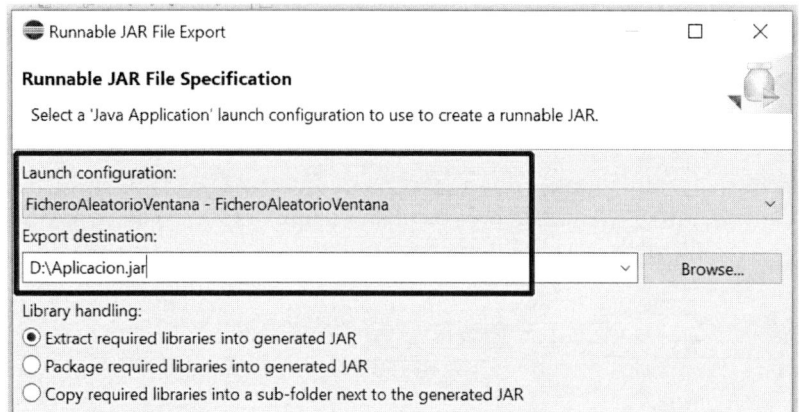

Figura 2.49. Clase de la que se creará el fichero JAR.

En el campo ***Export destination*** seleccionamos el lugar donde ubicaremos el ejecutable pulsando el botón *Browse* y escribimos el nombre que queramos para nuestra aplicación. Dejamos la opción por defecto marcada para que se añadan las librerías requeridas en el fichero **JAR**. Véase Figura 2.49. Pulsamos el botón ***Finish***. Se muestra un mensaje indicando que el fichero exportado tiene *Warnings*, no hay problema, pulsamos *OK*

Si en la lista ***Launch configuration*** no aparece la clase con el método ***main()*** que queremos exportar, la ejecutamos pulsando sobre ella con el botón derecho del ratón y seleccionando ***Run as/Java Application***. Y lo intentamos de nuevo.

Para ejecutar el programa nos dirigimos a la carpeta donde hemos dejado el fichero **.jar** y hacemos doble clic sobre él. También, desde la línea de comandos del DOS (símbolo del sistema), nos dirigimos a la carpeta y escribimos: `java -jar Aplicacion.jar`

Para que se pueda ejecutar el **.jar** tenemos que tener instalado el **JRE**, igualmente para compilar y ejecutar desde el símbolo del sistema (se instaló cuando se ejecutó el fichero *jdk-21_windows-x64_bin.exe*). Para ver la versión instalada nos vamos a la línea de comandos del DOS y escribimos *java -version.* Si no hay **JRE** instalado se producirá un error al ejecutar la orden.

2.6.1. Compilar y ejecutar ficheros Java desde la línea de comandos del DOS

Desde la línea de comandos del DOS podemos compilar y ejecutar nuestras clases Java. Por ejemplo, para el proyecto del fichero aleatorio (copiamos las clases en la unidad D o C del disco duro) compilamos las clases *VentanaDepart.java* y *FicheroAleatorioVentana.java* en este orden ya que la clase *FicheroAleatorioVentana* usa *VentanaDepart*. Para compilar usamos el comando **javac** y para ejecutar usamos el comando **java** sobre la clase que tiene el método *main()*:

```
D:\>javac VentanaDepart.java

D:\>javac FicheroAleatorioVentana.java

D:\>java FicheroAleatorioVentana
```

Al usar la orden **javac** sabremos que la compilación ha sido correcta si debajo no se muestra ningún mensaje de error. El siguiente ejemplo muestra la compilación y ejecución de la clase *Hola.java* sin errores:

```
D:\>javac Hola.java

D:\>java Hola
Hola Mundo
```

En este caso la compilación de la clase *Hola.java* muestra un error:

```
D:\>javac Hola.java
Hola.java:5: error: ';' expected
                 System.out.println("Hola Mundo")
                                                 ^
1 error
```

Partimos de los paquetes creados en el *Proyecto1*: *es.ejemplo* y *es.ejemplo.datos*. Y de las clases *HolaMundo.java*, *Main.java* y *Persona.java*. Copiamos y pegamos el paquete (o carpeta) *es* en la unidad C. La estructura de los paquetes es la siguiente, suponiendo que cuelga de la unidad C, escribimos desde el DOS la siguiente orden: *tree /f es*:

```
C:\>tree /f es
Listado de rutas de carpetas
El número de serie del volumen es 00000001 4E5F:9AFE
C:\ES
└───ejemplo
    │   HolaMundo.java
    │   Main.java
    │
    └───datos
            Persona.java
```

Para compilar desde la línea de comandos primero compilo la clase *Persona.java*, ya que *Main.java* la utiliza, hemos de poner todo el trayecto de paquetes (carpetas) en el que se encuentra la clase:

```
C:\>javac es/ejemplo/datos/Persona.java

C:\>javac es/ejemplo/HolaMundo.java

C:\>javac es/ejemplo/Main.java
```

En la ejecución también sería necesario incluir el paquete (carpeta) donde está la clase:

```
C:\>java es/ejemplo/HolaMundo
Hola Mundo

C:\>java es/ejemplo/Main
Nombre: Maria
Edad: 19
```

En este caso los ficheros *.class* se han almacenado en la misma carpeta donde está el *.java*. Para almacenarlo en otra carpeta, por ejemplo, en la carpeta *ejecutables* (dentro de la unidad C), hemos de añadir después de la orden *javac: -d carpetadestino*. En dicha carpeta se creará la estructura de carpetas *es/ejemplo/datos*. Ejemplos:

```
C\>javac -d ejecutables es/ejemplo/datos/Persona.java

C:\>javac -d ejecutables es/ejemplo/Main.java
```

Para ejecutar añadimos después de la orden *java*: *-cp carpetadestino*. Ejemplo:
```
C:\>java -cp ejecutables es/ejemplo/Main
Nombre: Maria
Edad: 19
```

2.7. OTROS ENTORNOS

En este apartado veremos un entorno muy popular utilizado para el desarrollo con el lenguaje de programación **PHP**, el entorno **XAMPP**. Se ha considerado el uso de esta herramienta pues son de las que tienen más éxito en el mercado, no se necesitan licencias y además dado el perfil del ciclo son herramientas que las utilizarán en el estudio de los módulos del ciclo y las seguirán utilizando una vez acaben sus estudios.

XAMPP es una distribución de Apache completamente gratuita y fácil de instalar que contiene entre otros módulos el servidor web Apache, la base de datos *MariaDB* y el lenguaje *PHP*. Es una de las formas más rápidas de instalar la base de datos *MariaDB* y trabajar con ella. *MariaDB* es un sistema de gestión de bases de datos relacionales de código abierto. Fue creado por los desarrolladores originales de *MySQL*.

2.7.1. Instalación de XAMPP

En este apartado se instalará **XAMPP**, y se trabajará con el entorno *phpMyAdmin* para realizar operaciones básicas con una base de datos.

Así pues, accedemos a la página https://www.apachefriends.org/es/index.html, descargamos la última versión, en esta unidad se va a trabajar con la versión *xampp-windows-x64-8.2.12-0-VS16-installer*. La instalación es muy fácil, simplemente lanzar el ejecutable (*xampp-windows-x64-8.2.12-0-VS16-installer.exe*) y seguir el asistente. Si tenemos antivirus instalado se muestra una ventanita indicando que puede interferir en la instalación, pulsamos *Si* para continuar.

Si al lanzar el instalador aparece este mensaje de error (véase la Figura 2.50) desactivaremos el control de cuentas de usuario para evitar problemas. Pulsamos *Aceptar*, e instalamos. Vamos siguiendo el asistente y pulsamos al botón *Next*. XAMPP comenzará a instalarse (Figura 2.51).

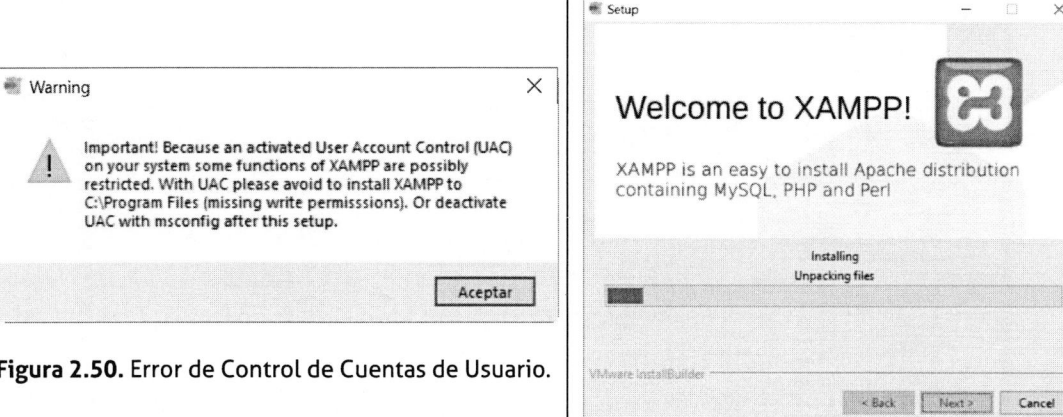

Figura 2.50. Error de Control de Cuentas de Usuario.

Figura 2.51. Instalación XAMPP.

Una vez terminada la copia de ficheros, se muestra la pantalla que confirma que XAMPP ha sido instalado. Hay que hacer clic en el botón *Finish*. Si no se desea abrir a continuación el panel de control de XAMPP hay que desmarcar la casilla correspondiente.

Pulsamos *Finish* y se va a abrir el panel de control. Puede que nos aparezca este mensaje de error al modificar el fichero *xampp-control.ini* (Figura2.52). Si pulsamos *OK*, se abrirá igualmente el panel de control del XAMPP.

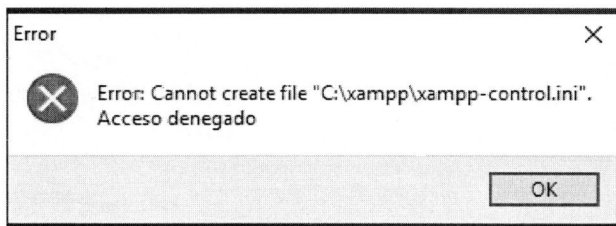

Figura 2.52. Error al abrir el panel de control del XAMPP.

Si deseamos corregir ese error, lo que tenemos que hacer es dar permiso de *Modificar* a *Todos* los usuarios que van a utilizar el equipo.

Así pues, vamos a la carpeta *C:\xampp* donde se encuentra el fichero. Nos colocamos sobre él, pulsamos al botón derecho, seleccionamos *Propiedades*. En la ventana que aparece seleccionamos la pestaña *Seguridad*. A continuación, vemos que *Todos*, sólo tiene permiso de *Lectura*. Lo que haremos será cambiar el permiso para que se pueda modificar el fichero.

Así pues, pulsamos el botón *Editar* para editar los permisos, seleccionamos *Todos*, y marcamos *Modificar*. Finalmente pulsamos al botón *Aceptar*, para que guarde la nueva configuración, véase la Figura 2.53. Y ya una vez hecho esto, no nos aparecerá el mensaje de la ventana de error de la Figura 2.52.

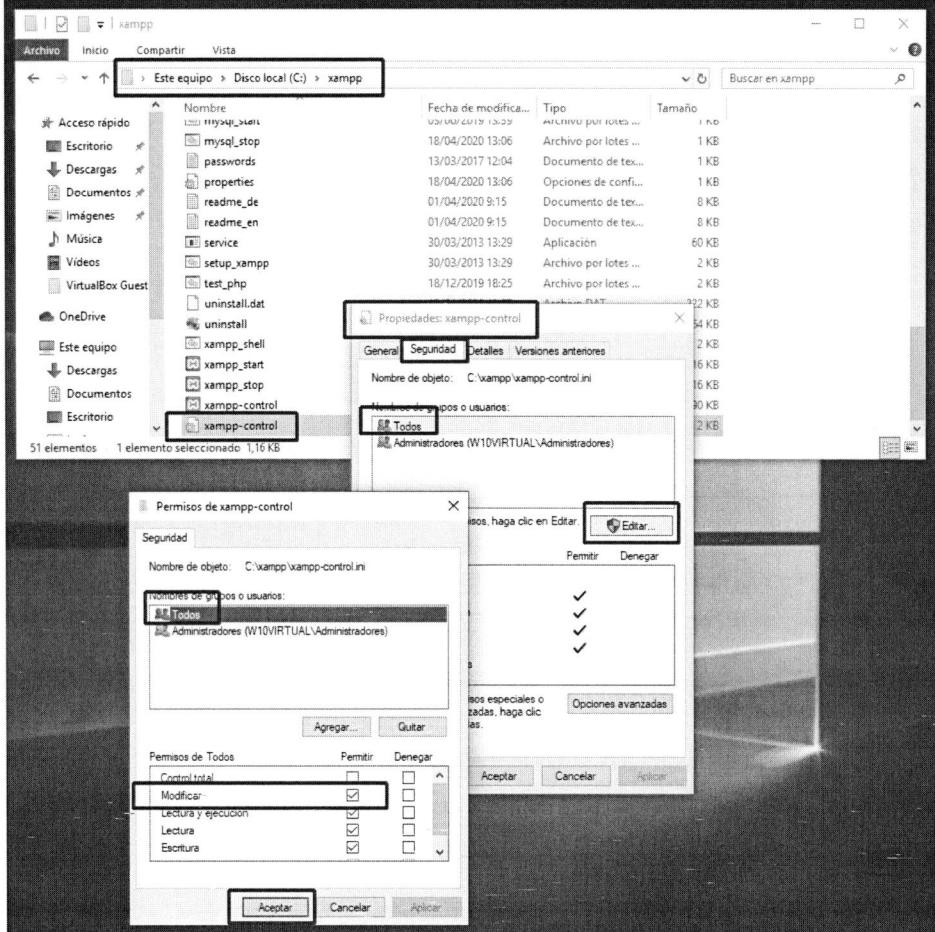

Figura 2.53. Cambio de permisos.

El panel de control de *XAMPP* podemos dividirlo en tres zonas (véase la Figura 2.54):

- La **zona de módulos**, que indica para cada uno de los módulos de *XAMPP*: si está instalado como servicio, su nombre, el identificador de proceso, el puerto utilizado e incluye unos botones para iniciar y detener los procesos, administrarlos, editar los ficheros de configuración y abrir los ficheros de registro de actividad, los *logs*.

- La **zona de notificación,** parte inferior, en la que *XAMPP* informa del éxito o fracaso de las acciones realizadas

- La *zona de utilidades,* para acceder rápidamente a las carpetas de configuración, o a la vista del estado de los puertos, o al sistema operativo, o a la visualización de los servicios.

Para poder utilizar *phpMyAdmin* y trabajar con *MySQL*, necesitamos activar los servicios de *Apache,* que permitirá cargar el *phpMyAdmin*, y el servicio de *MySQL*.

Al activarlos, pulsando el botón *Start*, observaremos que se asigna un *PID* (número de proceso) y unos *Ports* (Puertos por los que escuchan estas aplicaciones) véase la Figura 2.55. Es importante que, si no se inician estos servicios, puede ser porque los puertos con los que trabajan estas aplicaciones están ocupados por otras.

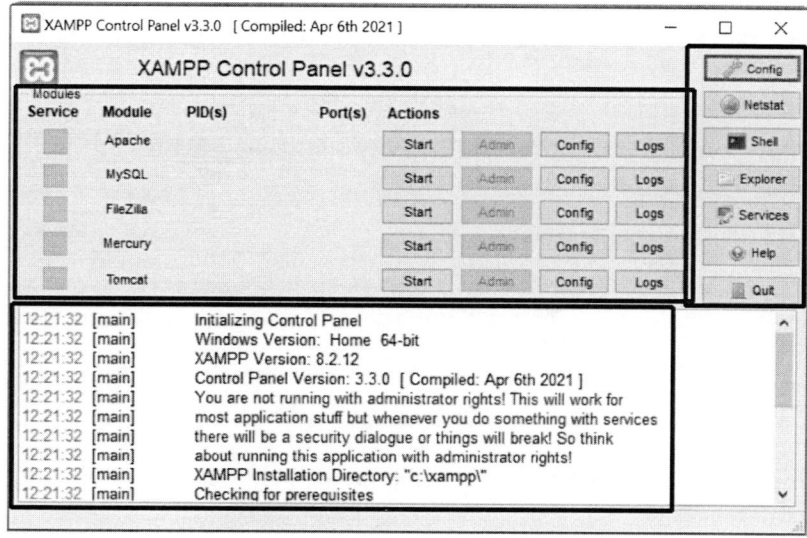

Figura 2.54. Panel de control XAMPP.

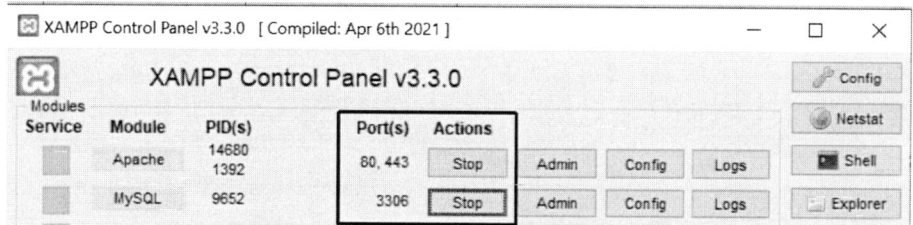

Figura 2.55. Puertos de Apache y MySQL.

Los **puertos** de **Apache** son el **80**, que es el que se utiliza para escuchar las peticiones **http://**, de páginas web (no hay que olvidar que Apache es un servidor web que sirve páginas web). Y el **443** que es el que utiliza Apache para las conexiones seguras **https://**.

El **puerto de MySQL** es el **3306**, siempre, por defecto, va a ser el 3306.

Para ver si los puertos están ocupados se pulsará al botón **Netstat** de las utilidades del panel de control. Se mostrarán los puertos y la aplicación que utiliza esos puertos. Hay que observar siempre los puertos 80, 443 y 3306 si están ocupados por nuestras aplicaciones, o por otras aplicaciones.

El caso del **Apache** y el **puerto 443** que utiliza para las conexiones seguras (**https://**), suele dar problemas porque muchas aplicaciones utilizan ese puerto (el 443) y lo capturan. Es el caso del VMWARE, si instalamos el XAMPP después de instalar el VMWARE, nos va a ocurrir.

Cuando tengamos un error en el arranque de los puertos, sobre todo de **Apache**, lo que haremos será cambiarlos. Para cambiar la configuración del puerto 443, pulsaremos al botón **Config**, y nos aparecerán los ficheros de configuración de **Apache**.

Para cambiar el **443** seleccionaremos el fichero **httpd-ssl.conf**, y si tuviésemos que cambiar el puerto **80**, seleccionaremos el fichero **httpd.conf**. Ver Figura 2.56.

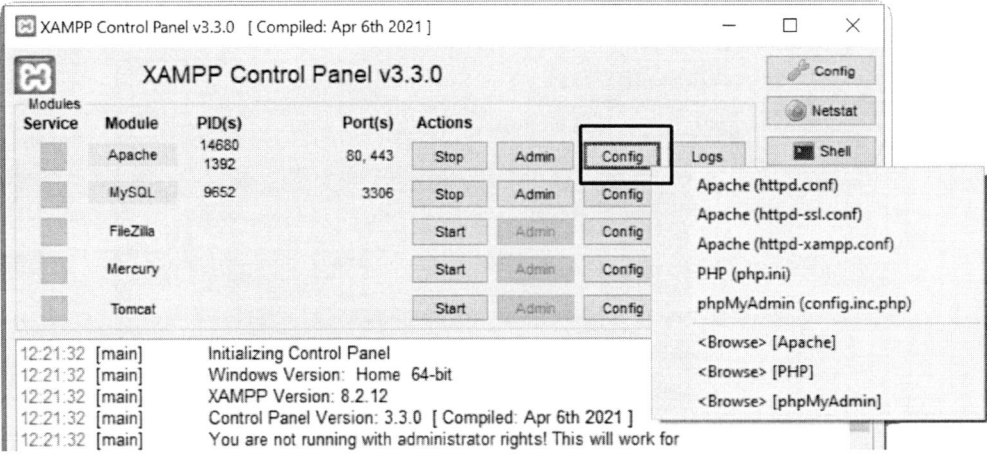

Figura 2.56. Puertos de Apache y MySQL.

Para cambiar el 443, una vez abierto el fichero, buscamos la línea que pone ***Listen 443,*** el puerto se cambiará por otro, por ejemplo, ***Listen 4430***, se guarda el fichero, y se pulsa el botón ***Start*** para que cargue la nueva configuración. Para cambiar el 80, buscamos la línea que pone ***Listen 80,*** el puerto se cambiará por otro, por ejemplo, ***Listen 81***, se guarda el fichero, y se pulsa el botón ***Start*** para que cargue la nueva configuración. Al iniciar de nuevo ***Apache*** escuchará por esos puertos. Véase la Figura 2.57.

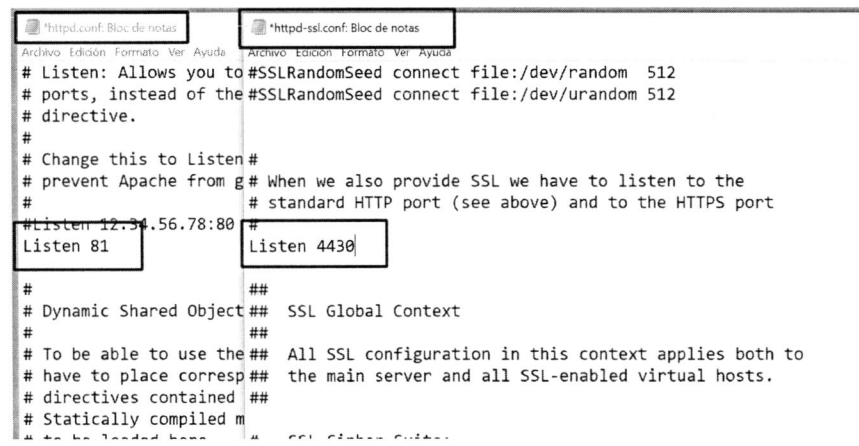

Figura 2.57. Cambios en los puertos de Apache.

Una vez que tenemos funcionando *Apache* y *MySQL*, pulsamos al botón ***Admin*** de *Apache,* se abre el navegador web con la página ***http://localhost/dashboard/,*** es el servidor web (véase la Figura 2.58). Desde ahí podremos ver la versión de PHP que se tiene cargada, igualmente podremos entrar en el enlace ***PHPInfo*** para ver la información de la configuración de los parámetros de ***PHP*** y sus valores. También podremos entrar en ***phpMyAdmin***, que es la herramienta utilizada para entrar en la administración de las bases de datos ***MariaDB***.

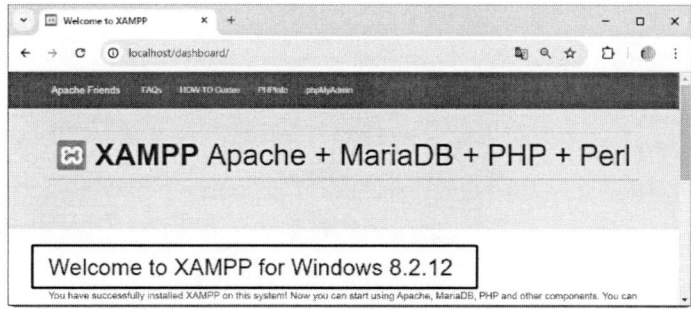

Figura 2.58. http://localhost/dashboard/

Prueba a buscar en Internet porqué ahora la base de datos no se llama *MySQL* sino que se llama *MariaDB*. Aunque a lo largo del tema utilizaremos también el nombre *MySQL*.

2.7.2. phpMyAdmin

Para iniciar *phpMyAdmin*, podemos entrar pulsando en el enlace *phpMyAdmin,* o bien desde la URL *http://localhost/phpmyadmin/,* o pulsando en el botón *Admin* que acompaña a la base de datos en el panel de control del XAMPP. Podemos decir que *phpMyAdmin* es una herramienta web, que nos va a permitir gestionar las bases de datos de **MariaDB**. Véase la Figura 2.59:

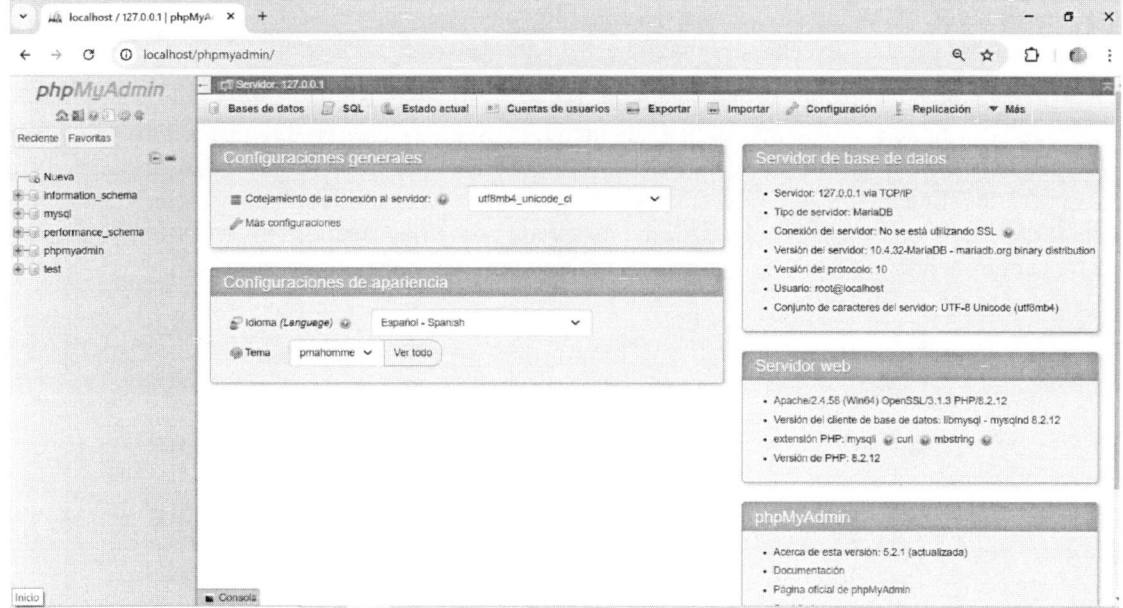

Figura 2.59. Vista *phpMyAdmin.*

Al abrir la herramienta, se visualizará una ventana en la que veremos en la zona de la izquierda las bases de datos que existen. Las que se visualizan al principio son las que necesita MariaDB para funcionar. Sólo hay una de prueba que se llama *test*. Véase la Figura 2.60.

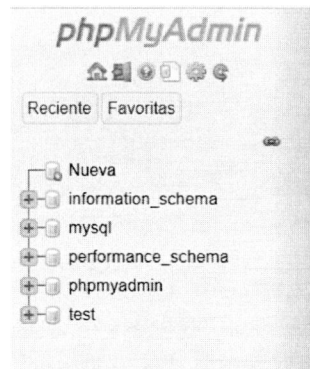

Figura 2.60. *phpMyAdmin.* Vista de las bases de datos.

Veremos también una barra de botones en la parte superior, que van a ser los botones del menú, que nos permitirán acceder a las operaciones que podemos hacer dentro del gestor de la base de datos véase la Figura 2.61, o si tuviésemos una base de datos seleccionada, dentro de la propia base de datos.

Figura 2.61. *phpMyAdmin.* Botones de menú.

Observa en la parte superior de esta barra, donde pone ***Servidor: 127.0.0.1.*** Este es el servidor por defecto, el número indica la ***IP***, es decir la dirección que tiene el servidor. Esa es la asociada al servidor por defecto de cualquier máquina, y el nombre es ***localhost.***

Si seleccionamos una de las bases de datos de la izquierda, véase la Figura 2.62, por ejemplo, ***mysql***, observa que cambian los botones del menú, pues ahora hacen referencia a las operaciones que puedo hacer con la base de datos abierta. Y en la parte inferior veremos todas las tablas de la base de datos. Igualmente, si se selecciona una tabla veremos el contenido de la tabla, y podremos entrar en la edición de esta. También desde esta vista podremos insertar registro a la tabla, vaciar la tabla eliminando los registros, pero no la tabla, o también podemos borrar la tabla.

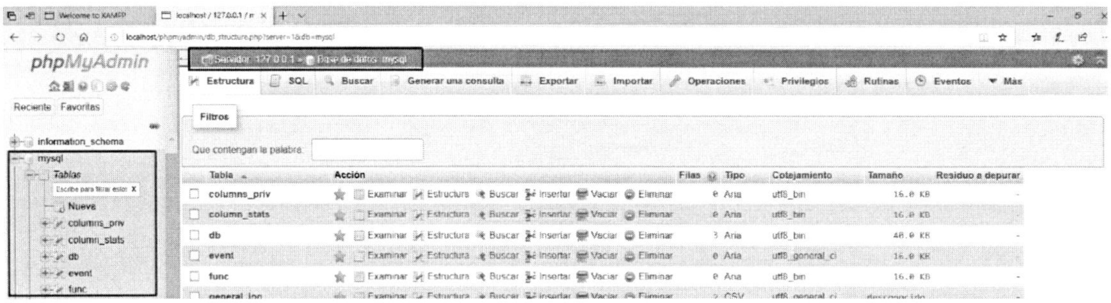

Figura 2.62. *phpMyAdmin.* Vista de las tablas de una base de datos.

Si desde la pantalla inicial del ***phpMyAdmin*** nos fijamos en la parte derecha, observaremos las versiones con las que estamos trabajando, tanto del servidor web *Apache*, como de la base de datos y de la propia herramienta ***phpMyAdmin***. Véase la Figura 2.63.

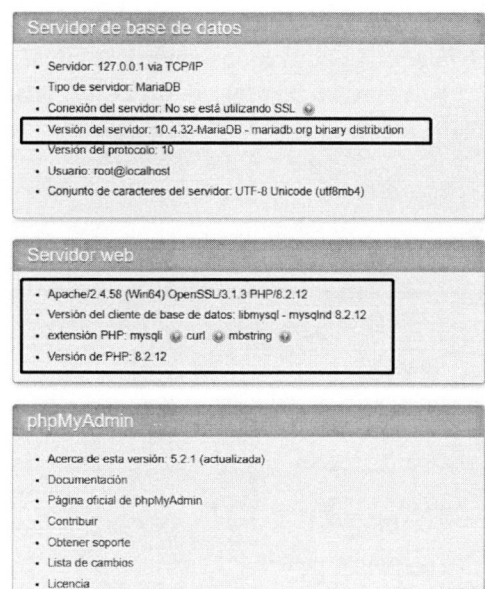

Figura 2.63. *phpMyAdmin.* Versiones de las herramientas.

Podemos consultar toda la información de esta herramienta y su manejo en la URL: https://www.phpmyadmin.net/.

El objetivo, que pretendemos al ver esta herramienta, es aprender su uso para saber cómo crear una base de datos y movernos por las distintas opciones que presenta la herramienta en el manejo de las mismas.

2.7.3. Creación de una base de datos y crear tablas

En este apartado vamos a ver cómo crear una base de datos y un usuario asociado a la misma base de datos. Una vez creada la base de datos crearemos tablas.

La base de datos la llamamos **entornos**, el usuario **entornos**, y password **entornos**. Podemos crear la base de datos y el usuario de varias maneras.

1) Nos aseguramos de estar a nivel del **Servidor**. Seleccionamos la pestaña **Bases de datos**. Añadimos el nombre en **Crear base de datos**, dejamos las opciones por defecto y pulsamos **Crear**. Véase la Figura 2.64.

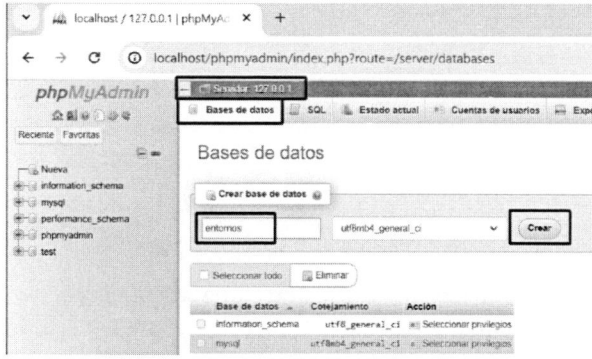

Figura 2.64. Crear una base de datos.

Lo siguiente es crear el usuario para la base de datos. Así es que una vez dentro del BD seleccionamos la pestaña *Privilegios*, se abrirán los usuarios iniciales creados (por defecto sólo está el usuario *root* sin contraseña, ese es el usuario *superadministrador* de la base de datos, tendrá permiso a todas las bases de datos), y pulsamos *Agregar cuenta de usuario*. Véase la Figura 2.65.

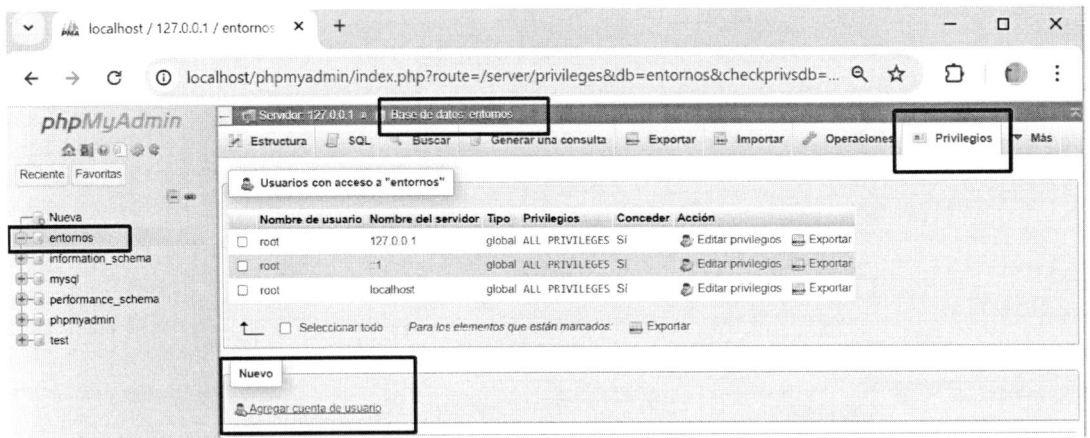

Figura 2.65. Crear usuario para la base de datos I.

Seguidamente teclearemos, el *nombre del usuario*, nos aseguramos de que el *host sea localhost,* el local, se selecciona del desplegable. Pondremos la *contraseña*. Nos aseguramos de *Otorgar todos los privilegios a la base de datos*, y finalmente pulsaremos al botón *Continuar*, que aparecerá en la parte inferior de esta ventana. Véase la Figura 2.66.

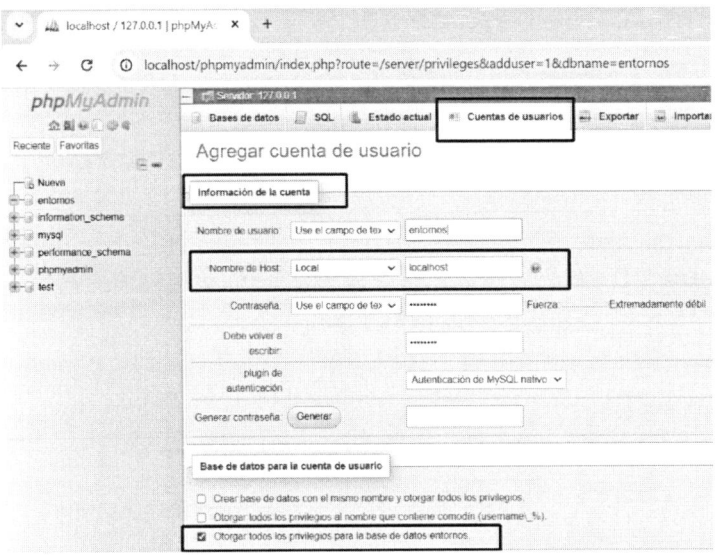

Figura 2.66. Crear usuario para la base de datos II.

Una vez pulsado el botón *Continuar*, se mostrará una ventana con los comandos SQL que se han utilizado para crear el usuario y otorgarle todos los permisos a la base de datos. Véase la Figura 2.67

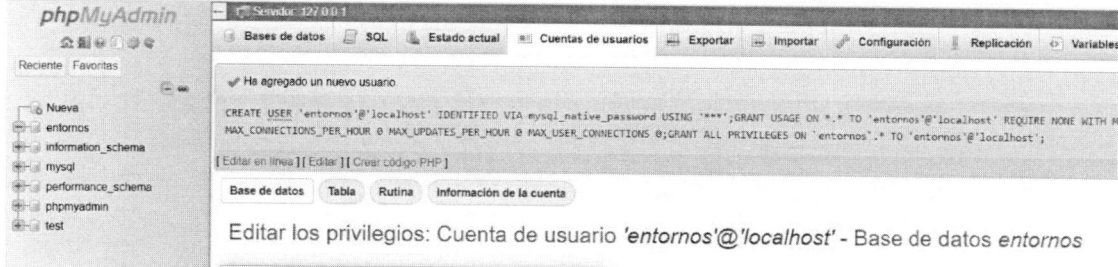

Figura 2.67. Usuario creado y comandos ejecutados.

2) Una segunda manera, es crear el usuario y la base de datos a la vez. Para ello nos aseguramos de estar a nivel del *Servidor*.

Seleccionamos la pestaña *Cuentas de usuarios*, desde ahí pulsamos *Agregar cuenta de usuario,* y al agregar la cuenta marcaremos la casilla *Crear base de datos con el mismo nombre y otorgarle todos los privilegios.*

CREAR TABLAS

PhpMyAdmin nos va a permitir escribir instrucciones SQL para hacer peticiones al servidor de la base de datos y obtener respuestas, podremos escribir cualquier consulta SELECT para pedir datos a las tablas de nuestras bases de datos, y podemos crear consultas de definición y de modificación de datos para añadir o modificar objetos en nuestra base de datos.

En la siguiente prueba vamos a crear una tabla en nuestra base de datos escribiendo en SQL la orden para crear la tabla. Añadiremos también 4 registros a la tabla a crear. La clave primaria que definimos va a ser auto incrementable, es decir por cada registro que se añade, automáticamente esa columna se incrementa en 1. En el ejemplo, se crea la tabla *personas* con 3 campos: *idpersona*, *nombre* y *edad*. La estructura se muestra en la orden *create de SQL*; además se van a insertar 4 registros usando la orden *insert de SQL*. Lo hacemos en un script:

```
create table personas (
    idpersona  int AUTO_INCREMENT primary key,
    nombre     varchar(30),
    edad       int
) ;
Insert into personas (idpersona, nombre, edad) values (1,'María',25);
Insert into personas (idpersona, nombre, edad) values (2,'Fernando',20);
Insert into personas (idpersona, nombre, edad) values (3,'Alicia',21);
Insert into personas (idpersona, nombre, edad) values (4,'Octavio',20);
```

Para poder ejecutar las órdenes SQL, dentro de la base de datos, pulsamos la pestaña *SQL*, y en la ventana de edición que aparece, escribimos el código. Para ejecutar el código se pulsa el botón *Continuar,* véase la Figura 2.68. Si hubiera errores en la sentencia, aparecerá una ventana indicando los fallos encontrados al ejecutar la sentencia. Si no hay errores se visualizarán mensajes de verificación.

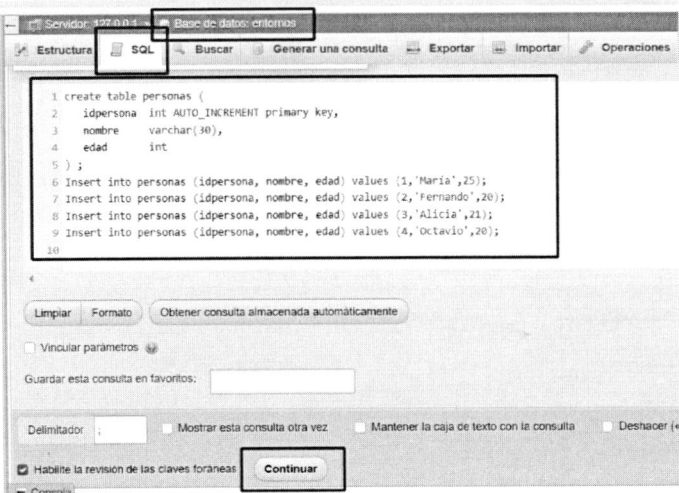

Figura 2.68. Pestaña *SQL* y creación de tabla.

Al pulsar en la tabla creada podemos ver el contenido y la sentencia SQL generada, véase Figura 2.69.

Figura 2.69. Contenido de la tabla creada.

2.7.4. Añadir tablas a partir de un script

Vamos a hacer lo mismo, pero ahora vamos a añadir tablas cuyas órdenes de creación y de inserción de datos las tenemos almacenadas en un *script*, es decir en un fichero de texto plano con las instrucciones SQL para crear las tablas.

Nos imaginamos que tenemos el script ***CreacionTablasEmpleDepMySQL.sql*** (se encuentra dentro de la carpeta de recursos del capítulo) cuyo contenido es la creación de las tablas *empleados* y *departamentos*. Para ejecutar un script que nos añada las tablas a la base de datos que tenemos abierta (en el ejemplo es *entornos*), seleccionamos la pestaña ***Importar***, en la ventana que se visualiza pulsamos al botón ***Seleccionar archivo***, buscamos el fichero a importar dentro del sistema de ficheros (véase la Figura 2.70). Una vez seleccionado pulsamos al botón ***Importar***, que aparece en la parte inferior de esta misma ventana. Al ejecutar las instrucciones del script se irán visualizando mensajes de la ejecución de las mismas. Si todo ha ido bien, en la base de datos *entornos* veremos las tablas creadas, Figura 2.70.

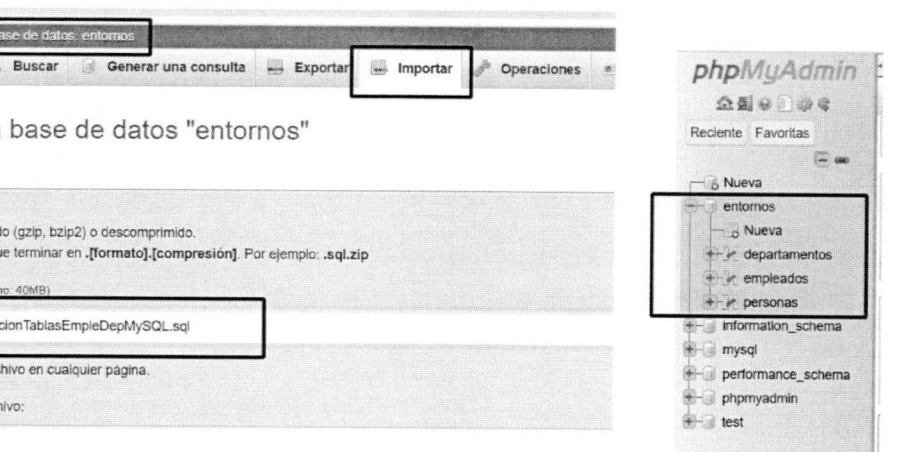

Figura 2.70. Pestaña *Importar,* importar script.

2.7.5. Ver el modelo de datos

Cuando tenemos tablas en la base de datos, y estas están relacionadas, podemos visualizar las relaciones entre las tablas desde el ***Diseñador***. Esto es muy útil cuando tenemos varias tablas y queremos ver como se relacionan unas con otras para facilitarnos el hacer las consultas. Para abrir el diseñador, en la base de datos abierta, pulsamos al botón ***Más***, y seleccionamos ***Diseñador,*** véase la Figura 2.71.

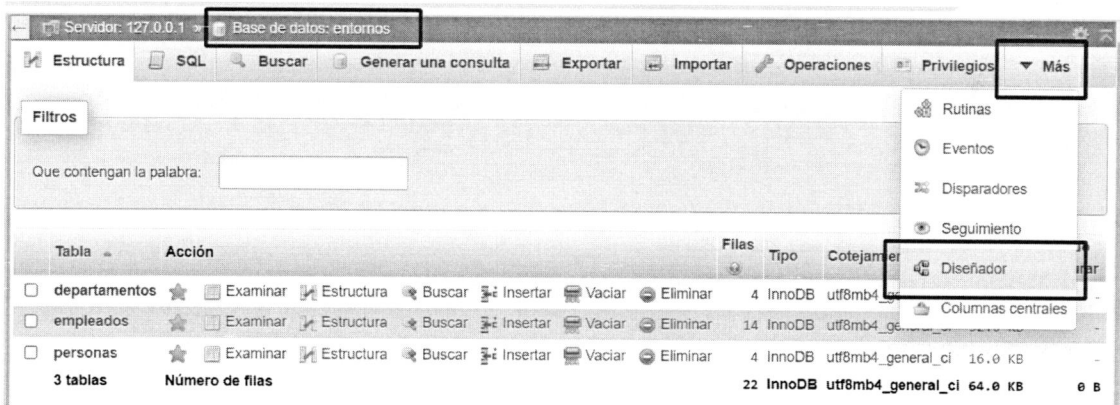

Figura 2.71. Abrir *Diseñador*.

Al abrir el diseñador se mostrarán las tablas de la base de datos, véase la Figura 2.72.

Si no se muestran se pueden utilizar los botones de la barra de herramientas de la izquierda. Si se pasa el ratón por la barra, se visualiza lo que hace cada botón. Con el primer botón ***Mostrar/ Ocultar lista de tablas***, al pulsarlo muestra las tablas a la derecha, y estas se pueden seleccionar.

Observa la ***relación*** entre *departamentos* y *empleados*, al crear las tablas, se indicó en el script de creación, que *empleados* tiene una clave ajena, la columna *dept_no*, y se indicó su tabla de referencia *departamentos*. Es por eso que aparece una ***relación 1 a muchos***, entre *departamentos* y *empleados*, y se muestra una línea de unión entre ellas. Esto es la ***INTEGRIDAD REFERENCIAL DE LAS BASES DE DATOS.*** Lo que quiere decir es que el empleado pertenece a un departamento, por eso lleva la clave ajena, y que el departamento puede tener a muchos empleados. Es una relación 1 a muchos, 1 departamento, muchos empleados.

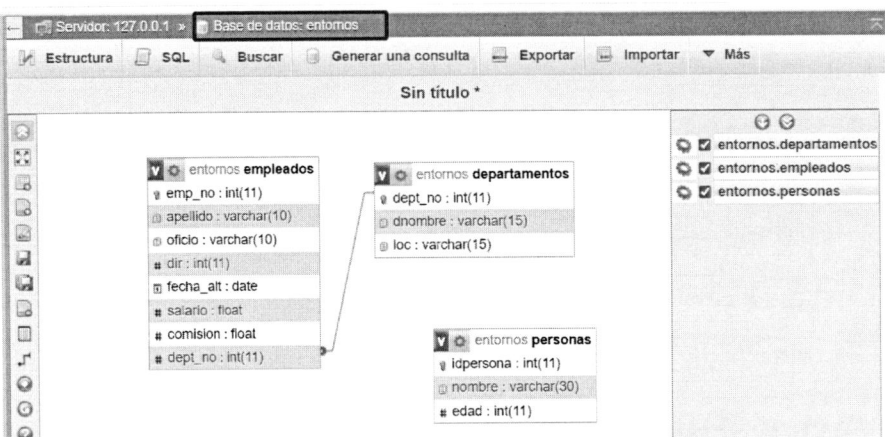

Figura 2.72. Diseñador de la base de datos.

Abriendo las opciones del menú de la barra de herramientas de la izquierda, se podrán hacer varias operaciones como guardar el modelo en una imagen, crear páginas con el modelo, o borrarlas, ocultar o mostrar tablas, modificar la cuadrícula, o el dibujo de las relaciones, y también se podrán crear relaciones.

2.8. PROYECTOS MAVEN CON ECLIPSE

Apache Maven es una herramienta para la gestión y automatización del ciclo de vida de una aplicación, que abarca desde la construcción, compilación, ejecución, testeo, empaquetado, hasta su despliegue en un entorno real. Se utiliza en muchos proyectos Java. El entorno Eclipse incluye el plugin **m2e** que proporciona compatibilidad con *Apache Maven* de tal forma que desde el propio entorno podemos ejecutar los **Goals** (o tareas) de *Maven*, ver la salida de los comandos en la consola, gestionar las dependencias, iniciar compilaciones, etc.

La estructura de un proyecto básico con *Maven* se muestra en la Figura 2.73 Se observan varias carpetas o directorios con un propósito diferente. Las carpetas que contiene **main** son para almacenar el código fuente, las que contiene **test** son para almacenar los casos de prueba del código, **resources** contendrá todos los recursos utilizados por la aplicación (imágenes, ficheros XML, de propiedades, etc). La carpeta **target** se usa para almacenar los resultados de las ejecuciones, se almacenan los ficheros binarios (los *.class*) y algún fichero de propiedades. Una carpeta muy importante es ***Maven Dependencies*** donde se muestran las dependencias del proyecto como por ejemplo las librerías *.jar* que se necesitan para conectar con una base de datos. Estas dependencias se configuran en el fichero **pom.xml** (*Project Object Model (POM)*).

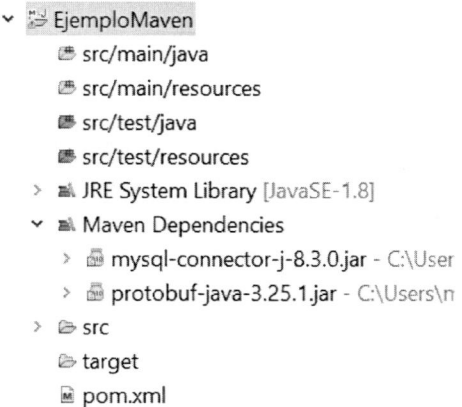

Figura 2.73. Estructura de un proyecto Maven.

Las dependencias incluidas en el fichero **pom.xml** se descargan de forma automática permitiendo así que los proyectos puedan ejecutarse en cualquier entorno y que las dependencias estén disponibles sin necesidad de trasladarlas al entorno.

A continuación, se muestran los pasos para crear un simple proyecto *Maven* desde el entorno Eclipse y añadir las dependencias de **MySQL** para realizar operaciones con las tablas de la base de datos *entornos*:

- Hacemos clic en *File/New/Other*. En la ventana que aparece, seleccionamos *Maven/ Maven Project*. Pulsamos *Next*. Seguidamente marcamos la casilla **Create a simple Project** y pulsamos el botón *Next*. Véase la Figura 2.74.

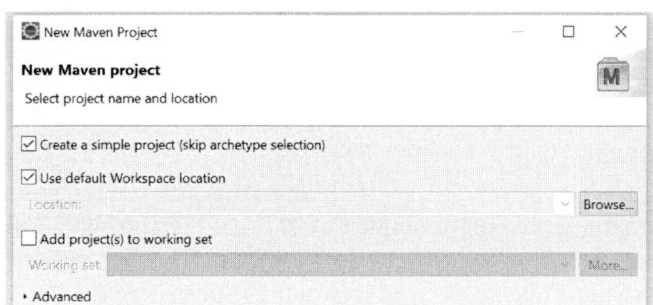

Figura 2.74. Crear un simple proyecto en Maven.

- Posteriormente en el campo *Group Id* escribimos el nombre del grupo, es muy común usar en este campo el dominio de la empresa al revés. En *Artifact Id* escribimos el nombre del proyecto Eclipse y el resto de opciones dejamos los valores por defecto, véase Figura 2.75. Pulsamos el botón *Finish.* Se habrá creado un proyecto Eclipse de nombre *EjemploMaven* con una serie de carpetas y el fichero de configuración **pom.xml** donde se reflejarán los datos introducidos aquí.

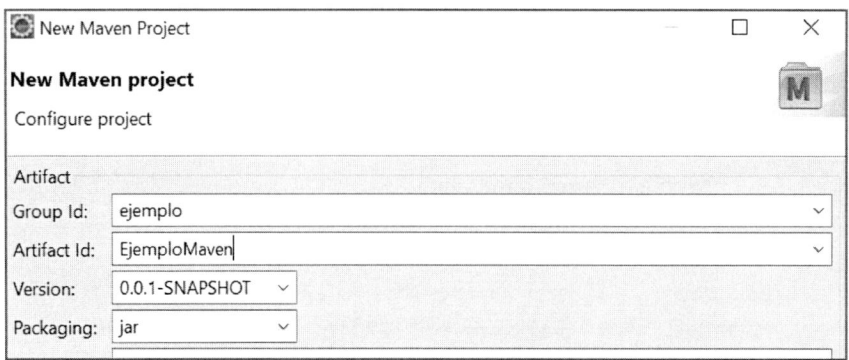

Figura 2.75. Nombre de grupo y nombre de proyecto en Maven.

- Para incluir **MySQL** hemos de añadir al fichero **pom.xml** las dependencias. Para saber qué dependencias tenemos que usar hemos de acceder a los repositorios de *Maven*. Desde la URL https://mvnrepository.com/artifact/com.mysql/mysql-connector-j podemos acceder al grupo de **MySQL**. Véase Figura 2.76.

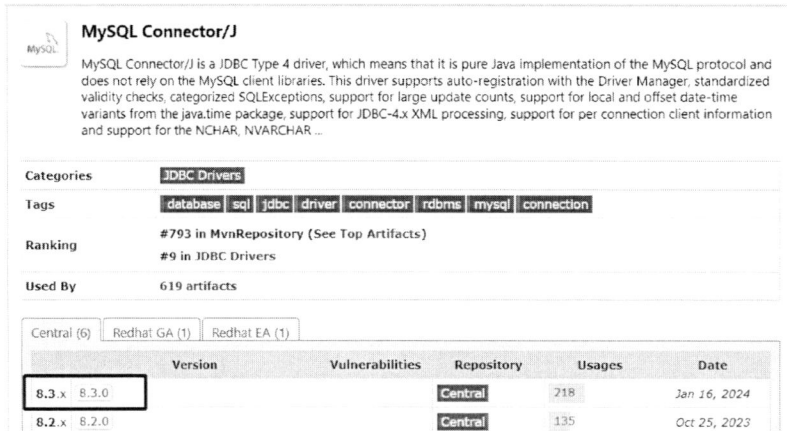

Figura 2.76. Conector MySQL desde Maven.

- Pulsamos sobre la versión que queramos, en el ejemplo la 8.3.0. Se abre una nueva página desde la que se puede descargar el fichero *.jar*, o bien se puede copiar el texto de la dependencia que aparece en la pestaña *Maven*, véase Figura 2.77, e incluirlo en el fichero **pom.xml**.

```
<!-- https://mvnrepository.com/artifact/com.mysql/mysql-connector-j -->
<dependency>
    <groupId>com.mysql</groupId>
    <artifactId>mysql-connector-j</artifactId>
    <version>8.3.0</version>
</dependency>
```

Figura 2.77. Dependencia de MySQL a incluir en el pom.xml.

- Hacemos doble clic en el fichero **pom.xml** para abrirlo en el área de edición y pegamos el texto, lo incluimos dentro de las etiquetas *<dependencies> </dependencies>*, que tenemos que añadir y que se colocan antes de finalizar la etiqueta *</project>*, debe quedar como se muestra en la Figura 2.78. Se puede observar como en la carpeta *Maven Dependencies* se añaden automáticamente las dependencias necesarias.

Figura 2.78. Dependencia de MySQL incluidas en el fichero **pom.xml**.

En el fichero **pom.xml** básico se distinguen una serie de etiquetas obligatorias:

- *<project>*: etiqueta raíz.

- *<modelVersion>*: versión del **pom**, actualmente es la 4.

- *<groupId>*: aquí se suele poner el dominio de la organización a la inversa, por ejemplo *com.app.miempresa*

- *<artifactId>*: es el identificador del proyecto, el nombre asignado al proyecto.

- *<version>*: la versión del artefacto (del proyecto), empieza por 3 números y el sufijo SNAPSHOT que indica que es una versión en desarrollo.

Hay distintos tipos de ficheros **pom**:

- **Super pom**: define toda la configuración por defecto y se encuentra en la propia instalación de *Maven*.

- **Pom simple o mínimo**: es el fichero **pom** de cada proyecto donde se define la configuración del propio artefacto (o proyecto), hereda del super **pom.** Es el que se muestra en la Figura 2.78.

- **Pom efectivo**: es el **pom** que Maven tiene en cuenta en las ejecuciones, surge de la combinación dinámica del super **pom** y el **pom** simple. Podemos pulsar sobre la pestaña **Effective POM** (Figura 2.78) para ver su contenido, veremos que contiene muchas más líneas que el **pom** simple.

A continuación, vamos a crear una clase Java para acceder a la base de datos. Desde la carpeta **src/main/java** pulsamos con el botón derecho del ratón *New/Class* creamos una clase con su método *main()*, por ejemplo *ListadoEmpleados* y escribimos el código para conectarse a la base de datos y realizar un listado de empleados (la clase la puedes encontrar en los recursos del capítulo, puedes copiar el fichero y pegarlo en la carpeta **src/main/java**).

Para ver las acciones que podemos realizar con *Maven* sobre el proyecto pulsamos con el botón derecho sobre el mismo y seleccionamos ***Run As***, podemos observar los comandos pre-configurados por el plugin de *Maven* en Eclipse, véase Figura 2.79:

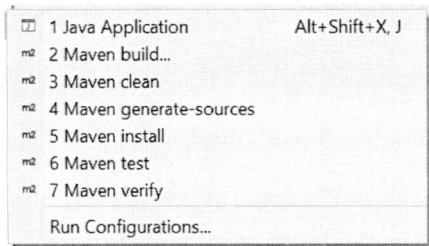

Figura 2.79. Comandos pre-configurados de Maven.

- **Maven build:** Compila el código del proyecto.

- **Maven clean:** elimina las clases compiladas y los ficheros binarios generados del proyecto.

- **Maven generate-sources:** genera código para incluirlo en la compilación.

- **Maven install:** instala los paquetes de la biblioteca en un repositorio local, compila el proyecto y lo comprueba.

- **Maven test:** ejecuta los juegos de test definidos en el proyecto.

- **Maven verify:** compila, ejecuta pruebas, empaqueta y verifica el proyecto, para confirmar que todo funciona correctamente y que la calidad es la correcta

Pulsamos sobre *Maven build*. Esto abre un cuadro de diálogo que permite definir las tareas a realizar con el proyecto. En la casilla **Goals** escribimos ***clean verify*** (véase Figura 2.80) y pulsamos el botón ***Run***. Le asignamos a *Maven* dos tareas: ***clean*** para limpiar el directorio de destino (carpeta ***target***) y ***verify*** para validar, compilar y empaquetar la salida de compilación del proyecto en un ***.jar***.

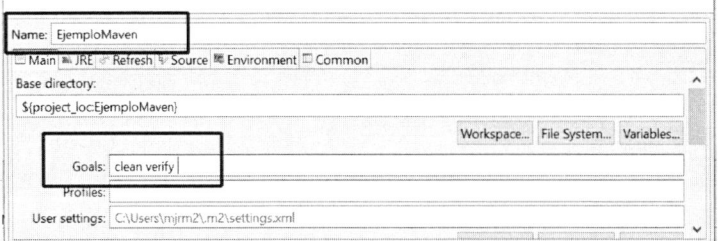

Figura 2.80. Comando *clean verify* de Maven.

Podemos observar en la consola la salida que se ha generado, véase la Figura 2.81.

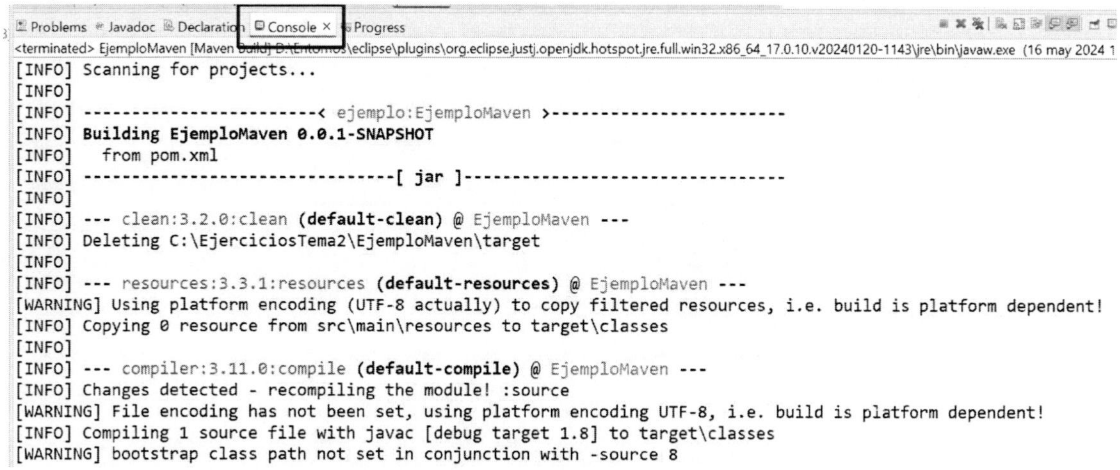
Problems Javadoc Declaration Console × Progress
<terminated> EjemploMaven [Maven build] D:\Entornos\eclipse\plugins\org.eclipse.justj.openjdk.hotspot.jre.full.win32.x86_64_17.0.10.v20240120-1143\jre\bin\javaw.exe (16 may 2024 1
[INFO] Scanning for projects...
[INFO]
[INFO] ------------------------< ejemplo:EjemploMaven >------------------------
[INFO] Building EjemploMaven 0.0.1-SNAPSHOT
[INFO]   from pom.xml
[INFO] --------------------------------[jar]---------------------------------
[INFO]
[INFO] --- clean:3.2.0:clean (default-clean) @ EjemploMaven ---
[INFO] Deleting C:\EjerciciosTema2\EjemploMaven\target
[INFO]
[INFO] --- resources:3.3.1:resources (default-resources) @ EjemploMaven ---
[WARNING] Using platform encoding (UTF-8 actually) to copy filtered resources, i.e. build is platform dependent!
[INFO] Copying 0 resource from src\main\resources to target\classes
[INFO]
[INFO] --- compiler:3.11.0:compile (default-compile) @ EjemploMaven ---
[INFO] Changes detected - recompiling the module! :source
[WARNING] File encoding has not been set, using platform encoding UTF-8, i.e. build is platform dependent!
[INFO] Compiling 1 source file with javac [debug target 1.8] to target\classes
[WARNING] bootstrap class path not set in conjunction with -source 8

Figura 2.81. Salida al ejecutar *Run As /Maven build.*

Al final de la lista de mensajes de consola aparecerá el mensaje *BUILD SUCCESS* si todo ha ido bien; también veremos que se ha generado el fichero ***.jar*** de nuestro proyecto con el nombre definido en las etiquetas *artifactId* y *version* en la carpeta ***target*** del proyecto:

```
[INFO] --- jar:3.3.0:jar (default-jar) @ EjemploMaven ---
[INFO] Building jar: C:\EjerciciosTema2\EjemploMaven\target\EjemploMaven-0.0.1-
SNAPSHOT.jar
[INFO] ------------------------------------------------------------------------
[INFO] BUILD SUCCESS
[INFO] ------------------------------------------------------------------------
[INFO] Total time:  1.464 s
[INFO] Finished at: 2024-05-16T12:43:43+02:00
[INFO] ------------------------------------------------------------------------
```

Podemos acceder a la terminal del proyecto pulsando con el botón derecho del ratón sobre el proyecto y seleccionando ***Show in/Terminal*** se abrirá una ventana CMD desde la que podemos ir a la carpeta ***target*** para ver los ficheros que se han generado. Entre ellos el fichero ***.jar*** que si lo ejecutamos nos dará error ya que el empaquetado que se ha creado no es para ejecutar el proyecto, esto es lo que se mostraría en la terminal:

```
Microsoft Windows [Versión 10.0.19045.4291]
(c) Microsoft Corporation. Todos los derechos reservados.

C:\EjerciciosTema2\EjemploMaven>cd target

C:\EjerciciosTema2\EjemploMaven\target>java -jar EjemploMaven-0.0.1-SNAPSHOT.jar
no hay ningún atributo de manifiesto principal en EjemploMaven-0.0.1-SNAPSHOT.jar

C:\EjerciciosTema2\EjemploMaven\target>
```

Se necesita añadir un plugin al fichero **pom.xml** e indicarle cual es el punto de entrada en la aplicación, es decir, la clase que contiene el método *main()*. El plugin se llama ***maven-assembly-plugin***. Primero añadimos la dependencia al fichero **pom.xml** y después añadimos el plugin. Desde la URL https://mvnrepository.com/artifact/org.apache.maven.plugins/maven-assembly-plugin de los repositorios *Maven* pulsamos sobre la versión (por ejemplo 3.7.1) y copiamos el código de la dependencia en la sección *<dependencies>* del fichero **pom.xml**.

Para añadir el plugin pulsamos con el botón derecho del ratón sobre el fichero **pom.xml** y seleccionamos *Maven/Add plugin*, a continuación rellenamos los campos en la ventana que aparece: en *Group Id* escribimos *org.apache.maven.plugins,* en *Artifact Id maven-assembly-plugin* y en *Version* 3.7.1, pulsamos el botón **OK,** véase Figura 2.82.

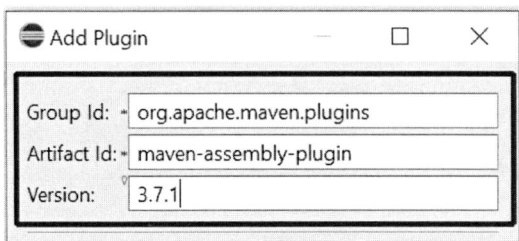

Figura 2.82. Añadir plugin al fichero pom.

Se habrá generado el siguiente código en el fichero **pom.xml** con las siguientes líneas:

```xml
<build>
        <plugins>
            <plugin>
                <groupId>org.apache.maven.plugins</groupId>
                <artifactId>maven-assembly-plugin</artifactId>
                <version>3.7.1</version>
            </plugin>
        </plugins>
</build>
```

A continuación, es necesario añadir una serie de etiquetas: *<configuration>* para indicar donde está la clase que inicia la ejecución de la aplicación y *<executions>* para indicar que se empaquete el fichero en un único *.jar*. Se puede encontrar más información del uso del plugin en: https://maven.apache.org/plugins/maven-assembly-plugin/usage.html.

Las etiquetas a añadir entre *<plugin>* y *</plugin>* y debajo de *<version>3.7.1</version>* tendrán esta información:

```xml
<configuration>
        <archive>
            <manifest>
                <mainClass>ListadoEmpleados</mainClass>
            </manifest>
        </archive>
        <descriptorRefs>
            <descriptorRef>jar-with-dependencies</descriptorRef>
        </descriptorRefs>
</configuration>
<executions>
        <execution>
            <id>make-assembly</id>
            <phase>package</phase> <!-- packaging phase -->
            <goals>
                <goal>single</goal>
            </goals>
        </execution>
</executions>
```

Vemos que en la etiqueta **<mainClass>** se escribe el nombre de la clase Java que tiene el método *main()*. Si la clase que inicia la ejecución de la aplicación está dentro de un paquete hemos de escribir delante toda la ruta, por ejemplo: *paquete1.paquete2.ListadoEmpleados*.

Guardamos el fichero **pom.xml**, y actualizamos el proyecto pulsando sobre él con el botón derecho del ratón y seleccionando **Maven/Update Project**, sin olvidar marcar la casilla **Force update of Snapshots/Releases**. Ejecutamos de nuevo el proyecto **Run As / Maven build**, con las acciones **clean verify** en la casilla **Goals**. Nos vamos a la terminal, a la carpeta **target** y ejecutamos el fichero *.jar* generado que contiene el nombre *jar-with-dependencies.jar* (no olvidemos que para que la ejecución funcione la base de datos tiene que estar iniciada):

```
java -jar EjemploMaven-0.0.1-SNAPSHOT-jar-with-dependencies.jar
```

Si se produce algún error en la consola al ejecutar **clean verify** puede ser porque tengamos abierta la carpeta **target** desde la terminal, hemos de abandonar dicha carpeta o cerrar la terminal y volver a abrirla.

Por defecto el proyecto se crea con la versión **JavaSE-1.8,** desde las propiedades del proyecto se puede definir otra versión del compilador de Java como por ejemplo la 17, dentro de la etiqueta *<properties> </properties>*. También se suele añadir la codificación de los ficheros del proyecto en UTF-8. Así pues las propiedades a añadir en el fichero **pom.xml** se colocarán debajo la versión del proyecto *<version>0.0.1-SNAPSHOT</version>*, son las siguientes:

```
<properties>
    <project.build.sourceEncoding>UTF-
8</project.build.sourceEncoding>
    <maven.compiler.source>17</maven.compiler.source>
    <maven.compiler.target>17</maven.compiler.target>
</properties>
```

No olvidemos que cada vez que se realizan cambios en el **pom.xml** hemos de actualizar el proyecto con **Maven/Update Project**.

Maven se basa en el concepto central de gestionar el ciclo de vida del proyecto desde la creación hasta la distribución mediante un fichero ejecutable (JAR o WAR). Define 3 ciclos de vida, cada ciclo de vida define a su vez una serie de fases:

- **clean**: maneja la limpieza de los recursos generados por el proyecto en la anterior construcción.

- **default**: maneja la implementación del proyecto: compilación, test, empaquetado y distribución. Genera los ficheros binarios de nuestro proyecto.

- **site:** maneja la creación del sitio web del proyecto.

El ciclo de vida **default** consta de una serie de fases (24) de las cuales las más importantes son las siguientes:

- **validate:** valida que el proyecto sea correcto y que toda la información necesaria esté disponible.

- **compile:** compila el código fuente del proyecto.

- **test**: ejecuta las pruebas.

- **package**: toma el código compilado y lo empaqueta en su formato distribuible, como por ejemplo un JAR.

- **verify**: ejecuta cualquier verificación de los resultados de las pruebas de integración para garantizar que se cumplan los criterios de calidad

- **install**: instala el paquete en el repositorio local.

- **deploy**: copia el paquete final en el repositorio remoto para compartirlo con otros desarrolladores y proyectos.

Estas fases se ejecutan secuencialmente de tal forma que si se ejecuta la fase *package* se ejecutan todas las fases anteriores (*validate, compile, test*) antes de ejecutar *package*. Con *deploy* se ejecutarán todas las fases.

En este capítulo se ha utilizado *Maven* integrado en Eclipse, hemos visto cómo nos ayuda a gestionar el ciclo de vida del proyecto. *Apache Maven* también se puede descargar e instalar como un software no integrado en Eclipse; y una vez instalado y configurado podemos crear proyectos y ejecutar los ciclos de vida y las fases usando el comando ***mvn***.

Para ejecutar una fase, basta escribir *mvn fase*. Una fase puede contener varios **Goals** o tareas. Para ejecutarlos hay que escribir *mvn fase:goal* . Se puede invocar antes a *clean* para asegurarnos que no se queden binarios de otras compilaciones anteriores, por ejemplo, *mvn clean verify*. Estás órdenes equivalen a lo que escribíamos en **Goals** al hacer **Maven build** del proyecto.

Más información sobre *Maven* en la URL: https://maven.apache.org/

2.9. ENTORNOS DE DESARROLLO EN LA NUBE

En la actualidad, gran parte del negocio del software, en cualquiera de sus vertientes, se está trasladando a la nube. Este tipo de herramientas reducen muchos costes y a la empresa les resulta más que interesante. Son herramientas para realizar aplicaciones web, con lo que la mayoría de ellas utilizan tecnologías web. Existen múltiples herramientas para programadores que le van a permitir crear aplicaciones, editar código, depurar errores, realizar pruebas de una forma rápida y accesible en cualquier momento y lugar, llevar un control de versiones, etc. Algunas ventajas de estas herramientas son:

- Reducen mucho los tiempos de instalación. Menos tiempo, menos costes.

- Se podrá programar desde cualquier sitio y cualquier dispositivo, al estar alojada en la nube. Único requisito: estar conectado a la Red.

- Permiten el trabajo colaborativo en tiempo real. Una de sus grandes ventajas es que varios desarrolladores pueden estar trabajando en el mismo proyecto a la vez y utilizar servicios de chat online para comunicarse.

- Personalización del entorno de desarrollo: este tipo de herramientas permiten instalar dependencias para los proyectos de forma independiente. Cuando se programa en local, en muchas ocasiones se pueden tener complicaciones porque las dependencias para unos proyectos afectan a otros o perjudican a otras aplicaciones web.

A continuación, se muestra una lista de IDEs populares que funcionan desde la nube, algunos son gratuitos y otros no. La mayoría permiten conectarse a otras plataformas para trabajar con los proyectos como *GitHub*.

- **AWS Cloud9**. https://aws.amazon.com/es/cloud9/. Un IDE en la nube para escribir, ejecutar y depurar código. Es uno de los servicios de computación de *Amazon Web Services* para trabajar en la nube. *Cloud9* incluye herramientas esenciales para los lenguajes de programación más conocidos, como JavaScript, Python, PHP, entre otros, por lo que no necesita instalar ficheros ni configurar su máquina de desarrollo para empezar nuevos proyectos. Ya que su IDE de Cloud9 se basa en la nube, se puede trabajar en los proyectos desde cualquier sitio con conexión a Internet. Cuenta con un plan gratuito, o *Capa Gratuita* (*Free Tier*) en la que hay que cumplir una serie de condiciones. Normalmente los servicios que ofrece Amazón, y cualquier empresa de este tipo es que se paga por consumo de recursos. https://aws.amazon.com/es/cloud9/pricing/.

- **Codeanywhere**. https://codeanywhere.com/. Ofrece un entorno configurable fácilmente, para conseguir un entorno personalizado. Permite trabajar en Javascript, PHP, HTML u otros 72 idiomas. Posee funciones para la colaboración en línea. Ofrece un plan de 7 días de prueba, en el que puedes crear un *Workspace*, y dentro un proyecto. En la Figura 2.83 se muestra un ejemplo de uso. Los precios de uso varían según los servicios a contratar https://codeanywhere.com/pricing.

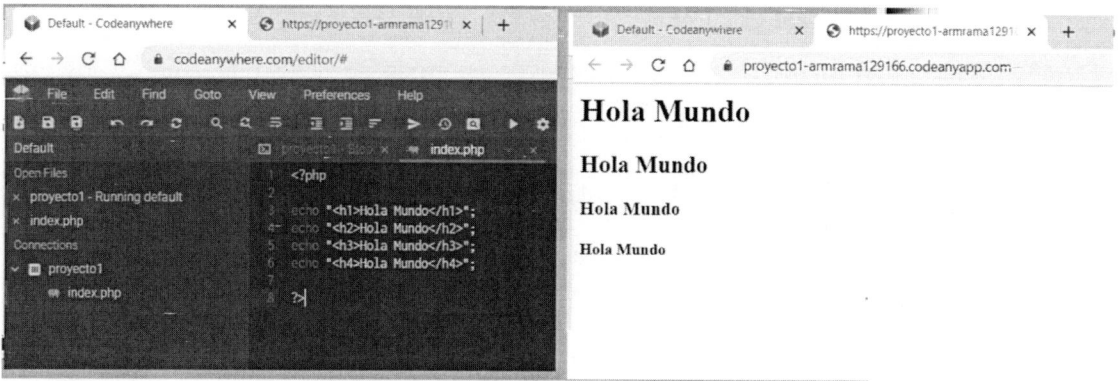

Figura 2.83. Ejemplo de proyecto *Codeanywhere*

- *ShiftEdit*, https://shiftedit.net/about: es una IDE que te permite acceder a tus proyectos desde FTP, SFTP, Google Drive y Dropbox. Puedes acceder a tus sitios web donde estás desarrollando los proyectos. También permite clonar repositorios que se encuentre en GitHub o Bitbucket. Se pueden realizar la mayoría de las operaciones que se realizan en el resto de IDEs, colaborar en línea, invitar a otras personas a modificar código, conversar por mensajes instantáneos, ver en tiempo real los cambios que realizan en el código. Posee también un control de versiones. Ofrece una versión trial de prueba. Es necesario conectarse a un sitio vía FTP, SFTP, Dropbox, GDrive, entre otros y dar el permiso para acceder a *ShiftEdit*.

- ***CodeTasty,*** https://codetasty.com/. Plataforma de programación para desarrolladores en la nube. Permitiéndoles colaborar con otros y ofrece características como código completo (análisis js y php), vista previa en vivo, diseños múltiples, revisiones, terminal, tema oscuro/claro.

- ***Codio,*** https://www.codio.com/. Proporciona una infraestructura en la nube y sistemas de aprendizaje orientados para su uso en las aulas, ya sea en escuelas o universidades también es un IDE que puede ser empleado por desarrolladores que desean aprender. Posee un editor de código, plantillas de proyecto para empezar más rápidamente y más 80 unidades de cursos. Posee también opciones para crear tu propio curso y poder compartirlo en línea.

- ***Eclipse che,*** https://www.eclipse.org/che/ ***Eclipse Che*** es un espacio de trabajo de código abierto que ofrece al usuario un entorno de desarrollo integrado en la nube. Está basado en Java y proporciona una plataforma de desarrollo remoto para proyectos con múltiples usuarios. El servidor de espacio de trabajo viene con un servicio web *RESTful* y proporciona una gran flexibilidad. También contiene un *SDK* que se puede usar para crear complementos para idiomas, marcos o herramientas entre otras cosas. Permite crear escenarios con contenedores *Docker* para crear todo tipo de aplicaciones web.

  Se puede probar el entorno ***Che*** entrando en https://che.openshift.io/, que dispone de espacios de trabajo de Eclipse Che alojados en ese sitio.

2.10. COMPARACIÓN DE ENTORNOS DE DESARROLLO

Actualmente en el mercado existen multitud de entornos de desarrollo, uno de los más utilizados es ECLIPSE, sobre todo por ser gratuito y por contar con una gran cantidad de plugins gratuitos que van a facilitar cualquier tipo de desarrollo.

Las grandes empresas proponen sus soluciones comerciales de entornos de desarrollo y dependiendo de la empresa, del país, del proyecto a realizar, del lenguaje de programación a utilizar, del tipo de licencia con la que se quiera trabajar (libre o propietaria), de la vinculación de las empresa con las marcas se trabajará con unos entornos o con otros, así por ejemplo empresas vinculadas con IBM trabajarán con entornos ***IBM Rational Application Developer (RAD)*** es un entorno de desarrollo integrado creado por la división *Rational Software* de *IBM* para el diseño visual, construcción, pruebas y despliegue de servicios web, portales y aplicaciones JEE (fuente wikipedia).

Empresas vinculadas a ORACLE trabajarán probablemente con las herramientas de desarrollo Oracle como puede ser ***JDeveloper***, es un entorno de desarrollo integrado desarrollado por Oracle Corporation para los lenguajes Java, XML, SQL, PL/SQL, Javascript, PHP, Oracle ADF, UML y otros. Este software es propietario pero gratuito desde 2005 (fuente wikipedia).

En la siguinete URL podrás encontrar las herramientas de desarrollo de Oracle: https://www.oracle.com/technetwork/es/developer-tools/index.html

Empresas vinculadas a Microsoft o proyectos que requieran las funciones de Microsoft utilizarán la herramienta ***Microsoft Visual Studio,*** este es un entorno de desarrollo integrado para sistemas operativos Windows. Soporta múltiples lenguajes de programación tales como C++, C#, Visual Basic .NET, etc..). Se pueden descargar versiones de prueba de 90 días.

Existen otros entornos gratuitos y muy utilizados como puede ser *NetBeans* de Oracle, hecho principalmente para el lenguaje de programación Java. Permite desarrollar rápida y fácilmente aplicaciones de escritorio, móviles y web con Java, JavaScript, HTML5, PHP, C / C ++ y más. *Apache NetBeans* es gratuito y de código abierto y se rige por la *Apache Software Foundation*. Existe además un número importante de módulos para extender sus funciones. *NetBeans IDE* es un producto libre y gratuito sin restricciones de uso.

ACTIVIDAD 2.6

Busca en internet distintos entornos de desarrollo y clasifícalos según las siguientes características:

IDE	Plataforma (Windows, Mac, Linux,..)	Lenguajes que soporta	Libres o propietarios	Tipo de Aplicaciones	Fabricante o empresa
Eclipse					
NetBeans					
IntelliJ IDEA					
JBuilder					
Bluefish					
Visual C++					
MS Visual Studio					
JetBrains WebStorm					
Anjuta					
KDevelop					
JDeveloper					
Dreamweaver					

COMPRUEBA TU APRENDIZAJE

1. ¿Qué es un entorno de desarrollo?

2. ¿Qué componentes tiene un entorno de desarrollo?

3. ¿Qué es Eclipse? ¿Qué se necesita para su instalación?

4. ¿Qué son los plugins? ¿Cómo se instalan?

5. ¿Qué es *JDK* y *Open JDK*?

6. ¿Qué es *Window Builder*?

7. ¿Qué es ER Master?

8. ¿Qué es *XAMPP*?

9. ¿Qué es *phpMyAdmin*?

10. ¿Qué significa **LTS o Long Term Support**?

11. Utilizando *phpMyAdmin*, crea la base de datos *hoteles*, con usuario y clave de nombre *hoteles*. Importa el script del fichero *Tablas_hoteles_MySQL.sql* que puedes encontar en los recursos del capítulo y crea las tablas. Después utiliza el *Diseñador* para ver el diagrama de tablas y guarda la página, opción *Guardar página* de la paleta de botones que se muestra a la izquierda del diseñador. Usando la opción *Exportar estructura* genera un fichero PDF que contenga el diagrama y la estructura de las tablas.

12. Con la base de datos seleccionada pulsa en el enlace *Exportar*, selecciona el formato de la lista *Formato* y pulsa el botón *Exportar*, por ejemplo, exporta a PDF, a Word y a SQL. Visualiza después los documentos generados.

13. Utilizando el plugin ERMaster, crea un proyecto Java e importa la base de datos MySQL *hoteles*. De la lista *Database* selecciona *MySQL*. En *Server Name* escribe *localhost*, en *Port* escribe 3306, en el nombre de la base de datos, nombre de usuario y clave escribe *hoteles*. Muestra el esquema de la base de datos. Exporta el modelo a HTML, Java, DDL y PDF. Al exporter a Java indica que lo haga en el paquete *datos*. No olvides que para poder importar la base de datos necesitas el conector que puedes encontrar en los recursos del capítulo.

14. Instala el plugin *Darkest Dark Theme* en Eclipse desde **Eclipse Marketplace.** Marca todas las opciones a instalar. Este plugin permite que la interfaz de usuario se vea especialmente llamativa. Al reiniciarse Eclipse se mostrará una pantalla de bienvenida, pulsa *Next* para elegir el tema en el que se abrirá el entorno, elige el tema pulsa *Next*, a continuación tendrás que elegir el workspace. Si no te gusta se puede desinstalar desde **Eclipse Marketplace.** Buscas el plugin, pulsas en *Installed* de la lista *Change* selecciona *Uninstall* y confirmas el proceso.

15. Desde la URL https://netbeans.apache.org/front/main/index.html descarga la última versión de NetBeans, descarga la versión de paquetes, por ejemplo *netbeans-21-bin.zip*. Una vez descargado, descomprimes el fichero que tiene una única carpeta llamada *netbeans*. Entra en la carpeta *bin* y ejecuta el fichero *netbeans64.exe* para lanzar el entorno. Crea un proyecto NetBeans, crea una clase con su método *main()*, crea un paquete de nombre *datos* en el que crees la clase *Persona* como la que se creó en el proyecto inicial de Eclipse, con los constructores y los métodos getter y setter. Ejecuta el proyecto y crea el fichero JAR. Utiliza como ayuda el documento **Crear_Proyecto_en_Netbeans.pdf** que encontrarás en los recursos del capítulo.

## CAPÍTULO 3

DISEÑO Y REALIZACIÓN DE PRUEBAS

Contenidos

Técnicas de diseño de casos de prueba.

Estrategias de prueba del software.

Documentación para las pruebas.

Pruebas de código.

Herramientas de depuración.

Pruebas unitarias con JUNIT.
Dobles de prueba.

Objetivos

Identificar los tipos y estrategia de pruebas.

Definir casos de prueba.

Utilizar herramientas de depuración en un entorno de desarrollo.

Realizar pruebas unitarias utilizando la herramienta JUNIT.

Implementar pruebas automáticas.

Realizar dobles de prueba.

RESUMEN DEL CAPÍTULO

En este capítulo aprenderemos a utilizar diferentes técnicas para elaborar casos de prueba. Usaremos una herramienta de depuración definiendo puntos de ruptura y examinando variables durante la ejecución de un programa. Aprenderemos a utilizar la herramienta JUNIT para elaborar pruebas unitarias para clases Java.

3.1. INTRODUCCIÓN

Las pruebas de software consisten en verificar y validar un producto software antes de su puesta en marcha. Constituyen una de las etapas del desarrollo de software, y básicamente consiste en probar la aplicación construida. Se integran dentro de las diferentes fases del ciclo de vida del software dentro de la ingeniería de software.

La ejecución de pruebas de un sistema involucra una serie de etapas que se nombraron en el Capítulo 1: planificación de pruebas, diseño y construcción de los casos de prueba, definición de los procedimientos de prueba, ejecución de las pruebas, registro de resultados obtenidos, registro de errores encontrados, depuración de los errores e informe de los resultados obtenidos.

En este Capítulo se estudian dos enfoques para el diseño de casos de prueba y diferentes técnicas en cada uno para probar el código de los programas.

3.2. TÉCNICAS DE DISEÑO DE CASOS DE PRUEBA

Un **caso de prueba** es un conjunto de entradas, condiciones de ejecución y resultados esperados, desarrollado para conseguir un objetivo particular o condición de prueba. Para llevar a cabo un caso de prueba, es necesario definir las precondiciones y post condiciones, identificar unos valores de entrada y conocer el comportamiento que debería tener el sistema ante dichos valores. Tras realizar ese análisis e introducir dichos datos en el sistema, se observará si su comportamiento es el previsto o no y por qué. De esta forma se determinará si el sistema ha pasado o no la prueba[1].

Para llevar a cabo el diseño de casos de prueba se utilizan dos técnicas o enfoques: **prueba de caja blanca** y **prueba de caja negra** (véase Figura 3.1). Las primeras se centran en validar la estructura interna del programa (necesitan conocer los detalles procedimentales del código) y las segundas se centran en validar los requisitos funcionales sin fijarse en el funcionamiento interno del programa (necesitan saber la funcionalidad que el código ha de proporcionar). Estas pruebas no son excluyentes y se pueden combinar para descubrir diferentes tipos de errores.

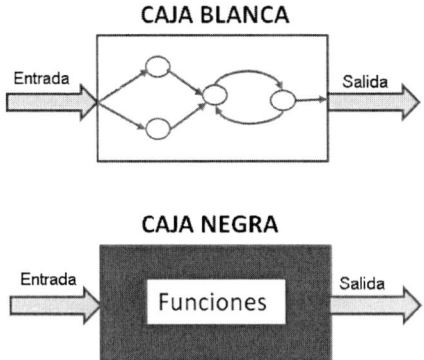

Figura 3.1. Pruebas de caja blanca y negra.

---

[1] *Guía de validación y verificación.* Inteco. Laboratorio Nacional de Calidad del Software.

3.2.1. Pruebas de caja blanca

También se las conoce como *pruebas estructurales* o *de caja de cristal*. Se basan en el minucioso examen de los detalles procedimentales del código de la aplicación. Mediante esta técnica se pueden obtener casos de prueba que:

- Garanticen que se ejecutan al menos una vez todos los caminos independientes de cada módulo.

- Ejecuten todas las sentencias al menos una vez.

- Ejecuten todas las decisiones lógicas en su parte verdadera y en su parte falsa.

- Ejecuten todos los bucles en sus límites.

- Utilicen todas las estructuras de datos internas para asegurar su validez.

Una de las técnicas utilizadas para desarrollar los casos de prueba de caja blanca es la **prueba del camino básico** que se estudiará más adelante.

3.2.2. Pruebas de caja negra

Estas pruebas se llevan a cabo sobre la interfaz del software, no hace falta conocer la estructura interna del programa ni su funcionamiento. Se pretende obtener casos de prueba que demuestren que las funciones del software son operativas, es decir, que las salidas que devuelve la aplicación son las esperadas en función de las entradas que se proporcionen.

A este tipo de pruebas también se les llama *prueba de comportamiento*. El sistema se considera como una caja negra cuyo comportamiento sólo se puede determinar estudiando las entradas y las salidas que devuelve en función de las entradas suministradas.

Con este tipo de pruebas se intenta encontrar errores de las siguientes categorías:

- Funcionalidades incorrectas o ausentes.

- Errores de interfaz.

- Errores en estructuras de datos o en accesos a bases de datos externas.

- Errores de rendimiento.

- Errores de inicialización y finalización.

Existen diferentes técnicas para confeccionar los casos de prueba de caja negra, algunos son: **clases de equivalencia, análisis de valores límite,** métodos basados en grafos, pruebas de comparación, etc. En este capítulo se estudiarán algunas de estas técnicas.

3.3. ESTRATEGIAS DE PRUEBAS DEL SOFTWARE

La estrategia de prueba del software se puede ver en el contexto de una espiral (véase Figura 3.2):

- En el vértice de la espiral comienza la **prueba de unidad**. Se centra en la unidad más pequeña de software, el módulo tal como está implementado en código fuente.

- La prueba avanza para llegar a la **prueba de integración**. Se toman los módulos probados mediante la prueba de unidad y se construye una estructura de programa que esté de acuerdo con lo que dicta el diseño. El foco de atención es el diseño.

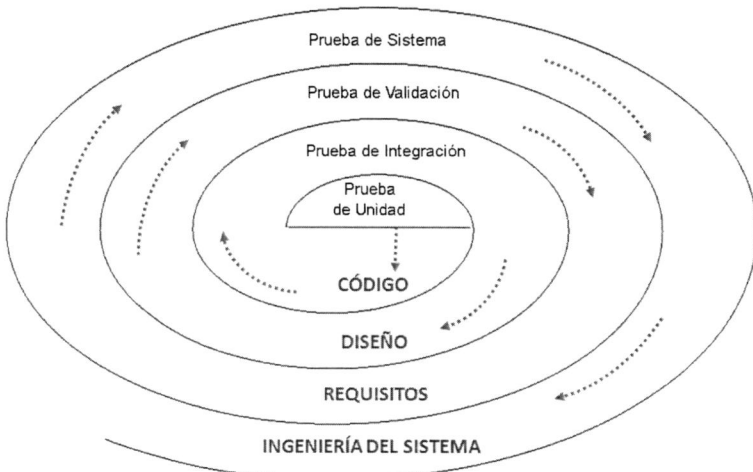

Figura 3.2. Estrategia de prueba.

- La espiral avanza llegando a la **prueba de validación** (o de aceptación). Prueba del software en el entorno real de trabajo con intervención del usuario final. Se validan los requisitos establecidos como parte del análisis de requisitos del software, comparándolos con el sistema que ha sido construido.

- Finalmente se llega a la **prueba del sistema**. Verifica que cada elemento encaja de forma adecuada y se alcanza la funcionalidad y rendimiento total. Se prueba como un todo el software y otros elementos del sistema.

3.3.1. Prueba de unidad

En este nivel se prueba cada unidad o módulo con el objetivo de eliminar errores en la interfaz y en la lógica interna. Esta actividad utiliza técnicas de caja negra y caja blanca, según convenga para lo que se desea probar. Se realizan pruebas sobre (véase Figura 3.3):

- La interfaz del módulo, para asegurar que la información fluye adecuadamente.

- Las estructuras de datos locales, para asegurar que mantienen su integridad durante todos los pasos de ejecución del programa.

- Las condiciones límite, para asegurar que funciona correctamente en los límites establecidos durante el proceso.

- Todos los caminos independientes de la estructura de control, con el fin de asegurar que todas las sentencias se ejecutan al menos una vez.

- Todos los caminos de manejo de errores.

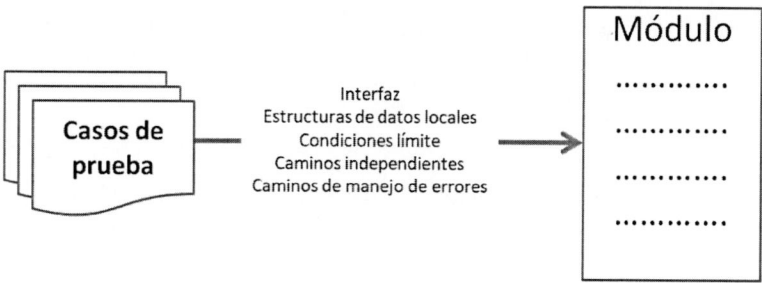

Figura 3.3. Prueba de unidad.

Algunas de las herramientas que se utilizan para pruebas unitarias son: JUnit, CPPUnit, PHPUnit, etc.

3.3.2. Prueba de integración

En este tipo de prueba se observa como interaccionan los distintos módulos. Se podría pensar que esta prueba no es necesaria, ya que, si todos los módulos funcionan por separado, también deberían funcionar juntos. Realmente el problema está aquí, en comprobar si funcionan juntos.

Existen dos enfoques fundamentales para llevar a cabo las pruebas:

- **Integración no incremental o *big bang***. Se prueba cada módulo por separado y luego se combinan todos de una vez y se prueba todo el programa completo. En este enfoque se encuentran gran cantidad de errores y la corrección se hace difícil.

- **Integración incremental**. El programa completo se va construyendo y probando en pequeños segmentos, en este caso los errores son más fáciles de localizar. Se dan dos estrategias *Ascendente* y *Descendente*. En la integración *Ascendente* la construcción y prueba del programa empieza desde los módulos de los niveles más bajos de la estructura del programa. En la *Descendente* la integración comienza en el módulo principal (programa principal) moviéndose hacia abajo por la jerarquía de control.

La Figura 3.4 representa varios módulos y la interconexión entre ellos. El módulo principal es el que está en la raíz, M1. La figura muestra una estrategia de integración *Ascendente*. Se empieza probando los módulos de más bajo nivel en la jerarquía modular del sistema y se procede a probar la integración de abajo hacia arriba hasta llegar al programa principal M1.

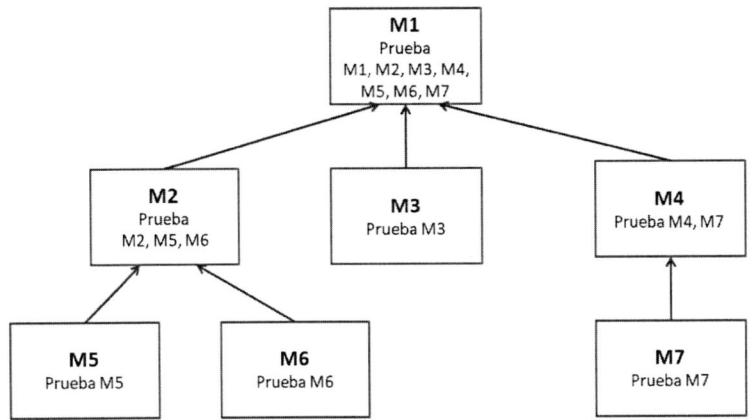

Figura 3.4. Prueba de integración *Ascendente.*

3.3.3. Prueba de validación

La validación se consigue cuando el software funciona de acuerdo con las expectativas razonables del cliente definidas en el documento de especificación de requisitos del software o ERS. Se llevan a cabo una serie de pruebas de caja negra que demuestran la conformidad con los requisitos. Las técnicas que utilizaremos son:

- **Prueba Alfa.** Se lleva a cabo por el cliente o usuario en el lugar de desarrollo. El cliente utiliza el software de forma natural bajo la observación del desarrollador que irá registrando los errores y problemas de uso.

- **Prueba Beta.** Se lleva a cabo por los usuarios finales del software en su lugar de trabajo. El desarrollador no está presente. El usuario registra todos los problemas que encuentra, reales y/o imaginarios, e informa al desarrollador en los intervalos definidos en el plan de prueba. Como resultado de los problemas informados el desarrollador lleva a cabo las modificaciones y prepara una nueva versión del producto.

3.3.4. Prueba del sistema

La prueba del sistema está formada por un conjunto de pruebas cuya misión es ejercitar profundamente el software. Son las siguientes:

- **Prueba de recuperación.** En este tipo de prueba se fuerza el fallo del software y se verifica que la recuperación se lleva a cabo apropiadamente.

- **Prueba de seguridad.** Esta prueba intenta verificar que el sistema está protegido contra accesos ilegales.

- **Prueba de resistencia (Stress).** Trata de enfrentar el sistema con situaciones que demandan gran cantidad de recursos, por ejemplo, diseñando casos de prueba que requieran el máximo de memoria, incrementando la frecuencia de datos de entrada, que den problemas en un sistema operativo virtual, etc.

3.4. DOCUMENTACIÓN PARA LAS PRUEBAS

El estándar IEEE 829-1998 describe el conjunto de documentos que pueden producirse durante el proceso de prueba. Son los siguientes:

- **Plan de Pruebas.** Describe el alcance, el enfoque, los recursos y el calendario de las actividades de prueba. Identifica los elementos a probar, las características que se van a probar, las tareas que se van a realizar, el personal responsable de cada tarea y los riesgos asociados al plan.

- **Especificaciones de prueba.** Están cubiertas por tres tipos de documentos: la especificación del diseño de la prueba (se identifican los requisitos, casos de prueba y procedimientos de prueba necesarios para llevar a cabo las pruebas y se especifica la función de los criterios de pasa no-pasa), la especificación de los casos de prueba (documenta los valores reales utilizados para la entrada, junto con los resultados previstos), y la especificación de los procedimientos de prueba (donde se identifican los pasos necesarios para hacer funcionar el sistema y ejecutar los casos de prueba especificados).

- **Informes de pruebas.** Se definen cuatro tipos de documentos: un informe que identifica los elementos que están siendo probados, un registro de las pruebas (donde se registra lo que ocurre durante la ejecución de la prueba), un informe de incidentes de prueba (describe cualquier evento que se produce durante la ejecución de la prueba que requiere mayor investigación) y un informe resumen de las actividades de prueba.

3.5. PRUEBAS DE CÓDIGO

La prueba del código consiste en la ejecución del programa (o parte de él) con el objetivo de encontrar errores. Se parte para su ejecución de un conjunto de entradas y una serie de condiciones de ejecución; se observan y registran los resultados y se comparan con los resultados esperados. Se observará si el comportamiento del programa es el previsto o no y por qué.

Para las pruebas de código se van a mostrar diferentes técnicas que dependerán del tipo de enfoque utilizado: de caja blanca, se centran en la estructura interna del programa; o de caja negra, más centrado en las funciones, entradas y salidas del programa.

3.5.1. Prueba del camino básico

La prueba del camino básico es una técnica de prueba de caja blanca que permite al diseñador de casos de prueba obtener una medida de la complejidad lógica de un diseño procedimental y usar esa medida como guía para la definición de un conjunto básico de caminos de ejecución. Los casos de prueba obtenidos del conjunto básico garantizan que durante la prueba se ejecuta por lo menos una vez cada sentencia del programa[2].

Para la obtención de la **medida de la complejidad lógica** (o *complejidad ciclomática*) emplearemos una representación del flujo de control denominada *grafo de flujo* o *grafo del programa*.

---

[2] Ingeniería del software. Un enfoque práctico. Roger S. Pressman.

NOTACIÓN DE GRAFO DE FLUJO

El grafo de flujo de las estructuras de control se representa de la siguiente forma:

ESTRUCTURA	GRAFO DE FLUJO

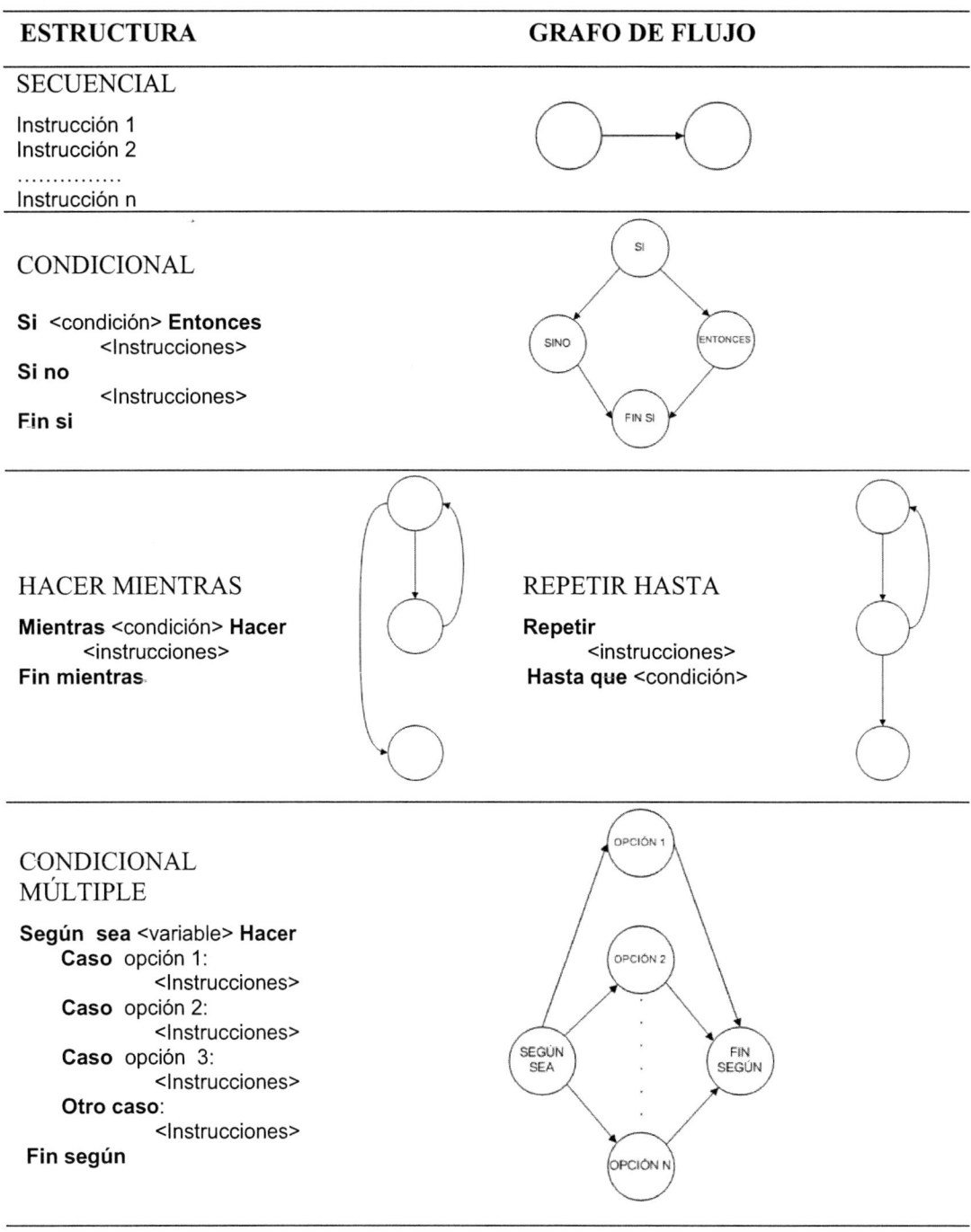

SECUENCIAL Instrucción 1 Instrucción 2 …………… Instrucción n	

CONDICIONAL
 	
Si \<condición\> **Entonces**
          \<Instrucciones\>
Si no
          \<Instrucciones\>
Fin si	

HACER MIENTRAS
 	
Mientras \<condición\> **Hacer**
          \<instrucciones\>
Fin mientras
	REPETIR HASTA
	
	Repetir
	          \<instrucciones\>
	Hasta que \<condición\>

CONDICIONAL MÚLTIPLE
 	
Según sea \<variable\> **Hacer**
    Caso opción 1:
              \<Instrucciones\>
    Caso opción 2:
              \<Instrucciones\>
    Caso opción 3:
              \<Instrucciones\>
    Otro caso:
              \<Instrucciones\>
    Fin según	

Donde cada círculo representa una o más sentencias, sin bifurcaciones, en pseudocódigo o código fuente. A continuación, construimos un grafo de flujo a partir de un diagrama de flujo (Figura 3.5).

Ejemplo 1: se muestra el diagrama de flujo y el grafo de flujo para un programa que lee 10 números de teclado y muestra cuantos de los números leídos son pares y cuántos son impares. Para comprobar si el número es par o impar utilizamos el operador **%** de Java (devuelve el resto de la división) que devuelve 0 si es par. La estructura principal corresponde a un MIENTRAS (o WHILE) y dentro hay una estructura SI (o IF). Véase Figura 3.5.

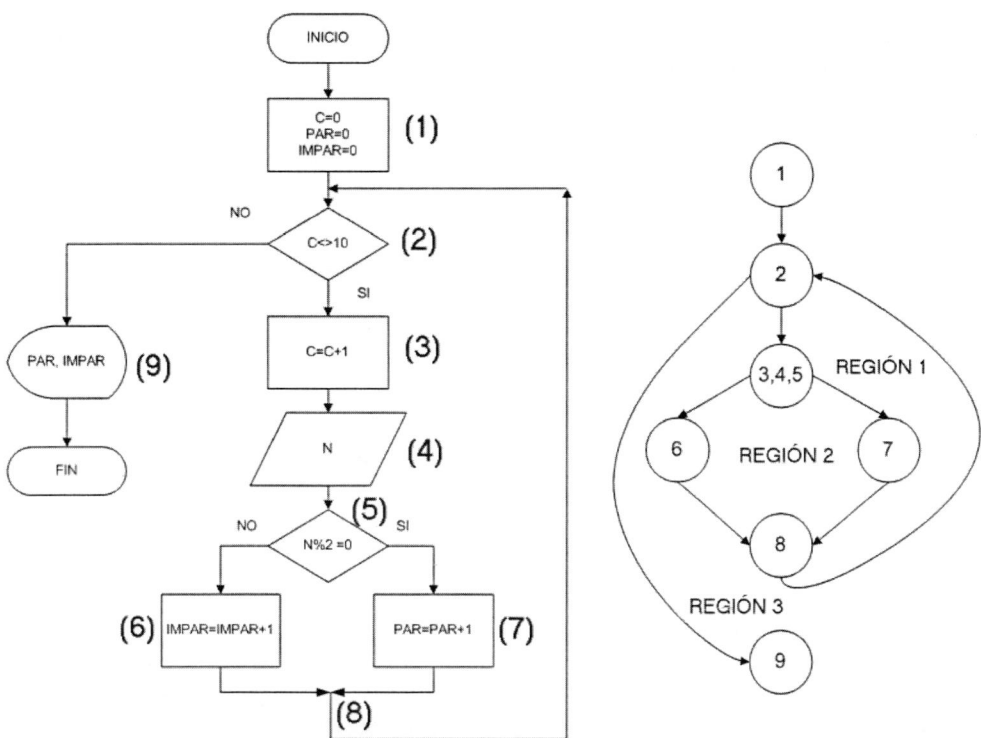

Figura 3.5. Diagrama de flujo y grafo de flujo.

Se numeran en el diagrama de flujo cada uno de los símbolos, y los finales de las estructuras de control (por ejemplo, el (9) es el final del WHILE) aunque no tengan ningún símbolo (por ejemplo, el número (8) es el final de una estructura condicional).

Cada círculo del grafo de flujo se llama **nodo**. Representa una o más sentencias procedimentales. Un solo nodo se puede corresponder con una secuencia de símbolos del proceso y un rombo de decisión. Un ejemplo es el nodo numerado como 3, 4, 5.

Las flechas del grafo de flujo se denominan **aristas o enlaces** y representan el flujo de control, como en el diagrama de flujo. Una arista termina en un nodo, aunque el nodo no tenga ninguna sentencia procedimental; es el caso del nodo numerado como 8.

Las áreas delimitadas por aristas y nodos se llaman **regiones**, el área exterior del grafo es otra región más. En el ejemplo se muestran 3 regiones, 8 aristas y 7 nodos.

El nodo que contiene una condición se llama **nodo predicado** y se caracteriza porque de él salen dos o más aristas. En el ejemplo anterior se muestran 2 nodos predicado, el representado por el número 2 y el representado por 3, 4 ,5. Únicamente de estos nodos pueden salir dos aristas.

Cuando en un diseño procedimental se encuentran condiciones compuestas, es decir cuando en una condición aparecen uno o más operadores (por ejemplo, que la edad sea < de 20 y el curso primero de DAM) se complica la generación del grafo de flujo. En este caso se crea un nodo aparte para cada una de las condiciones, véase la Figura 3.6. El grafo de la derecha muestra la situación: Nodo A edad < 20, nodo B curso primero de DAM:

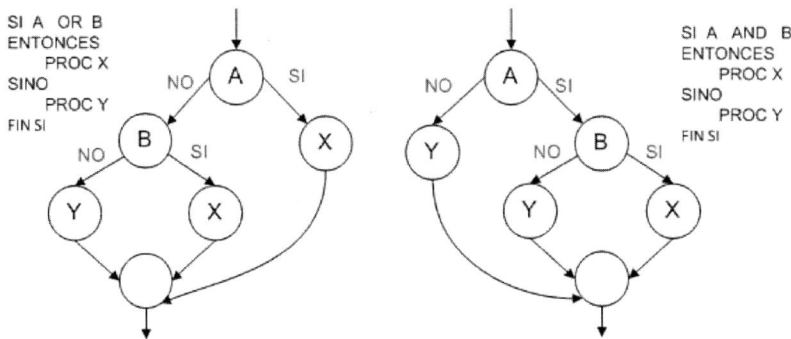

Figura 3.6. Lógica compuesta.

La Figura 3.7 muestra un pseudocódigo y el grafo de flujo correspondiente usando la lógica compuesta:

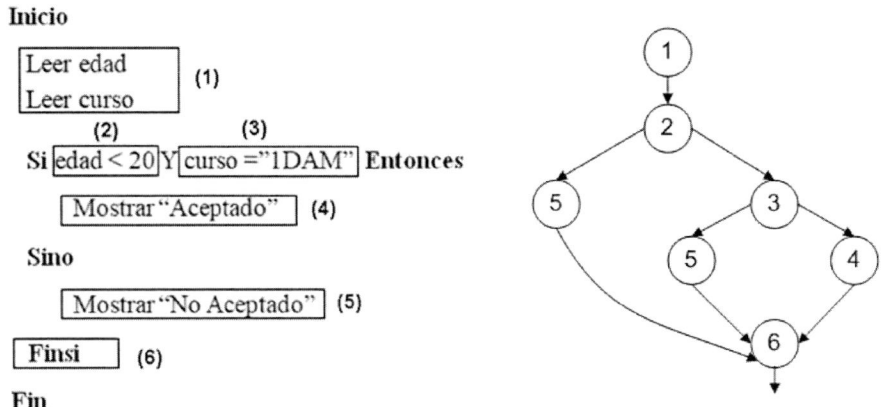

Figura 3.7. Ejemplo de lógica compuesta.

Ejemplo 2: se dispone de un fichero de *Alumnos* con la siguiente estructura de registro: *Curso, Nombre, Sexo* (puede ser H o M) y *Nota*. El fichero está ordenado ascendentemente por curso. Vamos a realizar un proceso que lea los registros del fichero y muestre por cada curso el número de hombres y el número de mujeres. Se construirá el pseudocódigo y el grafo de flujo, véase Figura 3.8. En el pseudocódigo se muestran en un cuadrito las sentencias que se representan en un nodo; al lado hay un número entre paréntesis que se corresponde con su nodo en el grafo de flujo (recuerda que cada nodo puede corresponder a una o más sentencias de proceso y una condición). La estructura principal corresponde a un MIENTRAS (mientras haya registros en el fichero), dentro hay otro MIENTRAS (para tratar el mismo curso siempre y cuando haya registros) y dentro hay una estructura SI (para contar los hombres y mujeres). En este segundo ejemplo se muestran 5 regiones, 14 aristas y 11 nodos, 4 de ellos son nodos predicado.

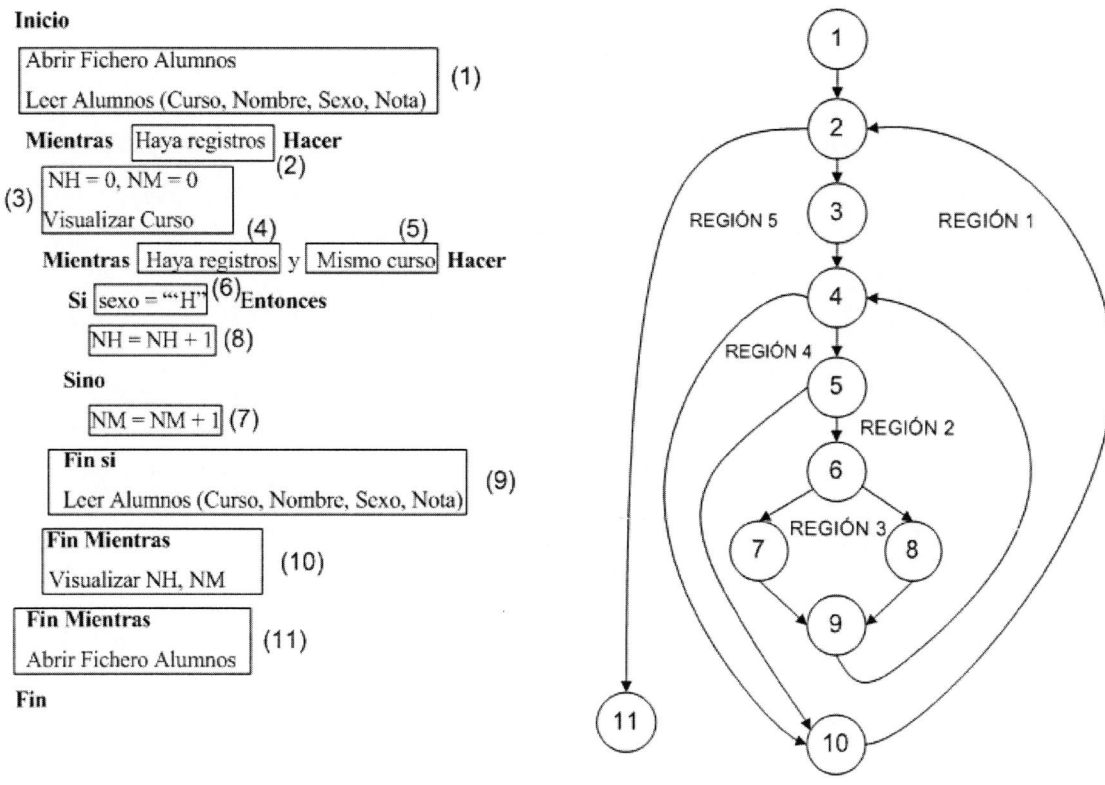

Figura 3.8. Pseudocódigo y grafo de flujo.

COMPLEJIDAD CICLOMÁTICA

La complejidad ciclomática es una métrica del software que proporciona una medida cuantitativa de la complejidad lógica de un programa[3]. En el contexto del método de prueba del camino básico, la complejidad ciclomática establece el número de caminos independientes del conjunto básico de caminos de ejecución de un programa, y por lo tanto, el número de casos de prueba que se deben ejecutar para asegurar que cada sentencia se ejecuta al menos una vez.

La complejidad ciclomática **V(G)** puede calcularse de tres formas:

1. V(G) = Número de regiones del grafo.

2. V(G) = Aristas – Nodos + 2.

3. V(G) = Nodos predicado + 1

Para el *Ejemplo 1*, la complejidad ciclomática es 3.

1. V(G) = Número de regiones del grafo = 3.

2. V(G) = Aristas – Nodos + 2 = 8 – 7 + 2 = 3.

3. V(G) = Nodos predicado + 1 = 2 + 1 = 3

---

[3] Ingeniería del software. Un enfoque práctico. Roger S. Pressman.

Para el *Ejemplo 2*, la complejidad ciclomática es 5.

1. V(G) = Número de regiones del grafo = 5.

2. V(G) = Aristas − Nodos + 2 = 14 − 11 + 2 = 5

3. V(G) = Nodos predicado + 1 = 4 + 1 = 5

Se establecen los siguientes valores de referencia de la complejidad ciclomática:

Complejidad ciclomática	Evaluación de riesgo
Entre 1 y 10	Programas o métodos sencillos, sin mucho riesgo.
Entre 11 y 20	Programas o métodos más complejos, riesgo moderado.
Entre 21 y 50	Programas o métodos complejos, alto riesgo.
Mayor que 50	Programas o métodos no testeables, muy alto riesgo.

El valor de **V(G)** nos da el número de caminos independientes del conjunto básico de un programa. Un camino independiente es cualquier camino del programa que introduce, por lo menos, un nuevo conjunto de sentencias de proceso o una condición. En términos del diagrama de flujo, un camino independiente está constituido por lo menos por una arista que no haya sido recorrida anteriormente a la definición del camino[3].

Para el *Ejemplo 1*, un conjunto de caminos independientes será:

- Camino 1: 1 − 2 − 9

- Camino 2: 1 − 2 − 3, 4, 5 − 6 − 8 − 2 − 9

- Camino 3: 1 − 2 − 3, 4, 5 − 7 − 8 − 2 − 9

Para el *Ejemplo 2*, un conjunto de caminos independientes será:

- Camino 1: 1 − 2 − 11

- Camino 2: 1 − 2 − 3 − 4 − 10 − 2 − 11

- Camino 3: 1 − 2 − 3 − 4 − 5 − 10 − 2 − 11

- Camino 4: 1 − 2 − 3 − 4 − 5 − 6 − 8 − 9 − 4 − 10 − 2 − 11

- Camino 5: 1 − 2 − 3 − 4 − 5 − 6 − 7 − 9 − 4 − 10 − 2 − 11

OBTENCIÓN DE LOS CASOS DE PRUEBA

El último paso de la prueba del camino básico es construir los casos de prueba que fuerzan la ejecución de cada camino. Con el fin de comprobar cada camino, debemos escoger los casos de prueba de forma que las condiciones de los nodos predicado estén adecuadamente establecidas. Una forma de representar el conjunto de casos de prueba es como se muestra en la siguiente tabla. Por ejemplo, representamos los casos de prueba para el **Ejemplo 1**, en la Figura 3.9 se muestran los nodos predicado con sus condiciones para que sea más fácil obtener los casos de prueba:

Camino	Caso de prueba	Resultado esperado	
1	Escoger algún valor de C tal que NO se cumpla la condición C<>10. C=10	Visualizar el número de pares y el de impares.	
2	Escoger algún valor de C tal que SÍ se cumpla la condición C<>10. Escoger algún valor de N tal que NO se cumpla la condición N % 2 = 0. C= 1, N = 5	Contar números impares.	
3	Escoger algún valor de C tal que SÍ se cumpla la condición C<>10. Escoger algún valor de N tal que SÍ se cumpla la condición N % 2 = 0. C= 2, N = 4	Contar números pares.	

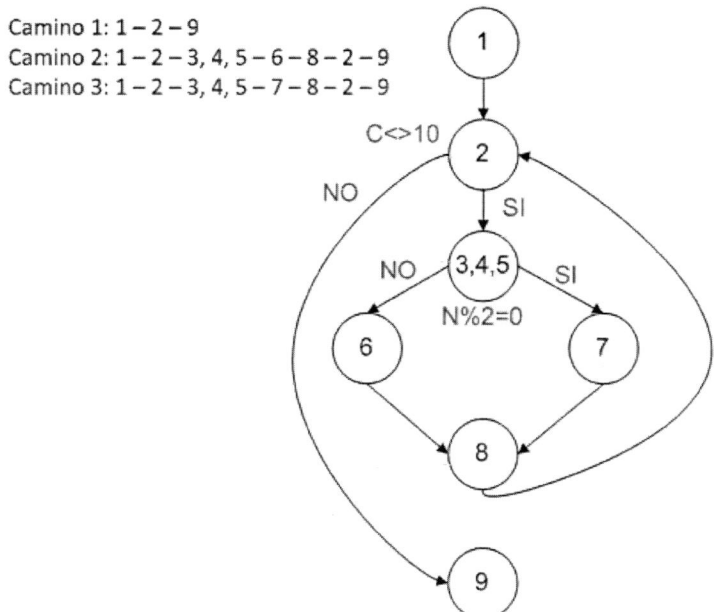

Camino 1: 1 – 2 – 9
Camino 2: 1 – 2 – 3, 4, 5 – 6 – 8 – 2 – 9
Camino 3: 1 – 2 – 3, 4, 5 – 7 – 8 – 2 – 9

Figura 3.9. Nodos predicado del Ejemplo1 con sus condiciones.

El camino 1 no puede ser probado por sí solo, debe ser probado como parte de las pruebas de los caminos 2 y 3.

Ejemplo 3: en la Figura 3.10 se muestra una función Java y el correspondiente grafo de flujo. Calculamos la complejidad ciclomática, calculamos los caminos independientes y elaboramos los casos de prueba. El grafo de flujo tiene 8 aristas, 7 nodos, 2 nodos predicado y 3 regiones. El valor de **V(G)** es 3, por tanto, tenemos tres caminos independientes que probar:

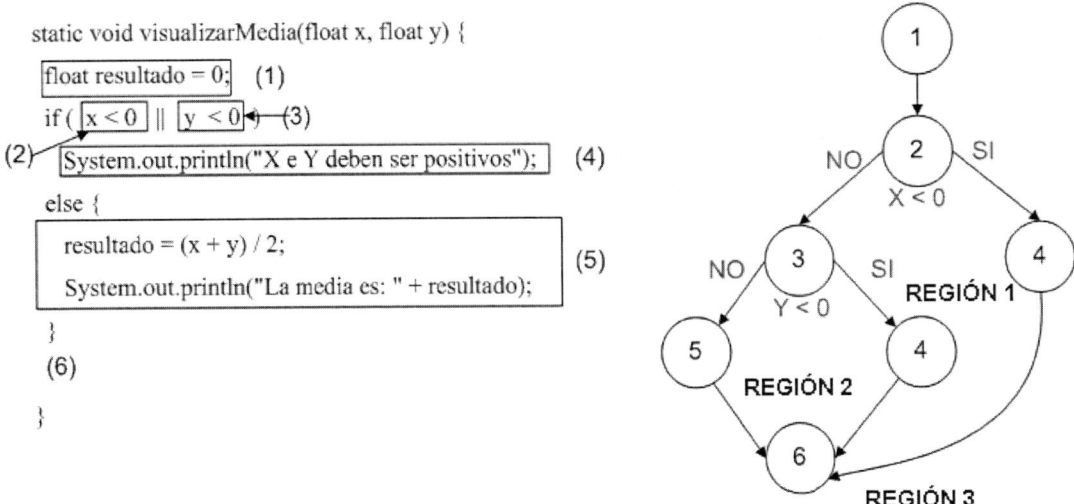

```
static void visualizarMedia(float x, float y) {
    float resultado = 0;    (1)
    if ( x < 0  ||  y < 0     (3)
(2)     System.out.println("X e Y deben ser positivos");    (4)
    else {
        resultado = (x + y) / 2;                                (5)
        System.out.println("La media es: " + resultado);
    }
    (6)
}
```

Figura 3.10. Ejemplo 3.

Los caminos independientes y los casos de prueba para cada camino se muestran en la siguiente tabla:

Camino	Caso de prueba	Resultado esperado
Camino 1: 1-2-3-5-6	Escoger algún X e Y tal que NO se cumpla la condición X<0 || Y<0. X=4, Y=5 visualizarMedia(4,5)	Visualiza: La media es: 4.5
Camino 2: 1-2-4-6	Escoger algún X tal que SÍ se cumpla la condición X<0 (Y puede ser cualquier valor) X=-4, Y=5 visualizarMedia(-4,5)	Visualiza: X e Y deben ser positivos
Camino 3: 1-2-3-4-6	Escoger algún X tal que NO cumpla la condición X<0 y escoger algún Y que SÍ cumpla la condición Y<0 X=4, Y=-5 visualizarMedia(4,-5)	Visualiza: X e Y deben ser positivos

Ejemplo 4: En la Figura 3.11 se muestra un seudocódigo y el correspondiente grafo de flujo. Calculamos la complejidad ciclomática, los caminos independientes y elaboramos los casos de prueba. El grafo de flujo tiene 8 aristas, 7 nodos, 2 nodos predicado y 3 regiones. El valor de **V(G)** es 3, por tanto tenemos tres caminos independientes que probar:

Camino	Caso de prueba	Resultado esperado
Camino 1: **1-2-4-5-7**	cant = 200, pvp = 125	Descuento del 5% Visualizar el importeTotal 23750
Camino 2: **1-2-4-6-7**	cant = 5, pvp = 125	Descuento 0. Visualizar el importeTotal 625
Camino 3: **1-2-3-7**	cant = 2000, pvp = 125	Descuento 10%. Visualizar el importeTotal 225000

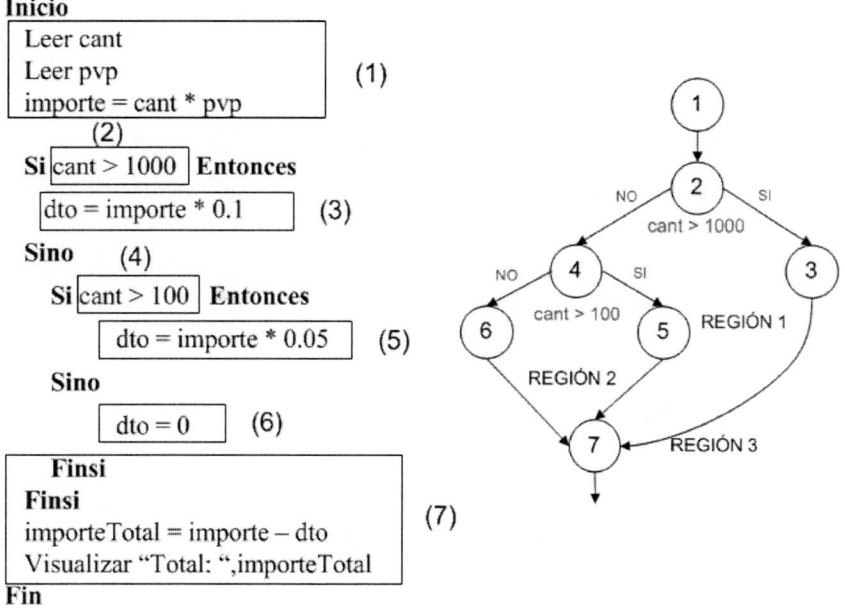

Figura 3.11. Ejemplo 4.

ACTIVIDAD 3.1

Realiza los Ejercicios 4 y 5.

3.5.2. Partición o clases de equivalencia

La partición equivalente es un método de prueba de caja negra que divide los valores de los campos de entrada de un programa en clases de equivalencia. Por ejemplo, supongamos un campo de entrada llamado *número de empleado*, definido con una serie de condiciones: numérico de 3 dígitos y el primero no puede ser 0. Entonces se puede definir una clase de equivalencia no válida: *número de empleado < 100*; y otra válida: *número de empleado comprendido entre 100 y 999*.

Para identificar las clases de equivalencia se examina cada condición de entrada (son parte del dominio de valores de la entrada y normalmente son una frase en la especificación) y se divide en dos o más grupos. Se definen dos tipos de clases de equivalencia:

- **Clases válidas**: son los valores de entrada válidos.

- **Clases no válidas**: son los valores de entrada no válidos.

Las clases de equivalencia se definen según una serie de directrices:

1. Si una condición de entrada especifica un **rango**, se define una clase de equivalencia válida y dos no válidas. Ejemplo de rango: la nota debe tener un valor entre 1 y 10.

2. Si una condición de entrada requiere un **valor específico**, se define una clase de equivalencia válida y dos no válidas. Ejemplo de valor específico: el número de departamento puede ser blanco o tener 2 dígitos.

3. Si una condición de entrada especifica un **miembro de un conjunto**, se define una clase de equivalencia válida y una no válida. Ejemplo: el curso puede tener los siguientes valores: "1DAM", "2DAM", "1SMR" y "2SMR".

4. Si una condición de entrada es **lógica**, se define una clase de equivalencia válida y una no válida. Ejemplo de entrada lógica: el salario debe ser > que 0.

La siguiente tabla resume el número de clases de equivalencia válidas y no válidas que hay que definir para cada tipo de condición de entrada:

Condiciones de entrada	Nº de Clases de equivalencia válidas	Nº de Clases de equivalencia no válidas
1. Rango	1 CLASE VÁLIDA Contempla los valores del rango	2 CLASES NO VÁLIDAS Un valor por encima del rango Un valor por debajo del rango
2. Valor específico	1 CLASE VÁLIDA Contempla dicho valor	2 CLASES NO VÁLIDAS Un valor por encima Un valor por debajo
3. Miembro de un conjunto	1 CLASE VÁLIDA Una clase por cada uno de los miembros del conjunto	1 CLASE NO VÁLIDA Un valor que no pertenece al conjunto
4. Lógica	1 CLASE VÁLIDA Una clase que cumpla la condición	1 CLASE NO VÁLIDA Una clase que no cumpla la condición

Ejemplo 5: se va a realizar una entrada de datos de un empleado por pantalla gráfica, se definen 3 campos de entrada y una lista para elegir el oficio. La aplicación acepta los datos de esta manera:

-   *Empleado*: número de tres dígitos que no empiece por 0.

-   *Departamento*: en blanco o número de dos dígitos.

-   *Oficio*: Analista, Diseñador, Programador o Elige oficio.

Si la entrada es correcta el programa asigna un salario (que se muestra en pantalla) a cada empleado según estas normas:

-   S1 si el *Oficio* es Analista se asigna 2500.

-   S2 si el *Oficio* es Diseñador se asigna 1500.

-   S3 si el *Oficio* es Programador se asigna 2000.

Si la entrada no es correcta el programa muestra un mensaje indicando la entrada incorrecta:

-   ER1 si el *Empleado* no es correcto.

-   ER2 si el *Departamento* no es correcto

-   ER3 si no se ha elegido *Oficio*.

Para representar las clases de equivalencia para cada condición de entrada se puede usar una tabla. En cada fila se definen las clases de equivalencia para la condición de entrada, se añade un código a cada clase definida (válida y no válida) para usarlo en la definición de los casos de prueba. Las clases de equivalencia para el *Departamento* para indicar que es un número de dos dígitos se pueden expresar como valor específico o como rango, cualquier opción es válida. Por ello esta última se ha codificado como V3', NV4' y NV5':

Condición de entrada	Clases de equivalencia	Clases Válidas	COD	Clases no Válidas	COD
Empleado	Rango	100>= Empleado<=999	V1	Empleado < 100 Empleado >999	NV1 NV2
Departamento	Lógica (puede estar o no)	En blanco.	V2	No es un número.	NV3
	Valor	Cualquier número de dos dígitos.	V3	Número de más de 2 dígitos. Número de menos de 2 dígitos	NV4 NV5
	Rango	10 >= Departamento <= 99	V3'	Dep >99 Dep <10	NV4' NV5'
Oficio	Miembro de un conjunto	Oficio = "Programador"	V4	Oficio ="Elige oficio"	NV8
		Oficio ="Analista"	V5		
		Oficio ="Diseñador"	V6		

A partir de esta tabla se generan los casos de prueba. Utilizamos las condiciones de entrada y las clases de equivalencia (a las que se asignó un código en la columna COD, también se podría haber asignado un número a cada clase). Los representamos en otra tabla donde cada fila representa un caso de prueba con los códigos de las clases de equivalencia que se aplican, los valores asignados a las condiciones de entrada y el resultado esperado según el enunciado del problema:

Caso de prueba	Clases de equivalencia	Condiciones de entrada			Resultado esperado
		Empleado	Departamento	Oficio	
CP1	V1, V3, V4	200	20	Programador	S3
CP2	V1, V2, V5	250		Analista	S1
CP3	V1,V3, V6	450	30	Diseñador	S2
CP4	V1, V2, V4	220		Programador	S3
CP5	NV1, V3, V6	90	35	Diseñador	ER1
CP6	V1, NV3, V5	100	AD	Analista	ER2
CP7	V1, V2, NV8	300		Elige oficio	ER3
CP8	V1, NV4, V6	345	123	Diseñador	ER2
….			…………		

Al rellenar la tabla de casos de prueba se han tenido en cuenta estas dos reglas:

- los casos de prueba válidos (CP1, CP2, CP3 y CP4) cubren tantas clases de equivalencia válidas como sea posible y

- los casos de prueba no válidos (CP5, CP6, CP7 y CP8) cubren una sóla clase no válida (si se prueban múltiples clases de equivalencia no válidas en el mismo caso de prueba, puede ocurrir que algunas de estas pruebas nunca se ejecuten porque la primera enmascara a las otras o termina la ejecución del caso de prueba).

Los casos de prueba se van añadiendo a la tabla hasta que todas las clases de equivalencia válidas y no válidas hayan sido cubiertas. Por ejemplo, a la tabla anterior le faltan clases de equivalencia válidas: (V1, V2, V6) y (V1, V3, V5); y no válidas (NV2, V2, V4) y (V1, NV5, V6).

Ejemplo 6: tenemos una función Java que recibe un número entero y devuelve una cadena con el texto "*Par*" si el número recibido es par, o "*Impar*" si el número es impar.

```java
public String parImpar(int numero) {
  String cad="";
  if(numero % 2 == 0)
    cad="Par";
  else
    cad="Impar";
  return cad;
}
```

En este ejemplo tenemos una condición de entrada que requiere un valor específico, un número entero, entonces según la segunda directriz se define una clase de equivalencia válida y dos no válidas. Como en este caso los números son tratados de forma diferente podemos crear una clase de equivalencia para cada entrada válida.

Condición de entrada	Clases de equivalencia	Clases Válidas	COD	Clases no Válidas	COD
numero	Valor Par	Cualquier número entero par	V7	Número impar Cadena	NV9 NV10
	Valor Impar	Cualquier número entero impar	V8	Número par Cadena	NV11 NV12

Los casos de prueba serían los siguientes:

Caso de prueba	Clases de equivalencia	Condiciones de entrada numero	Resultado esperado
CP1	V7	20	Par
CP2	V8	25	Impar
CP3	NV9	45	Error, número impar
CP4	NV10	"we"	Error, es una cadena
CP5	NV11	10	Error, número par
CP6	NV12	"ad"	Error, es una cadena"

ACTIVIDAD 3.2

Realiza el Ejercicio 2.

3.5.3. Análisis de valores límite

El análisis de valores límite se basa en que los errores tienden a producirse con más probabilidad (por razones que no están del todo claras) en los límites o extremos de los campos de entrada.

Esta técnica complementa a la anterior y los casos de prueba elegidos ejercitan los valores justo por encima y por debajo de los márgenes de la clase de equivalencia. Además, no solo se centra en las condiciones de entrada, sino que también se exploran las condiciones de salida definiendo las clases de equivalencia de salida.

Las reglas son las siguientes:

1. Si una condición de entrada especifica un **rango de valores**, se deben diseñar casos de prueba para los límites del rango y para los valores justo por encima y por debajo del rango. Por ejemplo, si una entrada requiere un rango de valores enteros comprendidos entre 1 y 10, hay que escribir casos de prueba para el valor 1, 10, 0 y 11.

2. Si una condición de entrada especifica un **número de valores**, se deben diseñar casos de prueba que ejerciten los valores, máximo, mínimo, un valor justo por encima del máximo y un valor justo por debajo del mínimo. Por ejemplo, si el programa requiere de dos a diez datos de entradas, hay que escribir casos de prueba para 2, 10, 1 y 11 datos de entrada.

3. Aplicar la regla 1 para la condición de salida. Por ejemplo, si se debe aplicar sobre un campo de salida un descuento de entre un 10% mínimo y un 50% máximo (dependiendo del tipo de cliente); se generarán casos de prueba para 9,99%, 10%, 50% y 50,01%.

4. Usar la regla 2 para la condición de salida. Por ejemplo, si la salida de un programa es una tabla de temperaturas de 1 a 10 elementos, se deben diseñar casos de prueba para que la salida del programa produzca 0, 1, 10 y 11 elementos. Tanto en esta regla, como en la anterior, hay que tener en cuenta que no siempre se podrán generar resultados fuera del rango de salida.

5. Si las estructuras de datos internas tienen **límites prestablecidos** (por ejemplo, un array de 100 elementos), hay que asegurarse de diseñar casos de prueba que ejercite la estructura de datos en sus límites, primer y último elemento.

Ejemplo 7: determinar los casos de prueba para los siguientes elementos según las condiciones de entrada y de salida:

	Condiciones de entrada y salida	Casos de prueba
Código	Entero de 1 a 100	Valores: 0, 1, 100, 101
Puesto	Alfanumérico de hasta 4 caracteres	Longitud de caracteres: 0, 1, 4, 5
Antigüedad	De 0 a 25 años (Real)	Valores: 0, 25, -0.1, 25.1
Horas semanales	De 0 a 60	Valores: 0, 60, -1, 61
Fichero de entrada	Tiene de 1 a 100 registros	Para leer 0, 1, 100 y 101 registros
Fichero de salida	Podrá tener de 0 a 10 registros	Para generar 0, 10 y 11 registros (no se puede generar -1 registro)
Array interno	De 20 cadenas de caracteres	Para el primer y último elemento.

Ejemplo 8: partimos del *Empleado* (que tiene que ser un número de tres dígitos que no empiece por 0) del **Ejemplo 5** del epígrafe anterior. Utilizando esta técnica, para la clase de equivalencia V1 que representa un rango de valores (100 >= Empleado <= 999) se deben generar dos casos de prueba con el límite inferior y el superior del rango (para identificar estos casos de prueba utilizamos *V1a* para el límite inferior 100, y *V1b* para el superior 999):

Caso de prueba	Clases de equivalencia	Condiciones de entrada			Resultado esperado
		Empleado	Departamento	Oficio	
CP11	*V1a, V3, V4*	100	20	"Programador"	S3
CP12	*V1b, V2, V5*	999		"Analista"	S1
CP13	NV1,V3, V6	99	30	"Diseñador"	ER1
CP14	NV2, V2, V4	1000		"Programador"	ER1

ACTIVIDAD 3.3

Realiza el Ejercicio 8.

3.6. HERRAMIENTAS DE DEPURACIÓN

El proceso de depuración comienza con la ejecución de un caso de prueba, véase Figura 3.12. Se evalúan los resultados de la ejecución y fruto de esa evaluación se comprueba que hay una falta de correspondencia entre los resultados esperados y los obtenidos realmente. El proceso de depuración siempre tiene uno de los dos resultados siguientes:

1. Se encuentra la causa del error, se corrige y se elimina

2. No se encuentra la causa del error. En este caso, la persona encargada de la depuración debe sospechar la causa, diseñar casos de prueba que ayuden a confirmar sus sospechas y volver a repetir las pruebas para identificar los errores y corregirlos (**pruebas de regresión**, repetición selectiva de pruebas para detectar fallos introducidos durante la modificación).

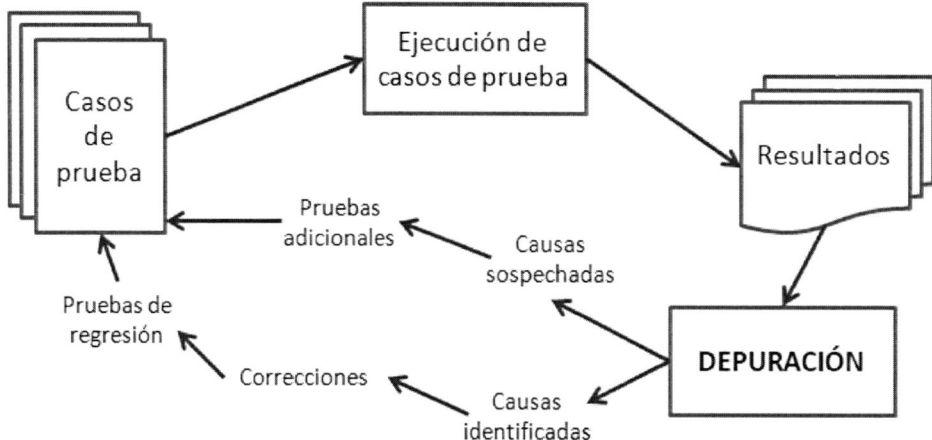

Figura 3.12. El proceso de depuración.

Al desarrollar programas cometemos dos tipos de errores: errores de compilación y errores lógicos. Los primeros son fáciles de corregir ya que normalmente usamos un IDE para codificar y al escribir las sentencias, si por ejemplo nos olvidamos el punto y coma o usamos una variable inexistente, el entorno proporciona información de la localización del error y como solucionarlo, véase Figura 3.13.

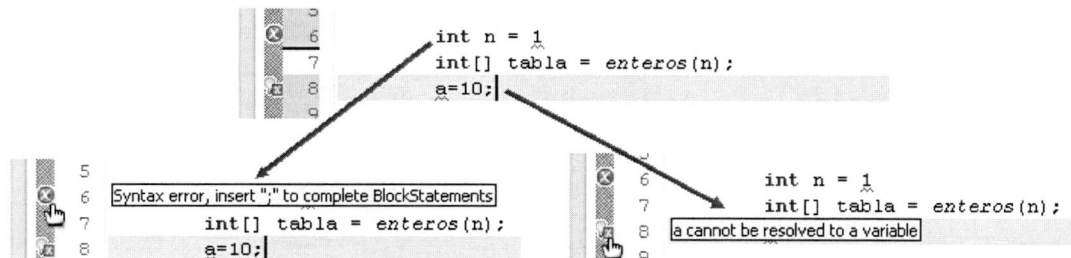

Figura 3.13. Errores devueltos por el IDE al escribir código.

Los errores de tipo lógico son más difíciles de detectar ya que el programa se puede compilar con éxito (no hay errores sintácticos), sin embargo, su ejecución puede devolver resultados inesperados y erróneos. A estos errores de tipo lógico se le suele llamar **bugs**.

Los entornos de desarrollo incorporan una herramienta conocida como **depurador** (o **debugger**) para ayudarnos a resolver este tipo de errores. El depurador nos permite analizar el código del programa mientras se ejecuta. Permite establecer puntos de interrupción o de ruptura, suspender la ejecución del programa, ejecutar el código paso a paso y examinar el contenido de las variables.

En Eclipse podemos lanzar el depurador de varias formas, véase Figura 3.14: pulsando en el botón *Debug,* seleccionando el menú ***Run/Debug*** o mediante el menú contextual que se muestra al hacer clic con el botón derecho del ratón en la clase que se va a ejecutar y seleccionando ***Debug As >> Java Application***. En cualquiera de esos casos la clase se ejecuta.

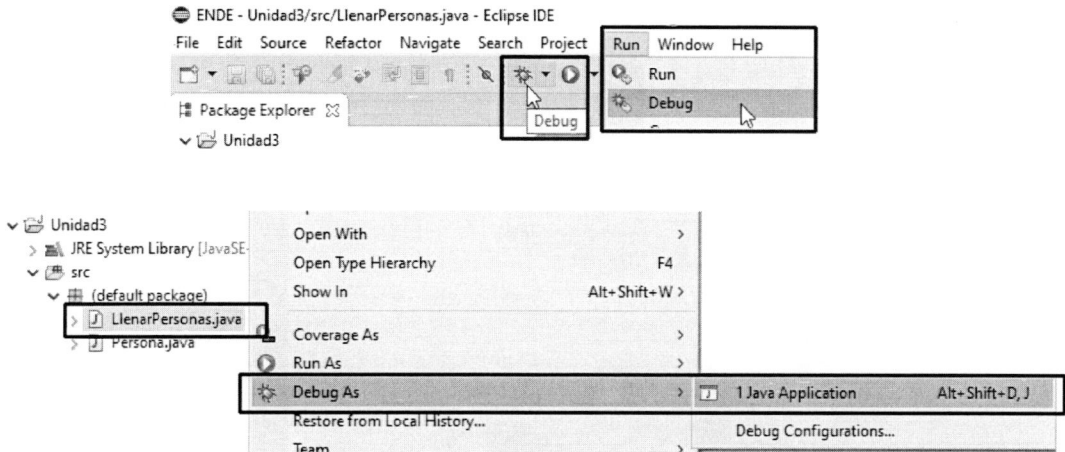

Figura 3.14. Lanzar el depurador en Eclipse.

También es conveniente abrir la vista de depuración desde el menú ***Window / Perspective/ Open perspective/ Debug***, en la que se muestra la información relativa al programa que se está ejecutando, véase Figura 3.15. No obstante, al ejecutar el programa en modo depuración, si la vista no está abierta, se muestra un mensaje desde el que confirmaremos su apertura. Al cambiar a la vista depuración se muestra en la barra de herramientas una serie de botones: para continuar la ejecución, suspenderla, pararla, para meterse dentro de la primera línea de un método, avanzar un paso la ejecución, avanzar el programa hasta salir del método actual, etc.

En esta vista se pueden ver varias zonas:

- En la vista **EDITOR** se va marcando la traza de ejecución del programa mostrándose una flechita azul en el margen izquierdo de la línea que se está ejecutando.

- La vista **DEBUG** muestra los hilos de ejecución, en este caso solo muestra un hilo (*Thread[main])* y debajo la clase en la que está parada la ejecución mostrando el número de línea.

- Las vistas de **INSPECCIÓN** permiten ver los valores de las variables y de los puntos de ruptura (o breakpoints) que intervienen en el programa en un instante determinado. Desde aquí se puede modificar el valor de las variables, basta con hacer clic en el valor y cambiarlo; el nuevo valor se usará en los siguientes pasos de ejecución. También desde la pestaña ***Breakpoints*** se puede activar o desactivar un breakpoint, eliminarlo, configurarlo para que la ejecución se detenga cuando se pase por él un determinado número de veces, etc. Desde la pestaña ***Expressions*** podemos tener información más detallada sobre los datos.

- Por último, la vista **CONSOLA** muestra la consola de ejecución del programa que se está depurando. Es la vista sobre la que se redirecciona tanto la entrada como la salida estándar.

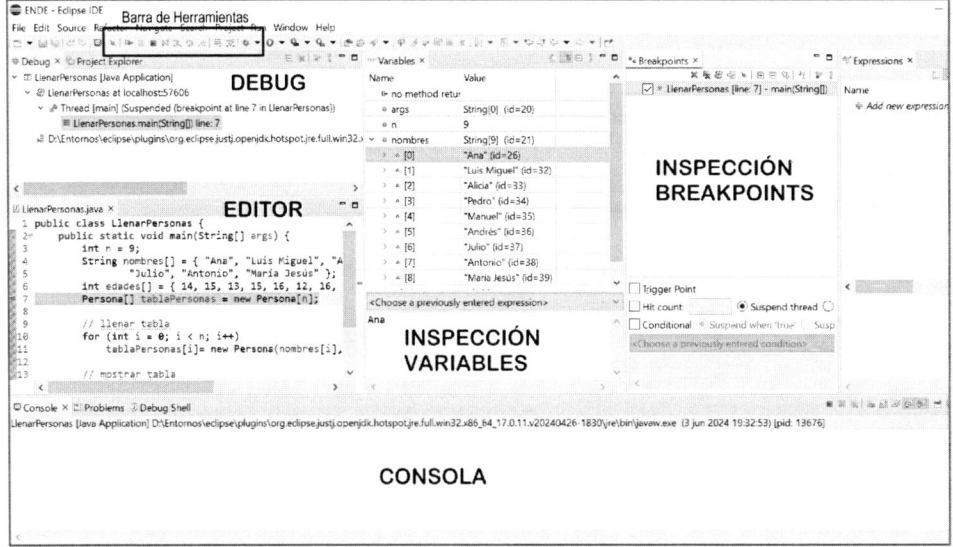

Figura 3.15. Perspectiva *Debug*.

Desde el menú ***Run*** de la perspectiva de depuración se pueden observar varias opciones, algunas de ellas similares a los botones que aparecen de la barra de herramientas y en la barra de la vista de inspección (véase Figura 3.16). Algunas opciones son las siguientes:

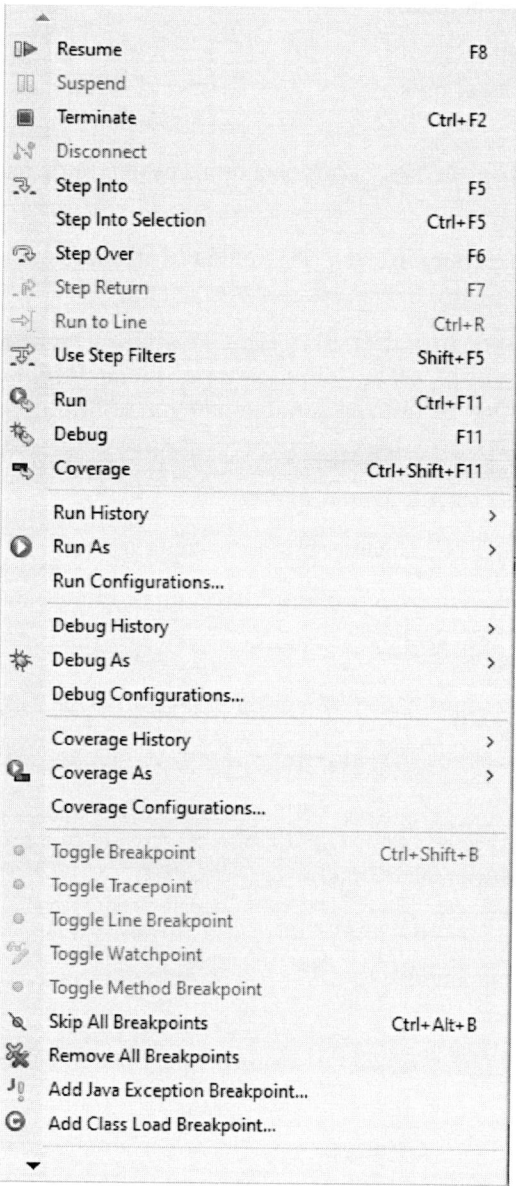

Figura 3.16. Menú *Run* de la perspectiva Debug.

Resume (o tecla F8). Reanuda un hilo suspendido, es decir, hace que continue la ejecución del programa. Se utiliza cuando no queremos analizar instrucción por instrucción y deseamos que el depurador se pare en la siguiente línea donde hay un breakpoint.

Suspend. Suspende el hilo seleccionado, es decir suspende la ejecución del programa que se está ejecutando.

Terminate (o Ctrl+F2). Finaliza el proceso de depuración.

Step Into (o tecla F5). Se ejecuta paso a paso cada instrucción. Si el depurador encuentra una llamada a un método o función, al pulsar *Step Into* se irá a la primera instrucción de dicho método.

Step Over (o pulsar F6). Se ejecuta paso a paso cada instrucción, pero si el depurador encuentra un método, al pulsar *Step Over* se irá a la siguiente instrucción, sin entrar en el código del método.

Step Return (o pulsar F7). Si nos encontramos dentro de un método, el depurador sale del método actual.

Run to Line (o pulsar Ctrl+R). Se reanuda la ejecución del código a partir de la línea seleccionada.

Use Step Filters (o pulsar Shift+F5). Cambia los filtros de paso de activado a desactivado. Estos filtros están definidos en el menú *Windows / Preferences / Java / Debug / Step Filtering*. Se utilizan comúnmente para filtrar tipos que no se desean recorrer durante la depuración.

Run (o pulsar Ctrl+R). Ejecutar el programa.

Debug (o pulsar F11). Ejecutar en modo depuración.

Establece u omite puntos de ruptura a nivel de línea o de método.

Skip All Breakpoints. Se omiten todos los breakpoints.

Remove All Breakpoints. Elimina todos los puntos de ruptura.

Add Java exception Breakpoints. Permite añadir una excepción Java como breakpoint.

All instances. Abre un cuadro de diálogo emergente que muestra una lista de todas las instancias del tipo Java seleccionado.

Watch. Permite crear nuevas expresiones basadas en las variables del programa.

Inspect. Crea una nueva expresión para la variable seleccionada y la agrega a la vista de inspección.

Display. Muestra el resultado de evaluar la expresión seleccionada.

ACTIVIDAD 3.4
Prueba el depurador con ejercicios que hayas realizado en el Módulo de Programación.

3.6.1. Puntos de ruptura y seguimiento

Partimos de la siguiente clase para empezar a utilizar el depurador:

```
public class LlenarNumeros {
    public static void main(String[] args) {
        int n = 5;
        int[] tabla = new int[n];

        tabla = llenar(n);
        int suma = sumar(tabla);
        System.out.println("La suma es: " + suma);
    }

    private static int[] llenar(int n) {
        int[] tabla = new int[n];
        for (int i = 0; i < n; i++)
            tabla[i] = i * 10;
        return tabla;
    }// llenar tabla

    private static int sumar(int[] tabla) {
        int suma = 0;
        int n=tabla.length;
        for (int i = 0; i < n; i++)
            suma = suma + tabla[i];
        return suma;
    }// sumar tabla
}//fin clase
```

Donde se definen dos métodos además del método *main()*. El primer método llamado *llenar()* recibe el parámetro entero n y devuelve un array con n enteros. El segundo método lamado *sumar()*, recibe un array de enteros, suma sus elementos y devuelve la suma.

En primer lugar, para empezar el proceso de depuración abrimos la vista de depuración (menú *Window / Perspective / Open perspective / Debug*). Una vez ahí, para empezar a depurar una clase establecemos un punto de ruptura o breakpoint.

Se trata de seleccionar una línea en nuestro código donde queramos que la ejecución se detenga, así podremos ver los valores que tienen las variables en ese momento. Para poner un breakpoint hacemos doble clic en el margen izquierdo del editor, justo en la línea donde queremos que se detenga la ejecución, aparecerá un circulito a la izquierda 6 . Véase Figura 3.17 donde se establece un punto de ruptura en la línea 6 (*tabla = llenar();*), donde se hace la llamáda al método que llena el array.

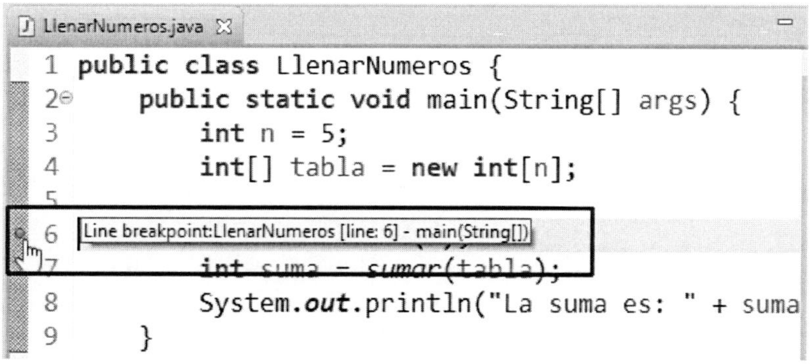

Figura 3.17. Estableciendo un breakpoint.

Una vez establecido el punto de ruptura ejecutamos el programa en modo depuración, para ello pulsamos en el botón ***Debug*** 🔆. El programa se ejecutará de forma normal hasta que la ejecución llegue al punto de ruptura establecido, en ese momento se detendrá.

En la ventana ***Debug*** aparece la pila de llamadas, véase Figura 3.18, donde se ven cada uno de los hilos de ejecución, en este caso sólo hay uno (*Thread main[]*). Debajo de esta línea se muestra la clase con el método donde está ahora la ejecución parada, clase *LlenarNumeros*, método ***main()***; se muestra también el número de línea donde está detenida la ejecución, en este caso la línea 6.

A continuación, podemos usar los botones:

- *Step Into* 🔽 para ejecutar el programa paso a paso instrucción por instrucción.

- *Step Over* 🔄 para ejecutar paso a paso cada instrucción, pero si encuentra un método saltarlo.

- *Step Return* 🔼 , en este caso si nos encontramos dentro de un método, al pulsarlo el depurador hace avanzar la ejecución del programa saliendo del método y volviendo a la línea siguiente del método que llamó al método que se está depurando actualmente. Es decir, sube un nivel en la pila de ejecución, que vemos en la vista ***Debug***.

- *Terminate* ⬛, detiene la depuración.

- *Resume* ⏸▶, continúa con la ejecución (hasta el próximo breakpoint).

- *Suspend* ⏸, para detener la ejecución, aunque no alcancemos un breakpoint (útil cuando entramos en un ciclo infinito).

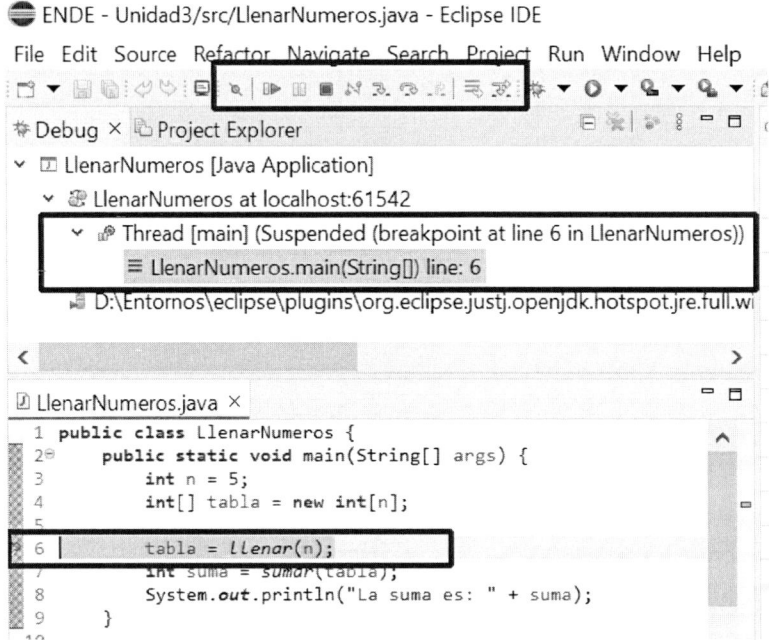

Figura 3.18. Ventana *Debug*.

Al pulsar el botón *Step Into* la ejecución entra en el método ***llenar()***, se marca la primera línea del método con una flechita a su izquierda 12 y en la ventana de ***Debug*** se muestra la línea que se está ejecutando en este momento, véase Figura 3.19.

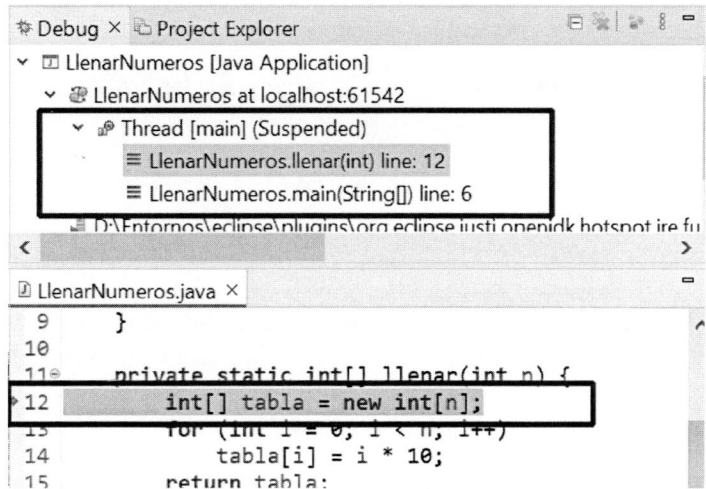

Figura 3.19. Ventana *Debug* después de pulsar *Step Into*.

Podemos seguir pulsando el botón *Step Into* para ir ejecutando línea a línea. Nos fijamos entonces en la pestaña de las *Variables* de la vista de **INSPECCIÓN** para ver como las variables van tomando los valores. Véase Figura 3.20.

En la figura se muestra el valor de la variable *n* que es 5, el valor de la variable *i* que es 2; y el array llamado *tabla* de 5 elementos en el que aparece marcado el último elemento al que se le asignó un valor, en este caso el elemento de la posición 2.

```java
10
11⊖     private static int[] llenar(int n) {
12          int[] tabla = new int[n];
13          for (int i = 0; i < n; i++)
14              tabla[i] = i * 10;
15          return tabla;
16      }// llenar tabla
17
```

Name	Value
⊞ no method return value	
⊖ n	5
⌄ ⊖ tabla	(id=21)
△ [0]	0
△ [1]	10
△ [2]	20
△ [3]	0
△ [4]	0
⊖ i	2

Figura 3.20. Inspección de variables durante la ejecución.

En cualquier momento podemos finalizar el depurador pulsando en el botón ▪ *Terminate*. Para quitar el punto de ruptura de alguna línea hacemos doble clic sobre el circulito .

Podemos establecer puntos de ruptura condicionales, por ejemplo, finalizamos la ejección anterior y quitamos el punto de ruptura de la línea 6. Ahora establecemos el punto de ruptura en la línea 14 (*tabla[i] = i * 10;*) y establecemos que la ejecución se detenga cuando el valor de la i sea 3, véase Figura 3.21.

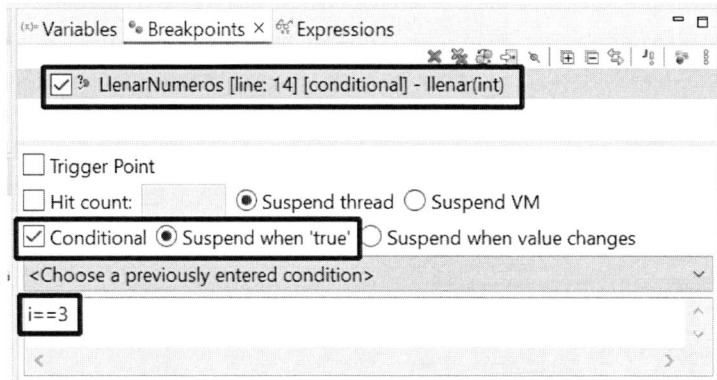

Figura 3.21. Punto de ruptura condicional.

Desde la vista de **INSPECCIÓN** y desde la pestaña ***Breakpoints*** marcamos la casilla *Conditional,* seleccionamos *Suspend when 'true'* y escribimos la condición a evaluar (en este caso que la i sea igual a 3, i==3) que debe devolver un valor booleano. Entonces cuando la i sea 3 se detiene la ejecución y podemos empezar a usar los botones para ejecutar instrucción por instrucción.

Para eliminar todos los breakpoints podemos usar el botón *Remove All Breakpoints* 💥 . El botón *Remove Selected Breakpoints* ✖ elimina el breakpoint seleccionado.

3.6.2. Examen y modificación de variables

Ya hemos visto que desde la vista de **INSPECCIÓN** y desde la pestaña de ***Variables*** podemos inspeccionar las variables definidas en el punto en el que el programa está detenido en este momento. Desde esta vista también se puede modificar el valor de una variable tan solo haciendo clic sobre él y escribiendo el valor deseado. La Figura 3.22 muestra un momento en la ejecución del programa donde se han modificado dos valores de la tabla (posiciones 1 y 2).

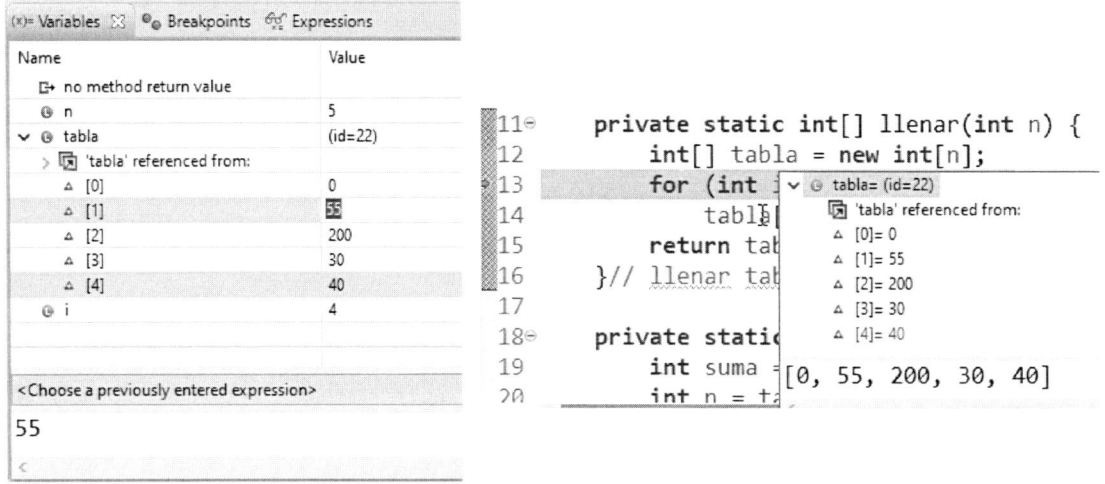

Figura 3.22. Pestaña *Variables* con las variables modificadas y muestra del valor de la variable *tabla*.

Se muestra seleccionada la línea (en la figura, es la línea que contiene [4]) por donde va actualmente la ejecución del programa. En la parte inferior se muestra el valor de la variable seleccionada.Otra forma de ver el contenido de la variable es pasando el puntero del ratón por ella desde la ventana de **EDITOR**, se abre una ventanita mostrándonos la información, véase Figura 3.22.

La vista ***Expressions*** se puede utilizar para mostrar información más detallada de las variables. Para agregar un elemento a esta vista podemos pulsar en el botón ✚ *Add new expression* ; o bien desde la vista ***Variables*** pulsamos con el botón derecho del ratón sobre la variable y seleccionamos *Watch*: ✎ Watch .

En la Figura 3.23, se muestra información sobre la variable *lista* desde la pestaña de variables y desde la pestaña de expresiones; desde aquí también se pueden modificar los valores de las variables.

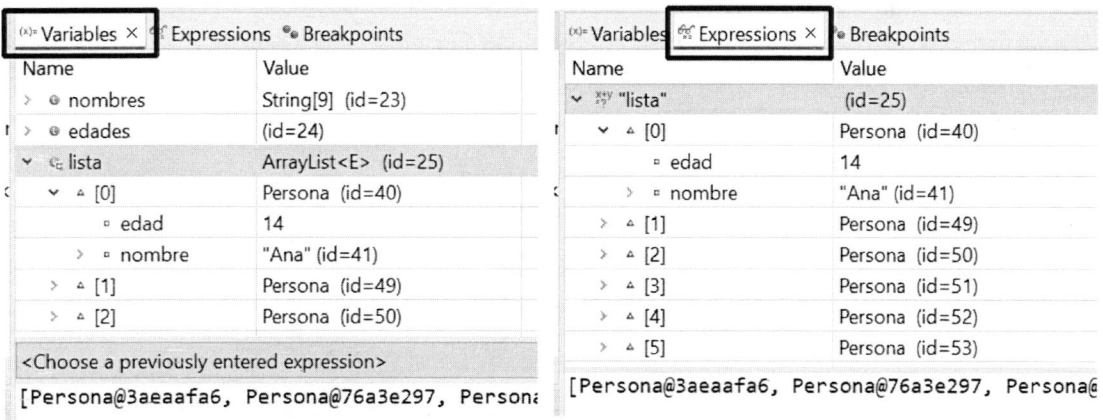

Figura 3.23. Pestaña *Expressions* muestra la variable *lista*.

Como resumen podemos decir que el depurador nos permite ejecutar un programa de forma controlada con el fin de probarlo, encontrar la causa de un error o incluso conocer mejor su funcionamiento. Proporciona las siguientes funciones:

- Ejecutar el programa paso a paso. Tras cada paso, el usuario recupera el control.

- Detener la ejecución del programa cuando alcance una determinada línea del código o cuando se cumpla una condición.

- A cada paso de ejecución se puede conocer el valor de las variables o expresiones, incluso se puede cambiar su valor.

Para las pruebas de este epígrafe y el siguiente se ha utilizado el paquete Eclipse estándar versión 2024-03: *eclipse-java-2024-03-R-win32-x86_64.zip.*

3.7. PRUEBAS UNITARIAS CON JUNIT

Hasta ahora hemos estado haciendo pruebas de forma manual a partir de una especificación o de un código. En este apartado aprenderemos a utilizar una herramienta para implementar pruebas que verifiquen que nuestro programa genera los resultados que de él esperamos.

JUnit es una herramienta para realizar pruebas unitarias automatizadas. Está integrada en Eclipse, por lo que no es necesario descargarse ningún paquete para poder usarla. Las pruebas unitarias se realizan sobre una clase para probar su comportamiento de modo aislado independientemente del resto de clases de la aplicación. Aunque esto no siempre es así porque una clase a veces depende de otras clases para poder llevar a cabo su función.

3.7.1. Creación de una clase de prueba

Para empezar a usar JUnit creamos un nuevo proyecto en Eclipse y creamos la clase a probar, en este caso se llama *Calculadora*:

```java
public class Calculadora {
    private int num1;
    private int num2;

    public Calculadora(int a, int b) {
        num1 = a;
        num2 = b;
    }
    public int suma() {
        int resul = num1 + num2;
        return resul;
    }
    public int resta() {
        int resul = num1 - num2;
        return resul;
    }
    public int multiplica() {
        int resul = num1 * num2;
        return resul;
    }
    public int divide() {
        int resul = num1 / num2;
        return resul;
    }
}
```

A continuación, hay que crear la clase de prueba. Con la clase *Calculadora* seleccionada pulsamos el botón derecho del ratón y seleccionamos *New / JUnit Test Case*, véase Figura 3.24.

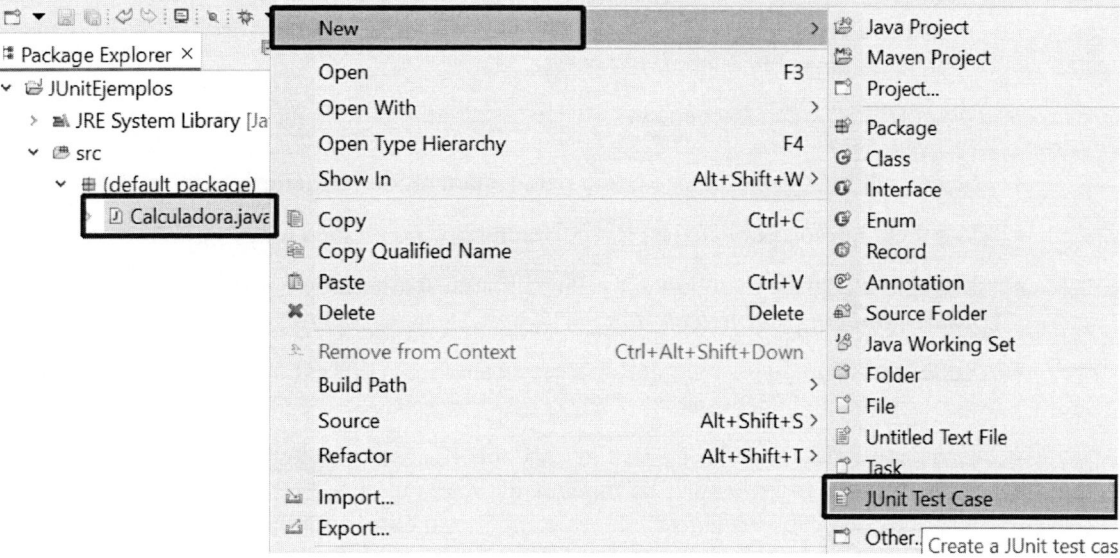

Figura 3.24. Opción *New/JUnit Test Case*.

También se puede hacer desde el menú *File / New / JUnit Test Case*. En cualquier caso, se abre una ventana de diálogo. Desde aquí debemos marcar *New JUnitJupiter test,* el resto de las opciones dejamos los valores por defecto, como nombre de clase se generará el nombre *CalculadoraTest*. Pulsamos el botón *Next*. A continuación, hemos de seleccionar los métodos que queremos probar, marcamos los 4 métodos y pulsamos *Finish*. Se abre una ventanita indicándonos que la librería *JUnit 5* no está incluida en nuestro proyecto, pulsamos el botón *OK* para que se incluya, véase Figura 3.25.

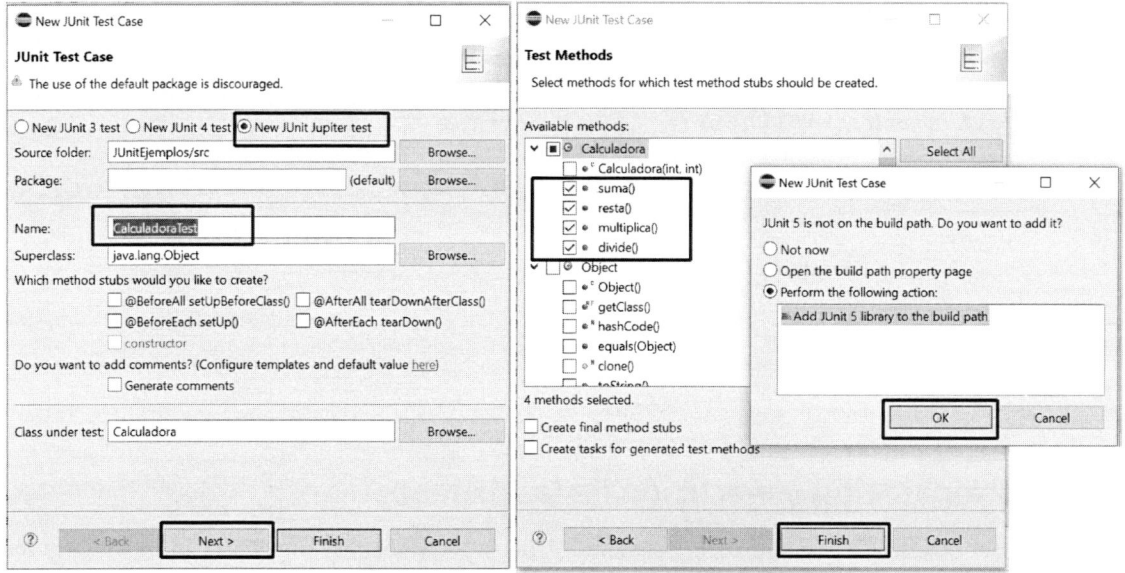

Figura 3.25. Creación de la clase de prueba.

Para que la clase de prueba se incluya en un paquete diferente al de la clase a probar se escribe el nombre del paquete en el campo *Package* (en el ejemplo la clase de prueba y la clase a probar están dentro del mismo paquete: *default package*).

La clase de prueba se crea automáticamente, se observan una serie de características:

- Se crean 4 métodos de prueba, uno para cada método seleccionado anteriormente.

- Los métodos son públicos, no devuelven nada y no reciben ningún argumento.

- El nombre de cada método incluye la palabra test al principio *testSuma()*, *testResta()*, *testMultiplica()* y *testDivide()*.

- Sobre cada uno de los métodos aparece la anotación **@Test** que indica al compilador que es un método de prueba.

- Cada uno de los métodos de prueba tiene una llamada al método *fail()* con un mensaje indicando que todavía no se ha implementado el método. Este método hace que el test termine con fallo lanzando el mensaje encerrado entre comillas.

```java
import static org.junit.jupiter.api.Assertions.*;
import org.junit.jupiter.api.Test;

public class CalculadoraTest {

    @Test
    void testSuma() {
        fail("Not yet implemented");
    }

    @Test
    void testResta() {
        fail("Not yet implemented");
    }

    @Test
    void testMultiplica() {
        fail("Not yet implemented");
    }

    @Test
    void testDivide() {
        fail("Not yet implemented");
    }
}
```

3.7.2. Preparación y ejecución de las pruebas

Antes de preparar el código para los métodos de prueba veamos una serie de métodos para hacer las comprobaciones. Todas las aserciones de *JUnit Jupiter* son métodos estáticos en la clase **org.junit.jupiter.api.Assertions**. Todos estos métodos devuelven un tipo *void*:

Métodos	Misión
assertTrue(boolean expresión) assertTrue(boolean expression, String mensaje)	Comprueba que la expresión se evalúe a *true*. Si no es *true* y se incluye el String, al producirse error se lanzará el *mensaje*.
assertFalse(boolean expresión) assertFalse(boolean expression, String mensaje)	Comprueba que la expresión se evalúe a *false*. Si no es *false* y se incluye el String, al producirse error se lanzará el *mensaje*.
assertEquals(double valorEsperado, double valorReal, double delta) assertEquals(double valorEsperado, double valorReal, double delta, String mensaje) (Se puede usar con cualquier tipo de dato, Integer, Short, Object, etc; *delta* se usa en tipos float y double)	Comprueba que el *valorEsperado* sea igual al *valorReal*. Si no son iguales y se incluye el String, entonces se lanzará el *mensaje*. *ValorEsperado* y *valorReal* pueden ser de diferentes tipos. El *delta*, describe la diferencia admisible entre el valor esperado y el valor real para considerar que ambos números son iguales. Un valor de 0 indica que deben ser iguales. Un valor de 0.01 consideraria estos dos números iguales: 1259.9916 y 1259.9917. Un valor de 0 los consideraría distintos
assertNull(Object objeto), assertNull(Object objeto, String mensaje)	Comprueba que el *objeto* sea null. Si no es null y se incluye el String, al producirse error se lanzará el *mensaje*.
assertNotNull(Object objeto), assertNotNull(Object objeto, String mensaje)	Comprueba que el *objeto* no sea null. Si es null y se incluye el String, al producirse error se lanzará el mensaje.
assertSame(Object objetoEsperado, Object objetoReal) assertSame(Object objetoEsperado, Object objetoReal, String mensaje)	Comprueba que *objetoEsperado* y *objetoReal* sean el mismo objeto. Si no son el mismo y se incluye el String, al producirse error se lanzará el *mensaje*.
assertNotSame(Object objetoEsperado, Object objetoReal) assertNotSame(Object objetoEsperado, Object objetoReal, String mensaje)	Comprueba que *objetoEsperado* no sea el mismo objeto que *objetoReal*. Si son el mismo y se incluye el String, al producirse error se lanzará el *mensaje*.
fail() fail(String mensaje):	Hace que la prueba falle. Si se incluye un String la prueba falla lanzando el *mensaje*.

Más información sobre estos métodos la podemos encontrar en la siguiente web: https://junit.org/junit5/docs/current/api/org.junit.jupiter.api/org/junit/jupiter/api/Assertions.html.

Vamos a definir los siguientes casos de prueba para probar los métodos:

Método a probar	Entrada	Salida esperada
Suma	20, 10	30
Resta	20, 10	10
Multiplica	20, 10	200
Divide	20, 10	2

Todo caso de prueba se compone básicamente de 3 partes:

1. Se indica en una variable cuál es el valor esperado por el método que vamos a probar.

2. Se ejecuta el método que queremos probar con los datos de entrada adecuados y se guarda el resultado en otra variable.

3. Se comprueba la relación entre el valor esperado y el resultado de la llamada al método (valor real), a través de una aserción. En este caso la aserción es **assertequals()**.

Creamos el código de prueba para el método *testSuma()* que probará el método *suma()* de la clase *Calculadora*:

```
@Test

void testSuma() {
    double valorEsperado = 30;
    Calculadora calcu = new Calculadora(20, 10);
    double resultado = calcu.suma();
    assertEquals(valorEsperado, resultado, 0);
}
```

Para ejecutar la clase de prueba pulsamos en el botón **Run** 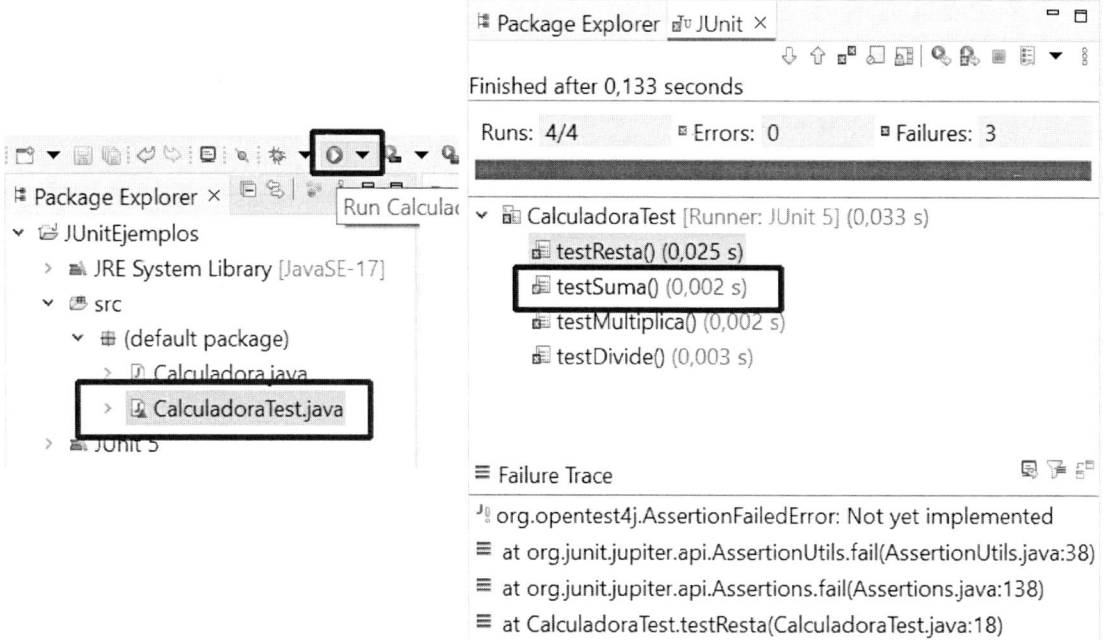, o bien pulsamos sobre ella y con el botón derecho del ratón seleccionamos la opción **Run As / JUnit Test**. Se abre la pestaña de JUnit donde se muestran los resultados de ejecución de las pruebas, véase Figura 3.26.

Figura 3.26. JUnit con el resultado de las pruebas.

Al lado de cada prueba aparece un icono con una marca: una marca de verificación verde indica **prueba exitosa**, un aspa azul indica **fallo**; y un aspa roja indica **error**. Más adelante veremos la diferencia entre fallo y error. En el panel inferior (*Failure Trace*) se muestra información acerca del fallo y el número de línea del caso de test donde se ha producido el fallo.

El resultado de la ejecución de la prueba muestra: ***Runs: 4/4 Errors: 0 Failures: 3***; esto nos indica que se han realizado 4 pruebas, ninguna de ellas ha provocado error y 3 de ellas han provocado fallo.

En el contexto de JUnit un fallo es una comprobación que no se cumple, un error es una excepción durante la ejecución del código. En esta prueba sólo se ha realizado satisfactoriamente la prueba con el método ***testSuma()*** que muestra un icono con una marca de verificación al lado, el resto de pruebas han fallado, muestran el icono con aspa azul (recordemos que todos los métodos inicialmente incluyen el método ***fail()*** que hace fallar la prueba).

Rellenamos el resto de los métodos de prueba escribiendo en los métodos ***assertEquals()*** el valor esperado y el resultado de realizar la operación con los números 20 y 10 y ejecutamos:

```
@Test
void testResta() {
    double valorEsperado = 10;
    Calculadora calcu = new Calculadora(20, 10);
    double resultado = calcu.resta();
    assertEquals(valorEsperado, resultado, 0);
}


@Test
void testMultiplica() {
    double valorEsperado = 200;
    Calculadora calcu = new Calculadora(20, 10);
    double resultado = calcu.multiplica();
    assertEquals(valorEsperado, resultado, 0);
}


@Test
void testDivide() {
    double valorEsperado = 2;
    Calculadora calcu = new Calculadora(20, 10);
    double resultado = calcu. divide ();
    assertEquals(valorEsperado, resultado, 0);
}
```

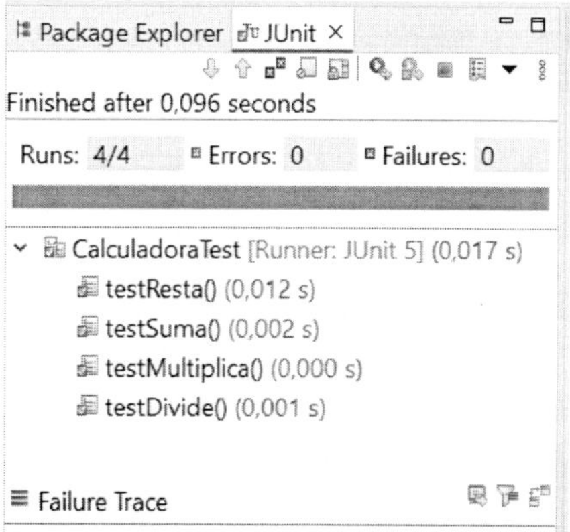

Figura 3.27. JUnit con el resultado satisfactorio de las pruebas.

Ahora al ejecutar la clase de prueba el resultado que muestra es: *Runs: **4/4 Errors: 0 Failures: 0***; nos indica que se han realizado 4 pruebas, ninguna ha provocado error y ninguna ha provocado fallo, véase Figura 3.27.

Para ver la diferencia entre un fallo y un error cambiamos el código de dos de los métodos de prueba. Para hacer que el método ***multiplica()*** produzca un **fallo** hacemos que el valor esperado no coincida con el resultado; se incluye un String en el método ***assertEquals()*** para que si se produce el fallo se muestre el valor indicado en el String. Para que el método ***divide()*** produzca un **error**, al crear el objeto *Calculadora* asignamos el valor 0 al segundo parámetro (será el denominador de la división, al dividir por 0 se produce una excepción). El código de los métodos es el siguiente:

```
@Test
void testMultiplica() {
    double valorEsperado = 200;
    Calculadora calcu = new Calculadora(20, 50);
    double resultado = calcu.multiplica();
    assertEquals(valorEsperado, resultado, 0,
                            "Fallo en la multiplicación: ");
}


@Test
void testDivide() {
    double valorEsperado = 2;
    Calculadora calcu = new Calculadora(20, 0);
    double resultado = calcu.divide ();
    assertEquals(valorEsperado, resultado, 0);
}
```

Al pulsar en los test que han producido fallos o errores se muestra la traza de ejecución. En la Figura 3.28 se muestra la vista JUnit con el resultado de la ejecución, el botón *Filter Stack Trace* muestra la traza completa de ejecución.

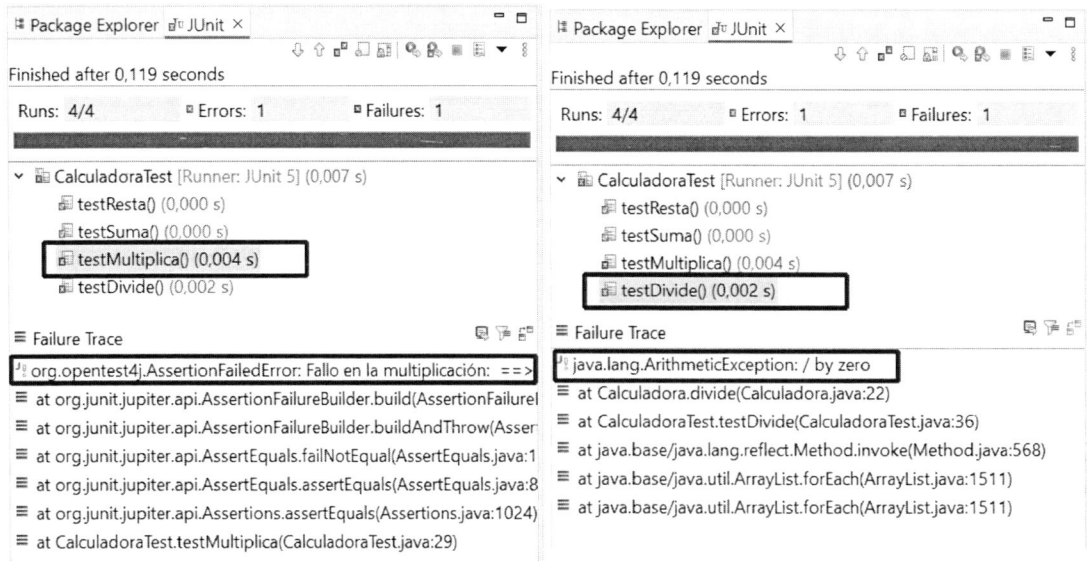

Figura 3.28. Pruebas con 1 fallo y 1 error.

El mensaje mostrado en el panel inferior al seleccionar *testMultiplica()* es el siguiente: *org.opentest4j.AssertionFailedError: Fallo en la multiplicación: ==> expected: <200.0> but was: <1000.0>*que nos informa que ha fallado porque esperaba 200.0 y ha recibido como respuesta 1000.0. Es un **fallo** porque el caso de prueba está mal definido.

El mensaje mostrado en el panel inferior al seleccionar *testDivide()* es el siguiente: *java.lang.ArithmeticException: / by zero*; que nos informa que se ha producido una excepción al realizar una división por 0, y por tanto se ha producido un **error**.

El siguiente test comprueba que la llamada al método *divide()* devuelve la excepción *ArithmeticException* al dividir 20 entre 0; por tanto sale por la sentencia **catch**. Si no se lanza la excepción se lanza el método *fail()* con un mensaje indicando que se ha producido un fallo al probar el test. La prueba tiene éxito si se produce la excepción y falla en caso contrario:

```
@Test
public void testExcepcion() {
  try {
    Calculadora calcu = new Calculadora(20, 0);
    double resultado = calcu.divide();
    fail("FALLO, Deberia haber lanzado la excepción");
  } catch (ArithmeticException e) {
    // PRUEBA satisfactoria
  }
}
```

ACTIVIDAD 3.5

Modifica el método *resta()* de la clase *Calculadora* y añade los métodos *resta2()* y *divide2()* que se exponen a continuación. Crea después los test para probar los 3 métodos. Los métodos son:

```
public int resta() {
    int resul;
    if(resta2())resul = num1 - num2;
    else        resul= num2- num1;
    return resul;
}

public boolean resta2() {
    if (num1 >= num2) return true;
    else              return false;
}

public Integer divide2() {
    if(num2 == 0) return null;
    int resul = num1 / num2;
    return resul;
}
```

Utiliza los métodos *assertTrue()*, *assertFalse()*, *assertNull()*, *assertNotNull()* o *assertEquals()* según convenga.

En JUnit 5 se debe usar el método **org.junit.jupiter.api.Assertions.assertThrows()** para probar casos de excepción. Por ejemplo, para hacer que el método *divide0()* lance la excepción *ArithmeticException* si el denominador es 0, se puede utilizar la instrucción **throw** de la siguiente manera:

```java
public int divide0() {
    if(num2 == 0)
        throw new java.lang.ArithmeticException("División por 0");
    else{
        int resul= num1 / num2;
        return resul;
    }
}
```

En la clase de prueba, para poder verificar que se lanza esa excepción se utiliza el método *assertThrows()* de la siguiente manera:

```java
@Test
public void testDivide0() {
    Calculadora calcu = new Calculadora(20, 0);
    Assertions.assertThrows(ArithmeticException.class, () -> {
        calcu.divide0();
    });
}
```

El método **assertThrows()** verifica que se lanza una **ArithmeticException** cuando se llama a *calcu.divide0()*. El código ejecutable es *calcu.divide0()* que arroja la excepción al ejecutar el método *divide0()*. En este ejemplo se ha hecho uso de una expresión lambda para lanzar el test y verificar la excepción.

Otra forma de escribir el test anterior usando *assertEquals()*:

```java
@Test
public void testDivide0() {
    Calculadora calcu = new Calculadora(20, 0);
    Exception exception = assertThrows(ArithmeticException.class,
                        () -> calcu.divide0() );
    assertEquals("División por 0", exception.getMessage());
}
```

La prueba fallará, si no se produce la excepción. En la vista de JUnit se muestran varios botones:

- ⬇ *Next Failed Test*: navega a la siguiente prueba que ha producido fallo o error.

- ⬆ *Previous Failed Test*: navega a la anterior prueba que ha producido fallo o error.

- *Show Failures Only*: muestra solo las pruebas que han producido fallo o error.

- *Scroll Lock*: activa o desactiva el scroll lock.

- *Rerun Test:* vuelve a ejecutar las pruebas.

- *Rerun Test - Failures First:* vuelve a ejecutar las pruebas, ejecutando en primer lugar los fallos y errores.

- *Stop JUnit Test Run*: detiene la ejecución de las pruebas.

- *Test Run History*: muestra el historial de las pruebas realizadas anteriormente. La opción *Clear Terminated* borra todas las pruebas terminadas del historial.

⌨ *Show Skipped Tests Only*: muestra solo pruebas omitidas.

⦿ *View Menu*: muestra un menú desde el que se puede configurar la vista de las pruebas.

ACTIVIDAD 3.6

Realiza el Ejercicio 7.

3.7.3. Tipos de anotaciones

En todos los métodos de prueba anteriores se repetía la línea *Calculadora calcu = new Calculadora(20, 10);* esta sentencia de inicialización se puede escribir una sola vez dentro de la clase.

JUnit dispone de una serie de anotaciones que permiten ejecutar código antes y después de las pruebas:

- **@BeforeEach**: si anotamos un método con esta etiqueta, el código será **ejecutado antes de cualquier método de prueba**. Este método se puede utilizar para inicializar datos, por ejemplo, en una aplicación de acceso a base de datos se puede preparar la base de datos, si vamos a usar un array para las pruebas se puede inicializar aquí. Puede haber varios métodos en la clase de prueba con esta anotación.

- **@AfterEach:** si anotamos un método con esta etiqueta el código será **ejecutado después de la ejecución de cada método de prueba.** Se puede utilizar para limpiar datos. Puede haber varios métodos en la clase de prueba con esta anotación.

La clase *CalculadoraTest* incluyendo dos métodos con las anotaciones **@BeforeEach** y **@AfterEach** quedaría de la siguiente manera, en el primer método *creaCalculadora()* inicializamos el objeto calculadora y en el segundo *borraCalculadora()* lo limpiamos:

```java
import static org.junit.jupiter.api.Assertions.*;
import org.junit.jupiter.api.AfterEach;
import org.junit.jupiter.api.BeforeEach;
import org.junit.jupiter.api.Test;


public class CalculadoraTest2 {
    private Calculadora calcu;

    @BeforeEach
    public void creaCalculadora() {
        calcu = new Calculadora(20, 10);
    }

    @AfterEach
    public void borraCalculadora() {
        calcu = null;
    }
```

```
@Test
public void testSuma() {
      double valorEsperado = 30;
      double resultado = calcu.suma();
      assertEquals(valorEsperado, resultado, 0);
}

@Test
public void testResta() {
      double valorEsperado = 10;
      double resultado = calcu.resta();
      assertEquals(valorEsperado, resultado, 0);
}

@Test
public void testMultiplica() {
      double valorEsperado = 200;
      double resultado = calcu.multiplica();
      assertEquals(valorEsperado, resultado, 0,
                        "Fallo en la multiplicación: ");
}

@Test
public void testDivide() {
      double valorEsperado = 2;
      double resultado = calcu.divide();
      assertEquals(valorEsperado, resultado, 0);
}
}
```

Otras anotaciones a destacar son **@BeforeAll** y **@AfterAll,** tienen algunas diferencias respecto a las anteriores:

- **@BeforeAll**: sólo puede haber un método con esta etiqueta. El método marcado con esta anotación es invocado una vez al principio del lanzamiento de todas las pruebas. Se suele utilizar para inicializar atributos comunes a todas las pruebas o para realizar acciones que tardan un tiempo considerable en ejecutarse.

- **@AfterAll**: sólo puede haber un método con esta anotación. Este método será invocado una sóla vez cuando finalicen todas las pruebas.

En este caso los métodos anotados con **@BeforeAll** y **@AfterAll** deben ser *static* y por tanto los atributos a los que acceden también. Los métodos añadidos anteriormente quedarían así:

```
import static org.junit.jupiter.api.Assertions.*;
import org.junit.jupiter.api.AfterAll;
import org.junit.jupiter.api.BeforeAll;
import org.junit.jupiter.api.Test;

public class CalculadoraTest3 {
    private static Calculadora calcu;
    private double resultado;

    @BeforeAll
```

```
public static void creaCalculadora() {
    calcu = new Calculadora(20, 10);
}

@AfterAll
public static void borraCalculadora() {
    calcu = null;
}

. . . . . . . . .
. . . . . . . . .
}
```

ACTIVIDAD 3.7

Realiza el Ejercicio 2 de Ampliación. Primero hacer una clase para probar *TablaEnteros*, (*TablaEnterosMain*). Luego hacer la clase de pruebas.

3.7.4. Pruebas parametrizadas

Las pruebas parametrizadas permiten ejecutar varias veces una prueba con diferentes valores en sus argumentos. Se declaran utilizando la anotación **@ParameterizedTest** en lugar de la anotación **@Test**. Además, se debe declarar al menos una fuente que proporcionará los argumentos para cada invocación y luego consumir los argumentos en el método de prueba.

Si nuestro método de prueba necesita que le pasemos solo un parámetro de tipo *String* o cualquier tipo primitivo de dato usaremos la anotación **@ValueSource**. Esta anotación nos permite especificar una única matriz de valores literales y solo puede usarse para proporcionar un único argumento al método de prueba.

El siguiente ejemplo muestra una prueba parametrizada que utiliza la anotación **@ValueSource** para probar el método ***mensajeNoNulo(String cadena)***, el argumento para el método lo tomará del array de cadenas, realizándose tantas pruebas como cadenas hay en el array. En el ejemplo se realizarán dos pruebas del método, una prueba con el valor "Hola" y otra con el valor "Mundo":

```
@ParameterizedTest
@ValueSource(strings = {"Hola", "Mundo"})
void mensajeNoNulo(String cadena) {
    assertNotNull(cadena);
}
```

Si queremos hacer un método de prueba que reciba un valor entero tenemos que especificar un array de enteros, usaremos el atributo **ints** en lugar de **strings** de la siguiente manera *@ValueSource(ints = {10, 20, 9})*. Para datos de tipo primitivo *double* usaremos el atributo **doubles**, para los de tipo *float* usaremos **floats**, y asi con el resto de los tipos de datos primitivos.

Para poporcionar a un método de prueba varios parámetros tenemos que utilizar la anotación **@CsvSource.** Cuando agregamos esta anotación, tenemos que configurar los datos de prueba usando una matriz de objetos *String*. Al especificar los datos de prueba, debemos seguir estas reglas:

- Un objeto *String* debe contener todos los parámetros para una invocación del método.

- Los diferentes parámetros deben separarse con una coma.

- Los valores encontrados en cada línea deben seguir el mismo orden que los parámetros definidos en el método de prueba.

En los siguientes ejemplos se prueba el método **divide()** de la clase **Calculadora**. En el primer ejemplo configuramos los parámetros que se pasan al método de prueba **testDivide0(int, int, int)**, que acepta tres parámetros *int*, el valor del tercer parámetro especifica el resultado de la división esperada de los dos valores anteriores, por ejemplo (20, 10 y 2).

Los valores para cada caso de prueba se definen entre llaves y encerrados entre comillas dobles y los parámetros separados por comas. Estos se asignarán a los parámetros del método en el orden en que están definidos: *a = 20, b = 10* y *valorEsperado = 2*:

```
@ParameterizedTest
@CsvSource( {"20,    10,    2" } )
public void testDivide0(int a, int b, int valorEsperado) {
    Calculadora calcu = new Calculadora(a, b);
    int resultado = calcu.divide();
    assertEquals(valorEsperado, resultado);
}
```

En el segundo método de prueba **testDivide1(int, int, int)**, se proporcionan tres casos de prueba, es decir, tres objetos *String*; cada prueba proporcionará los parámetros necesarios al método:

```
@ParameterizedTest
@CsvSource( {"20,    10,    2",
             "30,    -2,  -15",
             "5,     2,    3" })
public void testDivide1(int a, int b, int valorEsperado) {
    Calculadora calcu = new Calculadora(a, b);
    int resultado = calcu.divide();
    assertEquals(valorEsperado, resultado);
}
```

La ejecución produce la salida mostrada en la Figura 3.29, debajo de cada método de prueba se muestra entre corchetes la prueba de que se trata. Por ejemplo, dentro de **testDivide0()** [1] 20, 10, 2 (0,001 s) prueba el grupo de valores {20, 10, 2}, dentro de **testDivide1()** [3] 5, 2, 3 (0,008 s) prueba el grupo {5, 2, 3}.

Figura 3.29. Pruebas parametrizadas con JUnit.

ACTIVIDAD 3.8

Realiza pruebas parametrizadas para los métodos *suma(), resta()* y *multiplica()* de la clase *Calculadora*.

Realiza pruebas parametrizadas para la clase *Factorial* del Ejercicio 7. Una clase de prueba para cada excepción y otra para el cálculo correcto.

Realiza el Ejercicio 6.

3.7.5. Suite de pruebas

A veces nos interesa ejecutar varias clases de prueba una tras otra. Para ello JUnit proporciona el mecanismo llamado **Test Suites** que permite agrupar varias clases de prueba para que se ejecuten una a continuación de la otra. En la suite de pruebas se pueden agrupar las clases que forman parte de un paquete, o bien se pueden indicar los nombres de las clases que formarán parte de la suite.

Para crear la suite de pruebas tenemos que crear una clase con algunas de las siguientes anotaciones:

- **@Suite**: la forma más sencilla de implementar un conjunto de pruebas es utilizar esta anotación, indica que esta clase es una suite de pruebas.

- **@SelectPackages("nombre de paquete"):** si las clases a probar están dentro de un paquete, usamos esta anotación. El nombre de las clases tiene que terminar con la palabra **Test** o **Tests**.

- **@SelectClasses({Class1Test.class, Class2Test.class, ...}):** usamos esta anotación si queremos indicar el nombre de las clases que forman parte del conjunto de pruebas y que son las que se van a ejecutar.

- **@SuiteDisplayName("Texto"):** esta anotación se utiliza para declarar un nombre personalizado que se ejecuta como un conjunto. Este nombre se mostrará al ejecutar la suite.

- Dentro de la clase que se crea no se genera ninguna línea de código.

Por ejemplo, disponemos del paquete *SuiteClases* con las clases a probar, todas terminan con la palabara **Test**: *CalculadoraMultiplicaTest*, *CalculadoraSumaTest* y *CalculadoraRestaTest*, véase Figura 3,30.

En el paquete *SuiteTests* tenemos las suite de pruebas, *PruebaClases*, usará la anotación **@SelectClasses()** para probar varias clases; y *PruebaPaquete* usará la anotación **@SelectPackages()** para realizar las pruebas de las clases del paquete *SuiteClases*.

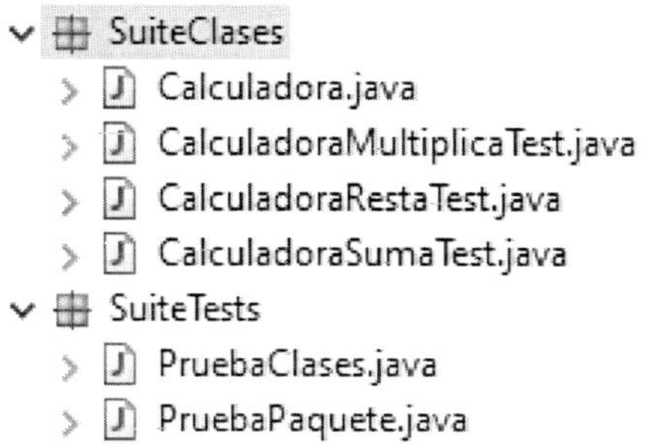

Figura 3.30. Paquetes con las clases a probar y con las suites de pruebas.

El código para la clase *PruebaClases* es el siguiente:

```
package SuiteTests;

import org.junit.platform.suite.api.SelectClasses;
import org.junit.platform.suite.api.Suite;
import org.junit.platform.suite.api.SuiteDisplayName;

@Suite
@SuiteDisplayName("Demostracion Prueba dos clases")
@SelectClasses({
        SuiteClases.CalculadoraMultiplicaTest.class,
        SuiteClases.CalculadoraSumaTest.class })
public class PruebaClases {

}
```

El código para la clase ***PruebaPaquete*** es el siguiente:

```
package SuiteTests;
import org.junit.platform.suite.api.SelectPackages;
import org.junit.platform.suite.api.Suite;
import org.junit.platform.suite.api.SuiteDisplayName;

@Suite
@SuiteDisplayName("Demostración Prueba paquete SuiteClases")
@SelectPackages("SuiteClases")
public class PruebaPaquete {

}
```

La ejecución de las suites de pruebas (***Run As / JUnit Test***) se muestra en la Figura 3.31, en cada prueba aparece marcado el nombre que se le ha asignado con la anotación **@SuiteDisplayName()**.

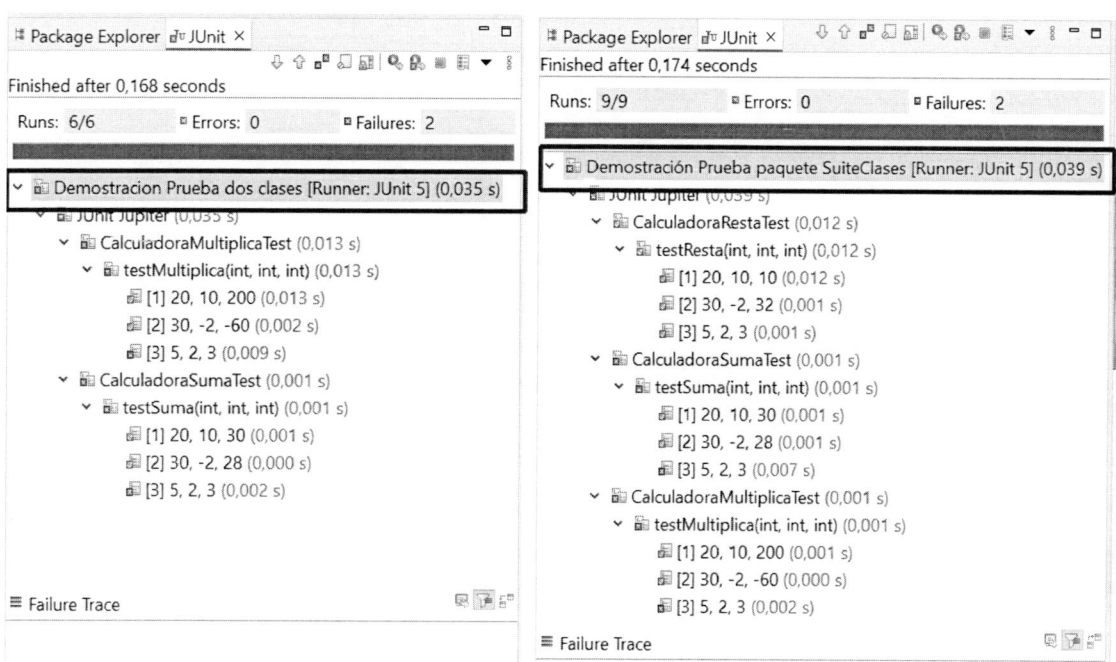

Figura 3.31. Ejecución de las suites de pruebas.

Desde el entorno Eclipse podemos usar el asistente para crear la suite de pruebas. Por ejemplo, pulsamos con el botón derecho del ratón sobre el paquete ***SuiteClases***, seleccionamos ***New/ Other/ Java / JUnit / JUnit Test Suite*** y pulsamos el botón *Next*. Desde la siguiente pantalla se pueden seleccionar las clases que formarán parte de la suite, por defecto aparecen todas seleccionadas. El nombre de la suite de pruebas por defecto es ***AllTests***. Pulsamos el botón *Finish* para generar la suite.

3.7.6. Medición de la cobertura del código

Una vez que hemos ejecutado los casos de prueba y hemos visto que funcionan correctamente, ¿tenemos la seguridad de que nuestros casos de prueba cubren todas las ramas de ejecución del programa?

Desde el entorno Eclipse podemos visualizar la **cobertura del código** de los tests unitarios que hemos hecho usando la herramienta **EclEmma**. Se puede acceder a ella desde la opción de menú **Run / Coverage**, o desde la barra de herramientas pulsando en el botón **Coverage**.

La **cobertura de código** es el método de análisis que determina qué partes del software han sido ejecutadas por los casos de prueba y qué partes no han sido ejecutadas. Para este ejemplo partimos de la clase **Calculadora** inicial y **CalculadoraTest** que solo prueba los métodos **suma()** y **resta()**. Para usar la cobertura ejecutamos el caso de prueba seleccionando **Coverage As / Junit Test**, véase Figura 3.32.

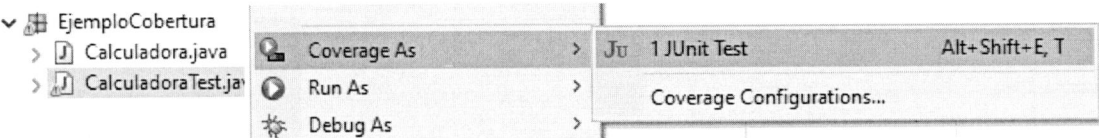

Figura 3.32. Ejecución de la Cobertura del código.

Se mostrará una ventana, la pestaña **Coverage**, generalmente junto a la ventana de consola mostrando los resultados, véase Figura 3.33. Se puede ir desglosando el icono de cada clase para saber qué partes de ésta han sido probadas.

Element	Coverage		Covered Metho...	Missed Methods	Total Methods
JUnitEjemplos		75,0 %	6	2	8
src		75,0 %	6	2	8
EjemploCobertura		75,0 %	6	2	8
Calculadora.java		60,0 %	3	2	5
Calculadora		60,0 %	3	2	5
Calculadora(int, int)		100,0 %	1	0	1
divide()		0,0 %	0	1	1
multiplica()		0,0 %	0	1	1
resta()		100,0 %	1	0	1
suma()		100,0 %	1	0	1
CalculadoraTest.java		100,0 %	3	0	3
CalculadoraTest		100,0 %	3	0	3
testResta()		100,0 %	1	0	1
testSuma()		100,0 %	1	0	1

CalculadoraTest (11 jun 2024 12:22:54)

Figura 3.33. Pestaña *Coverage* con el resumen de prueba de cobertura.

Las columnas mostradas en el resumen nos proporcionan información sobre la cobertura de los métodos:

- **Coverage**: porcentaje cubierto en la prueba. En rojo se muestra lo que no se ha probado, en verde lo que sí se ha probado. En la clase **Calculadora** se observa un 60% indica que las pruebas solo abarcan el 60% de los métodos de la clase.

- **Covered Methods:** métodos cubiertos por la prueba, en este caso, para la clase **Calculadora** han sido 3.

- **Missed Methods**: métodos no cubiertos por la prueba, en este caso, para la clase **Calculadora** han sido 2, es decir han faltado 2 métodos por probar.

- **Total Methods:** nos dice el número de métodos en total de la clase, en este caso para la clase **Calculadora** son 5.

Pulsando el botón *View Menu* se puede seleccionar el tipo de cobertura a mostrar, véase Figura 3.34: cobertura de instrucciones, ramas de código como (*if*, *switch*), líneas de código, métodos, tipos o de complejidad ciclomática.

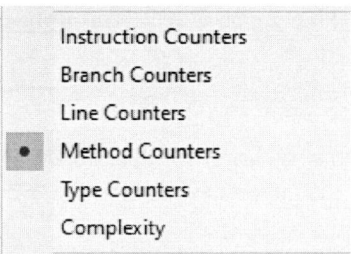

Figura 3.34. Opciones de cobertura.

En la URL https://www.eclemma.org/jacoco/trunk/doc/counters.html podemos encontrar más información sobre estos contadores. El objetivo en las pruebas es conseguir el 100% de la cobertura.

El código fuente de las clases aparecerá coloreado, tanto la clase a probar como el test de prueba. El color verde indica si se ejecutó totalmente, amarillo si se ejecutó parcialmente y rojo si no se ejecutó. Un caso de prueba que falla se marca como no probado (en rojo) ya que no dio el resultado esperado. Véase Figura 3.35.

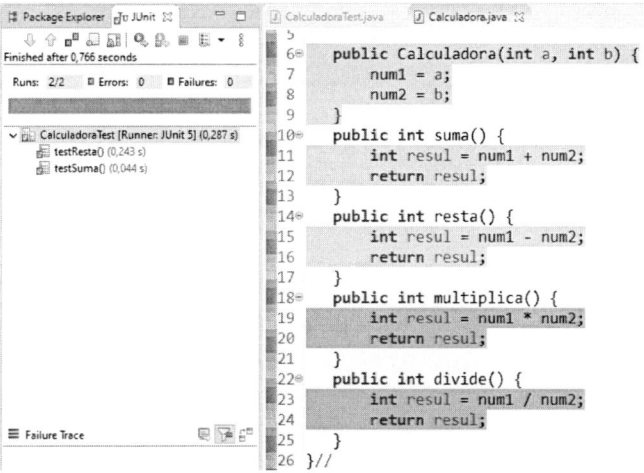

Figura 3.35. Código fuente de la clase a probar coloreado.

Añadimos a la clase *Calculadora* el siguiente método:

```java
public int divide0() {
    if(num2 == 0)
        throw new java.lang.ArithmeticException("División por 0");
    else{
        int resul= num1 / num2;
        return resul;
    }
}
```

Añadimos a la clase *CalculadoraTest* el siguiente método:

```java
@Test
public void testDivide0() {
    Calculadora calcu = new Calculadora(20, 0);
    Exception exception = assertThrows(ArithmeticException.class,
            () -> calcu.divide0());
    assertEquals("División por 0", exception.getMessage());
}
```

A continuación, ejecutamos de nuevo la cobetura. Observamos los colores en el método *divide0()*. Y seleccionamos **Branch Counters** pulsando en *View Menu* en la pestaña de **Coverage** para ver el resumen de las ramas del código, véase Figura 3.36.

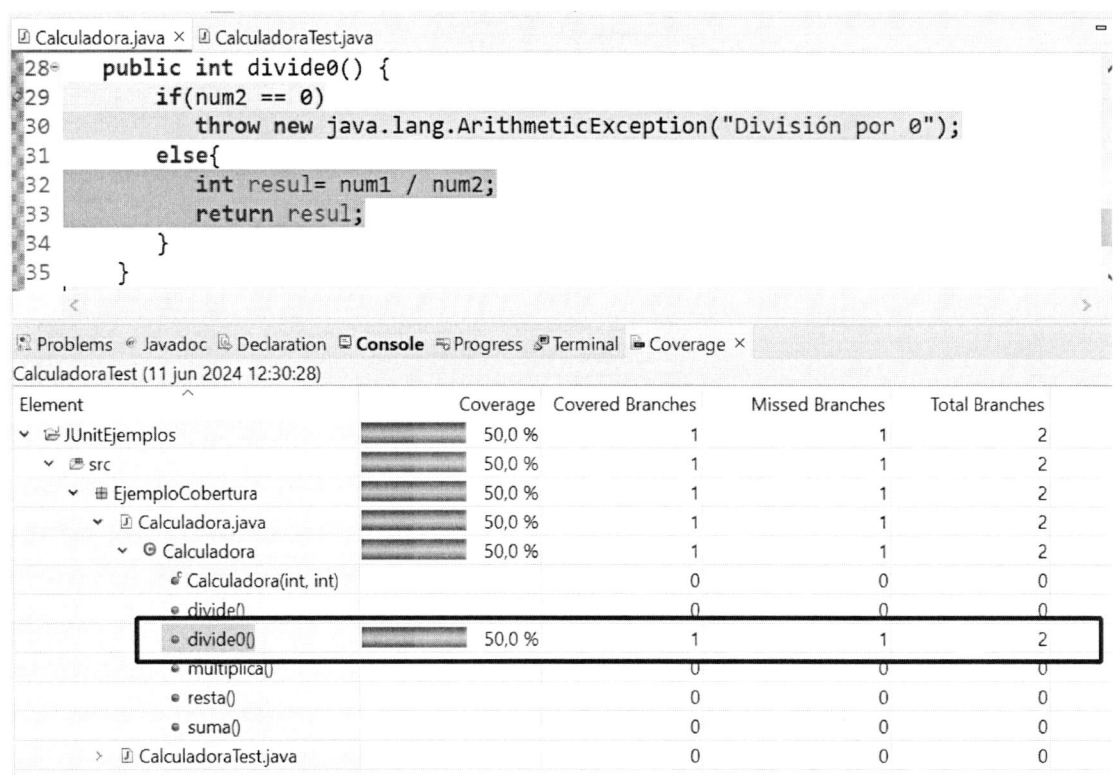

Figura 3.36. Código fuente de la clase a probar y cobertura de la prueba.

En la clase ***Calculadora*** se muestra la línea del *if* en color amarillo y con un diamante a la izquierda, significa **cobertura parcial**, es decir sólo se ha ejecutado una parte de la rama del *if*. El porcentaje de cobertura en el método es del 50%, ya que solo se ha probado una rama.

Las columnas mostradas en el resumen nos proporcionan información sobre la cobertura de las ramas:

- **Covered Branches:** ramas cubiertas, en este caso 1. La rama del *if*.

- **Missed Branches**: ramas no cubiertos por la prueba, en este caso también 1. La rama del *else*.

- **Total Branches:** nos dice el número de ramas en total, en este caso para el método *divide0()* son 2.

Para ejecutar las dos ramas tendríamos que añadir un nuevo caso de prueba que pruebe el método ***divide0()*** haciendo que se pruebe la rama del *else*. Por ejemplo:

```java
@Test
public void testDivide0_2() {
    double valorEsperado = 2;
    Calculadora calcu = new Calculadora(20, 10);
    double resultado = calcu.divide0();
    assertEquals(valorEsperado, resultado, 0);
}
```

Una vez añadido el caso de prueba ejecutamos de nuevo la cobertura, en este caso el método ***divide0()*** aparece coloreado en verde y la línea del *if* con un diamante verde a su izquierda indicando **cobertura total**, es decir todas las ramas en la línea se han ejecutado. El porcentaje de cobertura es del 100%, véase Figura 3.37.

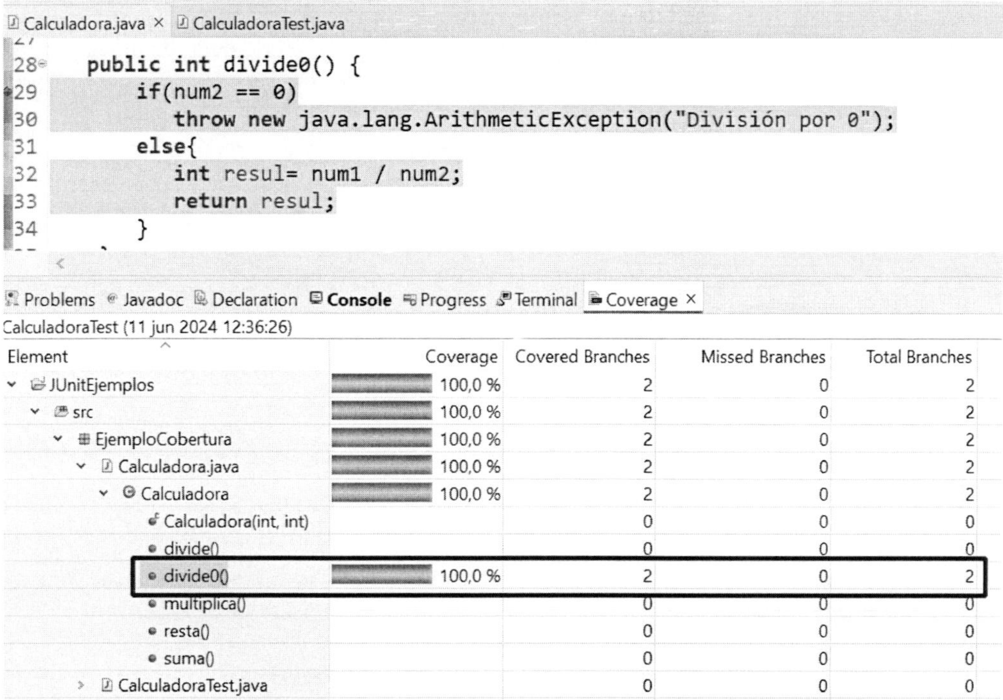

```java
28  public int divide0() {
29      if(num2 == 0)
30          throw new java.lang.ArithmeticException("División por 0");
31      else{
32          int resul= num1 / num2;
33          return resul;
34      }
```

Element	Coverage	Covered Branches	Missed Branches	Total Branches
JUnitEjemplos	100,0 %	2	0	2
src	100,0 %	2	0	2
EjemploCobertura	100,0 %	2	0	2
Calculadora.java	100,0 %	2	0	2
Calculadora	100,0 %	2	0	2
Calculadora(int, int)		0	0	0
divide()		0	0	0
divide0()	100,0 %	2	0	2
multiplica()		0	0	0
resta()		0	0	0
suma()		0	0	0
CalculadoraTest.java		0	0	0

Figura 3.37. Cobertura total en el método *divide0()*.

3.7.7. JUnit con Maven

Podemos crear un simple proyecto Maven en Eclipse y añadir las dependencias de *JUnit 5* para ejecutar los casos de prueba. Para ello abrimos el navegador web para entrar en los repositorios de Maven y buscamos *junit 5*. Se muestran todas las posibilidades, elegimos ***JUnit Jupiter API***, véase Figura 3.38.

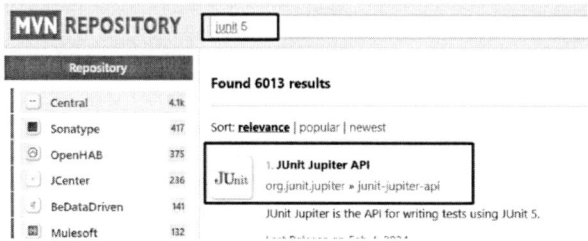

Figura 3.38. JUnit en los repositorios de Maven.

En la siguiente pantalla elegimos la versión, por ejemplo 5.10.2 y accedemos a la dependencia que podemos copiar y pegar en el *pom.xml* de nuestro proyecto Maven. El código es el siguiente:

```
<dependency>
    <groupId>org.junit.jupiter</groupId>
    <artifactId>junit-jupiter-api</artifactId>
    <version>5.10.2</version>
    <scope>test</scope>
</dependency>
```

Partiendo de la clase ***Calculadora*** inicial, la almacenamos en la carpeta **src/main/java** y creamos un caso de prueba pulsando con el botón derecho del ratón sobre ella y seleccionando *New / JUnit Test Case*, marcamos los métodos a probar. Se habrá creado el caso de prueba en la carpeta **src/test/java**. Añadimos código de prueba a los métodos. Para ejecutar los test pulsamos con el botón derecho del ratón sobre el proyecto y seleccionamos ***Run As / Maven build***. Esto abre un cuadro de diálogo que permite definir las tareas a realizar con el proyecto. En la casilla **Goals** escribimos *test* y pulsamos el botón ***Run***. Podemos observar en la consola la salida generada al ejecutar los test. En este caso se han ejecutado dos test satisfactoriamente, no ha habido ni fallos ni errores, véase Figura 3.39.

```
Problems  Javadoc  Declaration  Console ×
<terminated> JUnitEjemplosMaven [Maven Build] C:\Program Files\Java\jdk-17.0.2\bin\javaw.exe  (11 jun 2024 16:46:18 – 16:46:21) [pid: 16928]
[INFO] Nothing to compile - all classes are up to date
[INFO]
[INFO] --- surefire:3.2.2:test (default-test) @ JUnitEjemplosMaven ---
[INFO] Using auto detected provider org.apache.maven.surefire.junitplatform.JUnitPlatformProvider
[INFO]
[INFO] -------------------------------------------------------
[INFO]  T E S T S
[INFO] -------------------------------------------------------
[INFO] Running CalculadoraTest
[INFO] Tests run: 2, Failures: 0, Errors: 0, Skipped: 0, Time elapsed: 0.039 s -- in CalculadoraTest
[INFO]
[INFO] Results:
[INFO]
[INFO] Tests run: 2, Failures: 0, Errors: 0, Skipped: 0
[INFO]
[INFO] -------------------------------------------------------
[INFO] BUILD SUCCESS
[INFO] -------------------------------------------------------
[INFO] Total time:  1.513 s
[INFO] Finished at: 2024-06-11T16:46:21+02:00
[INFO] -------------------------------------------------------
```

Figura 3.39. Ejecución de test en Maven.

También se pueden lanzar los test desde **Run As / Maven Test.** Prueba los ejemplos de test vistos anteriormente con la clase Calculadora que producían 1 fallo y 1 error.

3.7.8. Dobles de prueba

Ya hemos visto que las pruebas unitarias se realizan sobre una clase para probar su comportamiento de modo aislado independientemente del resto de clases de la aplicación. Aunque esto no siempre es así porque una clase a veces depende de otras clases para poder llevar a cabo su función. En este caso los errores o efectos secundarios de otras clases o componentes deben ser eliminados. ¿Cómo aislar mi clase de sus dependencias para así probarla?, la respuesta es mediante el uso de **dobles de prueba** o *"test doubles"*.

Un **doble de prueba** es un término que se utiliza para cualquier tipo de objeto simulado utilizado en lugar de un objeto real. Es decir, un "doble de prueba" es un objeto que reemplaza a otro objeto en el sistema bajo prueba, en la prueba se probará la clase deseada y para las dependencias se usarán objetos simulados. El nombre viene de la noción del doble de los actores en las películas.

Hay varios tipos de dobles de prueba, cada uno con un propósito específico:

- **Mock**: Un objeto que simula el comportamiento de los objetos reales. Los mocks son programados con expectativas: se les dice cómo deben comportarse y qué métodos deberían llamarse durante la prueba. Luego, al final de la prueba, se verifica si esas expectativas fueron cumplidas.

- **Stub**: Un objeto que proporciona respuestas predefinidas a las llamadas realizadas durante la prueba. A diferencia de los mocks, los stubs no tienen expectativas sobre las llamadas que recibirán. Simplemente devuelven datos predefinidos para permitir que la prueba avance.

- **Fake**: Una implementación simplificada pero funcional de una interfaz o clase, que se usa en lugar de la implementación real. Por ejemplo, en lugar de conectarse a una base de datos real, se puede usar una base de datos en memoria.

- **Dummy**: Un objeto que se pasa a la prueba pero que nunca se usa realmente. Suele utilizarse para completar parámetros que son obligatorios en una llamada pero que no afectan la prueba.

- **Spy**: Similar a un mock, pero también registra la información sobre las interacciones que han tenido lugar, permitiendo verificar no solo las expectativas sino también las interacciones que realmente ocurrieron.

El **stub** es como un **mock** con menor potencia, un subconjunto de su funcionalidad. Mientras que en el **mock** podemos definir expectativas con todo lujo de detalles, el **stub** tan sólo devuelve respuestas preprogramadas a posibles llamadas. Un **mock** valida comportamiento en la colaboración, mientras que el **stub** simplemente simula respuestas a consultas.

Para utilizar dobles de prueba en **JUnit** usaremos **Mockito.** Es una librería Java que permite simular el comportamiento de una clase de forma dinámica. De esta forma nos aislamos de las dependencias con otras clases y sólo testeamos la funcionalidad concreta que queremos.

En este ejemplo crearemos dos clases Java. *Validacion.java* y *ComprobarDatos.java*.

Validacion.java: es la clase dependiente, es una clase que tiene una serie de métodos que realizan comprobaciones sobre los datos que recibe:

```java
public class Validacion {
    public Validacion() {
    }

    // Comprobar que el nombre empieza por mayúsculas
    public boolean validaNombreEmpiezaMayuscula(String nombre) {
        char c = nombre.charAt(0);
        if (Character.isUpperCase(c))
            return true;
        else return false;
    }

    // Comprobar que el teléfono tiene 9 digitos
    public boolean validaTelefonoNueveCifras(long telefono) {
        if (telefono >= 100000000 && telefono <= 999999999)
            return true;
        else return false;
    }

    // comprobar que la dirección no está vacia
    public boolean validaDireccionNoVacia(String direc) {
        if (!direc.isEmpty())
            return true;
        else return false;
    }
}//
```

ComprobarDatos.java: es la clase que queremos probar. Define el método *resultadoValidacion()* que recibe una serie de parámetros (*nombre*, *direccion* y *telefono*) y hace uso de la clase *Validacion* para comprobar si los datos son correctos; devuelve *true* si los datos son correctos y *false* en caso contrario:

```java
public class ComprobarDatos {

    private Validacion v = new Validacion();

    public boolean resultadoValidacion(String nombre,
                        String direccion, int telefono) {
        boolean valor =
                v.validaNombreEmpiezaMayuscula(nombre) &&
                v.validaDireccionNoVacia(direccion) &&
                v.validaTelefonoNueveCifras(telefono);

        return valor;
    }
}//
```

A continuación, se muestra un ejemplo de un test de integración donde se verifica la interacción de la clase *ComprobarDatos* con *Validacion*. Los test comprueban que el resultado de la validación es correcto:

```
import static org.junit.jupiter.api.Assertions.*;
import org.junit.jupiter.api.Test;
class ComprobarDatosTestIntegracion {
    ComprobarDatos cd = new ComprobarDatos();

    @Test
    void testResultadoValidacion() {
        boolean result =
            cd.resultadoValidacion("Pilar","Arrabal", 666777654);
        boolean valoresperado = true;
        assertEquals(valoresperado, result);
    }

    @Test
    void testResultadoValidacionFalso() {
        boolean result =
            cd.resultadoValidacion("pilar","Arrabal", 666777654);
        boolean valoresperado = false;
        assertEquals(valoresperado, result);
    }
}//
```

Esta prueba sería como las realizadas anteriormente. Ahora bien, si sólamente quisiéramos probar de forma aislada la clase *ComprobarDatos* hemos de hacer uso de los *"dobles"*. Esto nos permitirá crear objetos ficticios para una interfaz o una clase que se proporcionará a la clase de prueba, en este caso para la clase *Validacion* se creará el objeto ficticio. Para llevar a cabo estas pruebas usaremos **Mockito**.

Para usar **Mockito** podemos añadir una serie de librerías o ficheros jar a nuestro proyecto en Eclipse, o bien podemos usar un sistema de dependencias como **Maven** para añadir las librerías. Para este ejemplo crearemos un proyecto **Maven** y añadiremos las dependencias necesarias al fichero **pom.xml**.

Pasos para crear el proyecto **Maven** y añadir las dependencias de **Mockito**:

- Hacemos clic en *File / New / Other*. En la ventana que aparece, seleccionamos *Maven / Maven Project*. Pulsamos *Next*. Seguidamente marcamos la casilla **Create a simple Project** y pulsamos el botón *Next*. Véase la Figura 3.40.

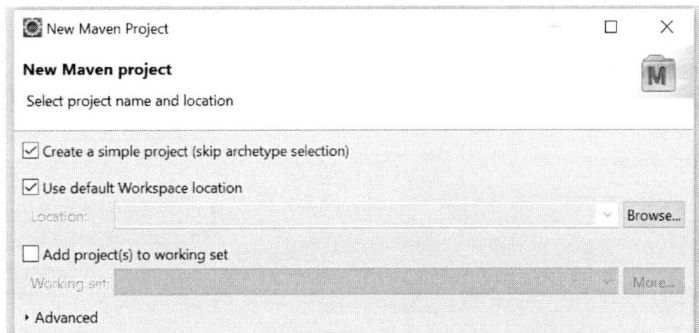

Figura 3.40. Crear un simple proyecto en Maven.

- Posteriormente en el campo *Group Id* escribimos el nombre del grupo, en *Artifact Id* escribimos el nombre del proyecto Eclipse y el resto de opciones dejamos los valores por defecto, véase Figura 3.41. Pulsamos el botón *Finish.* Se habrá creado un proyecto Eclipse de nombre *EjemploMavenMockito* con una serie de carpetas y el fichero de configuración **pom.xml**.

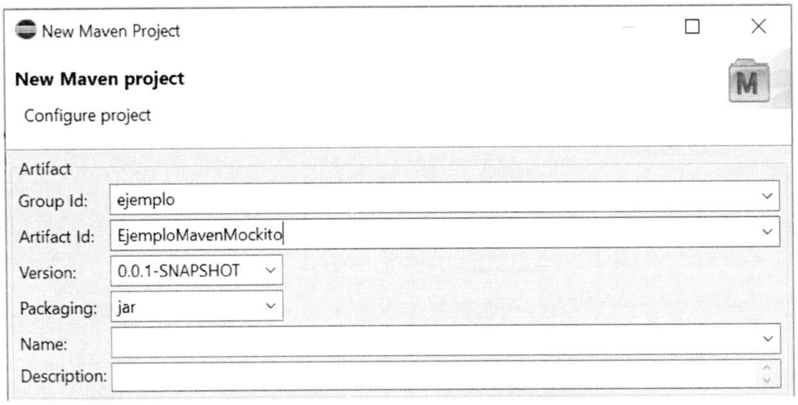

Figura 3.41. Nombre de grupo y nombre de proyecto en Maven.

- Estas pruebas las haremos usando **Junit 5**, que se divide en tres partes:

   o **JUnit Platform**: es la base que nos permite lanzar los marcos de prueba en la JVM.

   o **JUnit Jupiter**: permite utilizar el nuevo modelo de programación para la escritura de pruebas y extensiones de JUnit 5.

   o **JUnit Vintage**: encargado de ejecutar pruebas basadas en JUnit 3 y JUnit 4.

   Por tanto, dentro de la etiqueta *<properties>* añadimos las propiedades de **Junit 5** y las dependencias necesarias dentro de *<dependencies>*.

- Para incluir **Mockito** hemos de añadir al fichero **pom.xml** las dependencias. Para saber qué dependencias tenemos que usar hemos de acceder a los repositorios de **Maven**. Desde la URL https://mvnrepository.com/artifact/org.mockito podemos acceder al grupo de **Mockito**. En este caso necesitaremos las dependencias de *Mockito Core* y *Mockito Junit Jupiter* que son las librerías a incluir en el proyecto. Al acceder a las dependencias podemos encontramos varias versiones, en este caso se ha utilizado la versión 5.12.0 en las dos librerías. Copiamos el texto de las dependencias y la incluimos en el fichero **pom.xml**.

- Las etiquetas *<properties>* y *<dependencies>* del fichero **pom.xml** tendrán el siguiente aspecto:

```
<properties>
    <project.build.sourceEncoding>UTF-8 </project.build.sourceEncoding>
    <maven.compiler.source>17</maven.compiler.source>
    <maven.compiler.target>17</maven.compiler.target>
    <junit.jupiter.version>5.10.2</junit.jupiter.version>
</properties>
```

```xml
<dependencies>
    <dependency>
        <groupId>org.junit.jupiter</groupId>
        <artifactId>junit-jupiter-api</artifactId>
        <version>5.10.2</version>
        <scope>test</scope>
    </dependency>

    <dependency>
        <groupId>org.mockito</groupId>
        <artifactId>mockito-core</artifactId>
        <version>5.12.0</version>
        <scope>test</scope>
    </dependency>

    <dependency>
        <groupId>org.mockito</groupId>
        <artifactId>mockito-junit-jupiter</artifactId>
        <version>5.12.0</version>
        <scope>test</scope>
    </dependency>
</dependencies>
```

Una vez realizadas todas las modificaciones sobre el fichero **pom.xml** lo guardamos, pulsamos sobre el proyecto con el botón derecho del ratón y seleccionamos *Maven/Update Project*, en la ventana que aparece a continuación marcamos el proyecto y la casilla *Force update of Snapshots/Releases* y pulsamos el botón *OK*.

A continuación, copiamos las clases *Validacion.java* y *ComprobarDatos.java* en la carpeta **src/main/java** (puedes encontrarlas en los recursos del capítulo). Creamos el caso de prueba para la clase *ComprobarDatos*, que por defecto se creará en la carpeta **EjemploMaven/src/test/java**. El proyecto Eclipse tendrá el aspecto mostrado en la Figura 3.42.

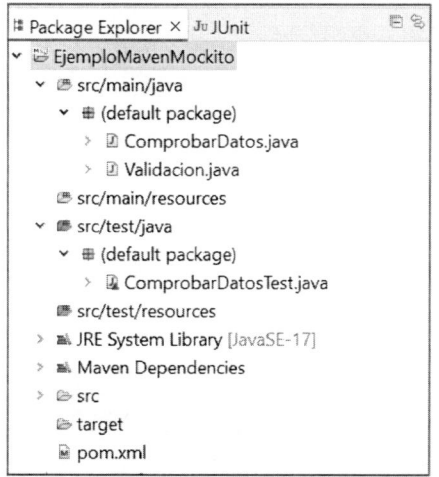

Figura 3.42. Ejemplo proyecto dobles de pruebas.

Una vez que tenemos el entorno preparado vamos a ver las anotaciones que incluiremos en la clase de prueba:

- **@ExtendWith(MockitoExtension.class):** le dice a mockito que cree los simulacros basados en la anotación **@Mock**.

- **@Mock:** con esta anotación se indican los objetos simulados o ficticios que se van a inyectar. Pueden ser clases o interfaces. Tambien se les llama *mocks*.

- **@InjectMocks**: se establece la clase sobre la cual se realizará la inyección de los objetos simulados. Se indica la clase a probar.

Los *mocks* (objetos ficticios) pueden devolver valores diferentes en función de los argumentos pasados a sus métodos. Con **when(...).thenReturn(...)** se puede llamar a los métodos incluyendo sus parámetros e indicar el valor devuelto en la llamada. Estos métodos pueden o no estar desarrollados en el objeto ficticio. Ejemplos de uso:

- *when(objetoFicticio.validaNombre("Pilar")).thenReturn(true)*: en este ejemplo se define que cuando se ejecute el método *validaNombre("Pilar")* del objeto ficticio enviándole el valor *"Pilar"* se devuelva *true*.

- *when(objetoFicticio.dameLista()).thenReturn(new int[] { 1, 2, 3, 4, 5 })* : este ejemplo define que cuando se ejecute el método *dameLista()* del objeto ficticio devuelva un array de números enteros.

El código para la clase de prueba es el siguiente:

```
import static org.junit.jupiter.api.Assertions.*;
import static org.mockito.Mockito.when;
import org.junit.jupiter.api.Test;
import org.junit.jupiter.api.extension.ExtendWith;
import org.mockito.InjectMocks;
import org.mockito.Mock;
import org.mockito.junit.jupiter.MockitoExtension;

@ExtendWith(MockitoExtension.class)
class ComprobarDatosTest {

  //CLASE A PROBAR
  @InjectMocks
  private ComprobarDatos comprobar; //clase dependiente

  //CLASE FICTICIA
  @Mock
  private Validacion valida;  //dependencia

  @Test
  void testResultadoValidacionTrue() {
   //usamos el mock para devolver true cuando se llama a
   //estos métodos de la clase ficticia (Validacion)

when(valida.validaNombreEmpiezaMayuscula("Pilar")).thenReturn(true);
   when(valida.validaDireccionNoVacia("Arrabal")).thenReturn(true);
   when(valida.validaTelefonoNueveCifras(666777654)).thenReturn(true);
```

```
    //se ejecuta código de la clase de pruebas
    boolean result = comprobar.resultadoValidacion
                                   ("Pilar","Arrabal", 666777654);
    assertTrue(result);
   }

   @Test
   void testResultadoValidacionFalse() {

 when(valida.validaNombreEmpiezaMayuscula("Pilar")).thenReturn(true);
    when(valida.validaDireccionNoVacia("Arrabal")).thenReturn(true);
    when(valida.validaTelefonoNueveCifras(666)).thenReturn(false);

    boolean result = comprobar.resultadoValidacion
                                        ("Pilar","Arrabal", 666);
    assertFalse(result);
   }
 }
```

El siguiente paso es ejecutar los casos de prueba, pulsamos con el botón derecho del ratón sobre el proyecto y seleccionamos ***Run As / Maven test***, en consola se mostrará el resultado de ejecución de los test, véase Figura 3.43.

```
<terminated> D:\Entornos\eclipse\plugins\org.eclipse.justj.openjdk.hotspot.jre.full.win32.x86_64_17.0.11.v20240426-1830\jre\bin\javaw.exe (12 jun 2024 10:12:02) [pid: 10080]
[INFO]   from pom.xml
[INFO] --------------------------------[ jar ]---------------------------------
[INFO]
[INFO] --- resources:3.3.1:resources (default-resources) @ EjemploMavenMockito ---
[INFO] Copying 0 resource from src\main\resources to target\classes
[INFO]
[INFO] --- compiler:3.11.0:compile (default-compile) @ EjemploMavenMockito ---
[INFO] Nothing to compile - all classes are up to date
[INFO]
[INFO] --- resources:3.3.1:testResources (default-testResources) @ EjemploMavenMockito ---
[INFO] Copying 0 resource from src\test\resources to target\test-classes
[INFO]
[INFO] --- compiler:3.11.0:testCompile (default-testCompile) @ EjemploMavenMockito ---
[INFO] Nothing to compile - all classes are up to date
[INFO]
[INFO] --- surefire:3.2.2:test (default-test) @ EjemploMavenMockito ---
[INFO] Using auto detected provider org.apache.maven.surefire.junitplatform.JUnitPlatformProvider
[INFO]
[INFO] -------------------------------------------------------
[INFO]  T E S T S
[INFO] -------------------------------------------------------
[INFO] Running ComprobarDatosTest
[INFO] Tests run: 2, Failures: 0, Errors: 0, Skipped: 0, Time elapsed: 1.032 s -- in ComprobarDatosTest
[INFO]
[INFO] Results:
[INFO]
[INFO] Tests run: 2, Failures: 0, Errors: 0, Skipped: 0
[INFO]
[INFO] ------------------------------------------------------------------------
[INFO] BUILD SUCCESS
[INFO] ------------------------------------------------------------------------
[INFO] Total time:  2.685 s
[INFO] Finished at: 2024-06-12T10:12:06+02:00
[INFO] ------------------------------------------------------------------------
```

Figura 3.43. Ejecución de los casos de prueba usando Maven.

Puede ocurrir que al ejecutar el test se produzca la excepción ***UnnecessaryStubbingException***. Esta se produce porque se incluye código innecesario en la prueba, una llamada a un método que nunca se realizó durante la ejecución de la prueba. Por ejemplo hacemos un cambio en el método *testResultadoValidacionFalse()* y ejecutamos la prueba:

```
@Test
void testResultadoValidacionFalse() {

when(valida.validaNombreEmpiezaMayuscula("pilar")).thenReturn(false);
  when(valida.validaDireccionNoVacia("")).thenReturn(false);
  when(valida.validaTelefonoNueveCifras(666)).thenReturn(false);

  boolean result = comprobar.resultadoValidacion("pilar","", 666);

  assertFalse(result);
}
```

El resultado de la ejecución muestra errores, indicando las líneas innecesarias para la prueba. Véase Figura 3.44. Además, en la traza de los fallos nos muestra los números de línea donde están las llamadas que sobran.

```
[INFO] -------------------------------------------------
[INFO]  T E S T S
[INFO] -------------------------------------------------
[INFO] Running ComprobarDatosTest
[ERROR] Tests run: 2, Failures: 0, Errors: 1, Skipped: 0, Time elapsed: 0.995 s <<< FAILURE! -- in ComprobarDatosTest
[ERROR] ComprobarDatosTest.testResultadoValidacionFalse -- Time elapsed: 0.014 s <<< ERROR!
org.mockito.exceptions.misusing.UnnecessaryStubbingException:

Unnecessary stubbings detected.
Clean & maintainable test code requires zero unnecessary code.
Following stubbings are unnecessary (click to navigate to relevant line of code):
  1. -> at ComprobarDatosTest.testResultadoValidacionFalse(ComprobarDatosTest.java:52)
  2. -> at ComprobarDatosTest.testResultadoValidacionFalse(ComprobarDatosTest.java:53)
Please remove unnecessary stubbings or use 'lenient' strictness. More info: javadoc for UnnecessaryStubbingException class.
        at org.mockito.junit.jupiter.MockitoExtension.afterEach(MockitoExtension.java:197)
        at java.base/java.util.ArrayList.forEach(ArrayList.java:1511)
        at java.base/java.util.ArrayList.forEach(ArrayList.java:1511)

[INFO] Results:
[INFO]
[ERROR] Errors:
[ERROR]   ComprobarDatosTest.testResultadoValidacionFalse » UnnecessaryStubbing
Unnecessary stubbings detected.
Clean & maintainable test code requires zero unnecessary code.
Following stubbings are unnecessary (click to navigate to relevant line of code):
  1. -> at ComprobarDatosTest.testResultadoValidacionFalse(ComprobarDatosTest.java:52)
  2. -> at ComprobarDatosTest.testResultadoValidacionFalse(ComprobarDatosTest.java:53)
Please remove unnecessary stubbings or use 'lenient' strictness. More info: javadoc for UnnecessaryStubbingException class.
[INFO]
[ERROR] Tests run: 2, Failures: 0, Errors: 1, Skipped: 0
```

Figura 3.44. Excepción *UnnecessaryStubbingException* al ejecutar la prueba.

En esta prueba al tener ya un valor *false* como resultado de la primera llamada a un método de validación no es necesario realizar mas validaciones, porque el resultado va a ser *false*. Este tipo de mensajes puede ayudar a la depuración y ser muy útiles.

Para evitar estos errores de **"stubbing estricto"** podemos quitar las líneas o podemos usar el método estático **lenient()** para omitir las reglas de validación que comprueban posibles problemas como el stubbing innecesario descrito anteriormente. Las líneas quedarían asi:

```
lenient().when(valida.validaDireccionNoVacia("")).thenReturn(false);
lenient().when(valida.validaTelefonoNueveCifras(666)).thenReturn(false)
;
```

En el siguiente ejemplo disponemos de 3 clases:

*   **Empleado.java** con los atributos para un empleado, constructores y los métodos get y set:

```java
public class Empleado {
    private int id;
    private String nombre;
    private int categoria;
    private int anyostrabajados;
    //constructores y métodos get y set
}
```

- **CalculoSueldo.java**: tiene el método llamado *devuelveSueldo()* que recibe un empleado y devuelve el sueldo que le corresponde en función de su categoría y los años trabajados, esta clase se podría haber definido también como una interface:

```java
public class CalculoSueldo {

  public double devuelveSueldo(Empleado e) {
    double SB = 1200;
    switch (e.getCategoria()) {
    case 1:
        SB = SB + e.getCategoria() * 100;
        break;
    case 2:
        SB = SB + e.getCategoria() * 150;
        break;
    }
    return SB + e.getAnyostrabajados() * 20;
  }
}//
```

- **PruebaEmpleados.java**: es la clase que se va a probar. Define una lista de empleados y los métodos *setLista()* que asigna valor a la lista y *ObtenerSumaSueldo()* que recibe un objeto *CalculoSueldo* que se usará para calcular el sueldo del empleado y devuelve la suma de salarios de los empleados:

```java
import java.util.List;

public class PruebaEmpleados {
  List <Empleado> lista; //lista de empleados

  public void setLista(List<Empleado> lista) {
    this.lista = lista;
  }

  public double ObtenerSumaSueldo (CalculoSueldo calculo) {
    double suma = 0;
    for(Empleado emp : lista ) {
      suma = suma + calculo.devuelveSueldo(emp);
    }
    return suma;
  }
}//
```

La clase de prueba es la siguiente, se han eliminado los ***import*** para que el ejemplo quede más claro:

```
@ExtendWith(MockitoExtension.class)
class PruebaEmpleadosTest {

    // CLASE A PROBAR
    @InjectMocks
    private PruebaEmpleados prueba;

    // CLASE FICTICIA
    @Mock
    private CalculoSueldo calculo;

    @Test
    void testObtenerSumaSueldoTrue() {

        // crear lista de empleados
        List<Empleado> lista = new ArrayList<Empleado>();
        Empleado e1 = new Empleado(100, "MARIA", 1, 5);
        Empleado e2 = new Empleado(200, " MANUEL", 2, 3);

        lista.add(e1);
        lista.add(e2);

        prueba.setLista(lista); //se asigna la lista a la clase a probar

        when(calculo.devuelveSueldo(e1)).thenReturn(1000.0);
        when(calculo.devuelveSueldo(e2)).thenReturn(1000.0);

        //se ejecuta el método de la clase de pruebas y se compara
        //con la suma de los salarios, la suma de los return anteriores
        boolean result = (prueba.ObtenerSumaSueldo(calculo) == 2000);

        assertTrue(result);
    }
}
```

En este ejemplo podemos observar como el sueldo calculado de cada empleado es ficticio, es decir si se siguen los cálculos expuestos en el método *devuelveSueldo()* el sueldo para el empleado *e1* seria 1400 y para el *e2* sería 1560. Como actividad cambia la clase *CalculoSueldo* para que sea una interface y añade a la clase de prueba otro método que devuelva *assertFalse()*.

3.8. DOCUMENTACIÓN DE LAS INCIDENCIAS

Una incidencia es cualquier cosa o evento que se produce en el transcurso del desarrollo del software y que puede repercutir en él alterándolo o interrumpiéndolo causando una reducción de la calidad del mismo. Durante la fase de pruebas del software es donde habitualmente se detecta la mayoría de las incidencias. Aquellas incidencias que no sean detectadas en esta fase impactarán directamente sobre la calidad del software.

Es por ello que cuando se desarrolla un proyecto software conviene disponer de alguna herramienta que nos permita gestionar las incidencias que vayan surgiendo. Este control o registro de las incidencias que se van detectando se puede hacer de forma rudimentaria, utilizando hojas de cálculo, o bien se puede recurrir a herramientas software que faciliten esta tarea.

Una de las herramientas más utilizadas en la industria del software para la documentación y gestión de incidencias es **Jira** (https://www.atlassian.com/es/software/jira). Características:

- Seguimiento de incidencias, tareas y bugs.

- Soporte para metodologías ágiles como Scrum y Kanban.

- Informes y paneles de control personalizables.

- Flujos de trabajo configurables.

- Integración con una amplia gama de herramientas de desarrollo y CI/CD (CI integración continua y CD distribución continua).

- Uso ideal en equipos de desarrollo ágiles, grandes organizaciones.

La plataforma **GitHub** de control de versiones ofrece la **GitHub Issues** para el seguimiento de incidencias y gestión de proyectos. Características:

- Seguimiento de incidencias directamente en repositorios de código.

- Integración nativa con GitHub y CI/CD workflows.

- Soporte para Markdown (texto enriquecido) en comentarios y descripciones.

- Tableros de proyectos estilo Kanban.

- Etiquetas y asignaciones para la organización de tareas.

- Uso ideal en equipos que ya utilizan **GitHub** para la gestión del código fuente.

La elección de la herramienta adecuada para la documentación de incidencias depende de varios factores, como el tamaño del equipo, el presupuesto, la integración con otras herramientas utilizadas y las necesidades específicas del proyecto.

Una herramienta fácil de usar es **MantisBT** (https://www.mantisbt.org/). Es un sistema de registro y control de **bugs** (errores o defectos en el software que hace que un programa no funcione correctamente) basado en Web. Mantis está desarrollado en PHP y requiere para su correcto funcionamiento:

- Una base de datos (MySQL).

- Un servidor de aplicaciones Web (servidor http Apache).

- Módulo PHP Apache.

Puede ser instalado en sistemas operativos Windows, sistemas operativos MacOS o sistemas operativos de tipo Unix. Desde la web de **MantisBT** podemos acceder a una demostración de la aplicación navegando por el rastreador de errores *Mantis Bug Tracker*, al entrar accederemos como usuario anónimo con privilegios muy limitados. Se pulsa en el botón ***Browse BugTracker*** que aparece en la página (*https://mantisbt.org/bugs/my_view_page.php*), véase Figura 3.45.

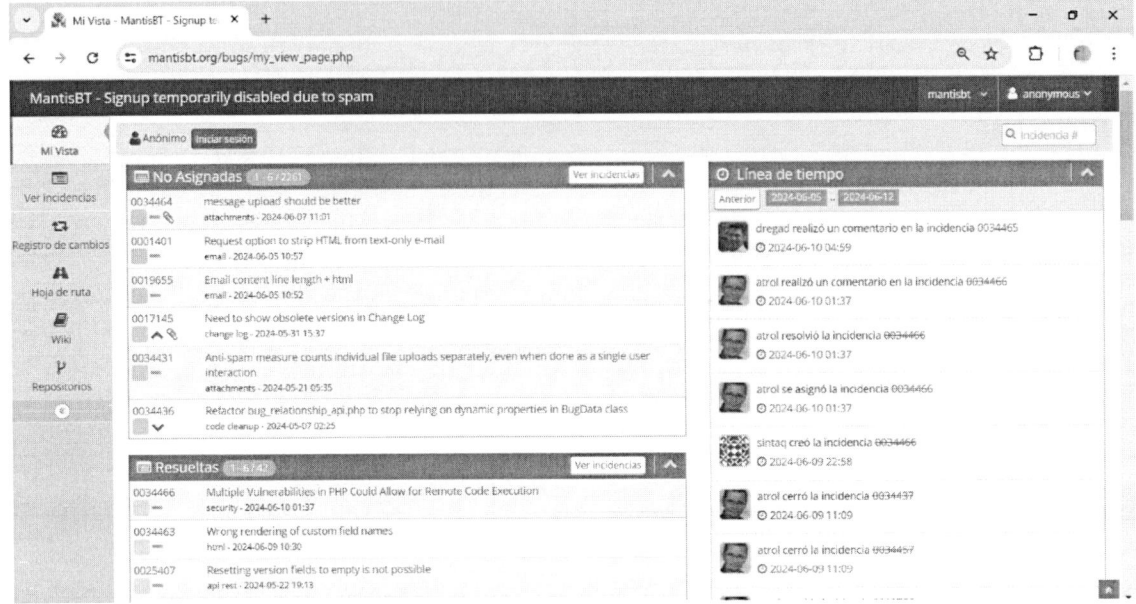

Figura 3.45. Demo de la herramienta *MantisBT* para el control de incidencias.

COMPRUEBA TU APRENDIZAJE

1. ¿Qué estrategias se siguen para probar el software? Si las pruebas de unidad funcionan, ¿es necesario hacer la prueba de integración?

2. Considérese una aplicación bancaria, donde el usuario puede conectarse al banco a través de Internet y realizar una serie de operaciones bancarias. Una vez que ha accedido al banco con las consiguientes medidas de seguridad puede realizar una serie de operaciones. La operación que se va a gestionar requiere la siguiente entrada:

    - *Código del banco:* puede estar en blanco o puede ser un número de 3 dígitos. En este último caso, el primero de ellos tiene que ser mayor que 1.

    - *Código de sucursal*: número de cuatro dígitos. El primero de ellos mayor de 0.

    - *Número de cuenta*: número de cinco dígitos.

    - *Clave personal*: valor alfanumérico de cinco posiciones.

    - *Orden*: puede estar en blanco o ser uno de los valores siguientes: "Talonario" o "Movimientos".

    El programa responde de la siguiente manera:

    -   Si *Orden* tiene el valor "Talonario", el usuario recibe un talonario de cheques.

- Si *Orden* tiene el valor "Movimientos", el usuario recibe los movimientos del mes en curso.

- Si *Orden* está en blanco, el usuario recibe los dos documentos.

- Si ocurre algún error en la entrada de datos, el programa muestra un mensaje de error sobre el dato implicado.

Se pide definir las clases de equivalencia, casos de prueba válidos y casos de prueba no válidos que cubran una sola clase no válida.

3. Rellena en la siguiente tabla los casos de prueba tomando como referencia las reglas del análisis de valores límite:

Condiciones de entrada y de salida	Casos de prueba
Una variable toma valores comprendidos entre -4 y 4 (enteros)	
El programa lee un fichero que contiene de 1 a 100 registros	
El programa deberá generar de 1 a 5 listados	
El número de alumnos para calcular la nota media es 35	
La función deberá devolver un array de enteros, de 1 a 10 valores.	

Realiza después un programa Java para probar la función que devuelve el array de enteros. Utiliza los casos de prueba que hayas definido.

4. A partir del diagrama de flujo mostrado en la Figura 3.46 construye el grafo de flujo. Indica el número de nodos, aristas, regiones, nodospredicado, la complejidad ciclomática y el conjunto de caminos independientes.

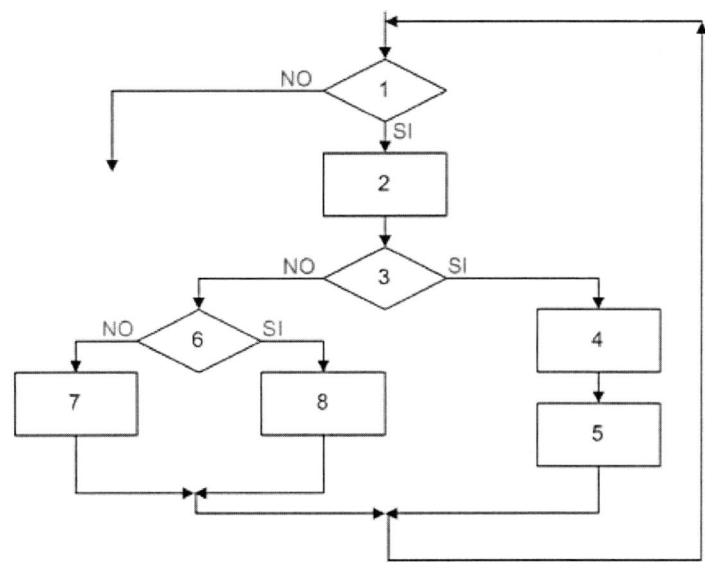

Figura 3.46. Ejercicio 4.

5. Realiza el grafo de flujo, calcula la complejidad ciclomática, define el conjunto básico de caminos, elabora los casos de prueba para cada camino y evalúa el riesgo para la siguiente función Java:

```
  static int Contador1(int x, int y) {
    Scanner entrada = new Scanner(System.in);
    int num, c = 0;
    if (x > 0 && y > 0) {
        System.out.println("Escribe un número");
        num = entrada.nextInt();
        if (num >= x && num <= y){
            System.out.println("\tNúmero en el rango");
            c++;
        }
        else
            System.out.println("\tNúmero fuera de rango");

    }
    else
        c = -1;
    entrada.close();
    return c;
}//
```

6. Desarrolla una batería de pruebas para probar el método *DevuelveFecha()* de la clase *Fecha* que se expone a continuación. El método recibe un número entero y devuelve un String con un formato de fecha que dependerá del valor de dicho número. Si el número recibido es distinto de 1, 2 y 3 el método devuelve "ERROR". La clase es la siguiente:

```
import java.text.SimpleDateFormat;
import java.util.Date;

public class Fecha {
    SimpleDateFormat formato;
    Date hoy;

    public Fecha() {
        hoy = new Date();
    }

    public String DevuelveFecha(int tipo) {
        String cad = "";
        switch (tipo) {
        case 1: {
            formato = new SimpleDateFormat("yyyy/MM");
            cad = formato.format(hoy);
            break;
        }
        case 2: {
            formato = new SimpleDateFormat("MM/yyyy");
            cad = formato.format(hoy);
            break;
        }
        case 3: {
            formato = new SimpleDateFormat("MM/yy");
            cad = formato.format(hoy);
            break;
```

```
        }
        default: {
            cad = "ERROR";
        }
        }
        return cad;
    }
}//
```

7. Escribe una clase de pruebas para probar el método *calculo()* de la clase *Factorial*. En el método se comprueba si el número es menor que 0, en este caso se lanza la excepción *IllegalArgumentException* con el mensaje *Número n no puede ser < 0*. Si el valor del factorial calculado es menor que 0 es que ha ocurrido un error de desbordamiento, en este caso se lanza la excepción *ArithmeticException* y se lanza el mensaje *Overflow, número n demasiado grande*. La clase a probar es la siguiente:

```
public class Factorial {
    public static int calculo(int n) {
        if (n < 0 ) {
            throw new IllegalArgumentException("Número "+ n +
                                    " no puede ser < 0");
        }
        int fact = 1;
        for (int i = 2; i <= n; i++)
            fact *= i;
        if (fact < 0 ) {
            throw new ArithmeticException("Overflow, número "+
                            n +" demasiado grande");
        }
        return fact;
    }
}//
```

8. Se trata de implementar la entrada de datos desde una web para la petición de un CD de música. El cliente introduce el código del CD y una cantidad. El código deberá comenzar por un dígito, seguido de un guion y 7 dígitos más. Sólo se podrá pedir un máximo de 3 CDs. Si el código del CD no está en el catálogo se produce un error (ER1) y si la cantidad solicitada supera el stock de dicho CD se produce otro error (ER2). En el caso de que todo vaya bien se enviará el CD al solicitante con el precio mostrado en la web, salvo que tenga oferta; en este caso se le aplicará al precio la oferta.

   Realiza la tabla con las condiciones de entrada y las clases de equivalencia válidas y no válidas. Muestra varios casos de prueba, en los que se valide todo correctamente y que den error y no se lleve a cabo el pedido, en este caso indica por qué no se lleva a cabo el pedido.

9. Construye una batería de pruebas para detectar posibles errores en la construcción de los identificadores de un hipotético lenguaje de programación. Las reglas que determinan sus construcciones sintácticas son:

- No debe tener más de 15 ni menos de 5 caracteres

- El juego de caracteres utilizables es: letras (mayúsculas y minúsculas), dígitos (0,9) y guion (-).

- Debe empezar por una letra.

- Se distinguen las mayúsculas de las minúsculas.

- El guion no puede estar ni al principio ni al final, pero puede haber varios consecutivos.

- Debe contener al menos un carácter alfabético.

- No puede ser una de las palabras reservadas del lenguaje.

10. Dado el siguiente pseudocódigo:

```
Programa ejercicio10
Declaraciones
    Entero: I, J, COCIENTE, RESTO, PASO
Inicio
1.  I = 1
2.  PASO = 0
3.  Repetir
4.      J = 1
5.      PASO= PASO + 1
6.      Mientras (J <= 8) hacer
7.          COCIENTE = (I + J) /2
8.          RESTO = (I+J) - COCIENTE*2
9.          Si RESTO =0 entonces
10.             Visualizar(negro)
11.         Sino
12.             Visualizar(blanco)
13.         Fin si
14.         J = J + 1
15.     Fin-Mientras
16.     I = I + 1
17. Hasta (I > 8)
18. Visualizar(PASO)
Fin-programa
```

- Dibuja el grafo de flujo, indica el sentido de las flechas en las aristas, indica también el Sí y el No en los nodos predicado, dentro de cada nodo indica el número de línea o líneas del pseudocódigo que están incluidas.

- Calcula la complejidad ciclomática de las tres formas conocidas, indicando cómo se calcula el valor.

- Evalúa el riesgo.

- Determina los caminos independientes.

11. Se va a realizar una entrada de datos de viajeros a través de una pantalla gráfica. Se definen los siguientes campos de entrada:

   - *CODVIAJERO*: número de 6 dígitos, el primer dígito debe ser un 1.

   - *NOMBRE*: cadena de 30 caracteres como máximo, que debe empezar por letra.

   - *EDAD*: número positivo de 2 dígitos entre 10 y 99.

   - *DESTINO*: el destino a elegir será uno de los siguientes TALAVERA, TOLEDO y MADRID.

   Si los datos tecleados son correctos se graba el registro en un fichero de viajeros. Si hay algún error visualiza los siguientes mensajes:
   - "ERROR 1", si el *CODVIAJERO* no es correcto.

   - "ERROR 2", si el *NOMBRE* es erróneo.

   - "ERROR 3", si la *EDAD* no es correcta.

   - "ERROR 4", si el *DESTINO* no es correcta.

   Realiza la tabla de clases de equivalencia con estas condiciones de entrada, y la tabla de casos de prueba, realiza un caso de prueba por cada una de las clases.

ACTIVIDADES DE AMPLIACIÓN

1. Realiza el grafo de flujo, calcula la complejidad ciclomática, define el conjunto básico de caminos, elabora los casos de prueba para cada camino y evalúa el riesgo para la siguiente función Java:

```java
static int Contador2(int x, int y) {
   Scanner entrada = new Scanner(System.in);
   int num, c = 0;
   if ( x > 0  &&  y > 0) {
      System.out.println("Escribe un número");
      num = entrada.nextInt();
      while (num != 0) {
            if (  num >= x  &&  num <= y ) {
                  System.out.println("\tNúmero en el rango");
                  c++;
            } else
                  System.out.println("\tNúmero fuera de rango");
            System.out.println("Escribe un número");
            num = entrada.nextInt();
      }//fin while
   }
   else
      c = -1;
   entrada.close();
   return c;
}//
```

2. Escribe una clase de pruebas para probar los métodos de la clase *TablaEnteros*. En esta clase de prueba crea un método con la anotación **@BeforeAll** en el que inicialices un array de enteros para usarlo en las pruebas de los métodos. El método *sumaTabla()* suma los elementos del array y devuelve la suma. El método *mayorTabla()* devuelve el elemento mayor de la tabla. Y el método *posicionTabla()* devuelve la posición ocupada por el elemento cuyo valor se envía.

    En el constructor se comprueba si el número de elementos de la tabla es nulo o 0, en este caso se lanza la excepción *IllegalArgumentException* con el mensaje *No hay elementos*. El método *posiciónTabla* también lanza la excepción, *java.util. NoSuchElementException*, en el caso de que no se encuentre el elemento en la tabla. Hay que añadir otros dos métodos de prueba para probar estas excepciones. La clase a probar es la siguiente:

```java
public class TablaEnteros {
  private Integer[] tabla;

  TablaEnteros(Integer[] tabla) {
    if (tabla == null || tabla.length == 0)
      throw new IllegalArgumentException("No hay elementos");
    this.tabla = tabla;
  }

  //devuelve la suma de los elementos de la tabla
  public int sumaTabla() {
    int suma = 0;
    for (int i = 0; i < tabla.length; i++)
      suma += tabla[i];
    return suma;
  }

  //devuelve el mayor elemento de la tabla
  public int mayorTabla() {
    int max = -999;
    for (int i = 0; i < tabla.length; i++)
      if (tabla[i] > max)
          max = tabla[i];
    return max;
  }

  //devuelve la posición de un elemento cuyo valor se pasa
  public int posicionTabla(int n) {
    for (int i = 0; i < tabla.length; i++)
      if (tabla[i] == n)
          return i;
    throw new java.util.NoSuchElementException("No existe:" + n);
  }
}//
```

3. Crea la clase *Empleado.java* con los siguientes métodos (no se definen atributos), uno para calcular el salario bruto y otro para calcular el salario neto:

```
public float calculaSalarioBruto
        (int tipoEmpleado, float ventasMes, float horasExtra) { }

public float calculaSalarioNeto(float salarioBruto) { }
```

Desarrolla el código necesario en cada uno de ellos para calcular el salario bruto y neto según las siguientes especificaciones. Para calcular el salario bruto se tendrán en cuenta estas especificaciones:

- El salario base será 1000 euros si el empleado es de tipo 1, y de 1500 euros si es de tipo 2.

- A esta cantidad se le sumará una prima de 100 euros si *ventasMes* es menor o igual que 1000 euros, y de 200 euros si fuese al menos de 1500 euros.

- Por último, se le sumarán las horas extras teniendo en cuenta que cada hora extra se pagará a 20 euros.

- Si el tipo de empleado es distinto de 1 y de 2, o *ventasMes* u *horasExtra* toman valores negativos el método devolverá una excepción con el mensaje ERROR EN LOS DATOS (*throw new java.lang.IllegalArgumentException("ERROR EN LOS DATOS");*).

Para calcular el salario neto se tendrán en cuenta estas especificaciones:

- Si el salario bruto es menor de 1000 euros, no se aplicará ninguna retención.

- Para salarios a partir de 1000 euros, y menores de 1500 euros se les aplicará un 16% de retención, y a los salarios a partir de 1500 euros se les aplicará un 18%.

- El método nos devolverá *salarioBruto * (1 - retencion)* o una excepción si el salario es menor que cero con el mensaje EL SALARIO NETO DEBE SER POSITIVO (*throw new java.lang.IllegalArgumentException("EL SALARIO NETO DEBE SER POSITIVO");*).

A partir de dichas especificaciones crea la clase *Empleado.java* y diseña un conjunto de casos de prueba rellenando la siguiente tabla, en la columna de ENTRADA se deben especificar los valores de entrada al método separados por comas y en el mismo orden en que está definido en el método. Ejemplo:

Caso de prueba	Método a probar	Entrada	Salida esperada
CP1	CalculaSalarioNeto	2000	1000
CP2	calculaSalarioBruto	1, 2000 euros, 8h	1000
.....	....	....	....

A continuación, crea una clase de prueba para probar cada uno de los casos de prueba expuestos en la tabla, recuerda que entre los casos de prueba deben probarse todas las excepciones que se puedan producir.

4. Partiendo de la clase *Empleado.java* crea dos clases de prueba, una para cada método, que permita probar varias veces el método correspondiente con distintos valores, no se probarán las excepciones.

Crea otras dos clases de prueba, una para cada método, pero en este caso solo se probarán los casos de prueba que producen excepciones.

Los valores en las pruebas parametrizadas serán los definidos en la tabla de casos de prueba.

Por último, crea una suite de pruebas que pruebe todas las clases anteriores.

Comprueba la cobertura del código en la clase *Empleado.java* a partir de la clase de prueba del ejercicio anterior (*EmpleadoTest.java*) que incluía todos los casos de prueba definidos en la tabla. Haz los los cambios necesarios para que sea del 100%, véase Figura 3.47.

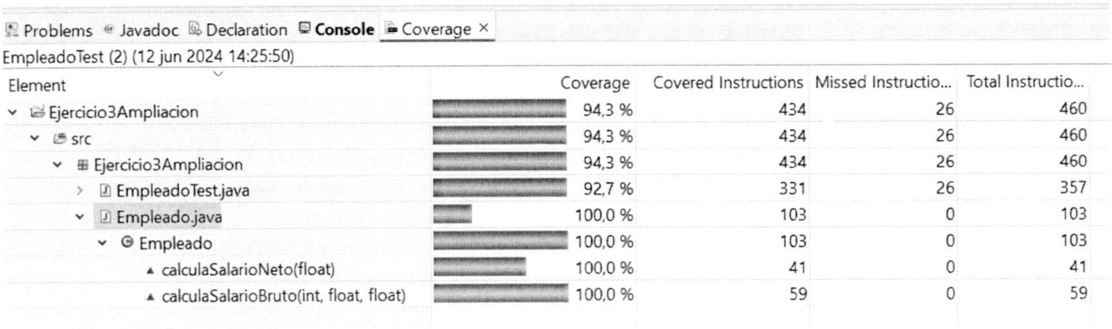

Problems · Javadoc · Declaration · **Console** · Coverage ×

EmpleadoTest (2) (12 jun 2024 14:25:50)

Element	Coverage	Covered Instructions	Missed Instructio...	Total Instructio...
∨ 🗁 Ejercicio3Ampliacion	94,3 %	434	26	460
∨ 🗁 src	94,3 %	434	26	460
∨ ⊞ Ejercicio3Ampliacion	94,3 %	434	26	460
> 🗎 EmpleadoTest.java	92,7 %	331	26	357
∨ 🗎 Empleado.java	100,0 %	103	0	103
∨ ⊙ Empleado	100,0 %	103	0	103
▲ calculaSalarioNeto(float)	100,0 %	41	0	41
▲ calculaSalarioBruto(int, float, float)	100,0 %	59	0	59

Figura 3.47. Cobertura clase *Empleado*.

## CAPÍTULO 4

OPTIMIZACIÓN Y DOCUMENTACIÓN

Contenidos

Control de versiones en GIT, e integración de GIT en ECLIPSE.

Etiquetas de documentación. Documentación de clases con Javadoc en ECLIPSE.

Refactorización, cuando refactorizar, refactorización de código en ECLIPSE.

Analizadores de código. Herramienta PMD en ECLIPSE

Integración continua. Herramienta Jenkins.

Objetivos

Describir las características de las herramientas de optimización.

Utilizar herramientas de control de versiones integradas en los entornos de desarrollo.

Identificar y aplicar los patrones de refactorización más usuales.

Documentar clases utilizando herramientas de documentación integrada.

Utilizar el analizador de código integrado en los entornos de desarrollo.

Utilizar una herramienta de integración continua.

RESUMEN DEL CAPÍTULO

En este capítulo se verán herramientas que se utilizan para optimizar el código de nuestros proyectos. Estas herramientas van desde el uso de patrones de refactorización, analizadores de código, y control de versiones, pasando por la documentación y las herramientas de integración continua. Se aprenderá a utilizar GIT, tanto en modo comando como integrado en el IDE Eclipse, así como el analizador PMD, y la herramienta de integración Jenkins. También se aprenderá a documentar clases java utilizando Javadoc de ECLIPSE y se aprenderá el concepto de refactorización.

4.1. INTRODUCCIÓN

El objetivo del capítulo es aprender a manejar herramientas para la optimización de código. El uso de este tipo de herramientas asegura por un lado que los proyectos mantengan una calidad y una trazabilidad, y también permitirán mejorar la eficiencia y el rendimiento del código fuente de nuestras aplicaciones.

Podremos controlar la evolución de los proyectos, los cambios sufridos a lo largo de su vida, también podremos analizar el código fuente para identificar posibles problemas. Haremos que los proyectos estén bien documentados informando de lo que hace cada una de las clases y métodos que los forman, y bien refactorizados simplificando el código de los programas y favoreciendo su lectura, entendimiento y fácil mantenimiento. Cuestiones muy importantes para conseguir ser unos buenos programadores.

4.2. CONTROL DE VERSIONES

El control de versiones es la capacidad de registrar y recordar todos los cambios en la estructura de directorios y el contenido de los archivos. Esto permite recuperar documentos o proyectos en un punto específico de su desarrollo y mantener un control detallado de los cambios realizados, incluyendo quién los hizo y cuándo, lo cual es esencial para la colaboración en equipo

Algunas funcionalidades de los sistemas de control de versiones pueden ser:

- Tener un seguimiento de los cambios que se realizan en los archivos a lo largo del tiempo. Se podrá saber quién ha modificado un archivo en cualquier momento.

- Compartir el trabajo con otros programadores, realizando cambios y trabajando de forma simultánea.

- Se puede volver a cualquier punto del desarrollo para ver qué aspecto tenía un determinado fichero de código, o volver a una versión donde todo funcionaba antes de haber metido la pata.

- Ver qué programador ha sido el último en modificar un determinado trozo de código que puede estar causando un problema, saber cuándo se hizo el cambio.

- Acceder al historial de cambios sobre todos los archivos a medida que avanza el proyecto.

4.2.1. Cómo funciona un control de versiones

El método de trabajo de estas herramientas es fácil. Suponemos que somos un programador que entramos a trabajar dentro de un proyecto en una empresa. Seguramente el proyecto en el que se va a trabajar está en un repositorio en un servidor. En primer lugar, cargaremos el proyecto del repositorio y obtendremos la copia del proyecto. Realizaremos los cambios necesarios en el código fuente, y una vez terminados los enviaremos al servidor mediante el uso de la herramienta, que dispondrá de un programa cliente. El resto de los programadores que trabajan en el proyecto podrán ver los cambios y descargarlos en cualquier momento.

Puede darse la situación de que varios programadores tengan que trabajar sobre el mismo archivo. En estos casos el sistema de control de versiones está preparado para detectar estas situaciones y actuar para evitar posibles situaciones problemáticas. Por ejemplo:

- Se puede dar el caso de que *varios programadores trabajen en partes de código diferentes.* En este caso el *sistema detectará los cambios y los fusionará* para dar un fichero que incluya todos los cambios.

- En cambio, si *varios programadores han realizado cambios sobre líneas de código comunes, el sistema lo detecta y avisa de que se ha producido un conflicto*, creando un archivo intermedio para que puedan ser revisados los cambios de forma simultánea, y así se pueda decidir con qué versión quedarse o bien realizar a mano una combinación de cambios.

Estos tipos de herramientas han ido evolucionando a lo largo del tiempo, y podemos clasificarlos en tres tipos: Sistemas de Control de Versiones Locales, un ejemplo de este sistema es el cliente *TortoiseSVN*, que puede trabajar de forma local, y con un servidor *SVN (Apache Subversion)*. Sistemas Centralizados como *CVS (Concurrent Versions System)* o *SVN (Apache Subversion)*. Y sistemas Distribuidos como *Git, Mercurial, Bazaar* o *Darcs*. En esta unidad estudiaremos el sistema GIT.

4.2.2. Terminología más común

Antes de entrar en la instalación y manejo de herramientas de control de versiones veamos los términos que se utilizan y son comunes para la mayoría de estas herramientas:

- *Repositorio*. Lugar donde se almacenan todos los datos y los cambios. Puede ser un sistema de archivos en un disco duro, un banco de datos, un servidor, etc. Normalmente suelen estar alojados en un servidor.

- *Revisión o versión*. Una revisión es una versión concreta de los datos almacenados. Algunos sistemas identifican las revisiones con un número contador (como *Subversion*). Otros identifican las revisiones mediante un código de detección de modificaciones (en Git usa SHA1). La última versión se la identifica como la cabeza o *HEAD*.

- *HEAD*. Hace referencia a la versión más reciente de una determinada rama o del tronco. El tronco y cada rama tienen su propio padre, y para referirse al padre se suele utilizar el término *HEAD*.

- *Etiquetar o Rotular (tag).* Cuando se crea una versión concreta en un momento determinado del desarrollo de un proyecto se le pone una etiqueta, de forma que se pueda localizar y recuperar en cualquier momento. Las etiquetas permiten identificar de forma fácil revisiones importantes en el proyecto (por ejemplo, una versión publicada). En algunos sistemas se considera una etiqueta cuando se crea una rama en la que los ficheros no evolucionan, es decir se congela.

- *Tronco (trunk).* Es el tronco o la *línea principal* de desarrollo de un proyecto.

- *Rama o ramificar (branch)*. Las ramas son copias de archivos, carpetas o proyectos. Cuando se crea una rama se crea una bifurcación del proyecto y se crean dos líneas de desarrollo. Son motivos habituales de creación de ramas la creación de nuevas funcionalidades o la corrección de errores.

- **Desplegar (Checkout).** Crear una copia de trabajo del proyecto, de la rama o de archivos y carpetas del repositorio en el equipo local. Por defecto se obtiene la última versión, aunque también se puede indicar una versión concreta. Con el *checkout* se vincula la carpeta de trabajo del equipo local con el repositorio, y se crearán los metadatos de control de versiones (carpetas y archivos ocultos que se crean *.svn - Subversión o .git -GIT*).

- **Confirmar (commit o check-in).** Se realiza commit cuando se confirman los cambios realizados en local para integrarlos al repositorio.

- **Pull.** Es la acción que copia los cambios de un repositorio (habitualmente remoto) en el repositorio local. Esta acción puede provocar conflictos.

- **Push o fetch.** Son acciones utilizadas para añadir los cambios del repositorio local a otro repositorio (habitualmente remoto). Esta acción puede provocar conflictos.

- **Cambio (change o diff).** Representa una modificación concreta de un documento bajo el control de versiones.

- **Exportación (export).** Similar a *Checkout*, pero en esta ocasión no vincula la copia con el repositorio. Es una copia limpia sin los metadatos de control de versiones.

- **Sincronización.** Acción de combinar los cambios hechos al repositorio con la copia de trabajo local.

- **Importación (import).** Es la subida de carpetas y archivos del equipo local al repositorio. Se puede hacer en cualquier momento desde el sistema de archivos.

- **Actualizar (update).** Se realiza una actualización cuando se desea integrar los cambios realizados en el repositorio en la copia de trabajo local. Los cambios pueden ser realizados por personas del equipo de trabajo.

- **Fusión (merge).** Una fusión consiste en unir los cambios realizados sobre uno o varios archivos en una única revisión. Se suele realizar cuando hay varias líneas de desarrollo separadas en ramas y en alguna etapa se necesitan fusionar los cambios hechos entre ramas o en una rama con el tronco principal, o viceversa.

- **Volver a la versión anterior (revert):** descarta todos los cambios producidos en la copia de trabajo desde la última subida al depósito local.

- **Conflicto.** Ocurre cuando dos usuarios crean una copia local (*Checkout*) de la misma versión de un archivo, uno de ellos realiza cambios y envía los cambios (*commit*) al repositorio, y el otro no actualiza (*update*) esos cambios y realiza cambios sobre el archivo e intenta enviar luego sus cambios al repositorio. Entonces se produce el conflicto y el sistema no es capaz de fusionar los cambios. Este usuario deberá resolver el conflicto combinando los cambios o eligiendo uno de ellos.

- **Resolver conflicto.** La actuación del usuario para atender un conflicto entre diferentes cambios al mismo documento.

Para trabajar en proyectos utilizando un sistema de control de versiones lo primero que hay que hacer es crearse una copia en local de la información del repositorio con *checkout*, de esta manera se vincula la copia con el repositorio, a continuación, el usuario realizará sus modificaciones y una vez finalizadas sube las modificaciones al repositorio con *commit*. Si la copia del usuario ya está vinculada al repositorio, antes de modificar y realizar cambios tiene que hacer *Update*, para asegurarse que los cambios se realizan sobre la versión última del repositorio.

Todas estas operaciones dependerán también del sistema de control de versiones con el que se trabaje.

4.2.3. Buenas prácticas

Cuando un proyecto de software es desarrollado por un equipo de personas es indispensable llevar un control bajo un método de trabajo, seguir unas normas y *aplicar las buenas prácticas* en el uso de las herramientas. Así el proyecto debe verse como un árbol que tiene su *tronco* (*trunk*) donde está la *línea principal* de su desarrollo; que tiene sus *ramas* (*branches*) en la que se añadirán nuevas funciones o se corregirán errores; y que además tiene sus etiquetas *(tags)* para marcar situaciones importantes, o versiones finalizadas.

Así la estructura de carpetas recomendada en la creación de proyectos utilizando estas herramientas y la funcionalidad que se le debe dar a cada carpeta dentro del repositorio son las siguientes:

- *Trunk* (*tronco*): base común para guardar las carpetas del proyecto o trabajo a controlar. Es donde está la versión básica, es decir la rama de desarrollo principal.

- *Tags (etiquetas):* una etiqueta es una copia del proyecto, de una carpeta o de un archivo que se hace con el objetivo de obtener una versión que no se va a modificar. Deben ser copias del tronco (*trunk*). Útil para crear versiones ya finalizadas, aquí se guardarán las versiones cerradas de los proyectos.

- *Branches (ramas):* en las ramas se desarrollan versiones que luego se van a publicar. Es una copia del *trunk*, de un proyecto, de una carpeta o de un archivo con la intención de modificar sobre ella, para conseguir un producto final diferente y alternativo al original. Es la ramificación del código, es decir modificaciones de versiones cerradas.

El diagrama de la Figura 4.1 muestra el ciclo de vida de un sistema de control de versiones.

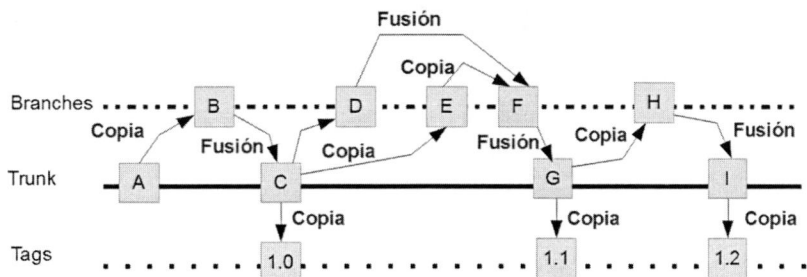

Figura 4.1. Ciclo de vida.

Dónde:

A. Partimos del desarrollo inicial, en el trunk.

B. Se crea una rama porque hay que añadir una nueva funcionalidad.

C. Mientras tanto se ha corregido un bug en el tronco principal (C). Una vez que está lista la rama se fusiona en el trunk. Cuando esté lista esta versión libre de bugs y con nueva funcionalidad se crea la primera versión disponible para el público (*Tag 1.0*).

D. Después de salir la primera versión, se han detectado nuevos bugs, y se necesita añadir nuevas funcionalidades. Entonces se crea una rama para desarrollar una nueva funcionalidad.

E. Se ha creado otra rama porque se necesitan otras funcionalidades.

F. Se realiza la fusión de las dos ramas, primero se realiza una copia de una de ellas y luego se fusiona con la otra.

G. Se incorporan las nuevas funcionalidades al tronco principal. Una vez que está lista esta revisión se crea una nueva versión para el público (*Tag 1.1*).

H. Se han detectado nuevos bugs y se necesita añadir nuevas funcionalidades. Se crea una nueva rama para desarrollar una nueva funcionalidad.

I. Se incorporan las nuevas funcionalidades al tronco principal. Se crea una nueva versión para el público (*Tag 1.2*).

4.2.4. Instalación de Git

Git es una herramienta de control de versiones de software libre, diseñada por ***Linus Torvalds*** que no depende de un repositorio central y que con ella podemos mantener un historial completo de versiones. Nos va a permitir trabajar en equipo, controlar todos los cambios de nuestras aplicaciones, mezclar o fusionar los cambios con los compañeros del equipo, obtener un listado de todas las validaciones o commits realizadas en las aplicaciones. Podremos movernos, como si tuviéramos un puntero en el tiempo, por todas las revisiones de código y desplazarnos a un momento determinado de una manera muy ágil.

Antes de realizar la instalación y uso de la herramienta definamos las áreas de trabajo de Git, y los estados de un fichero.

LAS ÁREAS DE TRABAJO DE GIT

El modo de trabajo estándar de GIT se basa en que los archivos pasarán por varios sitios antes de validarse en el repositorio o base de datos (véase la Figura 4.2). Estas zonas son:

- El **directorio de trabajo o el área de working**, que es el directorio local de trabajo, donde creamos los archivos, y realizamos todas las modificaciones. Cuando se realiza una modificación de un archivo pasa al área de **working**.

- El **área de staging o preparación**, es un estado intermedio en el que se prepara a los archivos para luego validarlos en el repositorio local. Los cambios y modificaciones de los archivos del área de **working**, antes de validarse y pasar al área de **commit**, pasarán por el área de preparación.

- El **repositorio local o área de commit**, este repositorio lo creamos con GIT, y es donde se van a guardar nuestros archivos con las modificaciones y todas las versiones por las que ha pasado. Normalmente pasaremos los archivos del área de preparación, al área de **commit**.

- El **repositorio remoto**, este repositorio estará fuera del equipo local, que, en el caso de colaborar con más usuarios, podremos sincronizar nuestros ficheros y cambios realizados con el repositorio remoto. Git nos va a permitir acceder a los repositorios remotos desde cualquier sitio y lugar.

Observa la Figura 4.2, donde se muestran las distintas áreas y los comandos básicos a utilizar.

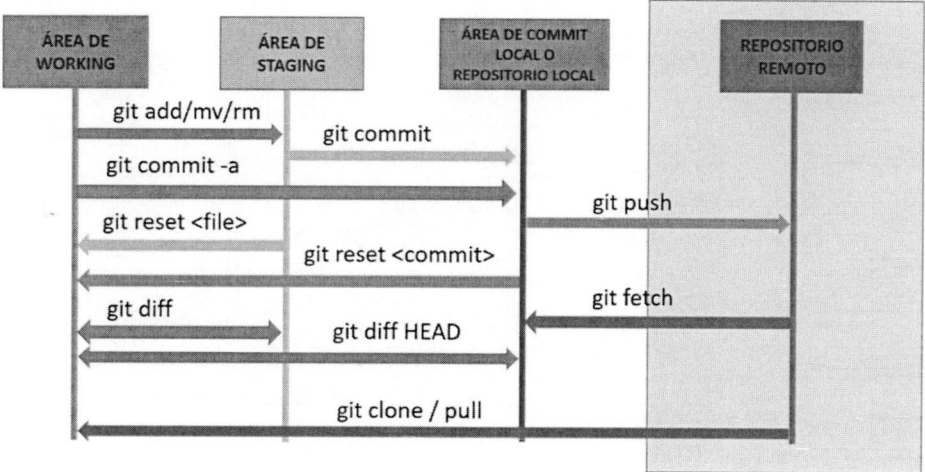

Figura 4.2. Áreas de trabajo de Git.

ESTADOS DE UN FICHERO GIT

Git tiene tres estados principales en los que se pueden encontrar los archivos:

- *Confirmado* o *committed*, significa que los datos del archivo están almacenados de manera segura en la base de datos local o repositorio local. Estaría en el área de *commit*.

- *Modificado* o *untracked*, significa que se han modificado los archivos en el espacio de trabajo, pero, los cambios no se han confirmado en el repositorio local. Los archivos estarán en el área de *working*.

- *Preparado* o *staged* significa que los archivos modificados se han marcado y preparado en su versión actual para la próxima confirmación. Estarían en la zona de *staging* o preparado.

INSTALACIÓN

Antes de empezar a utilizar Git, necesitamos instalarlo. Visitamos la página de git https://git-scm.com/ y buscamos donde podemos descargar las versiones para los diferentes sistemas operativos. En esta unidad probamos la versión para Windows, así pues, descargamos Git desde la página: https://gitforwindows.org/. Una vez descargado lo ejecutamos haciendo doble clic.

En esta primera parte utilizamos GIT en modo comando. Al instalar Git vamos dejando las opciones por defecto. Pedirá donde se va a instalar, cuando pida el editor por defecto, seleccionamos *Notepad* ++ si lo tenemos, o el editor por defecto *Nano editor.* Continuamos con el asistente y vamos pulsando Next con las opciones por defecto.

Cuando pida *Configuring the line ending conversions*, indicamos como van a ser los saltos de línea. Esto lo pregunta porque *Linux* y *Windows* tienen diferentes formatos de saltos de línea para los archivos de texto. En Windows se utilizan dos caracteres y en Linux uno. Es importante indicarlo, porque si se escribe un archivo con saltos de línea de Windows, otra persona puede tener problemas para abrir ese archivo en Linux y viceversa. Si se va a trabajar siempre con el mismo sistema operativo se selecciona *Checkout as-is, commit as-is,* véase la Figura 4.3, imaginamos que todos los colaboradores van a trabajar con el mismo sistema.

Si seleccionamos la primera opción cada vez que se haga un commit nos visualizará una advertencia indicando que se hace un *checkout* al estilo de Windows y un *commit* al estilo de Linux. Evitamos el mensaje seleccionando la tercera opción (véase la Figura 4.3)

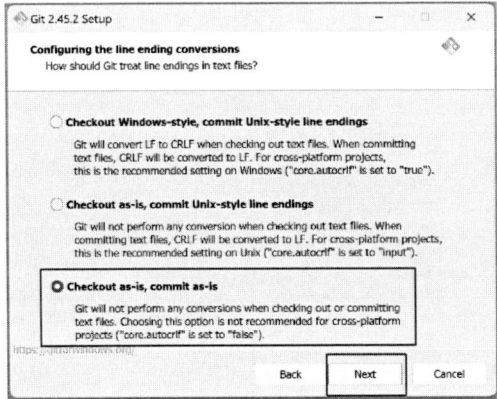

Figura 4.3. Seleccionar el salto de línea en GIT.

Pulsamos *Next*, a continuación, pide seleccionar qué consola queremos utilizar, dejamos la de por defecto *Use MinTTY*. Pulsamos *Next*, en las siguientes ventanas se dejan habilitadas las opciones que aparecen, y se pulsa el botón *Install*. Al finalizar la instalación observaremos que el git aparecerá integrado en el explorador de Windows, y lo veremos asociado al menú contextual de las carpetas (dentro de ***Mostrar Más opciones***). Que nos va a permitir abrir una consola Git en esa carpeta.

4.2.5. Comandos de Git

En este apartado se va a utilizar la consola de *Git*, la ***Git Bash***. Aunque también se puede trabajar con una interfaz gráfica ***Git GUI*** pero es muy limitada, es más apropiado aprender a utilizar los comandos básicos de Git. En el modo comando de Git se utilizarán las instrucciones básicas de Linux para crear carpetas, directorios y ficheros. Algunas de las órdenes a utilizar serán las siguientes:

Comando	Ejemplos
cd - Para navegar a un directorio	**cd ..** Retrocede al directorio anterior. **cd carpeta1** Me muevo a *carpeta1*.
ls - Muestra el contenido del directorio	**ls** Lista los ficheros. **ls -l** Muestra toda la información, usuario, grupo, fechas. **ls -la** Muestra también los ficheros ocultos.
mkdir - Crea un directorio	**mkdir midirectorio** Crea *midirectorio*.
pwd - Directorio actual	**pwd** Muestra el nombre del directorio actual
rmdir - Borrar directorios	**rmdir direc1** Borra el directorio *direc1* si este está vacío. **rmdir -p direc1** Borra el directorio *direc1* si este está vacío, y todos los que están dentro si están vacíos

Comando	Ejemplos
rm - Borrar archivos y directorios	**rm file1.txt** Borra el fichero file1.txt, y pide confirmación. **rm *** Borra todos los archivos del directorio. **rm -d direc1** Borra el directorio *direc1* si este está vacío. **rm -r direc2** Borra el directorio *direc2* y todo su contenido de subdirectorios de forma recursiva.
mv - renombrar y mover archivos y directorios de una ubicación a otra.	**mv archivo1 archivo2** Renombra archivo1 a archivo 2. Si existen y son archivos **mv dir1 dir2** Mueve el directorio dir1 dentro de dir2. Si dir2 no existe, dir1 se renombrará a dir2
cat - Entre otras cosas, se puede utilizar para mostrar el contenido de un archivo	**cat fichero.txt** Muestra en consola el contenido de *fichero.txt*
echo Permite escribir texto en una salida	**echo Mensaje que va a la consola** Visualiza el mensaje en la consola **echo "Añado datos" > fichero.txt** Añade esa línea de texto **"Añado datos"** al fichero *fichero.txt* . Si el fichero no está creado lo crea **echo "Añado otra línea" >> fichero.txt.** Añade al fichero otra línea de texto.

4.2.5.1. Crear un repositorio local

Creamos una carpeta en nuestro disco duro, llamada *repositorio1*, pulsamos el botón derecho del ratón y elegimos **Git Bash** sobre la carpeta, se abrirá la consola de **Git**. Véase la Figura 4.4.

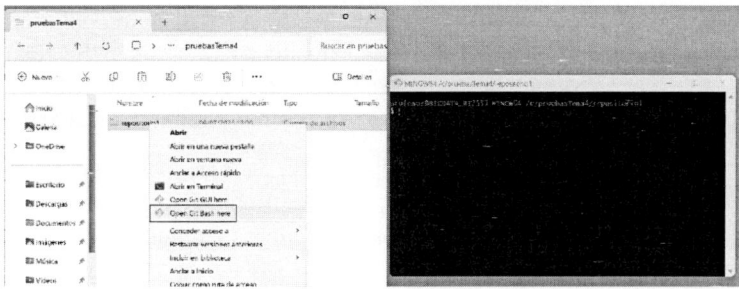

Figura 4.4. Abrir *Git Bash.*

Orden para crear un repositorio de *Git*: **git init,** con esta orden hago que mi carpeta *repositorio1*, sea capaz de albergar un repositorio de *Git*. Al ejecutar la orden observaremos que identifica el directorio como el **master,** también se crea un subdirectorio oculto *.git*. Este subdirectorio contiene metadatos que Git utiliza para almacenar su información, este directorio oculto es el propio repositorio en sí. Desde este momento se podrá trabajar con versiones.

Con la orden **ls -la** veremos el directorio oculto.

Git status nos permitirá visualizar los cambios realizados en el **working** directory y en el área de **staging** comparando con lo que hay en el repositorio. Si tecleamos **git status**, se verá el estado actual de la zona de **working**, nos indica que estamos en la rama **master**, y que no hay nada para hacer commit. Y nos dice que para hacer *commit* creemos ficheros o copiemos ficheros y usemos **git add** para prepararlos. En el inicio no hay operaciones pendientes, no hay cambios:

```
$ git status
On branch master
No commits yet
nothing to commit (create/copy files and use "git add" to track)
```

Añadir ficheros a la carpeta de trabajo

A continuación, creamos 3 archivos para hacer pruebas. Utilizamos *echo,* y almacenamos un mensaje en cada uno. Los visualizamos, y volvemos a mostrar con *git status* el estado de los cambios:

```
$ echo "Fichero prueba1" > fichero1.txt
$ echo "Fichero prueba2" > fichero2.txt
$ echo "Fichero prueba3" > fichero3.txt
$ ls -la # Mostramos los ficheros
$ cat fichero1.txt # Mostramos el contenido de fichero1.txt
Fichero prueba1

$ git status # Mostramos estado del working
On branch master
No commits yet
Untracked files:
  (use "git add <file>..." to include in what will be committed)
        fichero1.txt
        fichero2.txt
        fichero3.txt
nothing added to commit but untracked files present (use "git add" to track)
```

Si observas ahora el estado del área de *working*, se muestran los tres ficheros creados y estos aparecen en rojo, y se indica que se han modificado (*Untracked*), es decir es una modificación que se ha encontrado respecto a la situación inicial de la carpeta de trabajo. En el *working* aparecerán siempre las modificaciones que se han hecho en la carpeta de trabajo, y que no se encuentran validadas. Si observamos los mensajes, nos dice además que si los queremos validar a una versión tenemos que usar la orden *git add <file>* es decir, añadirlos al área de preparación.

Para guardar, o validar (commit) los ficheros en el repositorio Git, primero hay que añadirlos al área de *staging* o **área de preparación**. Esta zona intermedia va a pemitir que cuando se hagan commit al repositorio no se tenga que subir todos los ficheros de nuestro **working**, sino, que sólo se subirán los que están en el *staging*.

Añadir ficheros a la carpeta de preparación

Lo siguiente es añadir los ficheros al área de *staging*. Utilizamos la orden *git add <nombrefichero>*. Podemos utilizar *git add <directorio>* para añadir un directorio, o también podemos poner `git add .` y añade todo el contenido del directorio actual.

Lo hacemos con uno, y visualizamos el estado del **working**:

```
$ git add fichero1.txt # Se añade, a staging
$ git status
On branch master
No commits yet
Changes to be committed:
  (use "git rm --cached <file>..." to unstage)
        new file:   fichero1.txt
```

```
Untracked files:
  (use "git add <file>..." to include in what will be committed)
        fichero2.txt
        fichero3.txt
```

Observa ahora que se mostrará en verde el fichero preparado para ser validado o ***committed***, este está en el área de ***staging***, y los otros dos que siguen en rojo siguen en el área de ***working***.

Aprobar los cambios

Probamos ahora a validar los cambios, utilizamos la orden ***git commit -m "Mensaje de validación"***. La orden lleva un flag para añadir un mensaje a la hora de validar los cambios. Si valido los cambios me dirá lo siguiente:

```
$ git commit -m "Valido el fichero 1."
Author identity unknown
*** Please tell me who you are.
Run
  git config --global user.email "you@example.com"
  git config --global user.name "Your Name"
to set your account's default identity.
Omit --global to set the identity only in this repository.
fatal: unable to auto-detect email address (got 'alumno@w10virtual.(none)')
```

No deja validar, pues cada vez que se hace ***commit*** se necesita saber qué usuario es el que ha realizado la validación. Y esos datos no se han configurado. Se necesita configurar los datos del usuario, el nombre y el correo, sólo la primera vez, en las siguientes validaciones ya estará el usuario configurado.

Añadimos la configuración del correo y el usuario, y validamos:

```
$ git config --global user.email "alicia@example.com"
$ git config --global user.name "Usualicia"
$ git commit -m "Valido el fichero 1."
[master (root-commit) e9a40a2] Valido el fichero 1.
 1 file changed, 1 insertion(+)
 create mode 100644 fichero1.txt
```

Al hacer ***commit*** nos aparecerá un identificativo o ***apuntador*** de la versión creada y con la cabecera *[master (root-commit) id]*, en este caso el master va a ser el **HEAD**, es decir, la versión más reciente. Si volvemos a visualizar el estado del ***working***, seguiremos viendo que los ficheros 2 y 3 están en estado modificado. Los añadimos al área de preparación y los validamos. Observa ahora que ha cambiado el master, y se ha generado otro id:

```
$ git status
$ git add .  # Se añade todo a staging
$ git status # Se muestran los dos archivos en staging
$ git commit -m "Valido los ficheros 2 y 3"
[master a8589c4] Valido los ficheros 2 y 3
 2 files changed, 2 insertions(+)
 create mode 100644 fichero2.txt
 create mode 100644 fichero3.txt
```

Ver revisiones creadas

Una vez validados todos los cambios, para ver las revisiones del repositorio utilizo el comando *git log*. Observa que se mostrarán los dos *commit* que se han hecho, el usuario que lo ha hecho, la fecha y los mensajes de validación, y los apuntadores de cada versión. La versión **HEAD->master**, es la última versión, la versión actual y la versión más reciente.

```
$ git log
commit a8589c439291af01953ea549fea5e7aaf409b2f6 (HEAD -> master)
Author: Usualicia <alicia@example.com>
Date:    Tue Jul 9 13:37:21 2024 +0200
    Valido los ficheros 2 y 3
commit e9a40a2216c2b7d06366d9d4eea89ee695d2e1ce
Author: Usualicia <alicia@example.com>
Date:    Tue Jul 9 13:34:18 2024 +0200
    Valido el fichero 1.
```

Para ver las versiones, en forma más abreviada utilizamos la orden `git log --oneline`

```
$ git log —oneline
```

El formato de la salida de log lo podemos poner de forma que las salidas sean más ordenadas, por ejemplo, para sacar cada *commit* en una única línea, el comando es:

```
git log --pretty=format:"%h %an %ar - %s"
```

También funciona así:

```
git log --pretty="%h %an %ar - %s"
```

Hay otro comando que permite ver los cambios realizados en todos los commits, o en un commit concreto, en este caso se añade el id o *apuntador*:

```
git show
git show idCommit
```

4.2.5.2. Añadiendo y deshaciendo cambios

A continuación, vamos a hacer cambios en un fichero del repositorio para que pase al área de *working,* y los vamos a comparar con el mismo fichero que está en el área de *commit*.

Utilizamos el comando *git diff*. Este comando permite comparar cambios que hay en el área de *working* contra una versión previamente aprobada. Por defecto, el comando compara el *working* y el *commit* que llamamos *HEAD,* es decir con la versión más reciente que es la que se marca como *HEAD*.

Añadimos un cambio al fichero *fichero1.txt.* Lo editamos con el editor *notepad o nano,* y añadimos la línea *"Línea nueva en fichero1".* A continuación, ejecutamos el comando *git diff*:

```
$ notepad fichero1.txt # se edita y se añade la línea
$ git diff
diff --git a/fichero1.txt b/fichero1.txt
index a1be692..49b0467 100644
--- a/fichero1.txt
+++ b/fichero1.txt
@@ -1 +1,2 @@
 Fichero prueba1
+Línea nueva en fichero1
```

Observa que indica en qué ficheros ha detectado cambios, y los cambios detectados. A un fichero lo identifica con *a/fichero1.txt* será el que está en el área de *commit*, y al otro con *b/fichero1.txt*, que está en el de *working*. Y también indica con los signos + y – los cambios.

También podemos consultar la diferencia entre varios commits indicando los apuntadores. Por ejemplo, calculo la diferencia entre el commit *HEAD* y dos momentos anteriores:

```
$ git diff HEAD~1 HEAD # cambios en un momento anterior

$ git diff HEAD~2 HEAD # cambios en dos momentos anteriores
```

Para ver los cambios y la comparación de los archivos tecleamos *git difftool,* para verlo con una herramienta de forma más visual. Pregunta si se desea utilizar la herramienta *vimdiff* (que es la herramienta por defecto) indicamos que sí. Se abre, pero el formato es poco visual.

Para visualizar mejor estos cambios utilizamos una herramienta llamada *tkdiff*. La descargamos desde https://sourceforge.net/projects/tkdiff/, descargamos la versión para Windows, *tkdiff-5-7.zip,* descomprimimos y guardamos el fichero *tkdiff* en la carpeta donde está instalado git: *C:\Program Files\Git\usr\bin.* Ya en la consola de Git tecleamos *git difftool* y *git* detectará que existe la herramienta *tkdiff*, y preguntará si se desea lanzar para ver los cambios, contestamos que sí. Se mostrará la ventana de cambios de forma más amigable. En la ventana de cambios a la izquierda aparece el fichero de *commit* y a la derecha el fichero de *working*, véase la Figura 4.5.

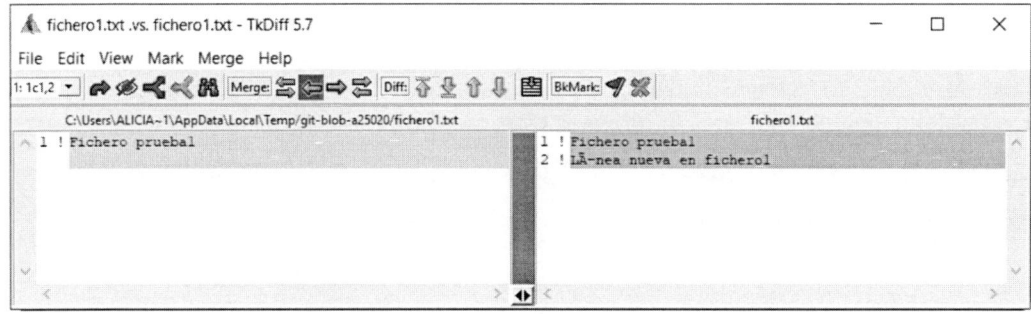

Figura 4.5. Comparar versiones, herramienta **tkdiff**.

Cuando hay varios cambios en varios ficheros, se irán abriendo uno a continuación de otro, podemos indicar un único fichero escribiendo *git difftool <nombredefichero>.*

También podemos indicar que por defecto la herramienta de visualizar cambios sea *tkdiff*:

```
git config --global diff.tool tkdiff
```

Cuando realicemos cambios de modificar de nombre un fichero (**mv**), o borrarlo (**rm**), es necesario hacerlo con git (**git mv** o **git rm**), porque si lo hacemos utilizando los comandos de renombrar o borrar del sistema operativo, normalmente Linux, *git* no se enterará, y no recogerá esos cambios ni en el *working* ni en las validaciones.

Cuando se realizan cambios de este tipo, de borrado o nombrado, **los cambios se registrarán en el área de working.** Si hacemos *ls -la* no veremos los ficheros borrados o directorios borrados. Pero en el *working* esos cambios sí se mostrarán.

ACTIVIDAD 4.1

Valida los cambios anteriores.

Cambia de nombre fichero1.txt a fichero11.txt con el comando **mv**. E indica qué ocurre

Cambia de nombre fichero2.txt a fichero22.txt, con el comando **git mv**. E indica qué ocurre.

Valida todos los cambios e indica los pasos y lo que ocurre.

Por defecto, `git diff` solo comparará lo que hay en el área de *working* con lo que hay en el área de *commit*. Si se desea comparar con lo que está en el área de preparación *(staging)* con el área de *working*, hay que teclear los comandos: `git diff --staged` o `git difftool --staged` si se desea comparar con la herramienta.

DESHACIENDO CAMBIOS

Una de las propiedades de los sistemas de control de versiones es la propiedad de deshacer cambios y volver a un momento anterior (una versión anterior, una instantánea). Es importante tener en cuenta que los cambios que se hacen en área de *working* si se borran de *working* no se pueden recuperar, se recuperarán si antes han pasado por las áreas de *staging* o *commit*.

El comando `git checkout` reemplazará todo lo que tengamos en el área de *working* por la última versión validada, es decir nos va a traer la versión *HEAD* del área de *commit*. *HEAD* es el puntero a la última revisión. https://git-scm.com/docs/git-checkout

`git checkout .` Si escribo esta orden (con .), todo el contenido del *working,* el directorio actual de trabajo *(.)*, será reemplazado por lo que haya actualmente en el área de *commit*. Si hubiese algún cambio en el área de *staging*, esos cambios van a permanecer.

git checkout -- <nombrefichero> Para hacer checkout de un fichero concreto.

git checkout <nombrerama> Para hacer checkout de una rama. Se verá más adelante.

Por ejemplo, borro un fichero y lo recupero (se supone que se validó y está en el *HEAD*):

```
$ rm fichero1.txt
$ git checkout .
```

Git checkout, no toca el área de preparación. Para eso tenemos el comando `git reset`.

Si tenemos algo en *staging* y queremos eliminarlo de *staging*, y devolverlo al *working* entonces usamos *git reset HEAD <fichero>*.

Para pasar de *staging* a *working* utilizamos *git reset*.

Recuerda que cuando aparecen en verde los cambios, los cambios están en *staging*, y cuando aparecen rojos está en *working*.

Por ejemplo, borro un fichero con *git*, este va directamente a *staging*. Si lo quiero sacar de ahí escribo *git reset HEAD fichero11.txt*:

```
$ git rm fichero11.txt
$ git status
$ git reset HEAD fichero11.txt
$ git status
```

Con *git restore <nombredefichero>* devolvemos el fichero al estado anterior a los cambios. El fichero estaba en *working*, y va a salir del *working* sin los cambios:

```
$ echo "Creo otra linea" >> fichero3.txt
$ cat fichero3.txt
$ git status
$ git restore fichero3.txt
$ cat fichero3.txt
$ git status
```

El comando `git reset --hard` combina tanto el efecto de un *git checkout* como el de un *git reset* en un único comando. El resultado es que se **eliminarán los ficheros** del área de *staging* y del área de *working* de tal forma que volvemos a los mismos contenidos que estaban presentes en el último *commit*. Ojo al utilizar el comando, porque se puede perder información si no estamos muy seguros de lo que estamos haciendo.

Probamos lo siguiente, el *fichero3* se borra, y directamente pasa a *staging*, el *fichero11* se modifica, y se añade a *staging* con *add*, y el *fichero22* se modifica y está en el área de *working*:

```
$ git rm fichero3.txt
$ echo "Creo linea" >> fichero11.txt
$ git add fichero11.txt
$ echo "Creo linea" >> fichero22.txt
$ git status
```

Limpio lo que hay en *working* y *staging* con *reset hard*, me cargo todos los cambios que hice anteriormente y me traigo lo que hay en el *HEAD (git reset --hard HEAD)*. Visualizo el *fichero3* y veo que tiene los datos anteriores al reset y que no está borrado:

```
$ git log --oneline
$ git reset --hard HEAD
$ cat fichero3.txt
```

Si ahora queremos volver a una instantánea, es decir a un momento en el que hicimos un *commit*, utilizamos el comando *git reset --hard <apuntadordevalidación>*. El apuntador de cada *commit* se muestra cuando vemos el log con *git log --online*, se muestra a la izquierda:

```
$ git log --oneline
abb9bf6 (HEAD -> master) Valid
965ec1d Valido los ficheros 3
fec5ee2 Valido los cambios de nombre de fichero 1 a 11
489235b Valido los cambios de nombre de fichero 2 a 22
ba9e605 Valido los cambios en fichero1 y fichero 2
17494fb Valido los ficheros 2 y 3
932e8ae Valido el fichero 1.
```

Si por ejemplo quiero volver al momento en que creé los tres ficheros, y añadí una línea a cada uno de ellos, sería el momento del log: *ba9e605*, escribiré la orden, y volveré a tener los tres ficheros creados inicialmente, con esa modificación. Eso sí, habré perdido todo lo realizado en los momentos posteriores:

```
$ git reset --hard ba9e605
$ ls -la
$ git log --oneline
$ git status
```

Se pueden deshacer los cambios realizados en el último commit. Para ello utilizamos la orden *git revert HEAD*.

Por ejemplo, modificamos un fichero, y lo validamos. Si queremos deshacer esos cambios se creará un nuevo **commit** con la operación deshecha, además visualizará una pantalla con los cambios que va a revertir. Prueba lo siguiente, y observa que se crean dos **commit** nuevos después del ejecutar el comando:

```
$ echo "Creo otra linea" >> fichero1.txt
$ echo "Creo otra linea" >> fichero1.txt
$ git add fichero1.txt
$ git commit -m "Valido cambio para revert en 1"
$ git log --oneline
f05d505 (HEAD -> master) Valido cambio para revert en 1
ba9e605 Valido los cambios en fichero1 y fichero 2
17494fb Valido los ficheros 2 y 3
932e8ae Valido el fichero 1.

$ git revert HEAD
$ git log --oneline
5ca7217 (HEAD -> master) Revert "Valido cambio para revert en 1"
42a9397 Valido cambio para revert en 1
f05d505 Valido cambio para revert en 1
ba9e605 Valido los cambios en fichero1 y fichero 2
17494fb Valido los ficheros 2 y 3
932e8ae Valido el fichero 1.
```

Nos imaginamos ahora que queremos revertir todos los cambios a uno de los momentos iniciales. Por ejemplo, al momento en el que sa han validado los *fichero1* y *fichero2*, *17494fb*:

```
$ git revert 17494fb
Removing fichero3.txt
CONFLICT (modify/delete): fichero2.txt deleted in parent of 17494fb... Valido
los ficheros 2 y 3 and modified in HEAD. Version HEAD of fichero2.txt left in
tree.
error: could not revert 17494fb... Valido los ficheros 2 y 3
hint: after resolving the conflicts, mark the corrected paths
hint: with 'git add <paths>' or 'git rm <paths>'
hint: and commit the result with 'git commit'
```

Al hacer *git revert* pueden ocurrir conflictos, puede que se pida revertir a una situación, en la que *git* no resuelve y tenemos que decidir qué hay que hacer.

Por ejemplo, que encuentre archivos que existen en *HEAD* y no existe en la instantánea a la que se desea acceder. En el ejemplo dice que hay conflicto en el *fichero2.txt*, que fue eliminado del commit *17494fb* al que queremos revertir, pero aparece modificado en el **HEAD**.

Si mostramos el estado del **working** nos va a sugerir posibles acciones, y nos va a indicar los cambios que va a realizar. Aparecerán en verde los cambios aceptados, y en rojo los que entran en conflicto, aceptado es el borrado del *fichero3*, pero no el borrado del *fichero2*, y una de las sugerencias es que ese fichero se borre:

```
$ git status
On branch master
You are currently reverting commit 17494fb.
  (fix conflicts and run "git revert --continue")
  (use "git revert --skip" to skip this patch)
```

```
   (use "git revert --abort" to cancel the revert operation)
Changes to be committed:
  (use "git restore --staged <file>..." to unstage)
        deleted:      fichero3.txt
Unmerged paths:
  (use "git restore --staged <file>..." to unstage)
  (use "git add/rm <file>..." as appropriate to mark resolution)
        deleted by them: fichero2.txt
```

Para resolver el conflicto podemos saltarnos el paso con *git revert --skip,* o podemos abortar la orden *git revert --abort,* o también podemos **solucionar el conflicto**.

No fijamos en los cambios que no se pueden hacer, aparecerán en rojo y dentro de ***Unmerged paths***, y lo que sugiere es que borremos el fichero: *deleted by them: fichero2.txt*. Así pues, se borra y se visualiza de nuevo el *status* de *working*. Ya no *aparecerán* cambios en *"rojo"*, ya indica los cambios a validar. Continuamos con la operación *revert*, y se mostrará en una ventana que nos dirá los cambios que se van a realizar, podemos añadir un comentario a la operación y finalmente aparece todo validado:

```
$ git rm fichero2.txt
$ git status
On branch master
You are currently reverting commit 17494fb.
  (all conflicts fixed: run "git revert --continue")
  (use "git revert --skip" to skip this patch)
  (use "git revert --abort" to cancel the revert operation)
Changes to be committed:
  (use "git restore --staged <file>..." to unstage)
        deleted:      fichero2.txt
        deleted:      fichero3.txt
$ git revert --continue
$ git status
$ ls -la
$ git log --oneline
```

También se pueden revertir los cambios desde un momento a otro momento, es decir de múltiples ***commits***, se utilizará el ~ para significar "***menos***". Por ejemplo, *HEAD~2,* son dos ***commits*** desde *HEAD*. Esto puede combinarse con los caracteres "**...**" que indican el rango entre dos ***commits***.

Por ejemplo, ponemos: *git revert HEAD...HEAD~6* para revertir los commits hechos entre *HEAD* y *HEAD~6*. Irá a 6 commits hacia atrás. Para cada validación mostrará la ventana de cambios, y podemos añadir mensaje.

Si en un revert, no queremos pasar uno a uno por los cambios del rango seleccionado, se pueden quitar añadiendo **--no-edit**:

```
$ git revert HEAD...HEAD~3 --no-edit
```

ACTIVIDAD 4.2

Crea en el disco la carpeta repositororio2, e inicia *Git Bash*. Convierte la carpeta a un repositorio git. Y realiza las siguientes operaciones:

1. Crea dos archivos (prueba1.txt y prueba2.txt), añade texto, valídalos en el repositorio.

2. Realiza nuevos cambios en el primero, valídalo.

3. Realiza nuevos cambios en el segundo archivo, valídalo.

4. Vuelve a la situación antes de los cambios del archivo2.txt. Ir al paso 2 con el comando **reset**.

5. Crea el archivo prueba3.txt y añade cambios a este archivo, y valídalo, sólo a él.

6. Revierte los cambios al momento en el que no existían ninguno de los ficheros. Vuelve al commit que se hizo en el paso1 Utiliza **revert**. Resuelve lo que ocurra.

4.2.5.3. Trabajar en remoto

Los repositorios remotos van a permitir compartir cambios desde o hacia nuestro repositorio. Las ubicaciones remotas son generalmente servidores locales, una máquina de un equipo de trabajo o bien un almacén de repositorios en la nube como *GitLab* o *Github*.

En este apartado crearemos una cuenta en *GitHub*, y vamos a probar a cargar y descargar carpetas y ficheros. Entramos en https://github.com/signup, y registramos una cuenta. Seleccionamos un plan *Free*, pedirá verificación por email, se verifica el registro y ya podemos entrar en la cuenta creada. Se puede consultar la ayuda en https://guides.github.com/activities/hello-world/

Lo primero que haremos será crear un repositorio, generalmente *un repositorio* se usa para organizar *un solo proyecto*. Los repositorios pueden contener carpetas y archivos, imágenes, videos, hojas de cálculo y conjuntos de datos, cualquier cosa que el proyecto necesite. En los ejercicios lo utilizaremos para hacer pruebas de archivos y carpetas.

Para **crear el repositorio**, buscamos en la ventana de *GitHub* la opción para crear el repositorio. Escribimos el nombre de repositorio, y lo marcamos como *public*, para que todo el mundo pueda verlo. En el ejemplo la cuenta se va a llamar *arama2020* y el repositorio lo llamamos *gitrepositorio*, se pulsa al botón *Create repository* (véase la Figura 4.6), y ya tenemos el repositorio creado.

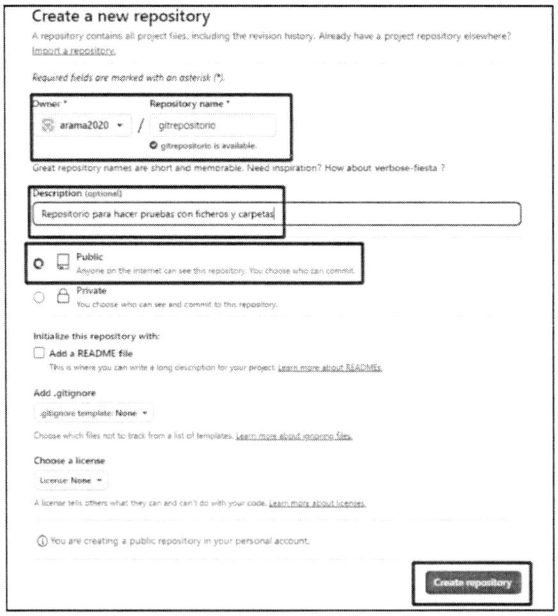

Figura 4.6. Creación de un repositoro en GitHub.

En la siguiente pantalla podremos observar cuál va a ser la *URL* del repositorio creado, y además las órdenes que utilizaremos para conectarnos remotamente al repositorio (véase la Figura 4.7). La orden para conectarse o vincularse con este repositorio remoto es esta:

```
git remote add origin https://github.com/arama2020/gitrepositorio
```

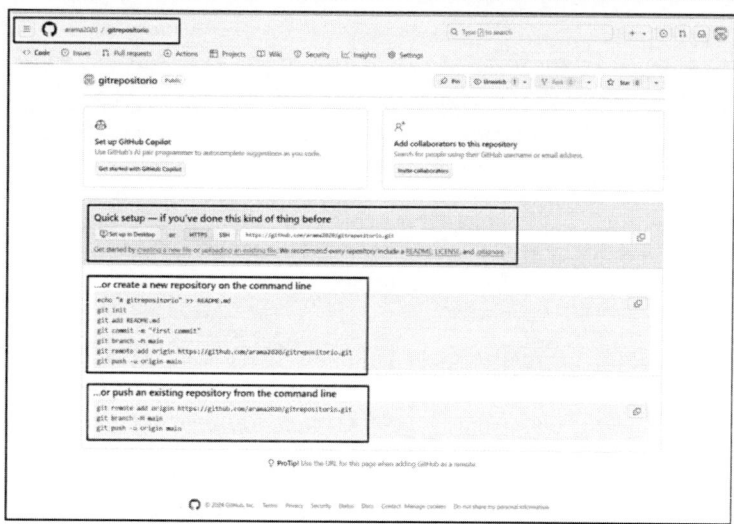

Figura 4.7. Vista inicial del repositorio.

Y con los comandos `git push` subiremos los *commit* del repositorio local al remoto, y con `git fetch` traeremos los *commits* del repositorio remoto al repositorio local.

Cuando trabajemos con repositorios remotos, el repositorio local se identificará por **master** y el repositorio remoto por **origin/master**.

A continuación, creamos un repositorio local y lo subiremos al remoto. Creamos en local una carpeta nueva con nombre **repositorio3**, abrimos **Git Bash**, y creamos el repositorio Git con `git init`. Añadimos dos archivos y validamos dos veces, y así tendremos dos *commits*. Y visualizanos el log para ver cómo nos queda. El código es el siguiente:

```
$ git init
$ echo "Fichero repo1" > repo1.txt
$ echo "Fichero repo2" > repo2.txt
$ git add .
$ git commit -m "Creo repo1 y repo2 paso1"
$ echo "Nuevo dato repo1" >> repo1.txt
$ echo "Nuevo dato repo2" >> repo2.txt
$ git add .
$ git commit -m "Nueva línea en repo1 y 2 paso2"
$ git status
$ ls -la
$ git log --oneline
2020aa9 (HEAD -> master) Nueva línea en repo1 y 2 paso2
524910b Creo repo1 y repo2 paso1
```

Lo siguiente que hacemos es conectarnos al remoto y subir lo que tenemos validado en el área de **commit**, que es el **master** local indicado por **HEAD->master**.

Con `git push origin master` enviaremos el área de **commit** local al repositorio remoto.

El comando *git push* va acompañado de dos parámetros, el primero es el nombre amigable del repositorio remoto (normalmente *origin*), y el segundo es el nombre de la rama (normalmente, rama *master*). Por defecto, todos los repositorios tienen una rama *master* donde se trabaja con el código. Al lanzar el comando *push*, va a pedir conexión con *GitHub*, tecleamos los datos y hacemos login. Y seguidamente se mostrarán los mensajes de la subida de los commits. Escribimos lo siguiente:

```
$ git remote add origin https://github.com/arama2020/gitrepositorio
$ git push origin master
Enumerating objects: 8, done.
Counting objects: 100% (8/8), done.
Delta compression using up to 8 threads
Compressing objects: 100% (4/4), done.
Writing objects: 100% (8/8), 598 bytes | 199.00 KiB/s, done.
Total 8 (delta 0), reused 0 (delta 0), pack-reused 0 (from 0)
To https://github.com/arama2020/gitrepositorio
 * [new branch]      master -> master
```

Podemos observar que se ha realizado la validación por los mensajes obtenidos y que ha creado la rama *master*. Si vamos al repositorio remoto de *GitHub* se visualizará la rama *master*, con los dos *commits* realizados, y el usuario que hizo los *commits*. Véase la Figura 4.8.

Si se pulsa al enlace de los *Commits*, podremos ver las validaciones que se han hecho, con los comentarios de cada validación, con su identificador, además podremos seleccionar el identificador y ver el detalle de los de los cambios realizados, y también se podrá cargar esa versión en el visualizador de ficheros, haciendo clic sobre los ficheros.

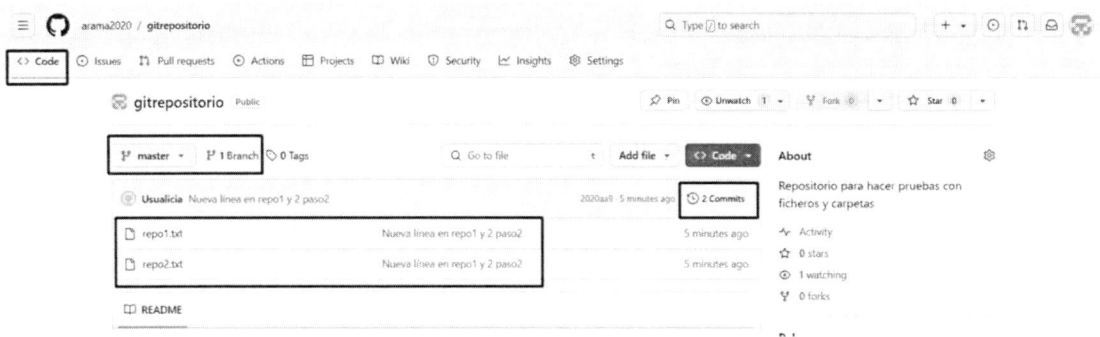

Figura 4.8. Visualizador de ficheros del repositorio.

CREAR UNA COPIA LOCAL DEL REPOSITORIO REMOTO

En la siguiente prueba vamos a hacer una copia del repositorio remoto en local, pero se va a cambiar el usuario local, configuraremos *un usuario* nuevo. Este usuario va a copiar el repositorio remoto, a su repositorio local, va a añadir un fichero nuevo, y va a validar los cambios en el remoto.

Para cambiar la configuración del usuario utilizamos el comando *config*:

```
$ git config --global user.email "usu2@example.com"
$ git config --global user.name "Usu2 Name"
```

Para traer el contenido del repositorio remoto, podemos hacerlo de varias formas, veamos dos de ellas:

- **Crear copia con checkout**

Creamos una carpeta nueva con nombre **repositorio4**, y entramos en **Git Bash.** Para traernos la copia del repositorio remoto en la carpeta creada, creamos el repositorio con **git init**, vinculamos el repositorio local con el remoto, nos traemos el repositorio remoto con **git fetch origin master** al área de **commits**, y a continuación pasamos del área de **commits** local a la carpeta de trabajo con **git checkout origin/master:**

```
$ git init
$ git remote add origin https://github.com/arama2020/gitrepositorio
$ git fetch origin master
$ git checkout origin/master
$ git status
HEAD detached at origin/master
nothing to commit, working tree clean
```

Si vemos el stado del working (**git status**), no nos dice que estamos en la rama *master*, sino que nos dice que **HEAD**, la rama *master* local está separada de **origin/master (HEAD detached at origin/master)** la rama *master* del remoto. Si observamos el log, vemos que a **HEAD** le falta el apuntador **master** local:

```
$ git log --oneline
2020aa9 (HEAD, origin/master) Nueva línea en repo1 y 2 paso2
524910b Creo repo1 y repo2 paso1
```

Para restablecer la rama principal (**master**) en el local, lanzamos el comando **get checkout master**, volvemos a ver el *log*, y ya aparece el **HEAD** local apuntando al **master** local:

```
$ git checkout master
$ git log --oneline
2020aa9 (HEAD -> master, origin/master) Nueva línea en repo1 y 2 paso2
524910b Creo repo1 y repo2 paso1
```

En este momento el local y el remoto estarían en la misma instantánea, sincronizados**: (HEAD -> master, origin/master).**

Con el comando **git branch -v -a** podemos ver la rama local en la que estamos, y la rama remota a la que estamos conectados:

```
$ git branch -v -a
```

- **Clonando el repositorio remoto**

Al clonar el repositorio remoto en una carpeta de trabajo, no tenemos que hacer todos los pasos que se hizo anteriormente, no se necesita **git init**, ni **git fetch**.

Al clonar el repositorio, directamente se creará la estructura **git** en la carpeta de trabajo destino. Para la prueba creamos una carpeta nueva, la llamamos **repositorio5**, y hacemos el clonado en la carpeta. Se utiliza la instrucción **clone**, y al final **añadimos un punto**, para que el clonado se haga en la carpeta donde lancemos la orden, si no se pone el punto final, el clonado lo vuelca en una subcarpeta. Hacemos el clonado en la carpeta creada, añadimos un archivo, y lo subimos al remoto. Las instrucciones son las siguientes:

```
$ git clone  https://github.com/arama2020/gitrepositorio .
$ echo "Fichero repo3" > repo3.txt
$ git add .
$ git commit -m "Creo repo3 paso3"
$ git log --oneline
$ git push origin master  # se sube al remoto
$ git log —oneline  # Comprobamos la sincronización
6f87cf6 (HEAD -> master, origin/master, origin/HEAD) Creo repo3 paso3
2020aa9 Nueva línea en repo1 y 2 paso2
524910b Creo repo1 y repo2 paso1
```

4.2.5.4. Trabajar con ramas (branches)

Ya hemos visto que por defecto en *Git* se llama **master** a la **rama principal** del proyecto o rama principal del desarrollo. Cualquier sistema de control de versiones moderno tiene mecanismos para soportar el uso de ramas. Cuando hablamos de ramificaciones, significa que cogemos la rama principal de desarrollo (**master**) y a partir de ahí continuamos trabajando añadiendo nuevas funciones, sin seguir la rama master.

Git maneja las ramificaciones de forma muy rápida lo que le hace ser un potente sistema de control de versiones, promueve un ciclo de desarrollo donde las ramas se crean y se unen entre sí, incluso varias veces en el mismo día. Git va a permitir tener muchas versiones diferentes del código base o desarrollo principal, y ***dentro de nuestra área de working podremos intercambiar ramas sin cambiar de área de working.*** Las ramas son ideales para realizar pruebas y experimentos, y si se decide ser fusionadas con la rama *master*.

Cuando se crea una rama simplemente se crea **un nuevo apuntador** que podremos moverlo libremente. Si creamos una rama con nombre *"pruebas"* esto creará un nuevo apuntador ***apuntando a la misma confirmación donde estés actualmente.***

El comando para crear ramas es: ***git branch <nombre-rama> <ramadepartida>.***

Las ramas se crean basándonos en otra rama la <***ramadepartida***>, que generalmente será la rama ***master***. Por defecto se crean a partir de la rama ***master***.

Para realizar las pruebas con las ramas, el repositorio de prueba estará conectado al repositorio remoto. En los ejemplos utilizamos el ***repositorio5***, del apartado anterior, que ya está conectado al remoto: ***git remote add origin https://github.com/arama2020/gitrepositorio***

Visualizamos las ramas que tenemos con `git branch -v -a` (-*a* incluirá también las ramas remotas, y -*v* incluirá el mensaje *commit* del HEAD de la rama). También con ***git log*** se pueden ver las ramas.

En el siguiente ejemplo se crea la rama *pruebas*, y hasta que nos cambiemos de rama, todas tienen el mismo apuntador ***master***, ***pruebas, y origin/master*** apuntan en este momento a HEAD, observa las salidas de los comandos ***git branch -v -a*** y ***git log --oneline***:

```
$ git branch pruebas
$ git branch -v -a
* master              6f87cf6 Creo repo3 paso3
  pruebas             6f87cf6 Creo repo3 paso3
  remotes/origin/HEAD  -> origin/master
  remotes/origin/master 6f87cf6 Creo repo3 paso3
```

```
$ git log -oneline
6f87cf6 (HEAD -> master, origin/master, origin/HEAD, pruebas) Creo repo3 paso3
2020aa9 Nueva línea en repo1 y 2 paso2
524910b Creo repo1 y repo2 paso1
```

La rama en la que estamos posicionados es la rama que llevará el *apuntador HEAD*. Cuando cambiamos de rama, *Git* cambia los contenidos del directorio de **working**, y cambia el apuntador **HEAD** a la rama actual.

El comando para cambiar de rama es **git checkout <nombrerama>**.

Cada vez que hagamos el cambio de rama a la rama **master** local (`git checkout master`) *git* nos va a informar de si la rama local está por delante de la rama remota **(origin/master)**, en número de *commits*, y sugerirá hacer "**git push**" para publicar las confirmaciones locales y sincronizar. Véase la figura 4.9.

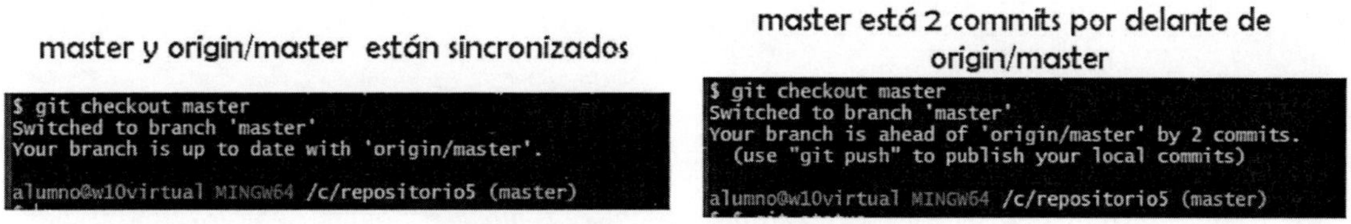

master y origin/master están sincronizados

master está 2 commits por delante de origin/master

```
$ git checkout master
Switched to branch 'master'
Your branch is up to date with 'origin/master'.

alumno@w10virtual MINGW64 /c/repositorio5 (master)
```

```
$ git checkout master
Switched to branch 'master'
Your branch is ahead of 'origin/master' by 2 commits.
  (use "git push" to publish your local commits)

alumno@w10virtual MINGW64 /c/repositorio5 (master)
```

Figura 4.9. Master y Origin/master.

En el ejemplo siguiente, nos movemos a la rama creada, creamos varios ficheros, los añadimos a **staging** y los validamos. Si visualizamos tendremos los ficheros iniciales más los nuevos en la rama *pruebas*.

```
$ git checkout pruebas
$ echo "nuevo1" > nuevo1
$ echo "nuevo2" > nuevo2
$ echo "nuevo3" > nuevo3
$ git add nue*
$ git commit -m "Ficheros nuevos en la rama"
$ ls -la
$ git branch -a -v
  master                6f87cf6 Creo repo3 paso3
* pruebas               4a30526 Ficheros nuevos en la rama
  remotes/origin/HEAD   -> origin/master
  remotes/origin/master 6f87cf6 Creo repo3 paso3
$ git log --oneline
4a30526 (HEAD -> pruebas) Ficheros nuevos en la rama
6f87cf6 (origin/master, origin/HEAD, master) Creo repo3 paso3
2020aa9 Nueva línea en repo1 y 2 paso2
524910b Creo repo1 y repo2 paso1
```

Si cambiamos a la rama **master**, veremos que tenemos los ficheros iniciales. Estamos dentro del mismo **working** siempre, pero cambiamos de rama de forma muy sencilla.

```
$ git checkout master
$ git branch -a -v
* master                6f87cf6 Creo repo3 paso3
  pruebas               4a30526 Ficheros nuevos en la rama
  remotes/origin/HEAD   -> origin/master
  remotes/origin/master 6f87cf6 Creo repo3 paso3
$ ls -la
```

```
$ git log --oneline
6f87cf6 (HEAD -> master, origin/master, origin/HEAD) Creo repo3 paso3
2020aa9 Nueva línea en repo1 y 2 paso2
524910b Creo repo1 y repo2 paso1
```

*Utilizaremos **git pull** para actualizar las ramas en local, cuando se crean ramas desde otras conexiones. Esta acción puede provocar conflictos.*

FUSIONAR RAMAS

En esta prueba realizaremos cambios en la rama *pruebas*, en uno de los ficheros iniciales, por ejemplo *repo1.txt*, validamos los cambios y luego los cambios los fusionaremos con la rama *master*. Lo hacemos en el ***repositorio5***. Primero añado los cambios y los valido en la rama pruebas:

```
$ git checkout pruebas
$ echo "Cambio1 desde la rama pruebas" >> repo1.txt
$ echo "Otro cambio desde pruebas" >> repo1.txt
$ git add repo1.txt
$ git commit -m "Cambios en la rama pruebas de repo1.txt"
```

Si observamos ahora el log vemos que *pruebas* y *master* tienen distintos apuntadores. Recuerda que cada vez que se hace commit se genera una instantánea y se identifica por su apuntador. Como se está en la rama *pruebas* ***HEAD*** apunta a *pruebas*:

```
$ git log -oneline
a5381ca (HEAD -> pruebas) Cambios en la rama pruebas de repo1.txt
4a30526 Ficheros nuevos en la rama
6f87cf6 (origin/master, origin/HEAD, master) Creo repo3 paso3
2020aa9 Nueva línea en repo1 y 2 paso2
524910b Creo repo1 y repo2 paso1
```

Para fusionar (***merge***) dentro de la rama ***master***, primero nos movemos a la rama objetivo, en este caso ***master***, y estando en ella, se lanza ***git merge*** para fusionar los cambios de la nueva rama sobre la rama ***master***.

Se utiliza el comando ***git merge <rama_origen> <rama_destino_del_merge>***.

En el ejercicio escribimos:

```
$ git checkout master
$ git merge pruebas master
```

Después de hacer la fusión si vemos el log observaremos que *master* y *pruebas*, ahora tienen el mismo apuntador ***HEAD***, pero el repositorio remoto (***origin/master***) está dos commits por detrás. Luego se sincronizará más adelante:

```
$ git log -oneline
a5381ca (HEAD -> master, pruebas) Cambios en la rama pruebas de repo1.txt
4a30526 Ficheros nuevos en la rama
6f87cf6 (origin/master, origin/HEAD) Creo repo3 paso3
2020aa9 Nueva línea en repo1 y 2 paso2
524910b Creo repo1 y repo2 paso1
```

SUBIR LA RAMA AL REPOSITORIO REMOTO

Si ahora deseamos subir el contenido de una rama a una ubicación remota, tenemos que usar el comando *git push <nombreremoto> <nombrederama>*. En el ejemplo escribimos:

```
$ git push origin master pruebas
$ git log -oneline
a5381ca (HEAD -> master, origin/pruebas, origin/master, origin/HEAD,
pruebas) Cambios en la rama pruebas de repo1.txt
```

Si observas el log, verás que se han sincronizado todas las ramas, en el repositorio local *pruebas* y *master*, y en el remoto *origin/master* y *origin/pruebas*. Todos apuntan al *HEAD*.

Si comprobamos el repositorio en *GitHub*, observaremos que ahora tiene dos *branches*.

Si ahora deseamos **borrar la rama** escribiremos la orden: *git branch -d <nombrederama>*.

Una vez que la rama ya se ha subido al repositorio remoto, la vamos a borrar del repositorio local. Una vez borrada si observamos el log veremos que ahora existe un *origin/pruebas* en el repositorio remoto, aunque la rama pruebas ya no exista en el repositorio local:

```
$ git branch -d pruebas
$ git log --oneline
a5381ca (HEAD -> master, origin/pruebas, origin/master, origin/HEAD) Cambios
en la rama pruebas de repo1.txt
```

Si quisiéramos descargar la rama del repositorio remoto al repositorio local escribiremos:

```
$ git fetch origin pruebas
$ git checkout pruebas
```

PROVOCANDO UN CONFLICTO

La siguiente prueba consiste en crear un conflicto. El conflicto consistirá en que crearemos un archivo con el mismo nombre en dos sitios diferentes: en una nueva rama (que la llamaremos pruebas2) y en la rama *master*. Y más tarde realizaremos la fusión de la rama creada al *master*. En ese momento aparecerá el conflicto pues ambas ramas han añadido un fichero con el mismo nombre.

Creamos una nueva carpeta con nombre *repositorio6*, entramos en *Git Bash* y clonamos el repositorio remoto. Creamos una rama nueva con nombre *pruebas2*, añadimos un archivo nuevo con 2 líneas, y validamos. Nos movemos a la rama *master* y creamos otro archivo con el mismo nombre y con otras líneas, validamos el archivo, y realizamos la fusión:

```
$ git clone https://github.com/arama2020/gitrepositorio .
$ git branch pruebas2
$ git checkout pruebas2
$ echo "Creo archivo en pruebas2" >> archivo.txt
$ echo "Otro texto" >> archivo.txt
$ git add archivo.txt
$ git commit -m "Creado archivo.txt en la rama pruebas2"
$ git log --oneline
```

Volvemos a master y creamos un archivo con el mismo nombre

```
$ git checkout master
$ echo "Creo en master" > archivo.txt
$ git add archivo.txt
$ git commit -m "Creado archivo.txt en master"
$ git log --oneline
```

Estoy en *master* y fusiono, al fusionar aparece el conflicto pues en la fusión las dos ramas han creado un archivo con el mismo nombre, indica que hay un conflicto al añadir el *archivo.txt*:

```
$ git merge pruebas2 master
Auto-merging archivo.txt
CONFLICT (add/add): Merge conflict in archivo.txt
Automatic merge failed; fix conflicts and then commit the result.
```

Si visualizamos el estado del ***working*** con `git status`, *git* nos mostrará una salida similar a la siguiente, en la que sugiere las acciones a realizar:

```
$ git status
  On branch master
  Your branch is ahead of 'origin/master' by 1 commit.
    (use "git push" to publish your local commits)
  You have unmerged paths.
    (fix conflicts and run "git commit")
    (use "git merge --abort" to abort the merge)
  Unmerged paths:
    (use "git add <file>..." to mark resolution)
        both added:      archivo.txt
  no changes added to commit (use "git add" and/or "git commit -a")
```

RESOLVER EL CONFLICTO

Para resolver el conflicto realizaremos las indicaciones ***Unmerged paths***. Pero antes sincronizaremos con el repositorio remoto, y luego se añade y valida el archivo en conflicto. Y seguidamente se vuelve a sincronizar.

Primero subimos los cambios de ***master*** a ***origin/master***, y así se sincroniza con el remoto. Si visualizamos el log vemos que ya están sincronizados, ***HEAD -> master*** y ***origin/master***:

```
$ git push origin master
$ git status
$ git log --oneline
```

Hacemos ahora ***Merge*** y seguimos teniendo el conflicto. Ahora va a pedir que añadamos y validemos el fichero *archivo.txt*. Tampoco nos dejará volver a la rama *pruebas2* ***(git checkout pruebas2)*** hasta que se resuelva el conflicto. Escribimos lo siguiente:

```
$ git merge pruebas2 master # Seguirá el error
$ git add archivo.txt   # Pide añadir el archivo
$ git commit -m "valido para solucionar conflicto" # Se valida
```

Observa las marcas que se han generado de los cambios al consultar el archivo modificado:

```
$ cat archivo.txt
<<<<<<< HEAD
Creo en master
=======
Creo archivo en pruebas2
Otro texto
>>>>>>> pruebas2
```

Solucionado el conflicto, ya si podremos movernos a la rama *pruebas2* con `git checkout pruebas2`. Si se visualiza el contenido del fichero ***archivo.txt*** observaremos que tiene el contenido inicialmente guardado. El contenido fusionado aparecerá en la rama ***master***. Ojo que la rama no la hemos subido al repositorio remoto. Si quisiéramos subir la rama utilizamos el comando: `git push origin master pruebas2`.

Finalmente sincronizamos el local *master* con master remoto ***origin/master***:

```
$ git push origin master
```

Git dispone de un comando que va a permitir consultar toda la información de un fichero, las revisiones, el autor que realizó las modificaciones, las líneas que modificó, etc. Este es el comando ***git blame <nombredefichero>***. Por ejemplo:

```
$ git blame archivo.txt
```

Y si sabemos las líneas que pueden estar afectadas por cambios, se puede filtrar el rango de líneas a consultar. En el ejemplo consulto por las líneas 4 a 6 del fichero archivo.txt:

```
$ git blame -L 4,6 archivo.txt
```

4.2.5.5. Trabajar con etiquetas (tags)

Como la mayoría de los sistemas de control de versiones ***Git*** tiene la posibilidad de etiquetar o rotular momentos específicos del historial como importantes. Esta funcionalidad se usa típicamente para marcar versiones de lanzamiento (v1.0, por ejemplo). A continuación, veremos cómo utilizar las etiquetas en ***Git***.

El comando para mostrar las etiquetas es `git tag`. Se mostrarán las etiquetas creadas, sin orden.

Para crear una etiqueta escribiremos: ***git tag -a nombredeetiqueta -m Mensaje de la etiqueta.*** Seguimos en el repositorio anterior y añadimos una etiqueta, por ejemplo, la versión 1.0:

```
$ git tag -a v1.00 -m "Versión 1.0"
```

Se pueden listar todas las que cumplan un patrón, por ejemplo, las que empiecen por v1.:

```
$ git tag -l 'v1.*'
```

Hay dos tipos de etiquetas ***las anotadas*** y ***las ligeras***:

- Las ***anotadas*** se guardan en la base de datos de ***Git*** como objetos enteros. Contienen el nombre del etiquetador, el correo electrónico y fecha; tienen un mensaje asociado; y pueden ser firmadas y verificadas con *GNU Privacy Guard* (GPG). Normalmente se recomienda que se creen etiquetas anotadas, de manera que tengas toda esta información; pero si quieres una etiqueta temporal o por alguna razón no estas interesado en esa información, entonces se podrán usar las etiquetas ligeras. El formato de las anotadas es el mostrado anteriormente, lleva las opciones -a y -m. Si no se especifica el mensaje (-m) Git abrirá el editor de texto para que se escriba.

- Las ***ligeras*** es muy parecido a una rama que no cambia, simplemente es un puntero a un *commit* específico. Las ligeras no llevan las opciones –a y –m. Simplemente se crean con ***git tag <nombreetiq>***.

Para ver la información de una etiqueta se utiliza el comando **git show <nombreetiqueta>**:

```
$ git show v1.00
```

Por defecto, el comando *git push* **no transfiere etiquetas a servidores remotos**. Hay que enviarlas explícitamente a un servidor compartido después de haberlas creado. La orden para enviar las etiquetas es *git push origin <nombredeetiqueta>*. Si hubiera muchas etiquetas que subir escribiríamos `git push origin --tags`.

Subimos la etiqueta creada:

```
$ git push origin v1.00
```

ACTIVIDAD 4.3

Crea una rama nueva llamada *actividad3*. Y realiza las siguientes operaciones:

1. En la rama *actividad3* crea dos archivos: *activ31.txt* y *activ32.txt*, añade varias líneas en cada archivo. Valídalos en la rama, y sube la rama al repositorio remoto.
2. En master, fusiona la rama *actividad3* y sincroniza con el remoto origin/master.
3. Crea una etiqueta con la versión 1.0, y sube la etiqueta al remoto.
4. En la rama *actividad3 y* de nuevo en el fichero *activ31.txt*, añade varias líneas. Y valida el archivo
5. En master realiza cambios en *activ31.txt* y añade 2 líneas. Valida los cambios.
6. Fusiona la rama master y la rama *actividad3*. Resuelve el conflicto.
7. Sincroniza el repositorio con el remoto

4.2.6. Git en Eclipse

Para hacer las pruebas en eclipse, creamos una carpeta con nombre *EjerciciosGit* que será el nuevo *workspace* de trabajo para *Eclipse*, ahí guardaremos los proyectos. Y creamos otra carpeta que la llamaremos *RepositoriosGit*, para guardar los repositorios locales de nuestros proyectos. Arrancamos *Eclipse* y seleccionamos el *workspace*. Eclipse trae de serie una componente denominada *Egit* (https://wiki.eclipse.org/Es:EGit/Es:User_Guide) que proporciona una interfaz bastante completa de las operaciones con *Git*.

Para acceder a ella, hay que ir a la perspectiva *Git*. Para abrirla, se selecciona el menú *Window/ Perspective /Open Perspective/Other*, y *Git*. Al abrir la perspectiva vemos las opciones para añadir un repositorio que ya tengamos creado, clonar un repositorio de *Git (GitHub o GitLab)*, o crear un nuevo repositorio local. Véase la Figura 4.10.

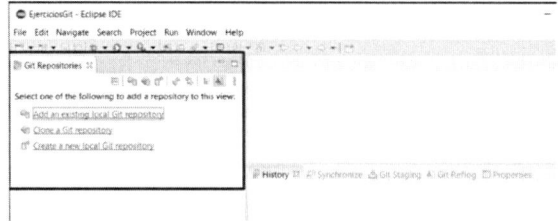

Figura 4.10. Vista Git de Eclipse.

Crear un repositorio local

Al seleccionar esta opción pedirá el camino y el nombre del repositorio a crear dentro de nuestro equipo. Al crearlo ejecutará internamente el comando ***git init***, y en la carpeta elegida se creará la estructura de *git*. Creamos el repositorio *proyecto1* dentro de la carpeta ***RepositoriosGit***. Una vez creado observa la estructura creada, véase la Figura 4.11.

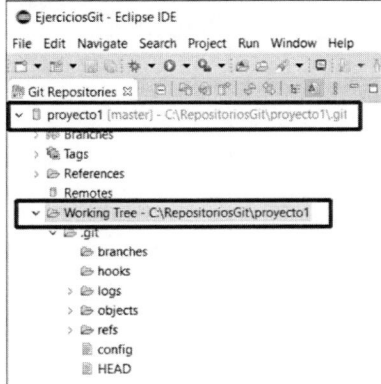

Figura 4.11. Estructura del repositorio *proyecto1*.

Observa la estructura ***master***, es el contenido de la carpeta oculta *.git*, es el repositorio *Git*, y es donde se almacenarán los *commits*. Observa el ***Working Tree***, que apunta a la carpeta de trabajo, y en esa carpeta será donde se añadirán los elementos que creemos en nuestro proyecto java, y donde se almacenarán los cambios. Es el área de ***working***.

Nos movemos ahora a la perspectiva java y creamos un proyecto Java con nombre *prueba1*. Una vez creado lo asociamos al repositorio local *proyecto1*. Desde el menú contextual asociado al proyecto, se selecciona ***Team/Share Project…*** , y en la ventana que se muestra, se selecciona *Git*, se pulsa *Next* y seguidamente se selecciona el repositorio, véase la Figura 4.12.

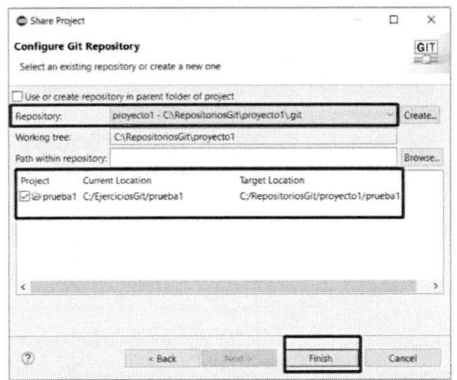

Figura 4.12. Proyecto asociado al repositorio.

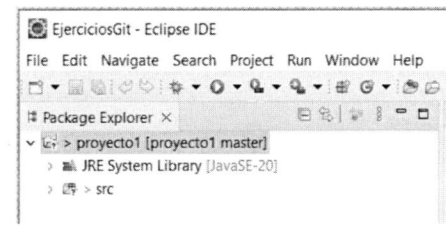

Figura 4.13. Proyecto marcado por *git*.

Al crearlo observaremos que el proyecto aparecerá marcado por *git* con el símbolo de > y un icono superpuesto e indicando que ahora es el *master* (véase Figura 4.13), Quiere decir que el proyecto está bajo el control de versiones de *Git*.

Si se abre ahora el menú contextual asociado al proyecto java, y seleccionamos la opción ***Team***, podremos ver todas las operaciones que se pueden hacer con el proyecto bajo el control de versiones de *Git*.

Observa el icono superpuesto que aparece al lado del proyecto. Git, al igual que otras muchas herramientas, utiliza iconos superpuestos para indicar el estado de los archivos. Para ver el significado de los iconos superpuestos de *Git*, abre el menú ***Windows/Preferences***, y selecciona ***Team/Git/Label Decorations***, véase la Figura 4.14.

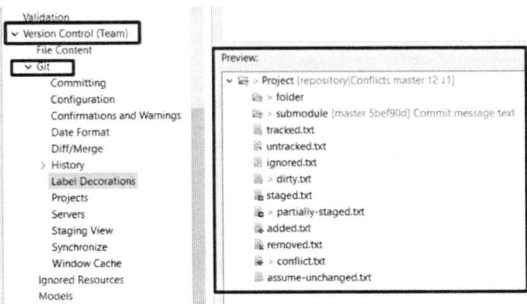

Figura 4.14. Iconos superpuestos de *git*.

Significado de los iconos:

- **Dirty (folder)**: al menos un archivo debajo de la carpeta está sucio; es decir que tiene cambios en el árbol de trabajo que no están en el índice ni en el repositorio.

- **Tracked** (rastreado): el recurso es conocido por el repositorio de *Git* y, por lo tanto, está bajo control de versiones.

- **Untracked** (sin seguimiento): el recurso no es conocido por el repositorio de Git y no se controlará la versión hasta que se agregue explícitamente.

- **Ignored** (ignorado): *git* ignora el recurso. Se tiene en cuenta la configuración de preferencias en ***Team/Ignored Resources.*** Y también la configuración del archivo *.gitignore*. (https://docs.github.com/es/get-started/getting-started-with-git/ignoring-files).

- **Dirty** (sucio): el recurso tiene cambios en el árbol de trabajo que no están en el índice ni en el repositorio.

- **Staged** (en preparación): el recurso tiene cambios que se han agregado al índice. Sólo es posible agregar cambios al índice en el diálogo de confirmación a través del menú contextual de un recurso.

- **Partially-staged (**parcialmente preparado): el recurso tiene cambios que se agregan al índice y cambios adicionales en el árbol de trabajo que ni llegaron al índice ni se han confirmado en el repositorio.

- **Added** (añadido): el recurso aún no ha alcanzado ninguna confirmación en el repositorio, pero se ha agregado recientemente al repositorio de *Git* para poder realizar un seguimiento en el futuro.

- **Removed** (eliminado): el recurso se organiza para su eliminación del repositorio de *Git*.

- **Conflict** (conflicto): existe un conflicto de fusión para el archivo.

- **Assume-valid**: El recurso tiene el indicador "*asumir sin cambios*". Esto significa que Git deja de verificar las posibles modificaciones en los archivos del árbol de trabajo.

Validar cambios en el repositorio

Realizamos algunos cambios, y los validamos en el repositorio local. Al proyecto *prueba1* le añadimos la clase *Principal*, con un hola mundo, por ejemplo:

```
public class Principal {
    public static void main(String[] args) {
            System.out.println("Hola mundo java-git");
    }
}
```

Para preparar y validar los cambios, ejecutamos la acción ***Commit***, este comando abrirá la pestaña de ***Git Staging***. El Commit se puede lanzar desde cualquier punto, o bien desde el menú contextual sobre cualquier elemento del proyecto, y seleccionando ***Team/Commit***. O bien desde el menú contextual del repositorio. Véase la Figura 4.15.

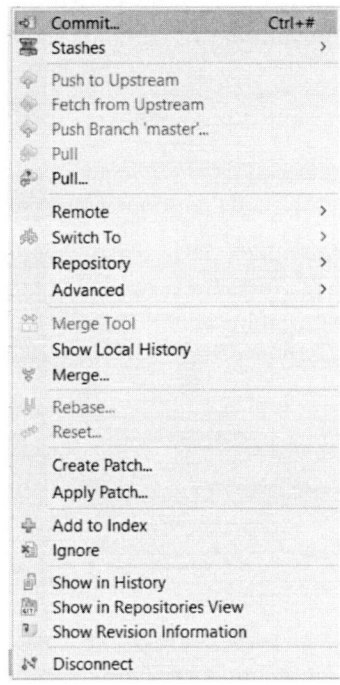

Figura 4.15. *Commit* de un fichero del proyecto.

Al lanzar la acción ***Commit***, se abrirá la pestaña de ***Git Staging*** (véase la Figura 4.16), en la que se mostrarán los cambios que se han detectado y que no se han validado en el repositorio aparecen en el área ***Unstaged Changes*** serían los cambios del área de ***working.*** Los cambios que hay en el área de preparación o el índice ***Staged Changes***. También se mostrará la caja de texto para teclear los mensajes de los commits, eclipse obliga escribir un mensaje. Y también estará la información del usuario que hace los cambios.

Desde esta pestaña podremos arrastrar los cambios del área ***Unstaged Changes*** (área de **working**) al área de ***Staged Changes (preparación)***, dependiendo de lo que se quiera validar. Otra forma de añadir ficheros al área de preparación es seleccionando la opción ***Add to Index***, del menú ***Team***.

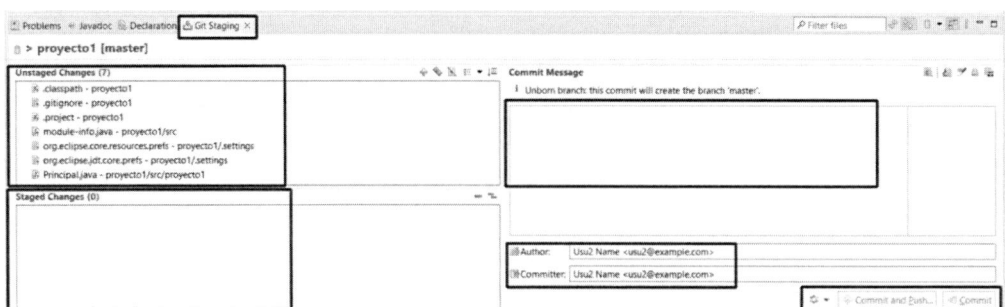

Figura 4.16. Pestaña *Git Staging*.

Cuando se vaya a validar, es necesario que haya cambios en el área de preparación, si ahí no hay cambios no se validará.

Si se pulsa el botón **Commit and Push**, validamos los cambios y los subimos a **GitHub**, pedirá configurar la conexión, y si se pulsa **Commit**, los cambios se validan en local.

Cuando el fichero se ha añadido en el área de preparación, aparecerá con el icono superpuesto de **added**, y cuando validamos en el repositorio aparece el icono **tracked**.

Validamos una primera vez sólo la clase *Principal* del ejemplo y luego realizamos un par de cambios en la misma clase, y validamos cada cambio. Tendremos varios *commits*.

Para visualizar el histórico de versiones de la clase **Principal**, entramos en **Team/Show in History**, o también desde la pestaña **History**. Se abrirá la ventana del histórico de cambios (véase la Figura 4.17). Observa que se mostrarán los *commits* realizados y nos podremos mover por cada uno de ellos. Podemos seleccionar **Compare with Working tree** del menú contextual, y visualizar el detalle de cada cambio.

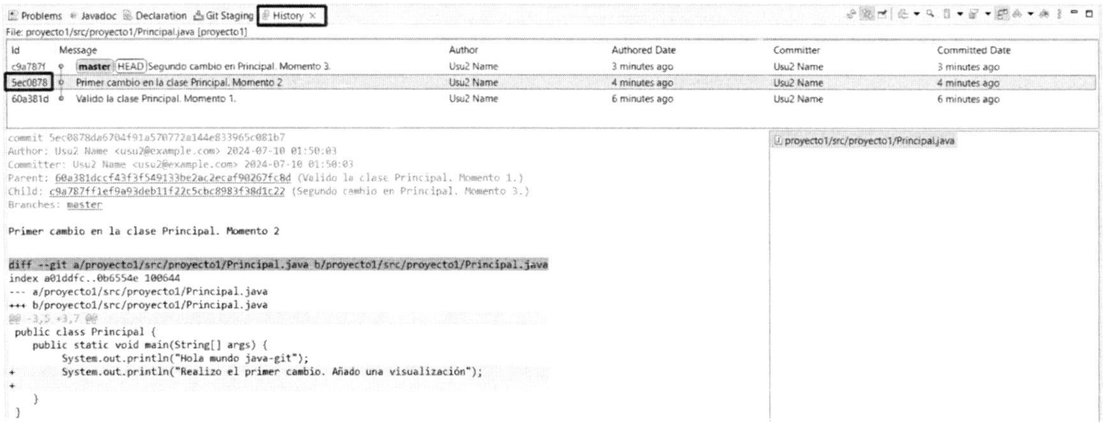

Figura 4.17. Histórico de versiones.

Si se hace doble clic sobre uno de los commits, se mostrará la comparación de los cambios ocurridos en ese momento de validación. A la izquierda aparecerá la versión actual, y a la derecha la versión de cuando se hizo el *commit*.

Conectarnos a un repositorio remoto

Creamos en *GitHub* un repositorio remoto con el mismo nombre del repositorio local. Y nos conectamos a él para subir el proyecto Java. El repositorio remoto lo llamamos ***proyecto1***.

Para conectarnos al remoto, sobre el proyecto, o sobre el repositorio, desde el menú contextual, seleccionamos ***Team/Remote/Push*** si estamos en el proyecto, y si estamos en el repositorio ***Remote/Push***. Al pulsar pedirá la conexión al remoto, es decir la conexión con *GitHub* que tengamos creada. Se escribe la *URL* del repositorio y los datos de autenticación. Para autenticarse desde eclipse es necesario la creación de un **token desde GitHub,** que pondremos en el lugar de la clave. Para **crear un token de acceso personal en GitHub**, inicia sesión en GitHub, y accede a ***Settings*** desde la foto de perfil. Luego, en la barra lateral izquierda, ir a ***Developer settings*** y clic en ***Personal access tokens*** y después en ***Tokens (classic)***. Genera un nuevo token introduciendo una descripción, seleccionando los permisos necesarios como ***repo***, y finalmente haz clic en ***Generate token***. Copia y guarda el token generado en un lugar seguro, ya que no se volverá a mostrar una vez que se cierre la página.

Se pulsa *Preview*, y en la siguiente ventana pide seleccionar la referencia a subir, se selecciona ***heads/master*** y se pulsa el botón ***Add Spec***, observa que se añadirá al apartado de *Specifications for push*. Seguidamente pulsamos *Push* y el proyecto se subirá al repositorio. Véase la Figura 4.18. Mostrará una ventana indicando si el resultado ha sido satisfactorio o no.

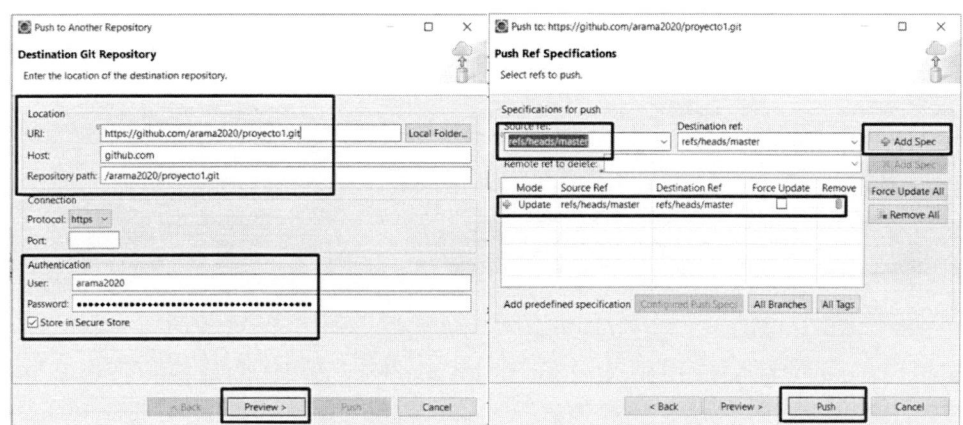

Figura 4.18. Conectar al remoto para subir proyecto.

Si entras en el repositorio remoto observa que se ha creado la carpeta *prueba1*, y dentro está la carpeta src con la clase java. Si navegas por los commits se mostrarán las validaciones realizadas en local.

4.2.6.1. Crear ramas

Probamos ahora a crear una rama (en local) del proyecto *prueba1*. Primero se crea la rama, realizaremos unos cambios en el proyecto añadiendo un paquete y una clase nueva. Y fusionaremos la rama con el master. Y finalmente subimos la rama al repositorio remoto.

Para crear la rama, en la vista del repositorio *git*, se abre el menú contextual del nodo **Branches**, se selecciona **Switch To**, y **New Branch**. Se abre la ventana para poner nombre de la rama, pulsamos **Finish** (véase la Figura 4.21).

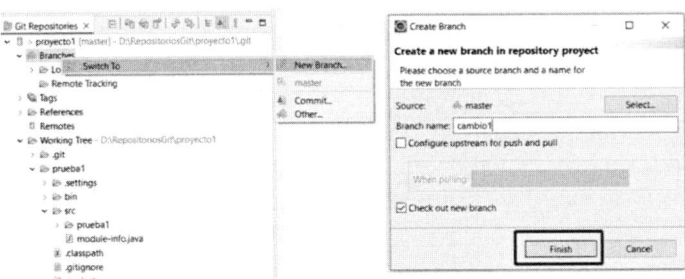

Figura 4.19. Crear rama.

Observa en **History**, que ahora el proyecto apunta a la rama **cambio1**. Dentro del proyecto creamos el paquete *cambio1*, y la clase **Cambio1**. Creamos la clase con el método main, y que visualice un mensaje. Añadimos también una salida por consola en la clase **Principal**, que visualice un mensaje. Los cambios serán los siguientes:

```
package cambio1;
public class Cambio1 {
  public static void main(String[] args) {
    System.out.println("Pruebas Git. Clase Cambio1");
}}
public class Principal {
  public static void main(String[] args) {
    System.out.println("Hola mundo java-git");
    System.out.println("Realizo el primer cambio. Añado una visualización.");
    System.out.println("Realizo el segundo cambio. Añado una visualización.");
    System.out.println("Pruebas Git. Se añade Cambio1");
}}
```

Validamos los cambios realizados. Primero los cambios de la clase principal, y luego los cambios del paquete *cambio1*, para que se recojan 2 *commits*. Si se visualiza el histórico, veremos que la rama principal master aparece dos *commits* por debajo del momento actual, y la rama creada *cambio1*, aparece con el apuntador HEAD, que es la versión más reciente. Véase la Figura 4.20:

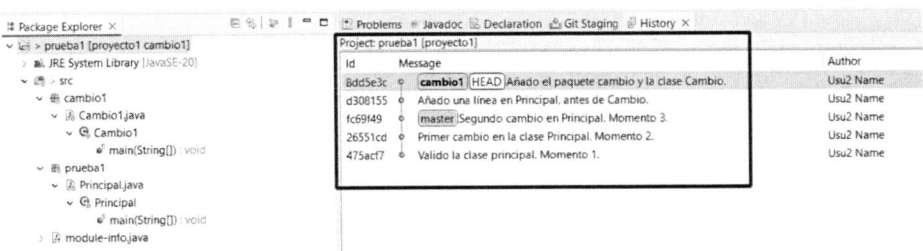

Figura 4.20. Histórico de cambios con el *master* y la rama *cambio1*.

Subir la rama al repositorio remoto.

Desde la vista de *Git Repositoires*, y sobre la rama *cambio1*, se marca, y desde el menú contextual asociado, se elige *Push Branch,* véase la Figura 4.21. A continuación se indica los datos del repositorio remoto y la autenticación. Por defecto el nombre del remoto es *origin*. Se dejan las opciones por defecto y se pulsa *Preview* para mostrar las acciones a validar. Se muestra que se va a hacer *Merge*, y el nombre de la rama, se pulsa *Preview*, y finalmente el botón *Push*. A continuación, mostrará una ventana indicando el resultado. Si visualizas el repositorio remoto aparecerá la nueva rama.

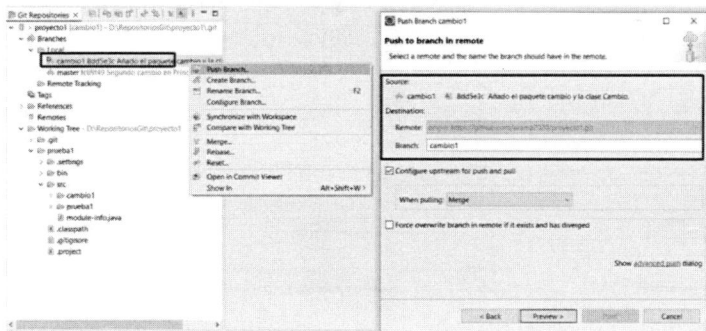

Figura 4.21. Subir una rama al repositorio remoto.

Fusionar con el master local

Desde la vista del repositorio, nos movemos a la rama *master* haciendo doble clic (hace *checkout* a la rama) y se abrirá en el proyecto java la rama *master*. Abrimos el menú contextual asociado a la rama *master*, seleccionamos la la opción *Merge*, y en la ventana que aparece se selecciona la rama a fusionar, se hace doble clic en la rama a fusionar o se pulsa el botón *Merge*, véase la Figura 4.22. Si se consulta *History* se mostrará la rama *cambio1* y el *master* en *HEAD*.

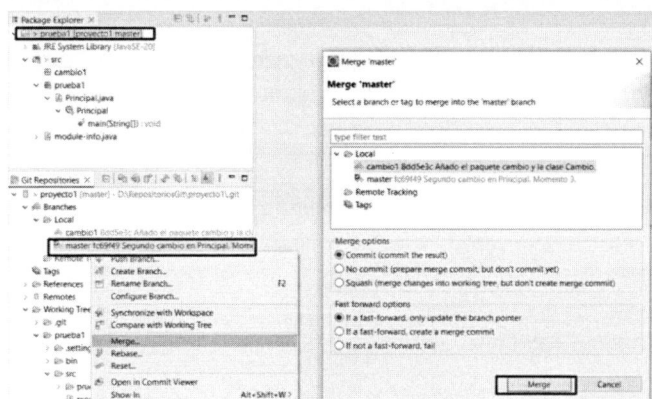

Figura 4.22. Fusionar en el local.

A continuación, validamos la rama *master* en el repositorio remoto. Para ello nos colocamos en la rama master del repositorio local, y desde el menú contextual se selecciona *Push Branch*. En la ventana de configuración se mostrará el repositorio remoto, dejamos las opciones marcadas, pulsamos *Preview* y finalmente *Push*. Se mostrará la ventana de si se ha realizado correctamente la subida o no. Comprobamos que los cambios aparecen en el remoto.

Clonar un repositorio remoto

En la siguiente prueba, clonamos el repositorio remoto. Antes de hacer la prueba validamos el proyecto *prueba1* al repositorio remoto, para que se recojan todos los cambios.

Para clonar un repositorio, desde la vista *Git*, se pulsa al botón ***Clone a Git Repository***. En la ventana que se muestra se marca ***Clone URI***, se pulsa ***Next***, pide configurar el repositorio remoto y la autenticación, se pulsa ***Next***, pedirá marcar la rama a clonar, se dejan marcadas las dos ramas, se pulsa ***Next***, y se selecciona el destino local. La carpeta local se crea en ese momento y tiene que estar vacía, en el ejemplo se llama ***D:\RepositoriosGit\proyecto2***, *proyecto2* será el nuevo repositorio. Se deja el nombre del remoto ***origin*** y se pulsa *Finish*. El escenario en este momento es que tenemos 2 repositorios locales, que apuntan al mismo repositorio remoto, véase la Figura 4.23:

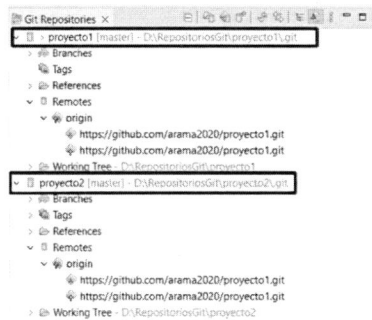

Figura 4.23. Dos repositorios locales y uno remoto.

Puede ocurrir que al clonar el repositoro aparezca la indicación "***NO-HEAD***" al lado del repositorio, en lugar de ***master***. Simplemente puede significar que, hasta que se realice el primer *commit*, no tendrá ninguna rama, ni siquiera la *master*. El ***HEAD*** no hace referencia a ninguna rama.

Cargar proyecto desde repositorio local

Para cargar el proyecto del repositorio al workspace pulsamos el botón derecho del ratón sobre el repositorio o sobre el ***Working Tree***, y seleccionamos ***Import Projects***. También podemos crear un proyecto Java con cualquier nombre y conectarlo al repositorio *proyecto2*, desde el menú contextual ***Team/Share Project***.

En este punto hay dos proyectos locales: *prueba1* en el repositorio *proyecto1*, y el creado *proyecto2* en el repositorio *proyecto2*. Ambos repositorios apuntan al mismo repositorio remoto.

Provocar un conflicto

Hacemos un cambio en cada proyecto, en ambos proyectos se añade la clase *Cambio2*, dentro del paquete *cambio1*, y se añaden un par de mensajes, indicando el proyecto en el que están. La clase *Cambio2* dentro de *proyecto2* tendrá el siguiente código:

```
package cambio1;
public class Cambio2 {
    public static void main(String[] args) {
        System.out.println("Clase Cambio2 en proyecto2");
        System.out.println("Clase Cambio2 en proyecto2");
}}
```

Hacemos *commit* de los proyectos, primero en *proyecto2* y luego en *prueba1*. Y en la pestaña de **Git Stagig,** añadimos los cambios al área de **Staged**, escribimos el mensaje de validación y validamos el local y el remoto, hacemos **Commit and Push**.

Al realizar la validación del segundo proyecto, nos va a visualizar una ventana indicando que se ha rechazado la validación. Además, si observas el repositorio y el proyecto aparecen con una *flecha hacia arriba y un 1 (cambio entrante),* véase la figura 4.24, significa que al hacer la validación el repositorio local y el remoto, no tienen la misma versión, la versión del *master* local no coincide, pues en otro proyecto se ha realizado un nuevo *commit*. La rama *master* local está atrasada con respecto a la rama remota. Hay un cambio entrante y hay que añadirlo antes de validar. Observa el histórico de cambios de cada proyecto, cada uno tiene un master, figura 4.25.

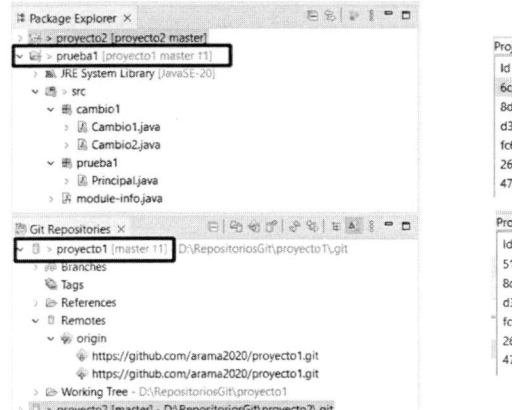

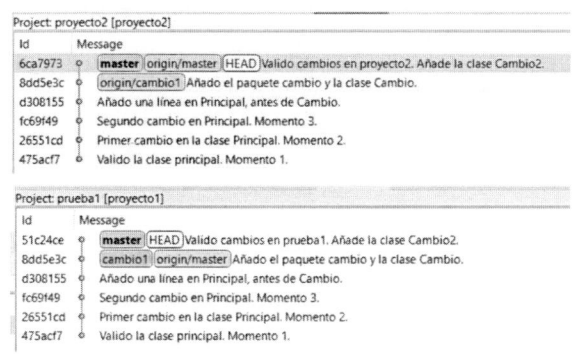

Figura 4.25. Histórico de cambios

Figura 4.24. Repositorio con cambio entrante.

Para solucionarlo, se debe de hacer *pull del repositorio remoto* con el fin de actualizar la rama local al último *commit* de la rama remota. Así pues, desde el menú contextual del repositorio *proyecto1*, seleccionamos **Pull**, y en la siguiente ventana se muestran los cambios, y el resultado de la actualización. Se abre también la clase donde hubo los cambios. Véase la Figura 4.26.

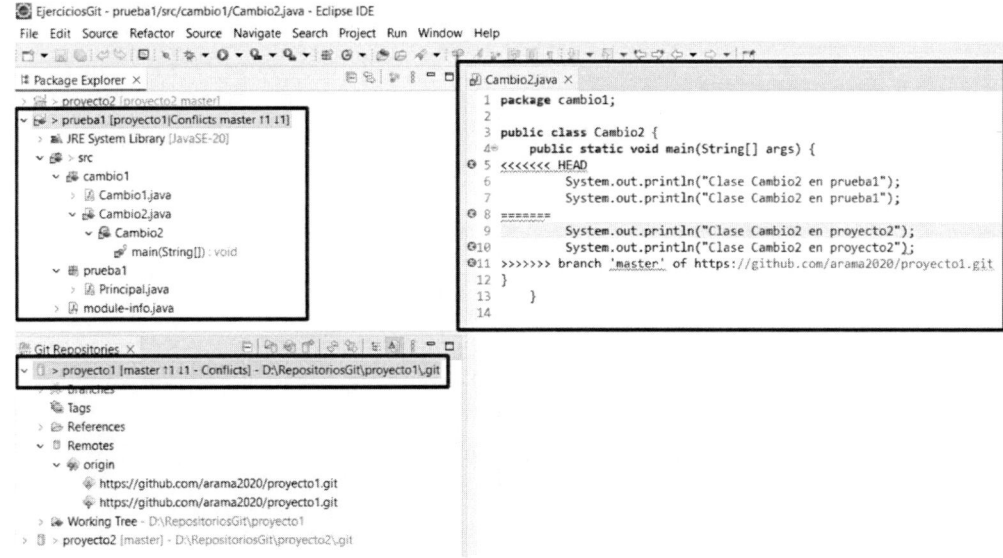

Figura 4.26. Resultado de *Pull* y conflicto.

Observa que al hacer **Pull**, además ha surgido un conflicto, pues los dos proyectos añadieron una clase con el mismo nombre. Y el proyecto *prueba1* aparece con los iconos superpuestos de conflicto. Además, al igual que el repositorio aparecerá con 2 flechas una hacia arriba y otra hacia abajo, significa que hay que hacer **Pull** y **Push**, es decir hay **cambios entrantes y salientes.** Hacia arriba hay que subir cambios salientes (**Push**), y hacia abajo hay que validar cambios entrantes (**Pull**). El número indica el número de commits, o cambios.

Para resolver el conflicto, editamos la clase *Cambio2* para comentar los mensajes del conflicto y que la clase no tenga errores, y abrimos la pestaña **Git Staging** para validar los cambios, arrastramos la clase *Cambio2* al *staged*, observa que aparecen los mensajes del conflicto, y validamos pulsando **Commit and Push**.

En este momento se han validado los cambios en el remoto. Lo siguiente que hay que hacer es **Pull** con el otro repositorio, para que todos tengan la última versión del *master* remoto.

En la Figura 4.27 se muestran el histórico de cambios de los dos proyectos java. Observa que el *HEAD* ya es el mismo en los dos proyectos.

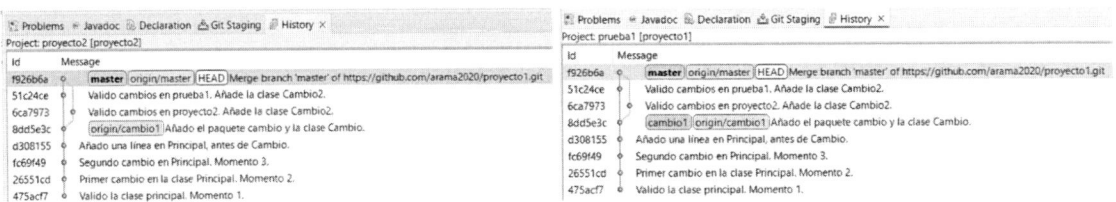

Figura 4.27. Proyectos sincronizados con el remoto.

Pull del repositorio remoto

Cuando un repositorio remoto es compartido por varios usuarios, **es muy importante**, que antes de subir los cambios realizados en local al repositorio remoto nos aseguremos de tener la misma versión en el *master* local que el *master* remoto, para ello utilizamos el comando **Pull**. Así pues, antes de validar en el remoto, hay que hacer un **Pull**.

Hay veces que los proyectos no aparecen vinculados al repositorio, y sin embargo están activadas las opciones de *Git* (menú **Team**), en esos casos prueba a desconectarlo del repositorio (**Team/Disconnect**), y luego vuelve a conectarlo desde las opciones del menú **Team/Share Project**.

ACTIVIDAD 4.4

Crea un repositorio remoto público en **GitHub** con nombre **actividad4.**

Crea un *workspace* nuevo para eclipse (por ejemplo, **actividades**). Y copia el proyecto actividad4 en el workspace creado. Ya en eclipse, importa el proyecto **actividad4**, desde el menú **File/Import/General/Existing Projects into Workspace**.

A continuación, crea el repositorio *Git*, dentro de la carpeta *RepositoriosGit*, y lo llamamos **actividad4**. Y realiza las siguientes operaciones:

- Conecta el proyecto al repositorio y valida el proyecto en el repositorio local, y luego en el repositorio remoto.

- Añade una línea de visualización en cada método, pero valida una a una. Debe de haber 3 commits. Y sincroniza con el remoto

- Crea la rama **cambios**. Muévete a ella, y añade una clase nueva con 1 línea. Y valida en local. Añade otra clase nueva y valida en local. Debe haber 2 commits más en la rama.

- Fusiona la rama creada al *master* local, e indica lo que ha ocurrido.

- Sincroniza con el remoto.

- Compara los cambios realizados en la clase principal en los distintos momentos de validación.

4.3. DOCUMENTACIÓN

La documentación en proyectos de software es esencial y abarca diversas etapas y tipos. En un proyecto comercial, los clientes siempre requerirán documentación detallada de las distintas fases del proyecto. Existen varios tipos de documentación, siendo uno de ellos la ***documentación de especificaciones***, que asegura que desarrolladores y clientes entienden las mismas funcionalidades del sistema. Esta documentación se rige por la norma IEEE 830 y debe incluir una introducción, una descripción detallada del problema, una descripción funcional de cada función requerida, el comportamiento del software ante eventos externos e internos, y los criterios de validación.

La ***documentación del diseño*** es otro tipo crucial, donde se define la estructura de datos, clases, métodos, y funciones del software. En esta fase, se detalla cómo se implementarán las estructuras, qué tareas realizarán las funciones, y cómo se manejarán los datos de entrada y salida. Es fundamental para organizar el proyecto y asegurar que todos los elementos están bien planificados antes de la implementación.

Durante la implementación, la ***documentación del código fuente*** se vuelve indispensable. Incluye comentarios en el código para clarificar cada parte del programa, explicando las clases, métodos, variables y otros elementos importantes. Finalmente, la ***documentación del usuario final***, que se entrega a los usuarios especializados y no especializados, explica cómo utilizar las aplicaciones del proyecto. Esta puede ser redactada por cualquier persona, no necesariamente alguien del equipo de desarrollo, y es crucial para asegurar que el software sea accesible y útil para todos los usuarios.

DOCUMENTACIÓN DEL CÓDIGO FUENTE

Documentar el código es esencial para explicar claramente las funciones del programa, lo que permite a todo el equipo de desarrollo comprender qué se está haciendo y por qué. Un programa bien documentado facilita la reparación de errores y la adición de nuevas funcionalidades. Existen dos reglas fundamentales: todos los programas tienen errores que eventualmente se descubrirán y todos los programas exitosos sufrirán modificaciones a lo largo de su vida.

Dado que los programas exitosos suelen ser modificados en el futuro por el autor original o por otros programadores, es crucial tener un código bien documentado. Esto permite que cualquier programador, incluso si no estuvo involucrado en el desarrollo inicial, pueda localizar y realizar cambios fácilmente. La documentación debe explicar qué hace una clase, método o variable, su propósito y el algoritmo utilizado, así como cualquier revisión potencial.

Existen muchas herramientas para documentar proyectos, cada una específica para su lenguaje, como *PHPDoc*, *phpDocumentor*, *Javadoc* o *JSDoc* el javadoc para *JavaScript*. En esta unidad, nos centraremos en el uso de Javadoc para documentar programas en Java, asegurando una clara y eficaz documentación del código.

IMPORTANTE: Citas a tener en cuenta sobre documentación de código:

"If your program isn't worth documenting, it probably isn't worth running" (Si su programa no merece la pena documentarlo, probablemente no merece la pena ejecutarlo). J. Nagler. 1995.

"Do not document bad code - rewrite it" (No documentar código malo – reescribirlo). R. Caron. 2000.

"Write the documentation before you write the code." (Escribe la documentación antes de escribir el código). S.W. Ambler. 2000.

4.3.1. Uso de JavaDoc en Eclipse

JavaDoc es la utilidad de Java para extraer y generar documentación directamente del código en formato HTML. Para que la documentación sea en verdad útil debemos escribir los comentarios del código de acuerdo a las recomendaciones de Javadoc. La documentación y el código se van a incluir dentro del mismo fichero. Veamos a continuación las recomendaciones sobre los comentarios y la documentación del código fuente.

Los tipos de comentarios para generar la documentación son:

- *Comentarios de línea*: comienzan con los caracteres "//" y terminan con la línea.

- *Comentarios tipo C:* comienzan con los caracteres "/*", y terminan con los caracteres "*/". Pueden agrupar a varias líneas.

- *Comentarios de documentación Javadoc*: estos comentarios se colocan entre los delimitadores /** ... */, agrupan varias líneas, y cada línea irá precedida por un *, y lo más importante es que estos **deben colocarse antes de la declaración de una clase, un campo, un método o un constructor**. Dentro de estos delimitadores se podrá escribir etiquetas HTML. Los comentarios Javadoc están formados por dos partes una descripción seguida de un bloque de *tags*. Un ejemplo de documentación puede ser el siguiente:

```
/**
```

```
* <h2>Esto es un ejemplo de documentación</h2>.
* Puedo añadir etiquetas HTML, para <b>mejorar</b> la presentación.
* Por ejemplo añado unas viñetas.
* <ul>
*   <li>Inserción de registros</li>
*   <li>Borrado y Modificación de registros</li>
* </ul>
*
* @author ARM 2020
* @version v1.2020
*
*/
public class prueba { ...
```

USO DE ETIQUETAS DE DOCUMENTACIÓN

Se pueden usar tags para documentar ciertos aspectos concretos como la versión de la clase, el autor, los parámetros utilizados, o los valores devueltos. Las etiquetas de Javadoc van precedidas por @, estas son las más usadas:

Etiqueta	Descripción
@author	Autor de la clase. Solo para las clases.
@version	Versión de la clase. Solo para clases.
@see	Referencia a otra clase o método, ya sea del API, del mismo proyecto o de otro. Por ejemplo: @see cadena @see paquete.clase#miembro @see enlace
@param	Descripción de parámetro. Una etiqueta por cada parámetro.
@return	Descripción de lo que devuelve. Solo si no es void. Podrá describir valores de retorno especiales según las condiciones que se den, dependiendo del tipo de dato.
@throws	Descripción de la excepción que puede propagar. Habrá una etiqueta throws por cada tipo de excepción.
@deprecated	Marca el método o la clase como obsoleto. Solo se mantiene por compatibilidad.
@since	Indica el n° de versión desde la que está disponible una clase o método.
@serial	Documenta un campo serializable.
@serialField	Documenta un campo en un objeto serializable.
@serialData	Documenta los datos escritos por writeObject o leídos por readObject.

Observa este ejemplo de documentación de una clase utilizando etiquetas:

```
/**
* <h2>Clase Empleado, se utiliza para crear y leer empleados de una BD</h2>
*
* Busca información de javadoc en <a href="http://google.com">GOOGLE</a>
* @see <a href="http://www.google.com">Google</a>
* @version 1-2020
* @author ARM
* @since 1-1-2020
*/
public class Empleado {
```

```java
/**
 * Atributo Nombre del empleado
 */
private String nombre;
/**
 * Atributo apellido del empleado
 */
private String apellido;
/**
 * Atributo salario del empleado
 */
private double salario;

/**
 * Constructor con 3 parámetros.
 * Crea objetos empleado, con nombre, apellido y salario.
 * @param nombre <i>Nombre del empleado</i>
 * @param apellido <i>Apellido del empleado</i>
 * @param salario <i>Salario del empleado</i>
 */
public Empleado(String nombre, String apellido, double salario){
    this.nombre=nombre;
    this.apellido=apellido;
    this.salario=salario;
}

//Métodos públicos
/**
 * Sube el salario al empleado.
 * @see Empleado
 * @param subida <i>Subida a aplicar al salario</i>
 *
 */
public void subidasalario (double subida){
    salario=salario + subida;
}
//Métodos privados
/**
 * Comprueba que el nombre no este vacío
 * @return <ul>
 *          <li>true: el nombre es una cadena vacía</li>
 *          <li>false: el nombre no es una cadena vacía</li>
 *      </ul>
 */
private boolean comprobar(){
    if(nombre.equals("")){
        return false;
    }
    return true;
}
}
```

RECUERDA:

Los comentarios de documentación Javadoc deben colocarse **ANTES** de las declaraciones de las clases, de los métodos, o de los atributos

GENERAR LA DOCUMENTACIÓN

La mayor parte de los entornos de desarrollo incluyen un botón o un enlace para configurar y ejecutar *Javadoc*. Para ejecutar Javadoc desde eclipse, se abre el menú ***Project*** y se elige ***Generate Javadoc***, véase la Figura 4.28.

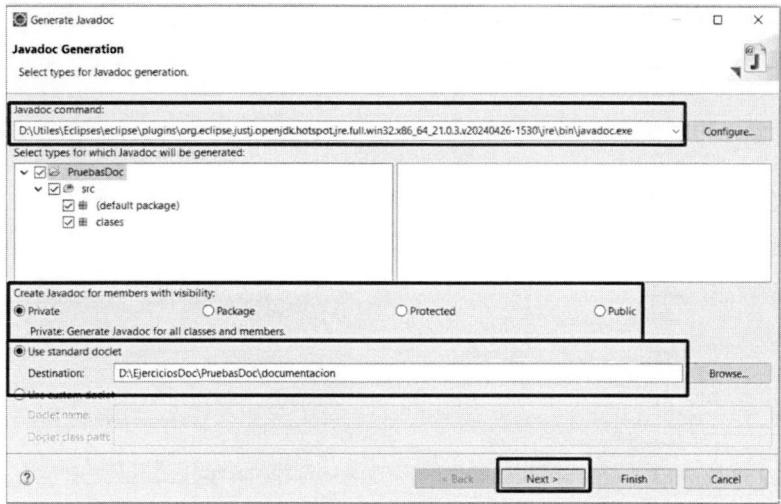

Figura 4.28. Generación de documentación con Javadoc.

En la ventana que se muestra (véase la Figura 4.28) pedirá la siguiente configuración

- En *Javadoc command* se indica donde se encuentra el archivo ejecutable de Javadoc el ***javadoc.exe***. Si no aparece se pulsa el botón *Configure* para buscarlo dentro de la carpeta donde se encuentra instalado el ***JDK***. Y dentro de esa carpeta se elige la carpeta ***bin***.

- En los dos cuadros inferiores se elegirá el proyecto y las clases a documentar.

- Se selecciona la visibilidad de los elementos que se van a documentar. Con ***Private*** se documentarán ***todos*** los miembros y clases públicos, privados y protegidos.

- Por defecto la documentación se genera con una plantilla determinada, Javadoc utiliza el estándar ***doclet*** para producir documentación en formato HTML. Los ***doclets*** permiten a los desarrolladores crear sus propias salidas personalizadas en diferentes formatos o con características adicionales. Un ***doclet*** en Javadoc es una extensión que permite personalizar la generación de documentación a partir del código fuente Java.

- Por último, se indica la carpeta de destino donde se almacenará el código HTML. En el ejemplo se crea dentro de la carpeta del proyecto con nombre ***documentación***.

Se pulsa *Next*, y en la siguiente ventana (véase la Figura 4.29) se indica el título del documento html que se genera, y se eligen las opciones para la generación de las páginas HTML. Como mínimo se selecciona la barra de navegación y el índice.

Al hacer clic sobre el botón *Finish*, automáticamente se ha generado la documentación en formato HTML. Si abrimos en el navegador el archivo ***index.html***, se puede ver el documento generado, véase la Figura 4.30. Se podrá navegar por todas las clases, sus constructores y sus métodos.

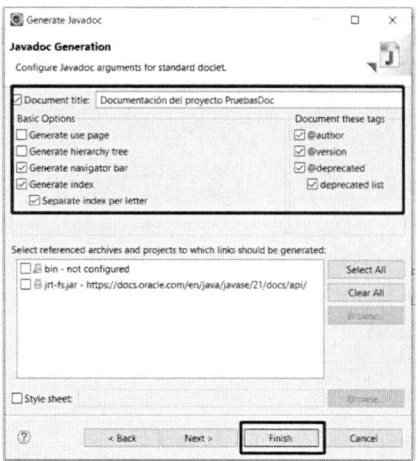

Figura 4.29. Configuración de la salida de Javadoc.

Figura 4.30. Documentación generada.

ACTIVIDAD 4.5

Realiza pruebas de documentación en los proyectos de las actividades anteriores.

Añade autor y versión a las clases.

Añade descripciones a las clases, los métodos y sus parámetros utilizando etiquetas HTML.

Genera la documentación cambiando las distintas opciones.

4.4. REFACTORIZACIÓN

La refactorización es una técnica de la ingeniería de software que permite la optimización de un código previamente escrito, por medio de cambios en su estructura interna sin que esto suponga alteraciones en su comportamiento externo (véase la Figura 4.31); dicho de otro modo, la refactorización no busca ni arreglar errores ni añadir nueva funcionalidad, sino mejorar la comprensión del código para facilitar así nuevos desarrollos, la resolución de errores o la adición de alguna funcionalidad al software. (http://es.wikibooks.org/wiki/Refactorización/Definición)

La refactorización tiene como objetivo limpiar el código para que sea más fácil de entender y de modificar, permitiendo una mejor lectura para comprender que es lo que se está realizando. Después de refactorizar el proyecto seguirá ejecutándose igual y obteniendo los mismos resultados.

Qué hace la refactorización:

- Limpia el código, mejorando la consistencia y la claridad.

- Mantiene el código, no corrige errores ni añade funciones nuevas.

- Va a permitir facilitar la realización de cambios en el código

- Se obtiene un código limpio y altamente modularizado.

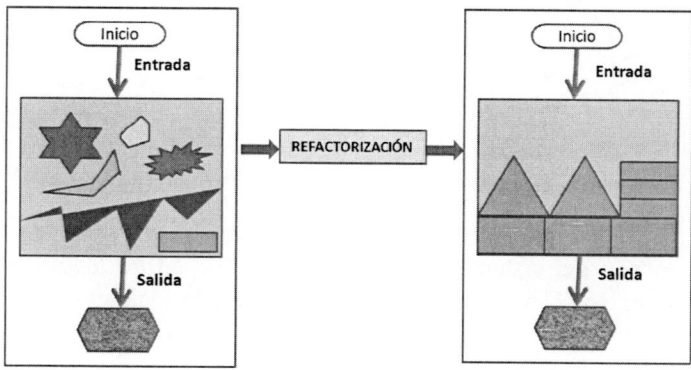

Figura 4.31. Refactorización antes y después

4.4.1. Cuándo refactorizar. *Malos olores (bad smells)*

La refactorización se debe ir haciendo mientras se va realizando el desarrollo de la aplicación, *Piattini y García (2003)* analizan los síntomas que indican la necesidad de refactorizar, a los que *Martin Fowler* y otros autores (1999) llamaron **bad smells** (*malos olores*). Estos síntomas son los siguientes:

- **Código duplicado** *(Duplicated code)*. Es la principal razón para refactorizar. Si se detecta el mismo código en más de un lugar, se debe buscar la forma de extraerlo y unificarlo.

- **Métodos muy largos** *(Long method)*. Cuanto más largo es un método, más difícil es de entender. Los métodos largos suelen realizar tareas que deberían ser responsabilidad de otros métodos más pequeños. Descomponerlos en métodos más cortos y específicos facilita su comprensión y reutilización en la programación orientada a objetos.

- **Clases muy grandes** *(Large class)*. Si una clase intenta resolver muchos problemas, tendremos una clase con demasiados métodos, atributos o incluso instancias. La clase está asumiendo demasiadas responsabilidades. Hay que intentar hacer clases más pequeñas, de forma que cada una trate con un conjunto pequeño de responsabilidades bien delimitadas.

- **Lista de parámetros extensa** *(Long parameter list)*. En programación orientada a objetos, es preferible pasar sólo los parámetros necesarios a los métodos. Muchos parámetros pueden indicar problemas de encapsulación o la necesidad de crear una clase que agrupe esos parámetros relacionados, pasándola como argumento en lugar de los parámetros individuales.

- **Cambio divergente** *(Divergent change)*: una clase es frecuentemente modificada por diversos motivos, los cuales no suelen estar relacionados entre sí, a lo mejor conviene eliminar la clase. Este síntoma es el opuesto del siguiente.

- **Cirugía a tiro pistola** *(Shotgun surgery):* este síntoma se presenta cuando después de un cambio en una determinada clase, se deben realizar varias modificaciones adicionales en diversos lugares para compatibilizar dicho cambio.

- **Envidia de funcionalidad** *(Feature envy):* se observa este síntoma cuando tenemos un método que utiliza más cantidad de elementos de otra clase que de la suya propia. Se suele resolver el problema pasando el método a la clase cuyos elementos utiliza más.

- **Clase de solo datos** *(Data class):* Clases que sólo tienen atributos y métodos de acceso a ellos *("get" y "set").* Este tipo de clases deberían cuestionarse dado que no suelen tener comportamiento alguno.

- **Legado rechazado** *(Refused bequest)*: ocurre cuando subclases utilizan sólo algunas características de sus superclases, lo que indica una jerarquía de clases mal diseñada. En estos casos, la delegación es generalmente la solución adecuada.

El proceso de refactorización presenta algunas ***ventajas***, entre las que se encuentran el mantenimiento del diseño del sistema, incremento de facilidad de lectura y comprensión del código fuente, detección temprana de fallos, y aumento en la velocidad en la que se programa.

En cambio, existen áreas conflictivas en la refactorización, tanto ***Fowler***, como ***Piattini y García*** coinciden en que las áreas conflictivas de la refactorización son ***las bases de datos,*** y ***los cambios de interfaces***. Un cambio de base de datos es muy costoso pues los sistemas están muy acoplados a las bases de datos, y sería necesaria una migración tanto de estructura como de datos.

4.4.2. Refactorización en Eclipse

Eclipse tiene diversos métodos de refactorizar o *refactoring*. Dependiendo de dónde invoquemos a la refactorización tendremos un menú contextual u otro con sus diferentes opciones de refactorización (véase la Figura 4.32). También hay una opción de menú que es ***Refactor***. Para refactorizar elegiremos la opción ***Refactor*** del menú contextual.

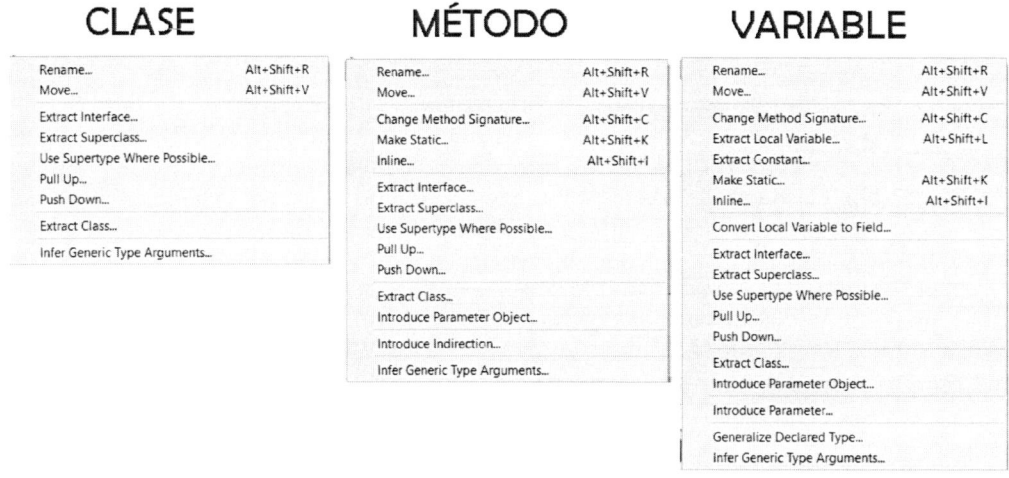

Figura 4.32. Menú *Refactor* asociado a una clase, un método y una variable.

PATRONES DE REFACTORIZACIÓN

Los ***patrones de refactorización*** son soluciones probadas para problemas comunes en la refactorización del código. Estas técnicas mejoran la estructura y legibilidad del código sin cambiar su comportamiento, ayudando a los desarrolladores a hacer cambios sistemáticos y seguros, y promoviendo buenas prácticas de programación.

Para refactorizar se selecciona el elemento (puede ser una clase, una variable, una expresión, un bloque de instrucciones, un método, etc...), y desde su menú contextual se selecciona *Refactor*, y seguidamente se selecciona el *patrón de refactorización*. A continuación se muestran algunos de los patrones más comunes:

- *Rename*. Cambia el nombre de variables, clases, métodos, paquetes, directorios y casi cualquier identificador Java. Tras la refactorización, se modifican las referencias a ese identificador.

- *Move.* Mueve una clase de un paquete a otro, se mueve el archivo *.java* a la carpeta, y se cambian todas las referencias. También se puede arrastrar y soltar una clase a un nuevo paquete, se realiza una refactorización automática.

- *Extract Constant.* Convierte un número o cadena literal en una constante. Al hacer la refactorización se mostrará donde se van a producir los cambios, y se puede visualizar el estado antes de refactorizar y después de refactorizar. Tras la refactorización, todos los usos del literal se sustituyen por esa constante. El objetivo es modificar el valor del literal en un único lugar.

- *Extract Local Variable.* Asignar una expresión a variable local. Tras la refactorización, cualquier referencia a la expresión en el ámbito local se sustituye por la variable. La misma expresión en otro método no se modifica.

En la figura se muestran los cambios que se producirán al extraer una variable local de una expresión de asignación de texto. La expresión es *mensaje.setText("DEPARTAMENTO EXISTE.");* y se extrae la variable de la cadena *"DEPARTAMENTO EXISTE."*. En la ventana se muestran donde se realizarán los cambios, y el detalle antes y después (Figura 4.33).

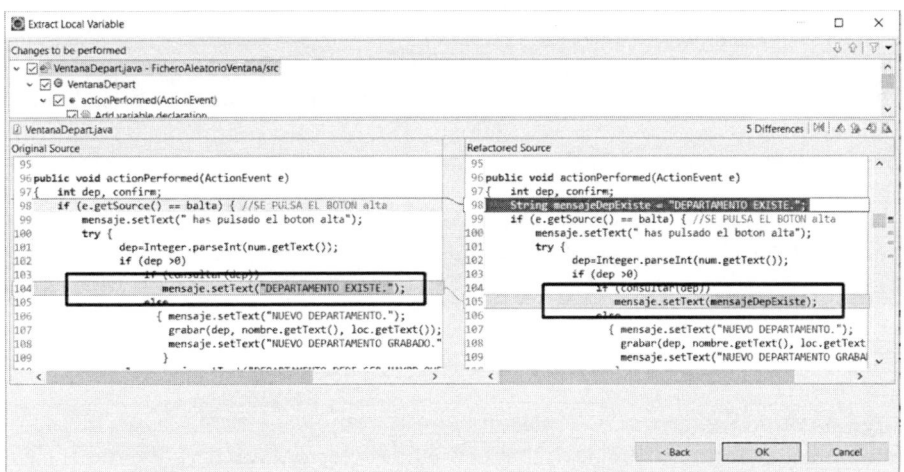

Figura 4.33. Detalle de los cambios al extraer una variable local.

- *Convert Local Variable to Field*. Convierte una variable local en un atributo privado de la clase. Tras la refactorización, todos los usos de la variable local se sustituyen por ese atributo.

ACTIVIDAD 4.6

Abre el proyecto **FicheroAleatorioVentana** que se encuentra en la carpeta de recursos. Realiza los siguientes cambios en la clase **VentanaDepart.java**:

Extrae una variable local llamada existedepart de la cadena: *"DEPARTAMENTO EXISTE."*

Extrae una constante local llamada *NOEXISTEDEPART* de la cadena: *"DEPARTAMENTO NO EXISTE."*.

Convierte la variable local creada en un atributo de la clase.

Extrae una variable local llamada *depar_error* de la cadena: *"DEPARTAMENTO ERRÓNEO"*, y conviértela en un atributo de la clase.

- **Extract Method.** Nos permite seleccionar un bloque de código y convertirlo en un método. El bloque de código no debe dejar llaves abiertas. Eclipse ajustará automáticamente los parámetros y el retorno de la función. Esto es muy útil para utilizarlo cuando se crean métodos muy largos, que se podrán dividir en varios métodos. También es muy útil extraer un método cuando se tiene un grupo de instrucciones que se repiten varias veces.

    Al extraer el método hay que indicar el modificador de acceso: público, protegido, privado, o sin modificador.

ACTIVIDAD 4.7

Extrae métodos dentro la clase *VentanaDepart.java*.

Dentro del método `public void actionPerformed(ActionEvent e)`, extrae varios métodos uno para cada una de estas operaciones insertar departamento, consultar, borrar y modificar .

Extraer los métodos de la instrucciones que van dentro de los distintos `if (e.getSource())`, que preguntan por *balta*, *consu*, *borra* y *modif*, llamarlos *altadepart*, *consuldepart*, *borradepart* y *modifdepart*.

- **Change Method Signature.** Este patrón permite cambiar la firma de un método. Es decir el nombre del método, lo que devuelve el método y los parámetros que tiene.

    De forma automática se actualizarán todas las dependencias y llamadas al método dentro del proyecto. En la Figura 4.34, se muestra la ventana para cambiar la firma de un método, en ella se indicará el nuevo nombre del método, el tipo de dato que devuelve, los nuevos parámetros, se pueden editar los parámetros y cambiarlos, o también asignar un valor por defecto.

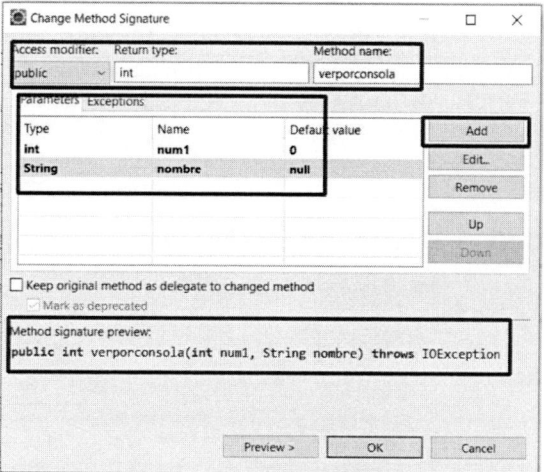

Figura 4.34. Cambiar la firma de un método.

> **NOTA**
>
> Si al refactorizar cambiamos el tipo de dato de retorno del método aparecerán errores de compilación, por lo que debemos modificarlo manualmente.

ACTIVIDAD 4.8

Prueba a cambiar la firma de los métodos creados anteriormente.

Añade un parámetro de tipo *String*, valor por defecto "PRUEBA".

Cambia el tipo de dato devuelto en los métodos, haz que retornen un entero.

Comprueba y corrige los errores de retorno.

- *Inline.* Nos permite ajustar una referencia a una variable o método con la línea en la que se utiliza y conseguir así una única línea de código. Cuando se utiliza, se sustituye la referencia a la variable o método con el valor asignado a la variable o la aplicación del método, respectivamente.

  Por ejemplo dentro de la clase *FicheroAleatorioVentana* nos encontramos con esta declaración:

  ```
  File fichero = new File("AleatorioDep.dat");
  RandomAccessFile file;
  file = new RandomAccessFile(fichero, "rw");
  ```

  Posicionamos el cursor en la referencia al método o variable, en este caso la variable *fichero*. Seleccionamos la opción "*Inline*" y el resultado es:

  ```
  RandomAccessFile file;
  file = new RandomAccessFile(new File("AleatorioDep.dat"), "rw");
  ```

- **Member Type to Top Level.** Convierte una clase anidada en una clase de nivel superior con su propio archivo de java. Si la clase es estática, la refactorización es inmediata. Si no es estática nos pide un nombre para declarar el nombre de la clase que mantendrá la referencia con la clase inicial.

ACTIVIDAD 4.9

Crea esta clase anidada dentro de la clase *FicheroAleatorioVentana:*

```java
public static class claseAnidada {
    void entrada() {
        System.out.println("Método entrada.");
    }

    String salida (int d) {
        System.out.println("Salida.");
        return "Salida el " + d;
    }
} // fin clase anidada
```

Crea un objeto de esta clase y llama a los métodos dentro del método *verporconsola*. Añade este código en el método *verporconsola*:

```java
FicheroAleatorioVentana.claseAnidada ej = new
        FicheroAleatorioVentana.claseAnidada();
ej.entrada();
System.out.println("Llamo a Salida: " + ej.salida(10) );
```

Prueba la ejecución (pulsa el botón *Ver por consola* de la ventana de ejecución).

Convierte la clase anidada en una de nivel superior con su archivo asociado patrón ***Move Type to new file.*** Observa que se ha creado una nueva clase con su fichero java.

Prueba la ejecución.

- **Extract Interface.** Este patrón de refactorización permite seleccionar métodos de una clase para crear una *interfaz*, que actúa como una plantilla definiendo qué métodos debe tener una clase. La interfaz declara los métodos, pero no los implementa; las clases que implementan la interfaz desarrollarán esos métodos.

ACTIVIDAD 4.10

Crea la interfaz *InterfaceVentanaDepart* (véase la Figura 4.35) que contenga los métodos creados en la actividad 4.7. *Al crear la interfaz sólo se pueden añadir los métodos públicos.* Realiza los cambios que se necesiten para crearla.

Observa en el *Package Explorer* (véase la Figura 4.36) como se visualiza la clase creada, observa también el cambio producido en la declaración de la clase *VentanaDepart*.

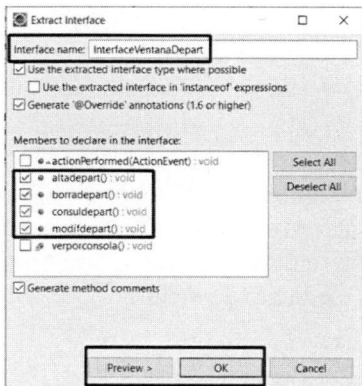

Figura 4.35. Creación de una Interfaz.

Figura 4.36. Vista de la Interfaz.

- **Extract Superclass.** Este patrón permite extraer una superclase. Si la clase ya utilizaba una superclase, la recién creada pasará a ser su superclase. Se pueden seleccionar los métodos y atributos que formaran parte de la superclase. En la superclase, los métodos están actualmente allí, así que, si hay referencias a campos de clase original, habrá fallos de compilación.

ACTIVIDAD 4.11

A partir de la clase *VentanaDepart* crea la superclase *SuperclaseDepart*, que incluya sólo los métodos de *grabar* y *visualizar*.

Observa la clase generada, y los constructores generados. Observa que la declaración de la clase *VentanaDepart* ha cambiado, ahora es extends de *SuperclaseDepart*.

Observa los errores generados, dos se producen por hacer referencias a campos de la clase original (*nombre* y *loc*), el tercero por definir un objeto de la CLASE *claseAnidada* con el parámetro (this) de la clase actual.

Soluciona los errores moviendo las declaraciones de los campos a la superclase, y casteando el argumento del objeto de la clase *claseAnidada* a *InterfaceVentanaDepart*.

- **Convert Anonymous Class to Nested.** Este patrón de refactorización permite convertir una clase anónima a una clase anidada de la clase que la contiene. *Una clase anónima es una clase sin nombre de la que sólo se crea un único objeto*, de esta clase no se pueden definir constructores. Se utilizan con frecuencia cuando se crean ventanas, para gestionar los eventos de los distintos componentes de la interfaz gráfica.

Una clase anónima se puede definir de las siguientes maneras:

- Se utiliza la palabra **new** seguida de la definición de la clase anónima entre llaves {...}.

– Palabra *new* seguida del nombre de la clase de la que hereda (sin extends) y la definición de la clase entre llaves {...}.

– Palabra new seguida del nombre de la interface (sin implements) y la definición de la clase anónima entre llaves {...}.

Este es un ejemplo de una clase anónima que implementa el método *actionPerformed*, que es el único método de la interface **ActionListener** (esta clase detecta los eventos de acción, es decir cuando se pulsa un botón, o cuando se pulsa INTRO, o cuando se cambia el elemento de una lista desplegable o se elige un elemento de menú).

```
btnDepart.addActionListener(new ActionListener() {
    public void actionPerformed(ActionEvent arg0) {
        OperacionesDepart opDepart=new OperacionesDepart();
        opDepart.setVisible(true);
    }
});
```

Se convierte la clase anónima **new ActionListener** a clase anidada llamada **OperacionesDep** dentro de la clase donde está. Nos posicionamos sobre la clase anónima, botón derecho **Refactor/Convert Anonymous Class to Nested Class**. Se elige el modificador de acceso y en *Type name* se escribe el nombre. Si se selecciona final se indica que no se podrán crear clases derivadas de esta clase (véase la Figura 4.37)

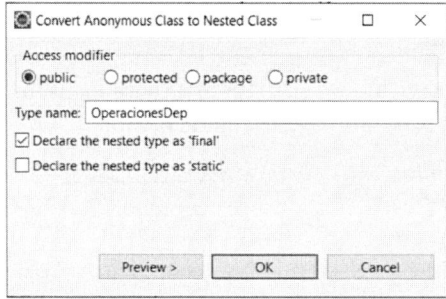

Figura 4.37. Convertir clase anónima a anidada.

Después de la refactorización la nueva clase *OperacionesDep* se creará dentro de la clase que la contenía, y quedará así:

```
private final class OperacionesDep implements ActionListener {
    public void actionPerformed(ActionEvent arg0) {
        OperacionesDepart opDepart=new OperacionesDepart();
        opDepart.setVisible(true);
    }
}
```

Y la llamada para la ejecución del evento quedará así:

```
btnDepart.addActionListener(new OperacionesDep());
```

> **NOTA**
>
> *@Override*: informa al compilador que el elemento está pensado para sobrescribir a un elemento declarado en una superclase.

OTRAS OPERACIONES DE REFACTORIZACIÓN

Eclipse permite visualizar el ***histórico de refactorizaciones*** realizado sobre un proyecto. Para ver el histórico se abre el menú ***Refactor/History***. En la ventana que se muestra se pueden observar todos los cambios realizados y el detalle de los cambios (véase la Figura 4.38). Se puede elegir uno de los cambios y pulsar el botón *Remove* si se desea borrar del histórico de refactorización.

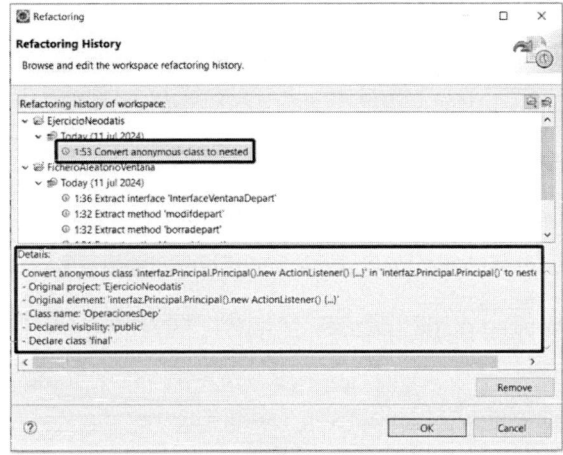

Figura 4.38. Histórico de refactorizaciones.

Eclipse también permite crear un *Script* con todos los cambios realizados en la refactorización y guardarlo en un fichero XML (menú ***Refactor/Create Script)*** o también cargar un script de refactorización (menú ***Refactor/Apply Script***).

4.5. HERRAMIENTAS DE ANÁLISIS DE CÓDIGO

Las herramientas de análisis de código son aplicaciones diseñadas para para examinar y evaluar el código de nuestros programas. Se dividen en dos categorías principales, análisis de código estático y análisis de código dinámico:

- Las herramientas para el análisis estático examinan el código sin ejecutarlo. Se realiza generalmente sobre el código fuente o el bytecode, y su objetivo es encontrar errores, malas prácticas, vulnerabilidades de seguridad y otras cuestiones relacionadas con la calidad del código. Por ejemplo, SonarQube, ESLint para JavaScript, Pylint para Python o PMD (Programming Mistake Detector) para java.

- El análisis dinámico se realiza mientras el código se está ejecutando. Este tipo de análisis puede detectar problemas que solo ocurren en tiempo de ejecución, como fugas de memoria, condiciones de carrera, y problemas de rendimiento. Ejemplos son Valgrind y JProfiler para C y C++, o JProfiler para java.

4.5.1. Programming Mistake Detector: PMD

PMD es una herramienta de desarrollo de software que mejora la calidad del código fuente mediante análisis estático, identificando problemas que afectan la mantenibilidad y eficiencia del código, ayudando a prevenir errores y facilitando su mantenimiento.

Soporta múltiples lenguajes como Java, JavaScript, XML, PL/SQL, entre otros, y además se puede integrar con herramientas de desarrollo y entornos de CI/CD (Integración Continua y Despliegue Continuo) como Maven, Gradle, Ant, Eclipse, IntelliJ IDEA. Una vez que hace el análisis emite informes detallados, en formatos como HTML, XML, y CSV, detallando los problemas encontrados y su ubicación en el código.

4.5.2. Reglas más comunes

PMD viene con reglas predefinidas y además permite crear reglas personalizadas para adaptarse a necesidades específicas. Las reglas más comunes son las siguientes:

Errores Comunes (Basic Rules)

- *UnusedLocalVariable*: Detecta variables locales que se declaran, pero no se utilizan.

- *EmptyCatchBlock*: Identifica bloques catch vacíos que no manejan la excepción.

- *EmptyIfStatement*: Detecta declaraciones if sin contenido.

Malas Prácticas (Best Practices)

- *TooManyFields*: Señala clases que tienen demasiados campos, sugiriendo una posible violación del principio de responsabilidad única.

- *CyclomaticComplexity:* Evalúa la complejidad de los métodos para sugerir refactorizaciones cuando la complejidad es demasiado alta.

Código Duplicado (Copy/Paste Detector)

- *CPD*: Detecta fragmentos de código duplicados dentro de la base de código, lo cual puede ser una indicación de mala organización o diseño.

Diseño (Design Rules)

- *God Class:* Detecta clases que centralizan demasiada funcionalidad y responsabilidad.

- *ExcessiveClassLength*: Señala clases que exceden un número de líneas de código especificado.

- *LongMethod*: Informa cuando un método excede una longitud determinada.

Optimización (Optimization Rules)

- *AvoidRecompilingStrings*: Detecta el uso ineficiente de la concatenación de cadenas dentro de bucles.

- *UseStringBufferForStringAppends*: Recomienda el uso de StringBuffer o StringBuilder en lugar de la concatenación de cadenas con el operador + en bucles.

Documentación (Documentation Rules)

- *CommentRequired*: Verifica que ciertos elementos de código (como clases o métodos) tengan comentarios.

- *JavadocMethod*: Comprueba que los métodos públicos tengan comentarios Javadoc adecuados.

Convenciones de Código (Code Style Rules)

- *VariableNamingConventions*: Aplicar convenciones de nomenclatura para las variables.

- *ClassNamingConventions*: Verifica que las clases sigan las convenciones de nombres especificadas.

- *MethodNamingConventions*: Asegura que los métodos sigan las convenciones de nombres establecidas.

Podrás encontrar más reglas en el documento ***PMD_ListadeViolaciones.docx*** que se encuentra en la carpeta de recursos del tema.

4.5.3. PMD en Eclipse

En los ejemplos se utiliza la versión de eclipse *Eclipse IDE for Enterprise Java and Web Developers*, y el paquete de esta versión: eclipse-jee-2024-06-R-win32-x86_64.zip

Para utilizar esta herramienta en eclipse hay que instalar el ***pmd-eclipse-plugin***. La URL con información del plugin es esta: https://marketplace.eclipse.org/content/pmd-eclipse-plugin. Para instalar el plugin se copiará la URL que aparece al pulsar el icono de descarga, en este caso es https://pmd.github.io/pmd-eclipse-plugin-p2-site/.

Ya en eclipse desde el menú ***Help/Install New Software***. Escribiremos la URL, donde pone *Work with*, y pondremos el nombre ***pmd-eclipse-plugin.*** A continuación, se pulsa ***Add***. Véase la figura 4.39.

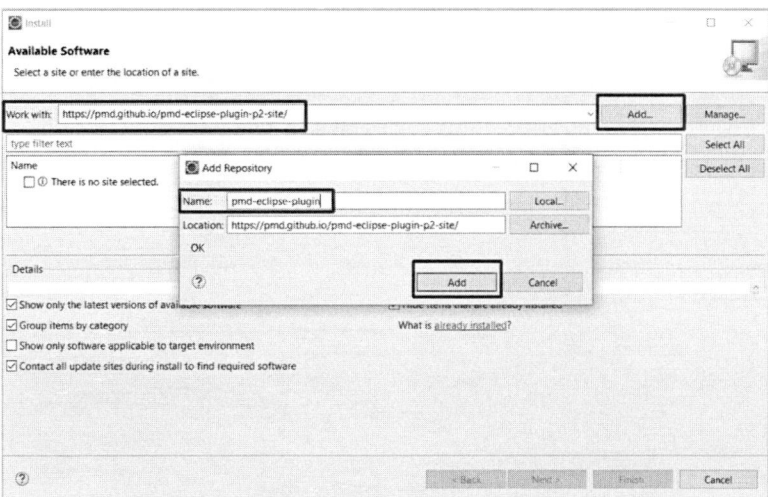

Figura 4.39. Instalación del plugin *pmd-eclipse-plugin*

A continuación se mostrará el software PMD, con la versión a instalar, marcamos la casilla para seleccionar el software y pulsaremos *Next* para seguir con la instalación. Véase la figura 4.40.

Aceptamos licencia, y marcamos las opciones que aparecerán. Una vez instalado pedirá iniciar eclipse.

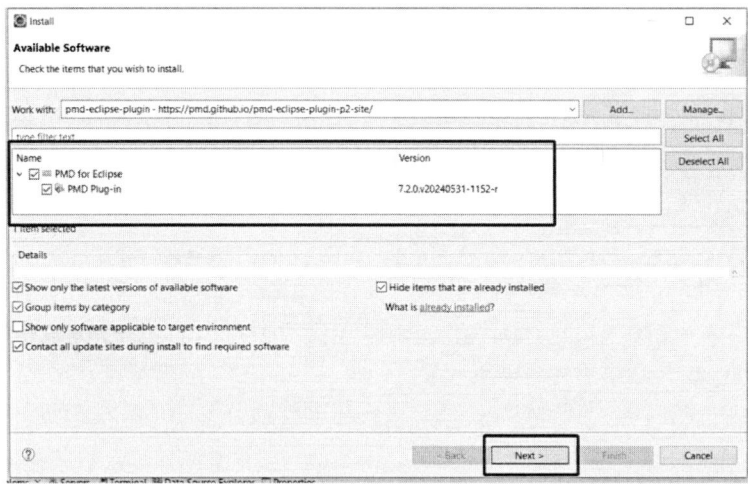

Figura 4.40. Plugin *pmd-eclipse-plugin*

Para saber que se ha instalado podemos ver que aparece un elemento PMD desde la ventana de **Open Perspective**. También lo veremos activo al seleccionar el proyecto o una clase, y pulsar al botón derecho del ratón. Véase la figura 4.41.

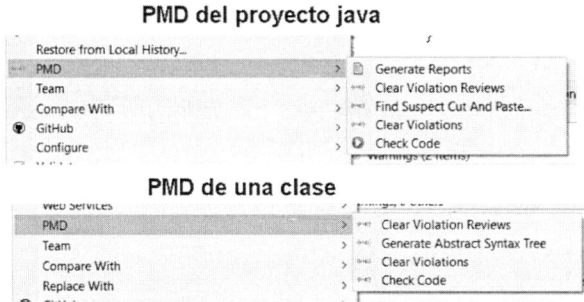

Figura 4.41. Opciones PMD, en proyecto y en clase

Creamos un *Java Project*, lo llamamos pruebaPMD. Creamos la siguiente clase, llamada *Pruebas*.

```
package pruebaPMD;

public class Pruebas {
        public int sumar(int a, int b) {
            return a + b;
        }
        public void nohacenada() {
            // Este método no hace nada
        }
        public void preguntavacia(int a) {
```

```
            System.out.println("Valor de a: "+a);
            if ( a > 0) {
            }
        }
    public void bloquetrycatchvacio() {
        try {
            int result = 10 / 0;
        } catch (Exception e) {
            // Bloque catch vacío
        }
    }
}
```

Desde el menú contextual pulsamos **PMD/Check Code**, se mostrará la vista de *PMD*, en la clase que se chequea se mostrará unas marcas en forma de flecha y de colores, y también se mostrará las violaciones o errores encontrados. Véase la figura 4.42

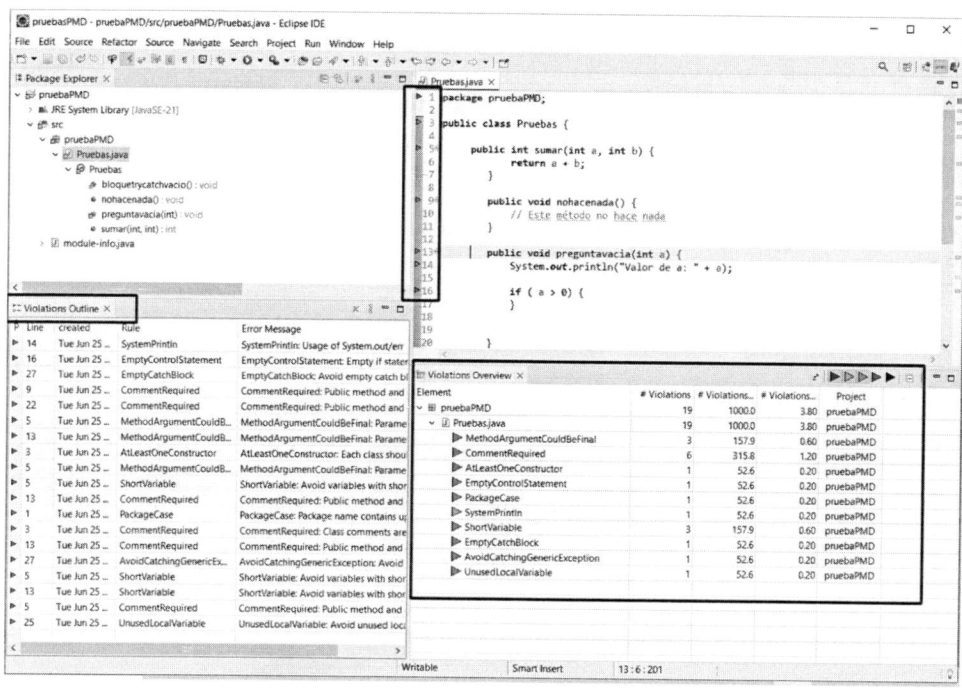

Figura 4.42. Vista del PMD, con las violaciones encontradas

En la pestaña de **Violations Overview**, podremos ver los tipos de violaciones encontradas, y el número de violaciones. Al hacer click sobre una de ellas, en la pestaña de **Violations Outline** se mostrará el detalle, y las líneas afectadas.

También se verán las violaciones si acercamos el ratón sobre las flechas añadidas a las líneas de la clase. Por ejemplo, si colocamos el ratón sobre el método **preguntavacia**, `public void preguntavacia(int a)` nos mostrará varias violaciones:

- **CommentRequired**: Public method and constructor comments are required

- **ShortVariable**: Avoid variables with short names like a

- **MethodArgumentCouldBeFinal**: Parameter 'a' is not assigned and could be declared final

Dentro de las pestañas *Violations Outline*, si se pulsa al botón derecho sobre una violación, nos aparecerá el menú contextual desde el que se podrá seleccionar:

- *Show details*: se mostrará información detallada sobre la violación encontrado.

- *Mark as reviewed*: si se marca esta opción, se indica que se ha revisado y que se ha tratado, por lo que, en posteriores análisis de código, no se volverá a mostrar.

- *Remove violation*: con esta opción indicamos que la violación no se considera un error.

- *Disable rule*: con esta opción, se inhabilita la regla correspondiente a dicha violación. Los errores relacionados con la regla no se volverán a mostrar hasta que no se vuelva a habilitar.

Igualmente, desde el menú contextual de *Violations Overview*, se podrá cambiar la presentación de las violaciones, a nivel de fichero, o de paquete. También se podrán borrar las violaciones.

Observa también los colores de las violaciones encontradas, se usan los colores para indicar diferentes niveles de severidad y tipos de problemas. Al pulsar sobre ellas se mostrarán las violaciones del grupo. El color *rojo* para *Show Blocker violations*, *Azul* para *Show Critical violations*, *verde* para *Show Urgent violations*, *rosa* para *Show Important violations* y *azul oscuro* para *Show Warning violations*.

Podemos ver la configuración de esta herramienta desde el menú *Window/Preferences*. Desde aquí se podrá cambiar la configuración del PMD. Véase la figura 4.43.

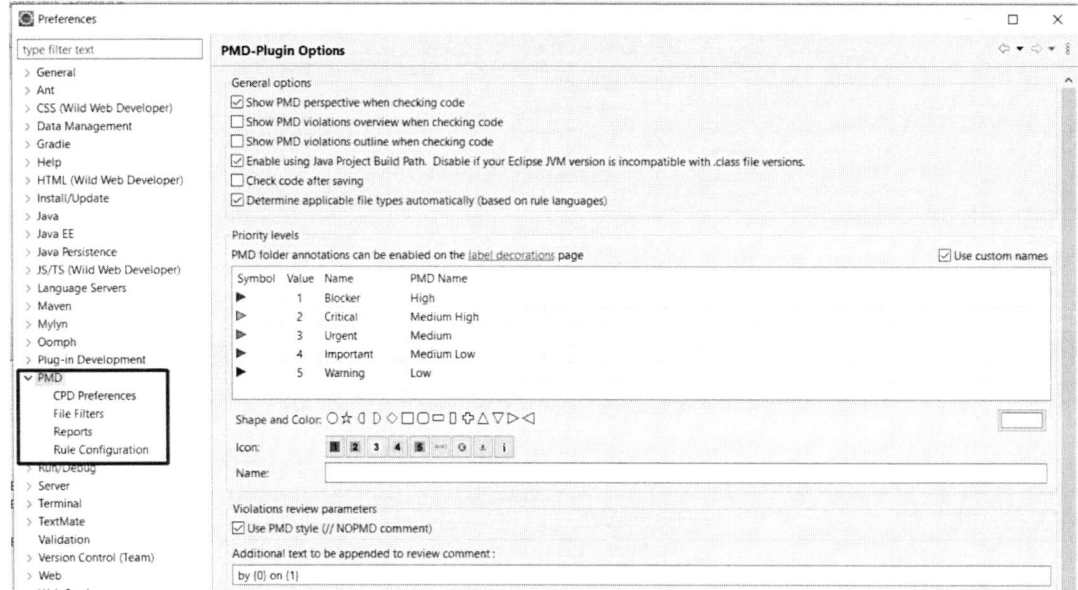

Figura 4.43. Preferencias y configuración del PMD.

Una vez que el analizador nos ha indicado las violaciones, podemos realizar los cambios en nuestro programa. Si vamos a las propiedades PMD, asociadas a la clase, también podremos Borrar las violaciones con *Clear Violations* o *Clear violation Reviews*, o generar un documento xml con los errores con la opción *Generate Abstract Syntax Tree*.

ACTIVIDAD 4.12

Carga la clase *Pruebasmenu.java*, y pasa el analizador de código PMD.

Observa las violaciones generadas.

Intenta solucionar las violaciones encontradas para mejorar el código de la clase, añadiendo comentarios en los métodos, siguiendo convenciones de nombrado, no poner nombres cortos de variables, eliminar las variables que no se usan, asegurarse de cerrar los recursos, intentar hacer métodos más sencillos (*CyclomaticComplexity*), ver si las variables locales pueden ser finales.

4.6. HERRAMIENTAS PARA LA INTEGRACIÓN CONTINUA

La **integración continua (CI)** (https://www.atlassian.com/es/continuous-delivery/continuous-integration) es la práctica de automatizar la integración de los cambios de código de varios contribuidores en un único proyecto de software. Es una de las principales prácticas recomendadas de *DevOps*, que permite a los desarrolladores fusionar con frecuencia los cambios de código en un repositorio central donde luego se ejecutan las compilaciones y pruebas. Las herramientas automatizadas sirven para verificar que el nuevo código es correcto antes de la integración.

Antes de empezar con las herramientas de integración, definamos el término *DevOps* (https://azure.microsoft.com/es-es/resources/cloud-computing-dictionary/what-is-devops): *El término DevOps, es la combinación de los términos ingleses development (desarrollo) y operations (operaciones), designa la unión de personas, procesos y tecnología para ofrecer valor a los clientes de forma constante. DevOps permite que los roles que antes estaban aislados (desarrollo, operaciones de TI, ingeniería de la calidad y seguridad) se coordinen y colaboren para producir productos mejores y más confiables. Al adoptar una cultura de DevOps junto con prácticas y herramientas de DevOps, los equipos adquieren la capacidad de responder mejor a las necesidades de los clientes, aumentar la confianza en las aplicaciones que crean y alcanzar los objetivos empresariales en menos tiempo.*

Así pues, podemos considerar *DevOps* como un marco de trabajo que promueve un mejor desarrollo de aplicaciones en menos tiempo y una rápida publicación de nuevas mejoras de software o productos para los clientes. Con *DevOps* se promueve la comunicación continua, la colaboración, la integración, la visibilidad y la transparencia entre equipos de desarrollo de aplicaciones (*Dev*) y sus homólogos en operaciones tecnológicas (*Ops*).

La CI se basa en las prácticas recomendadas de desarrollo de software de las metodologías ágil y *DevOps*, como las *pruebas automatizadas*, el *control de versiones*, la *automatización de compilaciones* y *las implementaciones automatizadas*. Cada uno de estos pilares de integración continua tiene su propio ecosistema de herramientas y filosofías.

Algunas de estas herramientas son: Jenkins, Travis CI, AWS CodePipeline, Azure Pipelines, GitLab, Atlassian Bamboo, CircleCI o Bitbucket Pipelines. En el siguiente apartado estudiaremos la herramienta *Jenkins*.

4.6.1. Jenkins

Jenkins es la herramienta de integración continua más conocida del mercado, está desarrollada en Java, es compatibles con múltiples sistemas de control de versiones. Es de código abierto lo que nos permite tenerlo de manera local simplemente cumpliendo ciertas especificaciones en nuestras máquinas, y al mismo tiempo, podemos configurarlo en entornos productivos.

Jenkins es un servidor de automatización que nos va a permitir la puesta en marcha de prácticas de integración y entrega continua. Descargaremos el servidor desde https://www.jenkins.io/download/. Antes de instalarlo hay que comprobar que el equipo cumple con los requisitos necesarios.

En este caso se instalará en Windows, seguiremos las instrucciones indicadas en esta URL: https://www.jenkins.io/doc/book/installing/windows/.

Se instalará la versión 2.452.2. Se recomienda instalar y ejecutar Jenkins como un servicio de Windows independiente utilizando un usuario local o de dominio, ya que es mucho más seguro que ejecutar Jenkins utilizando *LocalSystem*. Si no tenemos usuario ni dominio lo instalamos como servicio Local.

Seguidamente comprobaremos el puerto por defecto que es el *8080*, si este está ocupado, se escribirá otro, por ejemplo *8089*. Se seleccionará la carpeta donde está java, versiones 11, 17 o 21. Las versiones que indique la herramienta. Y seguiremos el asistente.

Una vez terminada la instalación (véase la figura 4.44), podremos abrir los servicios de Windows y observar que se ha instalado el servicio nuevo Jenkins.

Figura 4.44. Instalación de Jenkins

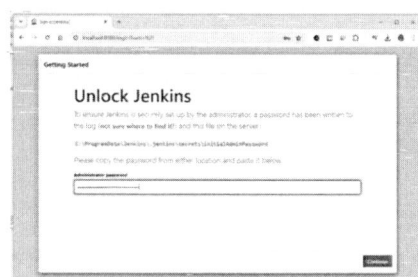

Figura 4.45. Desbloquear Jenkins

Abrimos el navegador y tecleamos http://localhost:8080 (o el puerto que hayáis indicado en la instalación), se mostrará la página desbloquear Jenkins *(Unlock Jenkins).* Nos indicará el camino donde encontrar el archivo que contiene la paswsword, se edita el fichero, se copia la password y se pega donde indica *Administrator password*, véase la figura 4.45.

Después de desbloquear Jenkins, aparece la página para personalizar Jenkins. Pedirá instalar los plugins que se necesiten. Inicialmente no sabemos los plugins a instalar, así que elegimos instalar los plugins sugeridos. Se podrán añadir más plugins en un momento posterior a través de la página *Administrar Jenkins > Plugins* en Jenkins.

Finalmente, Jenkins pide crear el primer usuario administrador. Tecleamos los datos, lo llamamos *admin1*, con la misma contraseña, y ponemos un correo. Salvamos el usuario, y se mostrará la página de que Jenkins está listo, hacemos clic en *Start using Jenkins*, seguidamente se mostrará el *Panel de Control* de Jenkins. Véase la figura 4.46.

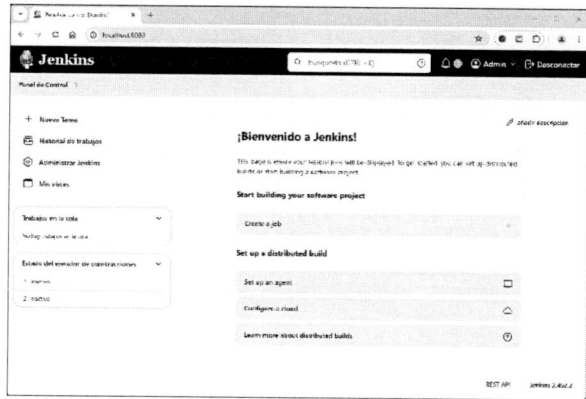

Figura 4.46. Panel de Control de Jenkins

4.6.2. Uso de Jenkins con un proyecto Java

Los plugins recomendados para la prueba de proyectos java son: *Maven Integration Plugin*, para compilaciones Maven, *Git Plugin*, para los proyectos que usan Git, y *JUnit Plugin* para reportes de pruebas unitarias. En primer lugar, se comprueba si están instalados.

Accedemos a *Plugins* desde el *Panel de Control/Administrar Jenkins.* Primero comprobamos los instalados desde *Installed plugin*s. Y si no encontramos los que queremos, accedemos a *Available plugin*s y los buscamos. Aparecen instalados los plugin de *Git* y de *JUnit*, pero no de *Maven Integration*. Así pues, se busca en *Available plugins* y se instala, véase la figura.4.47.

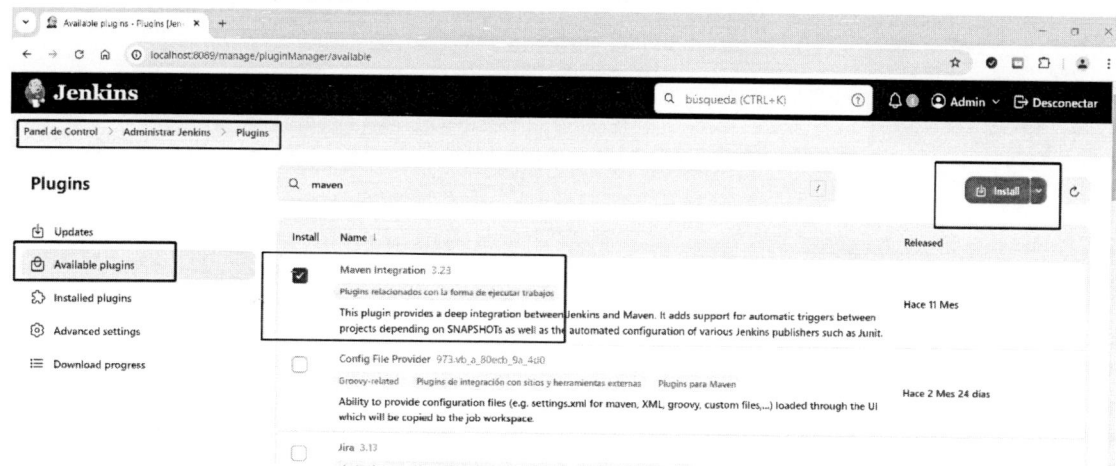

Figura 4.47. Instalación plugin *Maven Integration*

El proyecto a probar es un proyecto java *Maven*, nos aseguramos de tener Maven instalado en nuestro ordenador. Si no está instalado se descarga el comprimido desde https://maven.apache.org/download.cgi (versión *apache-maven-3.9.8-bin.zip*).

Se descomprime dentro de una carpeta, y se configurará en la **variable de entorno PATH** el camino hasta llegar a la carpeta *bin*. Desde la configuración de *Panel de Control/Sistema/ Configuración avanzada*. Botón *Variables de entorno,* y en el apartado *Variables de sistema,* se busca la variable **Path**, se selecciona, y clic en *Editar.*

En el ejemplo, se descomprime la carpeta dentro de *C:/Program File*s. Y el camino a añadir en el *path* es: *C:\Program Files\apache-maven-3.9.8\bin.* Véase la figura 4.48.

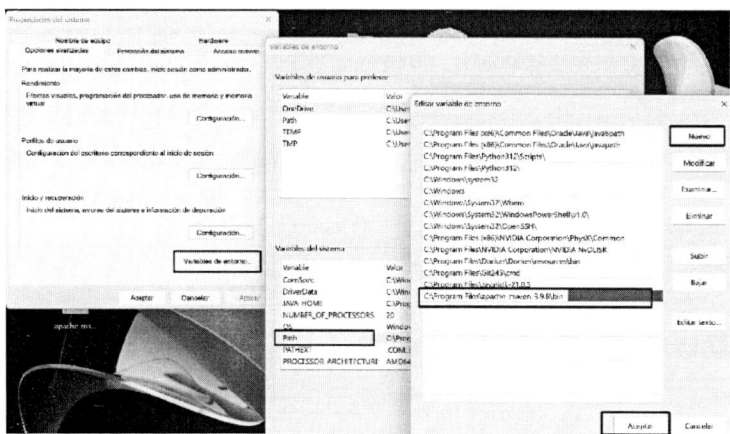

Figura 4.48. Configuración de variable de entorno

El siguiente paso es crear el repositorio en GitHub donde subiremos el proyecto Maven para hacer la prueba. El proyecto a probar se llama *ejercicioFicheros*, se puede descargar de la carpeta de recursos. Y en el ejercicio el repositorio creado es: *https://github.com/arama2020/ejercicioFichero*s.

Para subir el proyecto a GitHub hacemos lo siguiente:

```
# Abrimos la carpeta del proyecto con Open Git Bash here
# Y en modo git escribimos las siguientes órdenes:
git init
# Nos conectamos al repositorio
git remote add origin https://github.com/arama2020/ejercicioFicheros
# Añadimos los archivos
git add .
# Validamos
git commit -m "Se sube el proyecto al repositorio"
# Lo subimos al remoto
git push origin master
```

PASOS PARA CREAR UNA TAREA JENKINS

Desde la ventana del **Panel de Control**, se hace clic en **Nueva Tarea**. Se teclea el nombre (*TareaEjercicioFicheros*) y se selecciona **Crear un proyecto de estilo libre**. Y se pulsa **OK**. También podremos seleccionar *Crear un proyecto Maven* (en este caso pedirá configurar Maven, la versión, y donde está instalado).

Se muestra la ventana de configuración del proyecto (***Configure***), y desde el menú de la izquierda podremos acceder a los distintos bloques: ***General***, ***Configurar el origen del código fuente***, ***Disparadores de ejecuciones***, ***Entorno de ejecución, Build Steps***, y ***Acciones para ejecutar después***. Véase la figura 4.49.

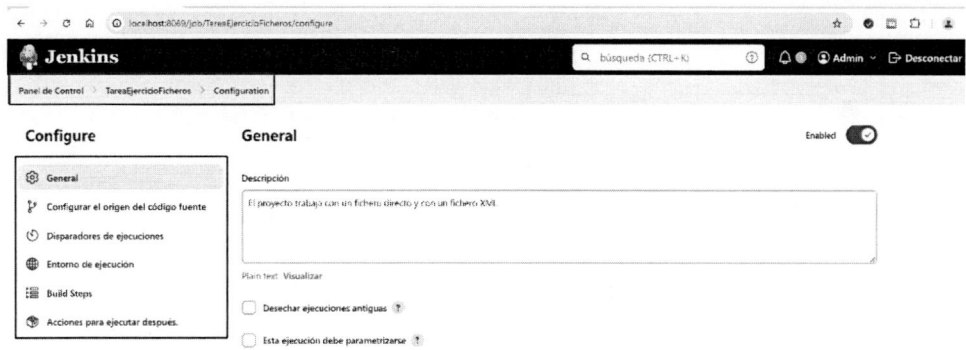

Figura 4.49. Configuración de tarea en Jenkins

Se rellenan las siguientes opciones:

- En ***General***, sólo añadiremos la descripción del proyecto.

- En ***Configurar el origen del código fuente,*** se configura el repositorio del proyecto: se marca ***Git***, se indica la URL del repositorio que lo contiene, y las credenciales necesarias. Se pulsa ***+Add***, y se añaden las credenciales, el tipo será ***Username with password,*** escribimos el usuario y contraseña de GitHub.

- Dejamos sin marcar opciones en ***Disparadores de ejecuciones*** y ***Entorno de ejecución.***

- En ***Build Steps,*** configurar las fases de construcción, hacemos clic en ***Añadir un nuevo paso***. Se selecciona ***Ejecutar tareas 'maven' de nivel superior*** (*objetivos de top level de Maven*). En el campo ***Goles***, se indican los comandos de *Maven,* escribimos ***clean install*** para limpiar y construir el proyecto. También se podrán agregar otros pasos de construcción si se necesita ejecutar comandos adicionales. Consulta el documento ***TareasMavenNivelSuperior.docx*** de la carpeta de recursos.

- En ***Acciones para ejecutar después.*** Si el proyecto tiene pruebas unitarias, se configura los informes de pruebas. Se seleccionaría *Publicar los resultados de test JUni*t, y se añade la ruta a los archivos de resultados de pruebas.

Finalmente se guarda la configuración, y vuelve al panel principal del proyecto. Desde este panel principal podremos movernos por el entorno del proyecto. Si se hace clic en ***Construir ahora,*** se construirá o compilará el proyecto. Se mostrarán las ejecuciones en ***Historia de tareas.*** Observa los iconos que aparecen en el apartado ***Historia de tareas***, que informa de como ha sido ejecutada la tarea. También podremos movernos al ***Estado actual*** en el que se verán las construcciones, y si son fallidas o no. Si se hace clic en una de ellas podremos ir a que muestre la consola para ver lo que ha pasado. Véase la figura 4.50.

Figura 4.50. Estado de la tarea

Al ir a la **Console Output**, de las compilaciones realizadas, se comprueba si la construcción ha sido satisfactoria (*Finished: SUCCESS*), o fallida (*Finished: FAILURE*) viendo el mensaje final, se indicará la causa del fallo.

Desde el **Panel de Control** se podrán ver las tareas compiladas por Jenkins, y el estado de la última construcción, con iconos indicativos de lo ocurrido. Véase la figura 4.51.

Figura 4.51. Tareas e iconos identificativos del estado de las últimas construcciones

Si se accede a **Panel de Control/Historial de trabajos** se mostrarán el historial de las tareas ejecutadas y el estado.

Jenkins indicará si el proyecto está bien construido o tiene fallos, como problemas de versiones, sincronización de Git o dependencias faltantes. Podremos hacer compilaciones periódicas y automáticas al detectar cambios en el proyecto, como la fusión de ramas.

El **proyecto construido** se encuentra en el directorio de trabajo de *Jenkins*. Dependiendo de cómo se configure *Jenkins y Maven*, los artefactos (como archivos JAR o WAR) estarán normalmente en la carpeta **C:\ProgramData\Jenkins\.jenkins\workspace**. Y *Maven* coloca los artefactos en la carpeta **target**, en el ejemplo **C:\ProgramData\Jenkins\.jenkins\workspace\TareaEjercicioFicheros\target**. Se podrá acceder a este directorio desde la **Zona de Trabajo** de la tarea. Véase la figura 4.52.

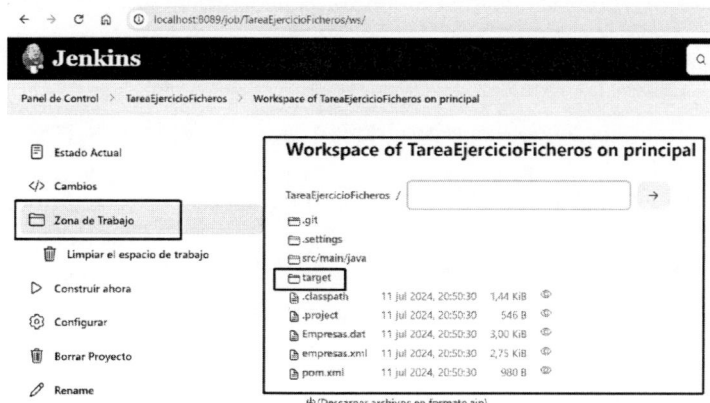

Figura 4.52. Zona de trabajo de la tarea

ACTIVIDAD 4.13

Crea una nueva tarea en Jenkins.

Utiliza el proyecto *ejercicioJDBC* que está en la carpeta de recursos. Crea un repositorio en GitHub para este proyecto y súbelo al repositorio creado.

Crea una tarea Jenkins para construir este proyecto.

COMPRUEBA TU APRENDIZAJE

1. ¿Qué es el control de versiones?

2. Tipos de sistemas de control de versiones.

3. En control de versiones qué significa:
   - Repositorio.

   - Revisión, versión.

   - Hacer Checkout.

   - Hacer Commit.

   - Hacer Import.

   - HEAD.

   - Pull

   - Push y Fetch

   - Crear una rama.

   - Crear una etiqueta.

   - Crear un conflicto.

4. ¿Qué son y a qué se refieren cuando hablamos de las áreas de trabajo de GIT?

5. Estados de un fichero en GIT

6. ¿Qué es documentar el código de un programa?

7. ¿Qué tipos de documentación se realizan en los proyectos?

8. ¿Qué es JavaDoc? ¿Para qué se utiliza?

9. ¿Qué es la refactorización?

10. ¿Cuándo hay que refactorizar?

11. ¿Qué son los **bad smells**?

12. Cita patrones de refactorización en Eclipse.

ACTIVIDADES DE AMPLIACIÓN

1. REFACTORIZAR Y DOCUMENTAR

Copia el proyecto Eclipse con nombre *EjercicioNeodatis*, que se encuentra en la carpeta de recursos *ProyectosEjercicios_Eclipse*. Abrirlo con Eclipse y realiza las siguientes operaciones. Al hacer los cambios la ejecución del proyecto debe funcionar correctamente:

– Dentro de la clase *OperacionesEmple.java*, convierte en clases anidadas todas las clases anónimas creadas con los *ActionListener* de los botones; que recojan los métodos *actionPerformed* asociados a los botones insertar, consulta, borra y modifica.

– Dentro de la clase *OperacionesDepart* extrae los siguientes métodos, deben quedar dentro de esta clase, como métodos de la clase:

Dentro del *actionPerformed* del botón *btnInsertarDepartamento,* extrae método **Insertardep** de las líneas que están dentro del *try{ . . . . }catch (NumberFormatException e)*

Dentro del *actionPerformed* del botón *btnBorrarDepartamento,* extrae método **borrardep** de las líneas que están dentro del *try{ . . . . . . }catch (NumberFormatException e)*

Lo mismo con los *actionPerformed* de los botones *btnConsultar* y *btnModifcarDepartamento,* extraer los métodos *consultardep* y *modificardep.*

– Extrae la interfaz *Interfazdepart* con los métodos creados en el apartado anterior. Realiza los cambios que se necesiten.

- En la clase *Consultas* convierte la variable *BBDD* a global para toda la clase.

  Cambia el método *consuldepart*, añade 2 parámetros de tipo int, con valor por defecto a 0, y haz que devuelva un string. Corrige los errores que se produzcan.

  Extrae una clase que incorpore todos los *JButton* y_*JLabel* de la clase. Llámala *Etiquetas*.

- Cambia el nombre al proyecto y pone tu nombre.

- Añade a la clase *Principal* las etiquetas autor, con el nombre y versión, por ejemplo: *Versión 1.0.* Y el siguiente texto que aparezca en etiquetas de título, h2 de html:

  "Proyecto pruebas de refactorización. Este proyecto realiza el mantenimiento de la BD neodatis Empleados.dat. La base de datos está formada por las clases persistentes de Empleados y Departamentos. Un departamento tiene muchos empleados. "

  En el título del documento puedes poner*: Documentación EJERCICIO REFACTORIZACIÓN.*

  Añade las siguientes líneas de documentación entre etiquetas h2 de html, en las siguientes clases:

  - *OperacionesDepart: Esta clase se encarga del mantenimiento de los datos de departamentos, se realizan altas, bajas modificaciones y consultas.*

  - *OperacionesEmple: Esta clase se encarga del mantenimiento de los datos de los empleados, se realizan altas, bajas modificaciones y consultas.*

  - *Consultas: Esta clase se encarga de realizar consultas estadísticas de empleados y departamentos. También obtiene un listado de empleados y un listado de departamentos.*

  Genera la documentación con javadoc de la clase principal y esas tres clases con índice, y la barra de navegación. Y guárdala dentro de la carpeta del proyecto

2. CONTROL DE VERSIONES GIT

Desde modo comando realiza las siguientes operaciones:

Crea en el disco la carpeta *ejercicio2*, e inicia *Git Bash*. Convierte la carpeta a un repositorio git. Y realiza las siguientes operaciones:

1. Crea dos archivos (*docu1.txt y docu2.txt*), añade texto, valídalos en el repositorio.

2. Realiza cambios en el primero, añade un par de líneas, valídalo.

3. Realiza cambios en el segundo archivo, valídalo.

4. Vuelve a la situación antes de los cambios del *docu1.txt*. Ir al paso 2 con el comando **reset**.

5. Crea el archivo *docu3.txt* y añade cambios a este archivo, y valídalo, sólo a él.

6. Revierte los cambios al momento en el que no existían ninguno de los ficheros. Vuelve al commit que se hizo en el paso1. Utiliza **revert**. Resuelve lo que ocurra.

7. Crea un repositorio remoto público en *GitHub* con el nombre *ejercicio2*.

8. Conéctate al repositorio remoto y sube lo que tienes en el repositorio local.

9. Crea una rama nueva llamada *mirama*.

10. En la rama creada crea dos archivos: *rama1.txt* y *rama2.txt*, añade varias líneas en cada archivo. Valídalos en la rama, y sube la rama al repositorio remoto.

11. En master local, fusiona la rama creada y sincroniza con el remoto origin/master.

12. Crea una etiqueta con la versión 1.0, y sube la etiqueta al remoto.

13. En la rama creada añade cambios en el fichero *rama1.txt*, añade varias líneas. Y valida el archivo en la rama.

14. En master local realiza cambios en *rama1.txt* y añade 2 líneas. Valida los cambios.

15. Fusiona la rama master local y la rama *mirama*. Resuelve el conflicto.

16. Sincroniza el repositorio con el remoto.

3. CONTROL DE VERSIONES ECLIPSE GIT

Copia el proyecto eclipse con nombre ***EjercicioSQlite***, que se encuentra en la carpeta de recursos *ProyectosEjercicios_Eclipse*. Ábrelo con eclipse.

Crea un repositorio remoto público en ***GitHub*** con el nombre del proyecto ***EjercicioSQlite.***

A continuación, crea el repositorio local *Git*, dentro de la carpeta ***RepositoriosGit***, y llámalo como el proyecto: ***EjercicioSQlite***. Realiza las siguientes operaciones:

- Conecta el proyecto al repositorio y valida el proyecto en el repositorio local, y luego en el repositorio remoto.

- Muestra captura en la que se vean que el repositorio local y el remoto apuntan al mismo id.

- En la clase *Principal* dentro del método main(), añade 2 líneas de visualización por consola. Valida los cambios de la clase en *master* local, y añade el mensaje "Líneas en método main". Realiza captura del histórico de cambios.

- Crea la rama ***clasenueva***. Muévete a ella, y añade la siguiente clase en el *default package*. Valida los cambios en la rama en local y en remoto. Añade el mensaje *"Se ha creado la rama clasenueva"*. Realiza captura del histórico, que se vean los cambios.

```
public class NuevaClase {
   public static void main(String[] args) {
        System.out.println("En la rama. Se crea la clase nueva");
   }
}
```

- Fusiona la rama creada al *master* local, y visualiza el histórico.

- Sincroniza el master local con el remoto (*origin/master*), realiza captura del histórico.

- Compara los cambios realizados en la clase *Principal* y en la clase *NuevaClase* en los distintos momentos de validación.

4. EJERCICIO PMD

Carga el proyecto ***FicheroAleatorio*** contenido en la carpeta de recursos ***ClasesParaPMD***. Pasa el analizador de código PMD, y observa todas las violaciones generadas.

Estudia porqué salen las violaciones e intenta mejorar el código de la clase ***VentanaDepart***. Consulta el documento ***PMD_ListadeViolaciones.docx*** de la carpeta de recursos.

5. EJERCICIO JENKINS

Crea una nueva tarea en Jenkins.

Utiliza el proyecto ***ejercicioHibernate*** que está en la carpeta de recursos ***ProyectosParaJenkins***. Crea un repositorio en GitHub para este proyecto y súbelo al repositorio creado. Crea una tarea Jenkins para construir este proyecto.

## CAPÍTULO 5

ELABORACIÓN DE DIAGRAMAS DE CLASES

Contenidos

Lenguaje UML.

Clases. Atributos, métodos, y visibilidad.

Objetos. Instanciación.

Relaciones. Herencia, composición y agregación.

Herramientas de diseño de diagramas.

Generación de código a partir del diagrama de clases.

Ingeniería inversa.

Objetivos

Identificar los conceptos básicos de la programación orientada a objetos.

Elaborar e interpretar diagramas de clase sencillos.

Utilizar herramientas para desarrollar diagramas de clases.

Generar código a partir de diagramas de clases.

Realizar ingeniaría inversa a partir de código.

RESUMEN DEL CAPÍTULO

En este capítulo introducimos los conceptos básicos que forman el fundamento para la comprensión de la tecnología orientada a objetos. Se hará una introducción al lenguaje UML y sus diagramas. Se estudiarán los diagramas de clases y se utilizará una herramienta para crear diagramas de clases, para generar código a partir de diagramas y para realizar la ingeniería inversa, a partir de proyectos Java.

5.1. INTRODUCCIÓN

En el **diseño orientado a objetos** un sistema se entiende como un conjunto de objetos que tienen propiedades y comportamientos.

Un **objeto** consta de una estructura de datos y de una colección de métodos u operaciones que manipulan esos datos. Los datos definidos dentro de un objeto son sus atributos. Las operaciones definen el comportamiento del objeto y cambian el valor de uno o más atributos. Los objetos se comunican unos con otros a través del paso de mensajes.

Una **clase** no es más que una plantilla para la creación de objetos. Cuando se crea un objeto (instanciación) se ha de especificar de qué clase es el objeto instanciado, para que el compilador comprenda las características del objeto.

Para el análisis y diseño orientado a objetos se utiliza **UML** (*Unified Modeling Language - Lenguaje de Modelado Unificado*). Es un lenguaje de modelado basado en diagramas que sirve para expresar modelos (un modelo es una representación de la realidad donde se ignoran detalles de menor importancia). Se ha convertido en el estándar de facto de la mayor parte de las metodologías de desarrollo orientado a objetos que existen hoy en día.

5.2. CONCEPTOS ORIENTADOS A OBJETOS

El paradigma OO se basa en el concepto de **objeto**. Un objeto es aquello que tiene estado (propiedades más valores), comportamiento (acciones y reacciones a mensajes) e identidad (propiedad que lo distingue de los demás objetos). La estructura y comportamiento de objetos similares están definidos en su clase común; los términos *instancia* y *objeto* son intercambiables. Una clase es un conjunto de objetos que comparten una estructura y comportamiento común.

Clases y objetos pueden parecer conceptos similares, pero existe una clara diferencia conceptual entre ellos. Las clases son un concepto estático definido en el programa fuente, son una abstracción de la esencia de un objeto, mientras que los objetos son entes dinámicos que existen en tiempo y espacio y que ocupan memoria en la ejecución de un programa.

En el enfoque OO las propiedades del objeto son claves. Los principios del modelo OO son: abstracción, encapsulación, modularidad, jerarquía y polimorfismo, fundamentalmente, y en menor grado tipificación (typing), concurrencia y persistencia. *Booch [1986]* dice que, si un modelo que se dice OO no contiene alguno de los primeros cuatro elementos, entonces no es OO. Propiedades:

- **Abstracción**. Denota las características esenciales de un objeto, donde se capturan sus comportamientos. El objetivo es obtener una descripción formal. La abstracción es clave en el proceso de análisis y diseño orientado a objetos, ya que mediante ella podemos llegar a componer un conjunto de clases que permitan modelar la realidad o el problema que se quiere resolver.

- **Encapsulación**. La encapsulación es el proceso de ocultar todos los detalles de un objeto que no contribuyen a sus características esenciales, es decir, separar el aspecto externo del objeto accesible por otros objetos, del aspecto interno del mismo que será inaccesible para los demás. O lo que es lo mismo La encapsulación consiste en ocultar los atributos y métodos del objeto a otros objetos, estos no deben estar expuestos a los objetos exteriores. Una vez encapsulados, pasan a denominarse atributos y métodos privados del objeto.

- **Modularidad**. Es la propiedad de una aplicación o de un sistema que ha sido descompuesto en un conjunto de módulos o partes más pequeñas coherentes e independientes. Estos módulos se pueden compilar por separado, pero tienen conexiones con los otros módulos.

- **Jerarquía o herencia.** La programación orientada a objetos introduce la posibilidad de extender clases, produciendo nuevas definiciones de clases que heredan todo el comportamiento y código de la clase extendida. La clase original se denomina clase padre, base o superclase. La nueva clase que se define como una extensión se denomina clase hija, derivada o subclase. La extensión de una clase se denomina herencia, porque la nueva clase hija hereda todos los métodos y atributos de la clase padre que se extiende. Cada subclase estaría formada por un grupo de objetos más especializados con características comunes que compartirían datos y operaciones. Los objetos heredan las propiedades y el comportamiento de todas las clases a las que pertenecen.

- **Polimorfismo**. Consiste en reunir con el mismo nombre comportamientos diferentes. Es la propiedad por la cual un mismo mensaje puede originar conductas completamente diferentes al ser recibido por diferentes objetos. De un modo más preciso: dos instancias u objetos, pertenecientes a distintas clases, pueden responder a la llamada a métodos del mismo nombre, cada uno de ellos con distinto comportamiento encapsulado, pero que responden a una interfaz común (marcada a través del mecanismo de la herencia).

- **Tipificación**. Es la definición precisa de un objeto de tal forma que objetos de diferentes tipos no puedan ser intercambiados o, cuando mucho, puedan intercambiarse de manera muy restringida.

- **Concurrencia**. Es la propiedad que distingue un objeto que está activo de uno que no lo está. El objeto activo está haciendo algo, se utilizan sobre todo sobre todo en la programación concurrente o *multihilo*.

- **Persistencia**. Es la propiedad de un objeto a través de la cual su existencia trasciende el tiempo (es decir, el objeto continúa existiendo después de que su creador ha dejado de existir) y/o el espacio. Se refiere a objetos de clases asociadas a ficheros de objetos, Bases de Datos Orientadas a Objetos (BDOO) o a Bases de Datos Objeto Relacionales (BDOR).

Actualmente las metodologías más importantes de análisis y diseño de sistemas han confluido en lo que se denomina el **UML**, bajo el respaldo del ***Object Management Group*** (organización sin fines de lucro que promueve el uso de tecnologías orientadas a objetos mediante guías y especificaciones).

5.3. QUÉ ES UML

El Lenguaje de Modelado Unificado (*UML - Unified Modeling Language*) es un lenguaje gráfico para visualizar, especificar y documentar cada una de las partes que comprende el desarrollo de software. Este lenguaje se puede utilizar para modelar tanto sistemas de software, como de hardware, como organizaciones del mundo real. Para ello utiliza una serie de diagramas en los que se representan los distintos puntos de vista de modelado. Podemos decir que UML es un lenguaje que se utiliza para documentar.

Existen dos grandes versiones de UML:

- UML 1.X (comprende UML 1.1, 1.2, 1.3, 1.4, 1.5): desde finales de los 90 se empezó a trabajar con el estándar UML. En los años sucesivos fueron apareciendo nuevas versiones que introducían mejoras o ampliaban a las anteriores.

- UML 2.X (comprende UML 2.0 hasta UML 2.5): en torno a 2005 se difundió una nueva versión de UML a la que podemos denominar UML 2.X. Comprenden varias revisiones. La última revisión formal es la 2.5.1 (https://www.omg.org/spec/UML).

UML 2.5 define 14 tipos de diagramas (véase la Figura 5.1), divididos en 3 categorías: 7 tipos de diagramas representan la estructura estática de la aplicación o del sistema, 3 representan tipos generales de comportamiento y 4 representan diferentes aspectos de las interacciones:

- **Diagramas de estructura (parte estática del modelo)**: incluyen el diagrama de clases, diagrama de objetos, diagrama de componentes, diagrama de estructura compuesta, diagrama de paquetes, diagrama de implementación o despliegue y diagrama de perfil. Se centran en los elementos que deben existir en el sistema modelado.

- **Diagramas de comportamiento (parte dinámica del modelo)**: incluyen el diagrama de casos de uso (usado por las metodologías orientadas a objetos durante la recopilación de requisitos), diagrama de actividad y diagrama de estado. Se centran en lo que debe suceder en el sistema.

- **Diagramas de interacción**: todos derivados del diagrama de comportamiento más general. Incluyen el diagrama de secuencia, diagrama de comunicación, diagrama de tiempos y diagrama de vista de interacción. Se centran en el flujo de control y de datos entre los elementos del sistema modelado.

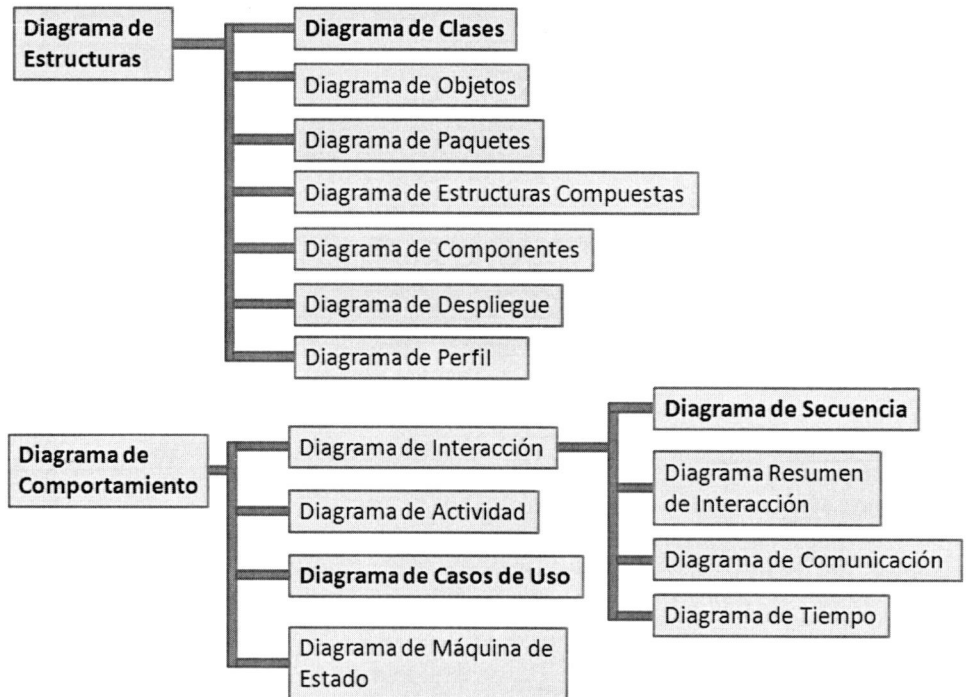

Figura 5.1. Diagramas UML 2.5.

5.3.1. Tipos de diagramas

Cada diagrama UML representa alguna parte o punto de vista del sistema. Los diagramas más utilizados son los siguientes:

- **Diagramas de clase.** Los diagramas de clases muestran las diferentes clases que componen un sistema y cómo se relacionan unas con otras. En la Figura 5.2 se muestran las clases *Departamentos* y *Empleados*, y su relación o asociación. Un departamento tiene muchos empleados [1..*], y un empleado pertenece a un departamento[1]. Un objeto departamentos va a tener a muchos objetos empleados.

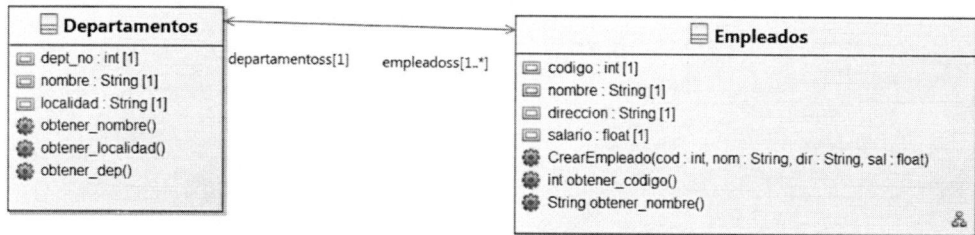

Figura 5.2. Diagrama de clase Departamentos-Empleados.

- **Diagramas de objeto.** Representan objetos y sus relaciones. Muestra una serie de objetos (instancias de las clases) y sus relaciones en un momento particular de la ejecución del sistema. Es un diagrama de instancias de las clases mostradas en el diagrama de clases. Son útiles para la comprensión de los diagramas de clases.

- **Diagramas de casos de uso.** Se utiliza para entender el uso del sistema, muestran un conjunto de actores, las acciones (casos de uso) que se realizan en el sistema, y las relaciones entre ellos. En la Figura 5.3 se muestra un diagrama de casos de usos en el que el actor operador realiza operaciones sobre los datos de los empleados de una base de datos.

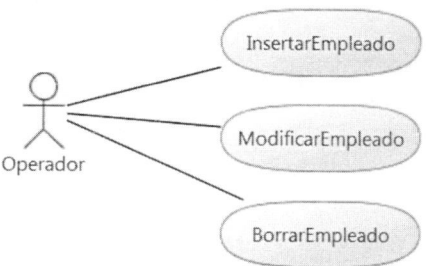

Figura 5.3. Diagrama de casos de uso.

- **Diagramas de secuencia.** Son una representación temporal de los objetos y sus relaciones. Enfatiza la interacción entre los objetos y los mensajes que intercambian entre sí junto con el orden temporal de los mismos.

En el ejemplo (Figura 5.4) se muestra el diagrama de secuencia de la inserción de datos de un empleado en la base de datos. El operador indica a la ventana principal (imaginamos que en la aplicación aparecerá una ventana principal que dará paso a las ventanas para operar con empleados y departamentos) que quiere realizar operaciones con empleados, y pide abrir la ventana de empleados. En la ventana de empleados se introducirán los datos, se validarán los datos, y el operador indicará si se graba el registro en la BD. La orden de grabar el registro creará un nuevo objeto *Empleado* en la base de datos con los datos introducidos.

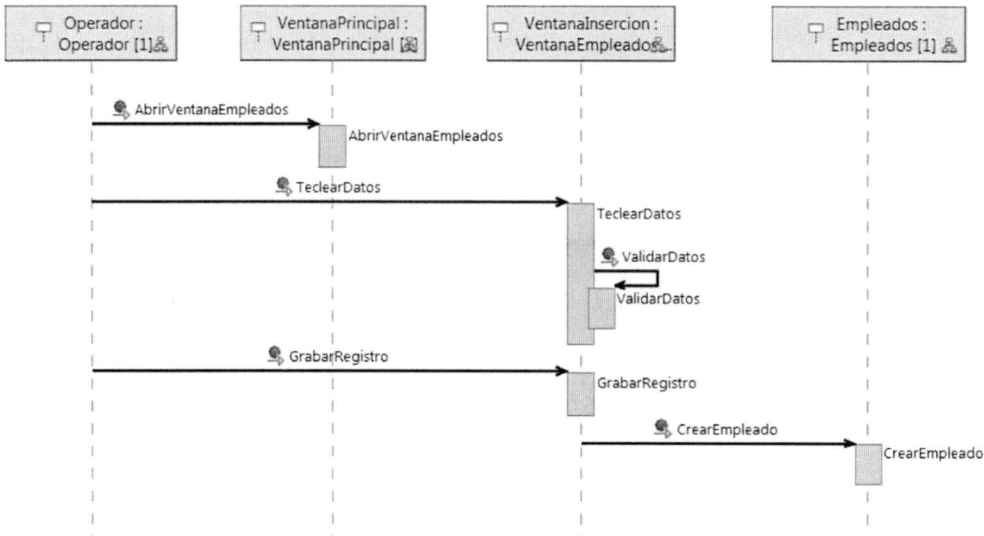

Figura 5.4. Diagrama de secuencia del caso de uso *InsertarEmpleado*.

- **Diagramas de estado.** Se utiliza para analizar los cambios de estado de los objetos. Muestra los estados, eventos, transiciones y actividades de los diferentes objetos. En la Figura 5.5 se muestran los estados de un objeto *Trabajador*. Los estados son los rectángulos redondeados. Las transiciones son las flechas de un estado a otro. Las condiciones que desencadenan las transiciones están escritas al lado de las flechas. El estado inicial (círculo relleno) se representa para iniciar la acción. El círculo relleno dentro de otro círculo se utiliza para indicar el final de la actividad.

  Un trabajador cuando es contratado pasa al estado *EN ACTIVO*, si pierde el empleo pasa al estado *EN EL PARO*. Si se jubila pasa al estado *JUBILADO*.

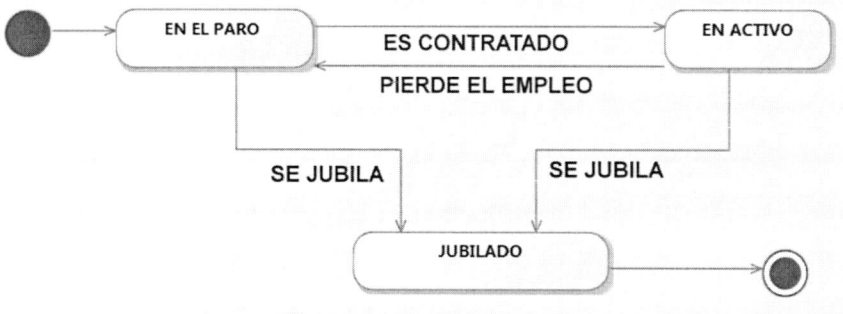

Figura 5.5. Diagrama de estados de un objeto *Trabajador*.

- **Diagramas de actividad.** En UML, un diagrama de actividad se utiliza para mostrar la secuencia de actividades. Los diagramas de actividades muestran el flujo de trabajo desde un punto de inicio hasta el punto final detallando las decisiones que surgen en la progresión de los eventos contenidos en la actividad. En el ejemplo se muestra el diagrama de actividad de la inserción de un empleado en la BD (véase la Figura 5.6)

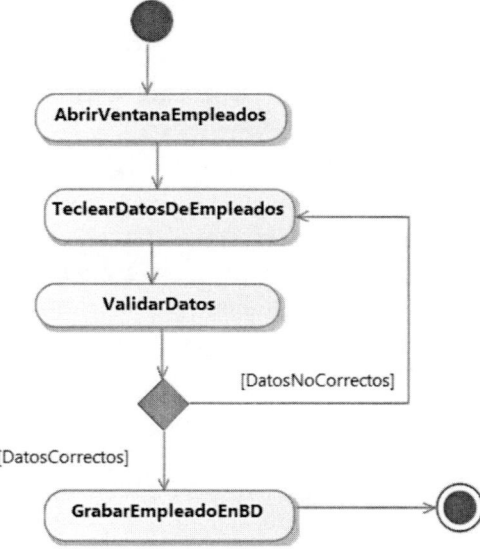

Figura 5.6. Diagrama de actividad de Insertar un empleado en la BD.

- **Diagramas de despliegue.** Especifica el hardware físico sobre el que el sistema de software se ejecutará y también especifica como el software se despliega en ese hardware. Está compuesto de nodos. Un nodo es una unidad material capaz de recibir y de ejecutar software. La mayoría de los nodos son ordenadores. Los vínculos físicos entre nodos también pueden describirse en el diagrama de despliegue, corresponden a las ramas de la red. Los nodos contienen software en su forma física, conocida como ***artefact***. Los archivos ejecutables, las bibliotecas compartidas y los scripts son ejemplos de formas físicas de software.

En la Figura 5.7 se muestra el diagrama de despliegue del sistema de gestión de empleados y departamentos. La arquitectura de este sistema está basada en un servidor y dos puestos clientes conectados al servidor mediante enlaces directos que representan la red. El servidor contiene tres ejecutables (*artefactos*) el encargado de la gestión de empleados, el encargado de la gestión de departamentos y el gestor de la BD.

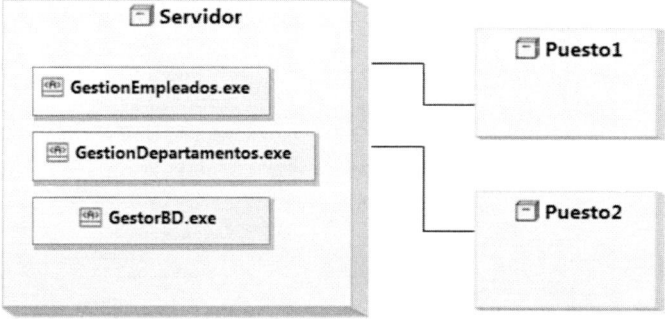

Figura 5.7. Diagrama de despliegue del sistema de gestión de empleados y departamentos.

- **Diagramas de paquetes.** Los diagramas de paquetes se usan para reflejar la organización de paquetes y sus elementos. Cuando se utiliza para representar elementos de clase los diagramas de paquete proporcionan una visualización de los espacios de nombres. El uso más común de los diagramas de paquete es organizar diagramas de casos de uso y diagramas de clases, aunque el uso de diagramas de paquetes no se limita a estos elementos UML.

  En el ejemplo de la Figura 5.8, se muestra un diagrama de clases formado por 5 clases, las clases *Departamentos* y *Empleados* agrupadas en el paquete *Datos*, y las clases *VentanaPrincipal*, *VentanaEmpleados* y *VentanaDepartamentos* agrupadas en el paquete *Ventanas*. En la Figura 5.9 se muestra el diagrama de paquetes en el que se relacionan los dos paquetes mediante una asociación de *importación*, las clases del paquete *Ventanas* importarán a las clases del paquete *Datos*.

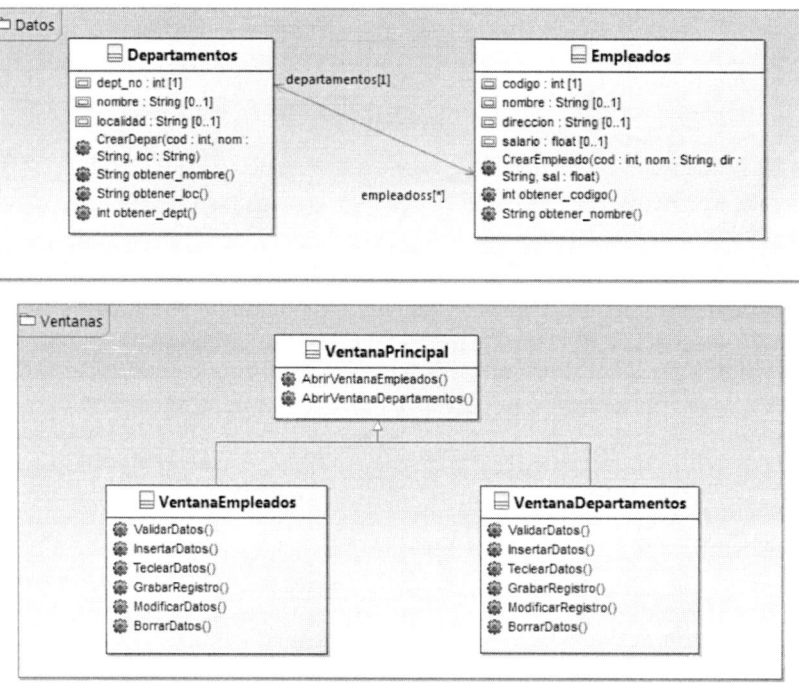

Figura 5.8. Diagrama de clases, agrupadas en paquetes.

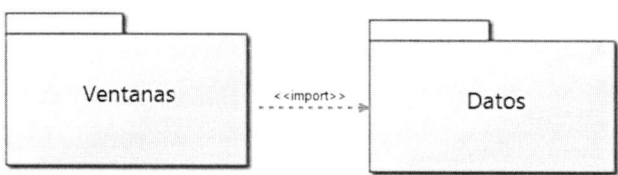

Figura 5.9. Diagrama de paquetes.

5.4. DIAGRAMAS DE CLASES

Un diagrama de clases es un tipo de diagrama de estructuras (estático) que describe la estructura de un sistema mostrando sus clases y las asociaciones entre ellas. Sirve para visualizar las relaciones entre las clases que componen el sistema. Un diagrama de clases está compuesto por los siguientes elementos:

- **Clases**: atributos, métodos y visibilidad.

- **Relaciones**: asociación, herencia, agregación, composición, realización y dependencia.

5.4.1. Clases

Las clases son la unidad básica que encapsula toda la información de un objeto (un objeto es una instancia de una clase). A través de ella podemos modelar el entorno en estudio (un empleado, un departamento, una cuenta corriente, un artículo, etc.). En UML, una clase se representa por un rectángulo que posee tres divisiones (véase la Figura 5.10):

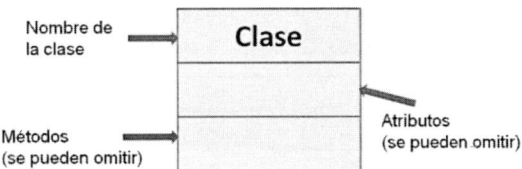

Figura 5.10. Formato de una clase.

- La parte superior: contiene el nombre de la clase

- El intermedio: contiene los atributos (o variables de instancia) que caracterizan a la clase (pueden ser *private, protected, package o public*).

- La parte inferior: contiene los métodos u operaciones, los cuales son la forma como interactúa el objeto con su entorno (dependiendo de la visibilidad: *private, protected, pakage o public*).

En la representación de una clase los atributos y métodos pueden omitirse. Por defecto la visibilidad de los atributos debe ser *private* (signo – a la izquierda) y de los métodos *public* (signo +). En la Figura 5.11 se representa la misma clase con distintas herramientas.

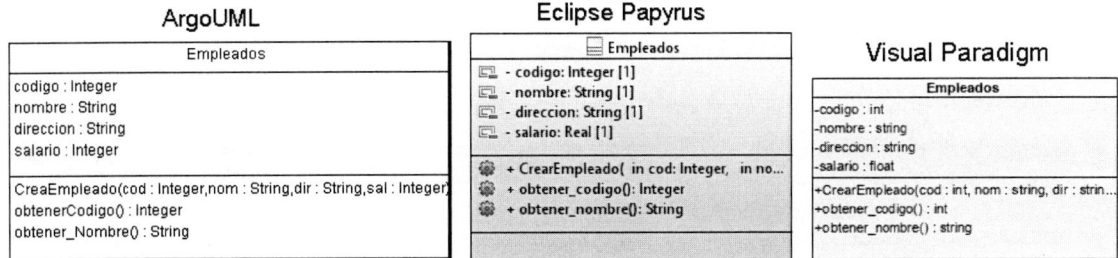

Figura 5.11. Representación de la clase *Empleados* con tres herramientas.

LOS ATRIBUTOS

Un atributo representa alguna propiedad de la clase que se encuentra en todas las instancias de la clase. Los atributos pueden representarse solo mostrando su nombre, o mostrando su nombre y su tipo, e incluso su valor por defecto. Ejemplo de atributos son *Nombre*, *Salario*, *Código*, *Teléfono*, etc. Al crear los atributos se indicará el tipo de dato, los tipos básicos UML son *Integer*, *String* y *Boolean*. También se pueden indicar los tipos de cualquier lenguaje de programación.

Al crear el atributo se indicará su visibilidad con el entorno, la visibilidad está estrechamente relacionada con el encapsulamiento. Se distinguen los siguientes tipos:

- **public**: el atributo será público, visible tanto dentro como fuera de la clase, es decir, es accesible desde todos lados. También se representan con un signo +.

- **private**: el atributo sólo será accesible desde dentro de la clase (sólo sus métodos pueden acceder al atributo). También se representan con un signo –.

- **protected**: el atributo no será accesible desde fuera de la clase, pero si podrá ser accedido por métodos de la clase además de las subclases que se deriven. También se representa con el carácter almohadilla #.

- **package**: el atributo empaquetado es visible en las clases del mismo paquete. Se representa con el carácter tilde ~.

NOTA. Resumen de los tipos de encapsulamiento o visibilidad:

Público (*public*)	+	elemento no encapsulado visible para todos
Protegido (*protected*)	#	elemento encapsulado visible en la clase y las subclases de la clase
Privado (*private*)	-	elemento encapsulado visible sólo en la clase
Paquete (*package*)	~	elemento encapsulado visible sólo en las clases del mismo paquete

---

LOS MÉTODOS

Un método, también llamado operación, es la implementación de un servicio de la clase que muestra un comportamiento común a todos los objetos. Definen la forma de cómo la clase interactúa con su entorno. Igual que los atributos los métodos pueden ser:

- **public**: el método es accesible desde todos lados (desde dentro y fuera de la clase). Se representan con un signo +.

- **private**: sólo los métodos de la clase pueden acceder a él. Se representa con un signo -.

- **protected**: el método puede ser accedido por métodos de la clase además de los métodos de las subclases que se deriven. Se representa con la almohadilla #.

- **pakage**: el método empaquetado o paquete sólo es visible en las clases del mismo paquete. Se representa con el carácter tilde ~.

ACTIVIDAD 5.1

Dada la clase *Artículo*, que se muestra en la Figura 5.12, indica cuáles son los métodos y los atributos públicos, privados, protegidos y empaquetados.

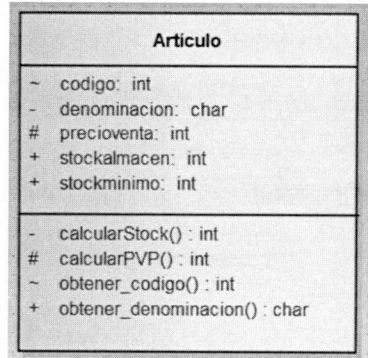

Figura 5.12. Representación de una clase con varios tipos de atributos y métodos.

5.4.2. Relaciones

En el mundo real muchos objetos están vinculados o relacionados entre sí, los vínculos se corresponden con asociaciones entre los objetos, por ejemplo, el vínculo existente entre un alumno y el curso en el que está matriculado; o el vínculo entre un profesor y el centro en el que trabaja. En UML, estos vínculos se describen mediante **asociaciones**, de igual modo que los objetos se describen mediante clases.

Las asociaciones tienen un nombre y como ocurre con las clases, éste es un reflejo de los elementos de la asociación. También poseen una cardinalidad llamada **multiplicidad** que representa el número de instancias de una clase que se relacionan con las instancias de otra clase, esta multiplicidad es similar a la cardinalidad utilizada en el modelo *Entidad/Relación*. La multiplicidad situada en un extremo de una asociación indica a cuántas instancias de la clase situada en ese mismo extremo está vinculada una instancia de la clase situada en el extremo opuesto.

En uno de los extremos de la asociación, es posible especificar la multiplicidad mínima y la máxima con el fin de indicar el intervalo de valores al que deberá pertenecer siempre la multiplicidad. Para expresar las multiplicidades mínimas y máximas se utiliza la siguiente notación:

Notación	Cardinalidad/Multiplicidad
0..1	Cero o una vez
1	Una y sólo una vez
*	De cero a varias veces
*1..**	De una a varias veces
*0..**	De cero a varias veces
M..N	Entre M y N veces
N	N veces

En la Figura 5.13 se muestran ejemplos de dos asociaciones con sus multiplicidades. En el primer ejemplo se muestra la asociación *suministra* entre *Proveedor* y *Artículo*, un proveedor suministra 0 o muchos artículos. Un artículo es suministrado por un proveedor. En el segundo se muestra la asociación *tutoriza* entre *Tutor* y *Curso*, un tutor tutoriza a un curso, y un curso es tutorizado por un tutor, es una asociación 1 a 1.

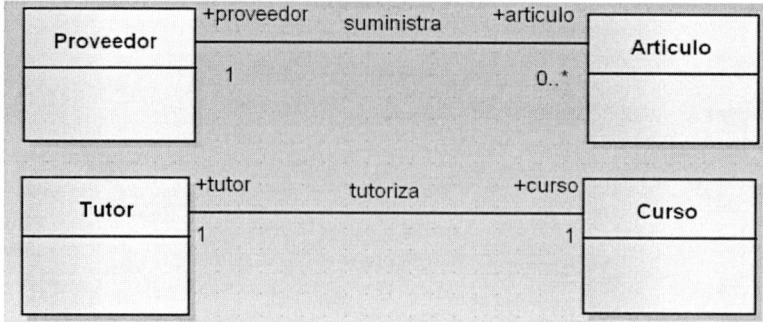

Figura 5.13. Ejemplos de asociaciones.

NOTA. Dependiendo de la herramienta de modelado, las multiplicidades destino mayores que 1, se implementa como un atributo del tipo array o bien un atributo de algún tipo colección o set.

Distinguimos los siguientes tipos de relaciones:

ASOCIACIÓN

Puede ser **Bidireccional** o **Unidireccional** (Figura 5.14), dependiendo de si ambas conocen la existencia la una de la otra o no. Dentro de una relación de asociación, cada clase juega un papel (rol), que se indica en la parte superior o inferior de la línea que conecta a dichas clases. La asociación cuenta con instancias que son los vínculos y que se representan como una línea que conecta dos objetos, y se pone un nombre a la relación.

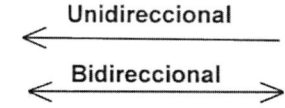

Figura 5.14. Vínculos de una asociación.

Si se convierten a Java dos clases unidas por una asociación *Bidireccional*, cada una de las clases tendrá un objeto o un set de objetos, dependiendo de la multiplicidad entre ellas. En cambio en la asociación *Unidireccional*, la clase destino no sabrá de la existencia de la clase origen, y la clase origen contendrá un objeto o set de objetos de la clase destino.

La **navegabilidad** entre clases nos muestra que es posible pasar desde un objeto de la clase origen a uno o más objetos de la clase destino dependiendo de la multiplicidad. En el caso de la asociación *Unidireccional* la navegabilidad va en un solo sentido, del origen al destino; el origen es navegable al destino, sin embargo, el destino no es navegable al origen.

En la Figura 5.14 se muestran ejemplos de esta asociación:

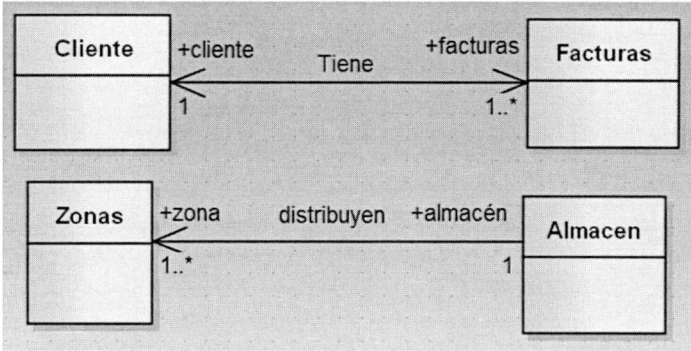

Figura 5.15. Asociaciones bidireccional y unidireccional.

- La primera asociación *Tiene* muestra que un cliente tiene muchas facturas, y la factura es de un cliente, como es **bidireccional** ambas clases conocen su existencia, ambas clases son navegables.

- En la asociación *distribuyen*, un almacén distribuye artículos en varias zonas. La asociación es **unidireccional**, sólo la clase origen *Almacén* conoce la existencia de la clase destino *Zonas*. *Almacén* a *Zonas* es navegable, en cambio *Zonas* a *Almacén* no es navegable. Véase el código generado, aunque no todas las herramientas generan de la misma manera el código.

El código Java generado con *Eclipse UML* correspondiente a estas asociaciones se muestra a continuación (se han eliminado las líneas de comentario), observa que se utiliza la clase *HashSet* para guardar colecciones de objetos en el caso de las multiplicidades [1..*], [*] o [0..*].

```java
public class Cliente { //1 cliente tiene muchas facturas (usa HashSet)
      public HashSet<Facturas> facturas = new HashSet<Facturas>();
      public Cliente() { // constructor
      }
      public HashSet<Facturas> getFacturas() {
            return this.facturas;
      }
      public void setFacturas(HashSet<Facturas> newFacturas) {
            this.facturas = newFacturas;
      }
}
public class Facturas {// 1 factura es de un cliente
      public Cliente cliente = null;
      public Facturas() { // constructor
      }
      public Cliente getCliente() {
            return this.cliente;
      }
      public void setCliente(Cliente newCliente) {
            this.cliente = newCliente;
      }
}
```

```
public class Zonas { // no sabe de la existencia de Almacen
      public Zonas() { // constructor
      }
}

public class Almacen { //1 almacén distribuye en muchas zonas
(HashSet)
      public HashSet<Zonas> zonas = new HashSet<Zonas>();
      public Almacen() { // constructor
      }
      public HashSet<Zonas> getZonass() {
          return this.zonas;
      }
      public void setZonass(HashSet<Zonas> newZonass) {
          this.zonas = newZonass;
      }
}
```

> **NOTA:** A la hora de elaborar diagramas de clase no todas las herramientas utilizan la misma notación para expresar la navegabilidad. En UML2 existen varias notaciones para expresar la navegabilidad, la práctica más estándar es utilizar la siguiente notación:
>
>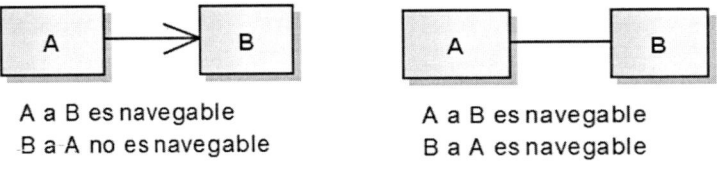
>
> A a B es navegable   A a B es navegable
> B a A no es navegable   B a A es navegable

Una clase puede asociarse consigo misma creando una asociación reflexiva, similar a las relaciones reflexivas del modelo *Entidad/Relación*. Estas asociaciones unen entre si instancias de una misma clase. En la Figura 5.16 se muestran dos asociaciones reflexivas, un alumno (delegado) es delegado de muchos alumnos y un empleado (jefe) es jefe de muchos empleados:

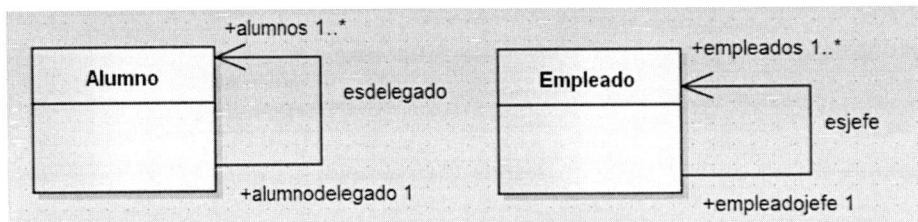

Figura 5.16. Asociaciones reflexivas.

CLASE ASOCIACIÓN

Una asociación entre dos clases puede llevar información necesaria para esa asociación, a esto se le llama ***clase Asociación***, es como una relación M:N con atributos del modelo *Entidad/Relación*. En este caso esta clase asociación recibe el estatus de clase y sus instancias son elementos de la asociación, al igual que el resto, estas clases pueden estar dotadas de atributos y operaciones y estar vinculadas a otras clases a través de asociaciones.

En la Figura 5.17 se muestra la clase asociación *Compra*, un cliente compra muchos artículos, un artículo es comprado por muchos clientes, y de la compra se necesita saber la fecha de compra y las unidades compradas.

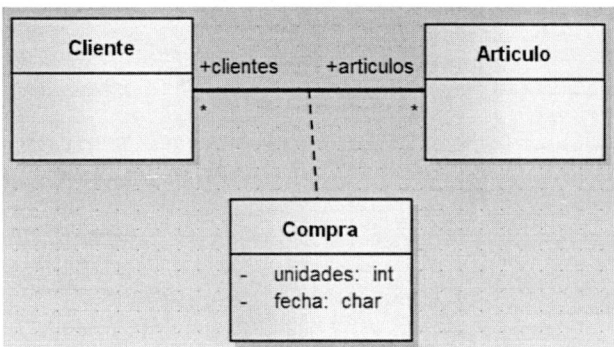

Figura 5.17. Clase asociación.

HERENCIA (GENERALIZACIÓN y ESPECIALIZACIÓN)

Las clases con atributos y operaciones comunes se pueden organizar de forma jerárquica, mediante la herencia. La **herencia** es una abstracción importante para compartir similitudes entre clases, donde todos los atributos y operaciones comunes a varias clases se pueden compartir por medio de la **superclase**, una clase más general. Las clases más refinadas se conocen como las **subclases**. La generalización define una relación entre una clase más generalizada, y una o más versiones refinadas de ella. La generalización indica que una clase (clase secundaria o **subclase**) hereda los atributos y métodos de otra (clase principal o **superclase**). La superclase generaliza a sus subclases, y las subclases especializan a la superclase.

Para representar esta asociación se utiliza una flecha el ⟶▷ extremo de la flecha apunta a la **superclase**. En la Figura 5.18 se muestra la herencia entre la clase *Persona* (**superclase**) y las clases *Empleado* y *Alumno* (**subclases**). Todas las clases comparten los atributos y métodos de *Persona*.

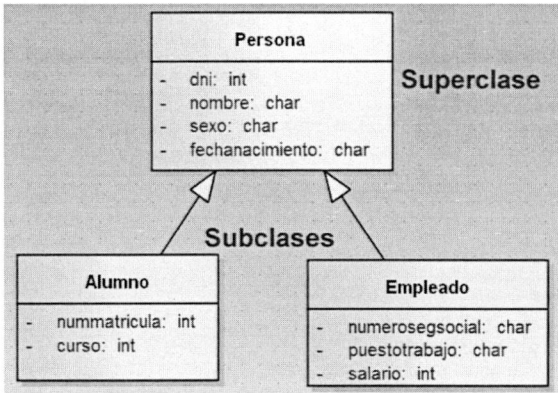

Figura 5.18. Asociación de herencia.

El código Java generado para estas clases sería el siguiente:

```java
public class Persona {
        private int dni;
        private char nombre;
        private char sexo;
        private char fechanacimiento;
        public Persona(){    }
}
```

```java
public class Alumno extends Persona
{
    private int nummatricula;
    private int curso;
    public Alumno(){
    }
}
```

```java
public class Empleado extends Persona
{
    private char numerosegsocial;
    private char puestotrabajo;
    private int salario;
    public Empleado(){
    }
}
```

COMPOSICIÓN

Un objeto puede estar compuesto por otros objetos, en estos casos nos encontramos ante una asociación entre objetos llamada *Asociación de composición*. Ésta asocia un objeto complejo con los objetos que lo constituyen, es decir, sus componentes. Existen dos formas de composición: fuerte o débil. La fuerte se la conoce como **composición** y la débil se conoce como *agregación*.

En la **composición fuerte** los componentes constituyen una parte del objeto compuesto, y estos no pueden ser compartidos por varios objetos compuestos. Por tanto, la cardinalidad máxima, a nivel del objeto compuesto, es obligatoriamente uno. La supresión del objeto compuesto comporta la supresión de los componentes.

Se representa por una línea con un rombo relleno——◆. En la Figura 5.19 se muestra la asociación de composición entre un cliente (el objeto compuesto) de un banco y las cuentas que el cliente posee. Si el cliente se elimina; por ejemplo, se cambia de banco, todas sus cuentas son eliminadas.

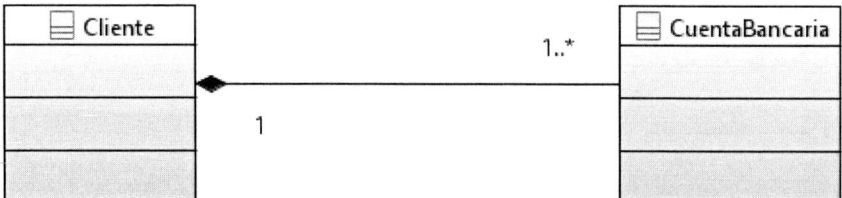

Figura 5.19. Asociación de composición.

El código Java generado para la clase *Cliente*, con los getter y setter sería el siguiente:

```java
public class Cliente {

    public HashSet<CuentaBancaria> cuentabancaria =
                        new HashSet<CuentaBancaria>();
```

```
    public Cliente() {
        super();
    }

    public HashSet<CuentaBancaria> getCuentabancaria() {
        return this.cuentabancaria;
    }

    public void setCuentabancaria(HashSet<CuentaBancaria> newCuentabancaria){
        this.cuentabancaria = newCuentabancaria;
    }
}
```

AGREGACIÓN

La agregación es la **composición débil**, en este caso los componentes pueden ser compartidos por varios compuestos y la destrucción del compuesto no implica la destrucción de los componentes. La agregación se da con mayor frecuencia que la composición, en las primeras fases de modelado, es posible utilizar sólo la agregación y determinar más adelante qué asociaciones de agregación son asociaciones de composición.

Se representa por una línea con un rombo vacío ——————————◇. En la Figura 5.20 se muestran la asociación de agregación entre una clase *Equipo*, y la clase *Jugador*. Un equipo está compuesto por jugadores, sin embargo, el jugador puede jugar también en otros equipos. Si desaparece el equipo el jugador no desaparece.

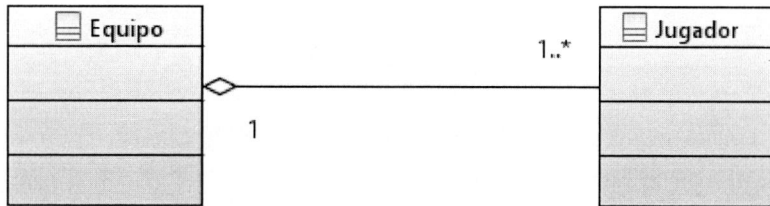

Figura 5.20. Asociación de agregación.

El código Java generado para la clase *Equipo* es similar al mostrado anteriormente para la clase *Cliente*.

La siguiente tabla resume las diferencias entre la agregación y la composición:

	Agregación	Composición
Símbolo	——————◇	——————◆
Varias asociaciones comparten los componentes	SI	NO
Destrucción de los componentes al destruir el compuesto.	NO	SI
Cardinalidad del compuesto.	Cualquiera	0..1 o 1

REALIZACIÓN

Una relación de realización es la relación de herencia existente entre una clase **interfaz** o **interface** y la subclase que implementa esa interfaz. También se pueden encontrar relaciones de realización entre los casos de uso y las colaboraciones que los realizan.

Esta relación de herencia se representa gráficamente mediante una flecha con línea discontinua `--------▷` en lugar de una línea completa.

En la Figura 5.21 se muestra una asociación de realización entre una clase interfaz *Animal*, y las clases *Perro*, *Gallina* y *Calamar*. Se considera que cualquier animal come, se comunica y se reproduce, sin embargo, cada tipo de animal lo hace de manera diferente. Cada subclase implementará los métodos de la interfaz.

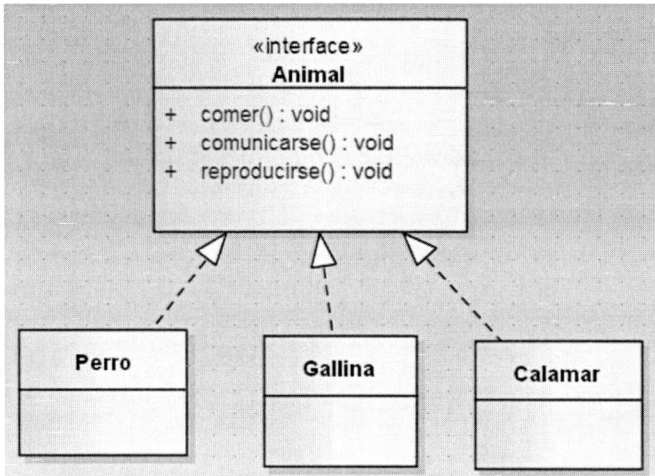

Figura 5.21. Asociación de realización.

El código Java generado es el siguiente:

```java
public interface Animal {

      public void comer();
      public void comunicarse();
      public void reproducirse();
}
```

```java
public class Calamar implements
Animal
{
   public Calamar(){        }
   public void reproducirse(){ }
   public void comunicarse(){ }
   public void comer(){ }
}
```

```java
public class Perro implements Animal
{
   public Perro(){   }
   public void reproducirse(){   }
   public void comunicarse(){ }
   public void comer(){     }
}
```

```java
public class Gallina implements
Animal
{
      public Gallina(){   }
      public void reproducirse(){ }
      public void comunicarse(){ }
      public void comer(){   }
}
```

> **RECUERDA**
>
> Una *interfaz* o *interface* es una clase totalmente abstracta, todos sus métodos son abstractos y públicos. Estas clases no implementan ningún método y pueden tener constantes públicas. Gráficamente se representan como una clase con el estereotipo «**interface**».

DEPENDENCIA

Es una relación que se establece entre dos clases cuando una clase usa a la otra, es decir que la necesita para su cometido, las instancias de la clase se crean y se emplean cuando se necesitan. Se representa con una flecha sin relleno discontinua ---------▷ que va desde la clase utilizadora a la clase utilizada (clase de la que depende). Con la dependencia mostramos que un cambio en la clase utilizada puede afectar al funcionamiento de la clase utilizadora, pero no al contrario.

Ejemplo de relación de dependencia lo podemos tener con una clase *Impresora*, y una clase *Documento*, la impresora imprime documentos, entonces necesita al documento para imprimirlo. La relación entre una clase *Ecuación* y una clase *Math*, la primera necesita a la segunda para poder realizar el cálculo de la ecuación de segundo grado. En la Figura 5.22, se muestran la relación de dependencia entre estas dos clases.

Figura 5.22. Asociación de dependencia.

5.4.3. Estereotipos

Los estereotipos son el mecanismo de extensibilidad que más se utiliza dentro del modelado UML, este mecanismo va a permitir definir nuevos elementos de modelado UML basándose en uno existente. Nosotros mismos podemos definir la semántica (significado, interpretación y sentido) del estereotipo. Puede ser aplicado a cualquier elemento de modelado como clases, paquetes, relaciones de herencia, o cualquier otro tipo de relación.

Cada estereotipo puede definir un conjunto de valores etiquetados y restricciones que se aplican al elemento estereotipado. El nombre del estereotipo generalmente se indica escribiéndolo entre comillas francesas « », por ejemplo *«interface»,* aunque también se les puede asociar un icono. Existen muchas formas de representar un estereotipo.

Aunque crear estereotipos no es objetivo de estudio, si conviene saber e indentificar los estereotipos que proporcionan las herramientas de modelado, algunos de ellos son los siguientes:

- Estereotipos para los diagramas de clases: *Enumeration, Interface, DataType, Signal, Exception*, entre otros.

- Estereotipos para los diagramas de comportamiento: *Entity, Control*, y *Boundary* entre otros.

Al hacer el análisis de una aplicación podemos utilizar el método **RUP** (*Rational Unified Process,* el *Proceso Unificado Racional*) es un proceso de desarrollo de software desarrollado por la empresa *Rational Software,* actualmente propiedad de IBM. Junto a UML, constituye la metodología estándar más utilizada para el análisis, diseño, implementación y documentación de sistemas orientados a objetos.

La idea de esta técnica es considerar tres tipos distintos de clases de análisis durante la etapa del análisis del sistema, estos tres tipos distintos de clases se pueden distinguir por los estereotipos de la siguiente tabla:

Estereotipo	Icono	Semántica
«boundary»	boundary	Representa una clase mediadora entre el sistema y su entorno. Es decir, son clases que hacen de interface entre el sistema y los usuarios, entre el sistema con otros sistemas, y el sistema con otros dispositivos externos. Se usan para modelar la interacción entre el sistema y los actores, esta interacción involucra recibir y presentar informaciones y peticiones desde los usuarios y sistemas externos. A los objetos de estas clases se les llaman ***instancias de clases límite o frontera.*** Estas clases representarán por ejemplo las ventanas, formularios, impresoras o dispositivos de nuestro sistema.
«control»	control	Estas clases son controladoras, sus instancias coordinan el comportamiento del sistema que corresponde a uno o más casos de uso. Los objetos control modelan la funcionalidad del sistema, representan la coordinación, secuencia, gestión de transacciones y control de otros objetos. Se usan para representar cálculos y derivaciones complejas, como la lógica del negocio que no se puede relacionar con ninguna entidad. La dinámica del sistema se modela en una clase controladora, que se encarga de delegar trabajo a otras clases. Por ejemplo, una clase que modele la gestión de artículos de un almacén.
«entity»	entity	Estas clases guardan información sobre el estado interno del sistema, a corto y largo plazo, corresponde al dominio del problema. Expresan la estructura lógica de datos del sistema y están íntimamente relacionadas con el modelo de datos. Están manipuladas por la clase de control y aceptan información de clases límite. Normalmente son clases persistentes (por ejemplo, asociadas a tablas de bases de datos relacionales), ejemplo de ellas pueden ser la clase artículos o la clase clientes.

> **SABÍAS QUE**
>
> Otros mecanismos de extensibilidad de UML son:
>
> Las **restricciones:** que amplían la semántica de un elemento al permitir añadir nuevas reglas, se representa como una cadena de texto entre llaves {} que especifica la condición o regla sobre el elemento.
>
> Los **valores etiquetados:** proporcionan una forma de ampliar la especificación de un elemento al permitirnos añadir nueva información en él. Estos valores van entre llaves con la sintaxis {etiqueta=valor …}.
>
> Un **perfil UML** es una colección de estereotipos, valores etiquetados y restricciones. Los perfiles se utilizan para personalizar los diagramas UML para una finalidad específica.

5.5. HERRAMIENTAS PARA EL DISEÑO DE DIAGRAMAS

Hoy en día existen cientos de herramientas CASE que soportan el lenguaje UML. A la hora de elegir una herramienta hay que tener claro para qué se va a utilizar, y cuál es el objetivo que se propone, porque podemos pensar en utilizar una herramienta para que genere código Java, o simplemente utilizar la herramienta para dibujar modelos y añadirlos a nuestra aplicación.

En esta unidad estudiaremos el uso de una herramienta de software libre que nos permitirá tener una visión global del funcionamiento para el diseño de diagramas de clases.

5.5.1. UML con Modelio

El entorno de modelado **Modelio** es una herramienta UML de código abierto compatible con los estándares UML2 y BPMN (*Notación para la Gestión de Procesos de Negocios*) desarrollada por *Modeliosoft*. Nos permite diseñar una amplia variedad de diagramas UML y obtener el código Java correspondiente a los diagramas de clases creados en el proyecto. Desde la dirección web https://www.modelio.org/ podemos descargarnos el instalable para la versión del sistema operativo que deseemos. Instalamos el paquete y una vez instalado lo ejecutamos, se muestra en una pestaña la pantalla de bienvenida desde la que se puede acceder a distintas guías. Para los ejemplos se ha usado la versión *Modelio-Open-Source-5.4.1_64.exe*, por defecto se instala en la carpeta *C:\Users\usuario\modelio\Modelio Open Source 5.4*.

La primera vez que se ejecuta se muestra la pantalla de bienvenida. Cerramos esta pantalla y creamos el primer proyecto. Pulsamos en la opción de menú *File / Create a project*. Le damos un nombre, una descripción y pulsamos en el botón *Create the Project*, Figura 5.23.

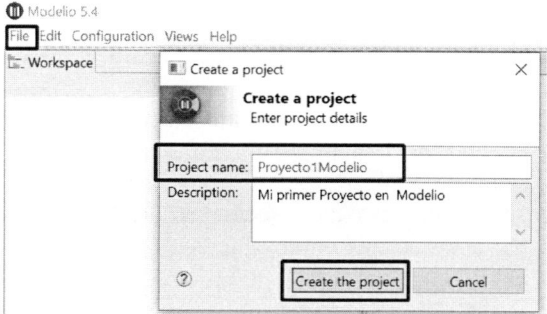

Figura 5.23. Creación de un proyecto en *Modelio*.

Se muestra la ventana principal desde la que se pueden apreciar varias zonas, en la zona de la izquierda podemos ver la estructura del proyecto que se acaba de crear. Para crear un diagrama de clases abrimos los nodos del proyecto y pulsamos con el botón derecho del ratón sobre el icono que representa el proyecto dentro del nodo que tiene el icono UML ⏚, véase Figura 5.24. Seleccionamos **Create diagram** y a continuación el tipo de diagrama a crear, en este caso **Class diagram**, le damos un nombre y pulsamos el botón *OK*. Véase Figura 5.24.

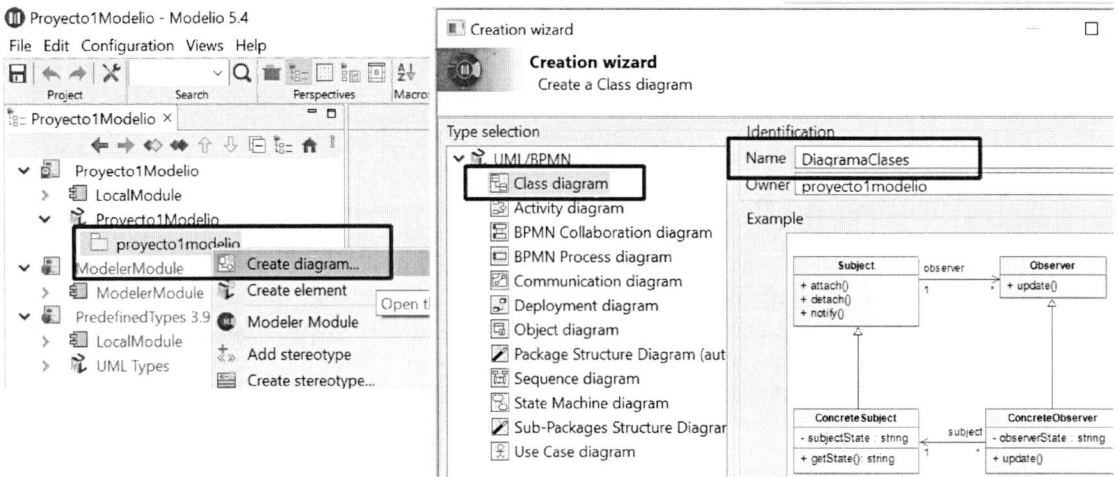

Figura 5.24. Creación de un diagrama de clases en *Modelio*.

Se abre la ventana principal donde se pueden apreciar varias zonas, véase Figura 5.25:

- *Área de edición o Editor de diagramas*: en esta vista es en la que se realiza la creación y edición de los distintos diagramas.

- *Model Explorer* o vista de modelo: incluye todos los elementos del diagrama y si se hace doble clic sobre el elemento se accede a sus propiedades.

- *Diagram Explorer* o vista de diagramas (pestaña **Diagrams**): desde aquí se puede ver la lista de diagramas creados, se pueden renombrar o incluso eliminar.

- *Paleta de elementos*: elementos que podemos añadir a los diagramas.

- Pestaña **Properties**: muestra las propiedades del elemento seleccionado.

- Pestaña **Outline**: muestra una vista previa de los diagramas.

- Pestaña **Audit**: vista de auditoría, muestra en tiempo real los resultados de auditoría del proyecto, es decir, errores en los diagramas.

- Pestaña **Script**: desde esta vista se pueden ejecutar scripts escritos en *Jython*. También se puede guardar estos scripts como macros. *Jython* (Python en Java) es un lenguaje de programación orientado a objetos basado en Python e implementado en Java.

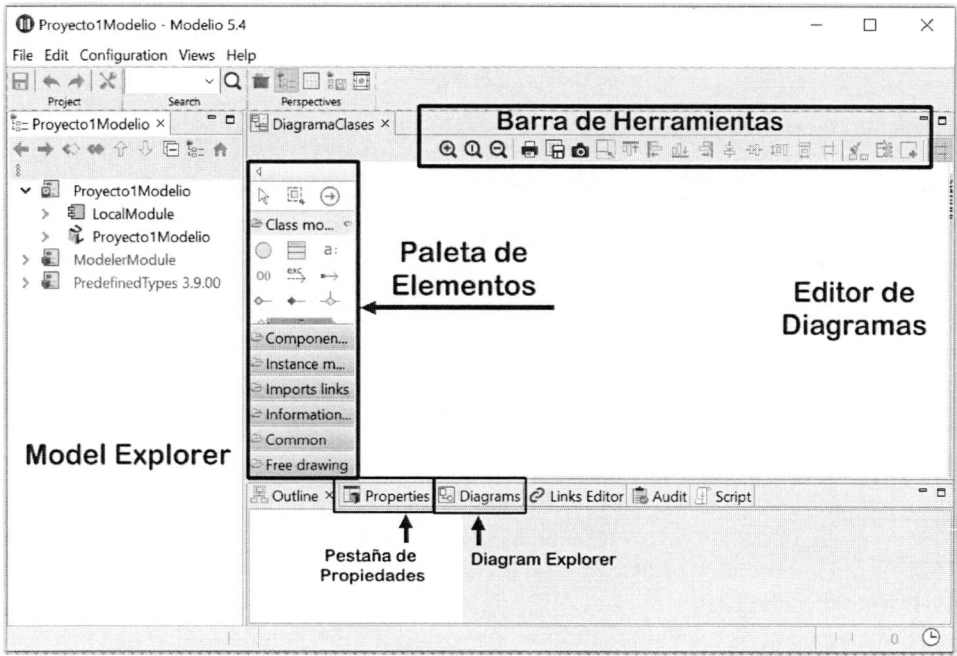

Figura 5.25. Entorno *Modelio*.

En los diagramas de *Modelio* los elementos y los enlaces se crean utilizando los iconos de la *Paleta de elementos* a la izquierda de la vista de diagramas. Se ordenan en distintos grupos y se pueden expandir o reducir haciendo clic sobre el grupo; también se pueden puede anclar o anular haciendo clic en el pequeño icono de pin a la derecha del grupo. Para el diagrama de clases usaremos los iconos del grupo *Class Model*. Véase Figura 5.26.

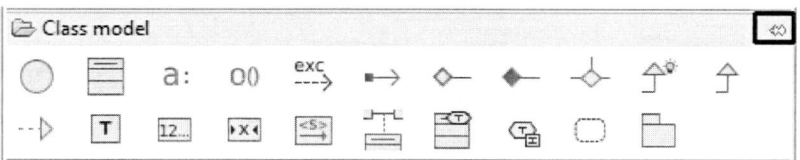

Figura 5.26. Iconos del grupo *Class Model*.

Para crear una clase hacemos clic en el icono *Class* de la *Paleta de elementos*, y de nuevo clic en el área de edición donde queremos insertar la clase. Podemos cambiar su nombre pulsando sobre él, por ejemplo, escribimos *Departamento*. Al hacer doble clic sobre la clase se abre una ventana desde donde podemos acceder a sus propiedades. Desde la pestaña *Properties* también se puede acceder a sus propiedades al igual que a las propiedades de cualquier elemento seleccionado en el diagrama ya sea una clase, atributo, operación o relación. Desde la pestaña *Links Editor* se mostrará un enlace a la clase.

Para crear los atributos y métodos en la clase podemos usar los botones *Attribute* a: y *Operation* OO pulsando en ellos y después pulsando en la clase. O también pulsando con el botón derecho del ratón sobre la clase seleccionando *Create element* y a continuación el elemento deseado. Véase Figura 5.26.

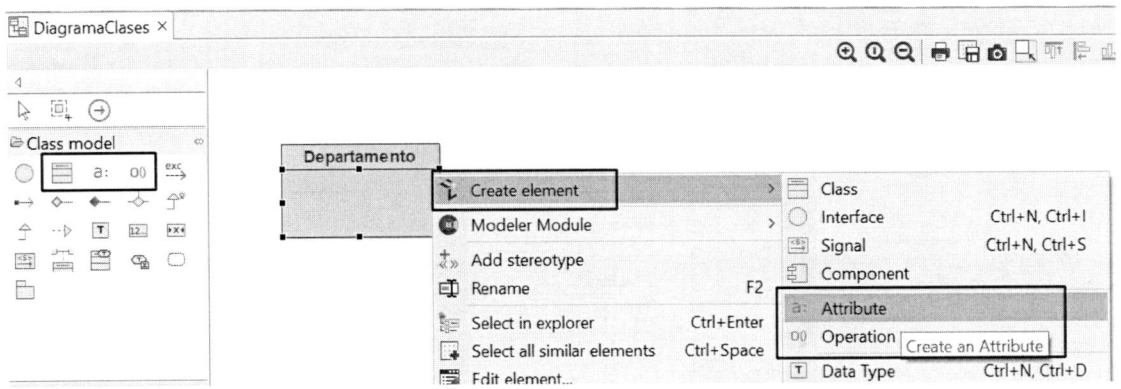

Figura 5.26. Creación de una clase, atributos y métodos en *Modelio*.

Creamos los atributos *dept_no*, de tipo *integer*, *dnombre* y *loc* de tipo *string*. Por defecto los atributos se crean de tipo *string*. Desde la pestaña ***Properties*** podremos editar el nombre, el tipo (campo *Type*), la visibilidad y otras características, que dejaremos con sus valores por defecto. Para asignar tipo al atributo escribimos el tipo de dato y pulsamos la tecla [Intro] para validarlo. En el campo *Type* podemos escribir cualquiera de los tipos UML predefinidos que se pueden ver desde el ***Model Explorer*** en el nodo UML Types véase Figura 5.27.

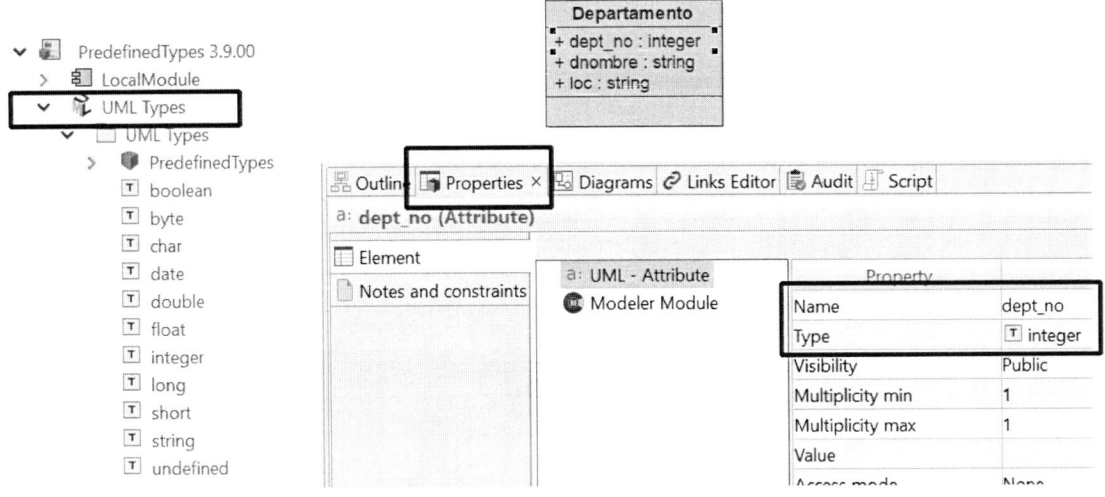

Figura 5.27. Tipos UML, propiedades del atributo *dept_no*.

El signo + al lado de los atributos y métodos significa que son públicos, el signo – para privados. Las operaciones o métodos se crean de igual forma que los atributos. Para acceder a las propiedades pulsamos con el botón derecho del ratón sobre la operación y seleccionamos ***Edit Element***. Se muestra la pantalla de propiedades, véase Figura 5.28.

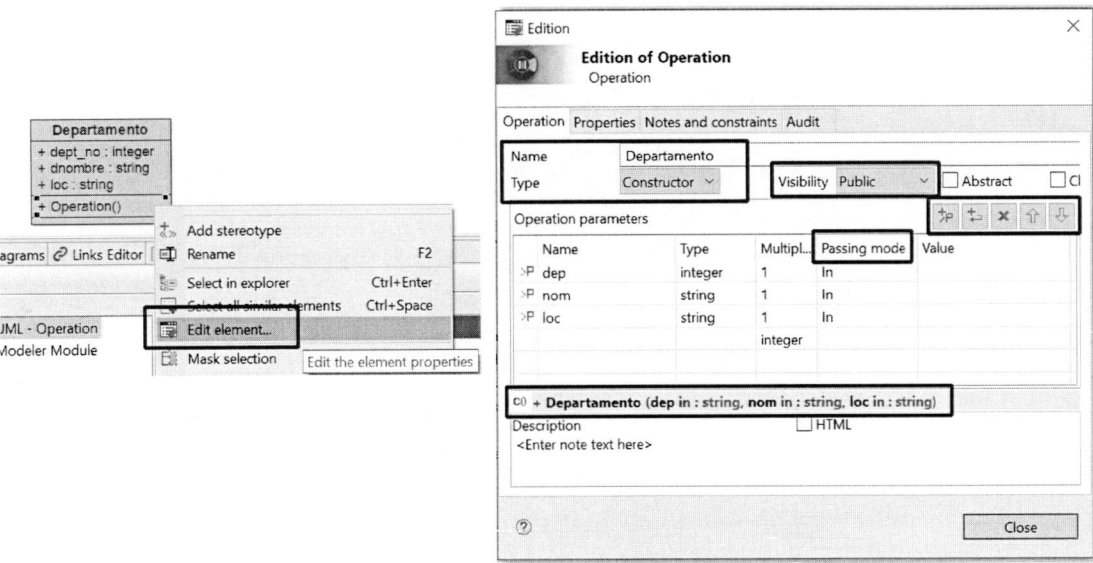

Figura 5.28. Propiedades de los métodos en *Modelio*.

Para el ejemplo se crea el constructor para la clase **Departamento** con 3 parámetros, en *Name* indicamos el nombre. Para indicar que es un constructor seleccionamos **Constructor** desde la lista que aparece en *Type*, indicamos visibilidad *Public*. Para añadir los parámetros y el valor de retorno del método (en este caso el constructor no devuelve nada) usamos los iconos que aparecen en el apartado de **Operation parameters**. Aparecen varios iconos: permite añadir un parámetro, permite definir el parámetro de retorno, permite eliminar un parámetro y por último las flechas que permiten ordenar los parámetros . A la hora de indicar el tipo de dato en la columna *Type*, por defecto es *string*, cualquier otro tipo lo escribimos de forma manual y pulsamos la tecla [Intro].

Se puede observar en la parte inferior el formato del método que se está generando con una *C()* a su izquierda por ser constructor. Desde la pestaña **Properties** indicaremos si redefine alguna operación por ejemplo en una jerarquía de herencia o al implementar una interface. En **Passing Mode** se elige el tipo de parámetro, si es de entrada, de salida o de entrada/salida: *In, Out, In/Out*, en este caso todos los parámetros son de entrada. Pulsamos el botón *Close* una vez definidas todas las propiedades. Añadimos también un constructor sin parámetros.

A continuación, vamos a añadir los métodos getter y setter de los atributos. Para ello necesitamos instalar el módulo **Java Designer** en el proyecto. Para agregar o quitar un módulo al proyecto pulsamos sobre la opción de menú **Configuration/ Modules**, y pulsamos el botón **Add**. Desde la ventana que aparece seleccionamos **Java Designer** y pulsamos el botón **Deploy in the project**, véase Figura 5.29. Pulsamos el botón *Close* para cerrar la ventana.

Podemos observar que se ha añadido a la ventana principal la pestaña **Java** en la misma zona que las pestañas **Diagrams** o **Properties**. Las propiedades en esta pestaña se utilizarán para configurar la característica Java de acuerdo al elemento seleccionado.

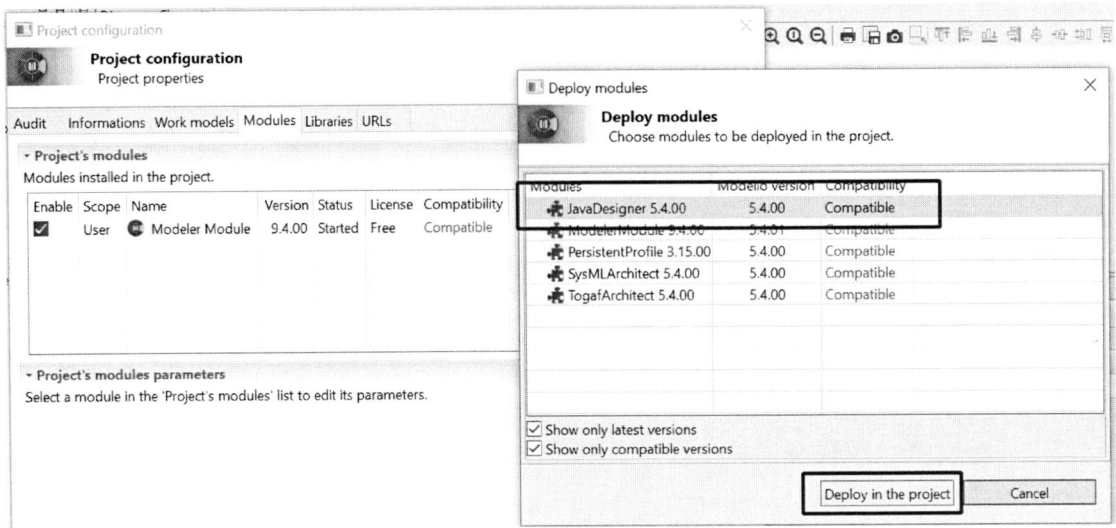

Figura 5.29. Añadir módulo *Java Designer* al proyecto.

Cambiamos los atributos a privados. Los métodos *get* y *set* de los atributos los crearemos a través de la pestaña de **Java**. Marcamos las casillas **Java Property**, **Getter** y **Setter**; y en **Getter visibility** y **Setter visibilty** seleccionamos **Public**. Los atributos de las clases mostrarán el icono P. Véase Figura 5.30.

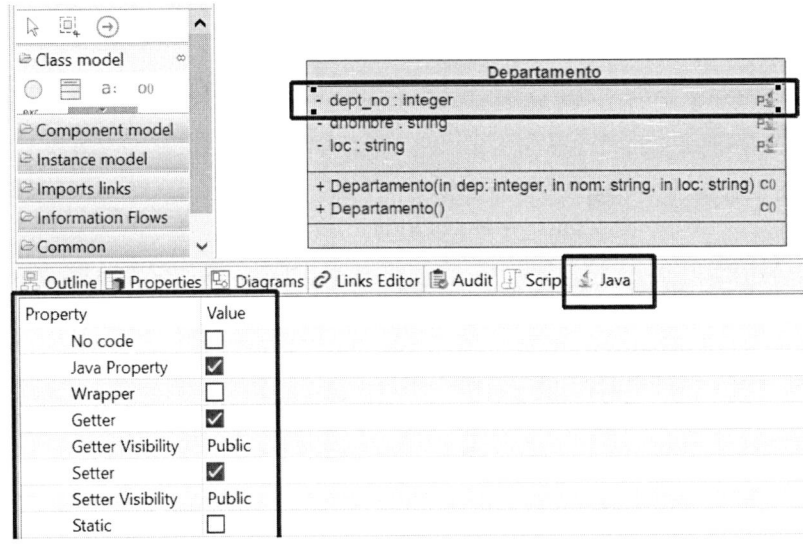

Figura 5.30. Propiedades Java getter y setter en los atributos.

También desde la pestaña **Java**, para indicar que es una clase Java, seleccionamos la clase y marcamos la propiedad *Java element:* Java element , veremos el iconito de clase en la esquina superior derecha de la clase.

Creamos ahora la clase **Trabajador** con los atributos privados: *id* de tipo *integer*, *nombre* e *irpf* de tipo *string*. Un constructor vacío, otro con todos los atributos y los métodos *get* y *set* para todos los atributos. La clase la definimos abstracta porque vamos a definir un método abstracto dentro de ella. Definimos el método abstracto de nombre *obtenerSalario()* que devuelva el sueldo del trabajador, de tipo *double*. Véase Figura 5.31. Pulsamos el botón *Create a return parameter* para indicar que el método devuelve un valor. Este método al ser abstracto lo tenemos que redefinir en todas las clases que hereden de esta.

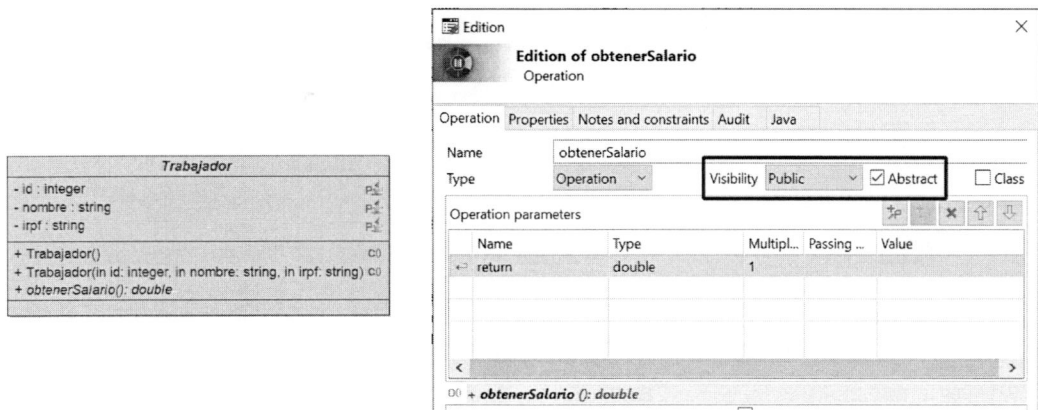

Figura 5.31. Clase *Trabajador* y método *obtenerSalario()*.

Para crear las relaciones entre las clases primero hacemos clic en la relación que queramos dentro de la zona de la ***Paleta de los elementos***, después clic en una clase y a continuación arrastramos hacia la otra clase con la que crear la relación.

Para crear la relación entre ***Departamento*** y ***Trabajador*** usamos el elemento *Association*: pulsamos sobre él, pasamos el puntero del ratón sobre la clase ***Departamento***, vemos que se rodea de un marco verde con bolitas, hacemos clic en una bolita (desde la cual parte la línea de la relación) y arrastramos hacia ***Trabajador***. Veremos como en la clase ***Trabajador*** también se muestra con un marco verde, hacemos clic donde queremos que llegue la línea de la relación y automáticamente se mostrará, véase Figura 5.32. También se muestra en una ventana las propiedades de la relación.

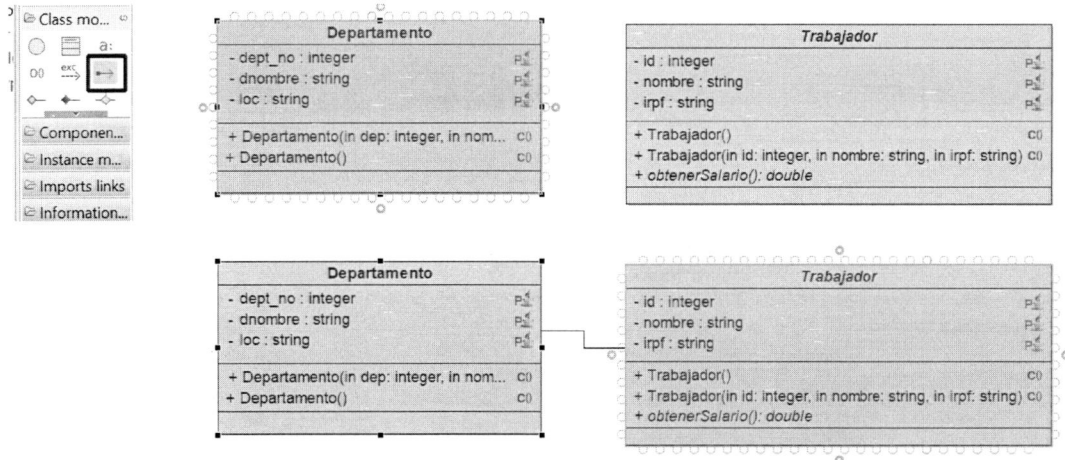

Figura 5.32. Creación de relación de asociación entre dos clases.

Desde la pestaña **_Property_** podemos acceder a sus propiedades, damos un nombre a la asociación, a cada rol, establecemos la multiplicidad mínima y máxima, la visibilidad y la navegabilidad; véase la Figura 5.33. Se define multiplicidad mínima y máxima, por ejemplo, un departamento puede tener 0 trabajadores y un departamento puede tener muchos trabajadores (* en lado Trabajador [0..*]). Y un trabajador trabaja en un departamento (1 en lado Departamento [1]). Podemos ver en la figura el nombre asignado a cada rol donde se coloca.

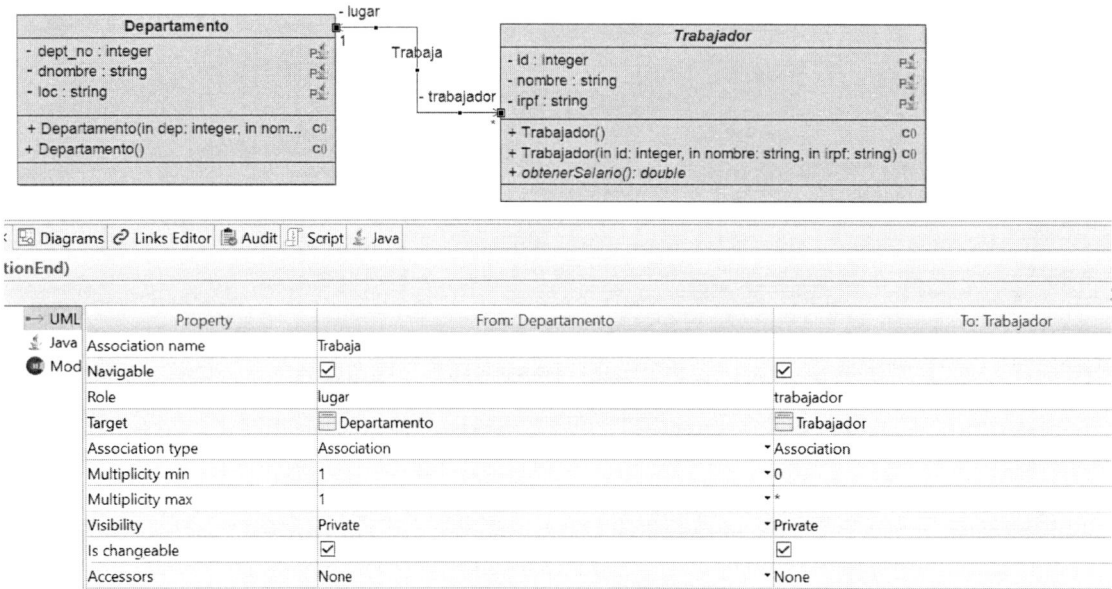

Figura 5.33. Propiedades de la relación _Departamento-Trabajador_ en _Modelio_.

Desde la vista **_Symbol_** podemos acceder a las propiedades gráficas de un diagrama, véase Figura 5.34. Tanto a la apariencia gráfica de los elementos del diagrama que se definen en _Diagram thema_ donde las propiedades se aplican a un diagrama completo y sus elementos. Como al estilo de los elementos del diagrama, se selecciona el elemento y se aplican las propiedades, como por ejemplo el color de línea, de texto, de fondo, tamaño de letra, etc.

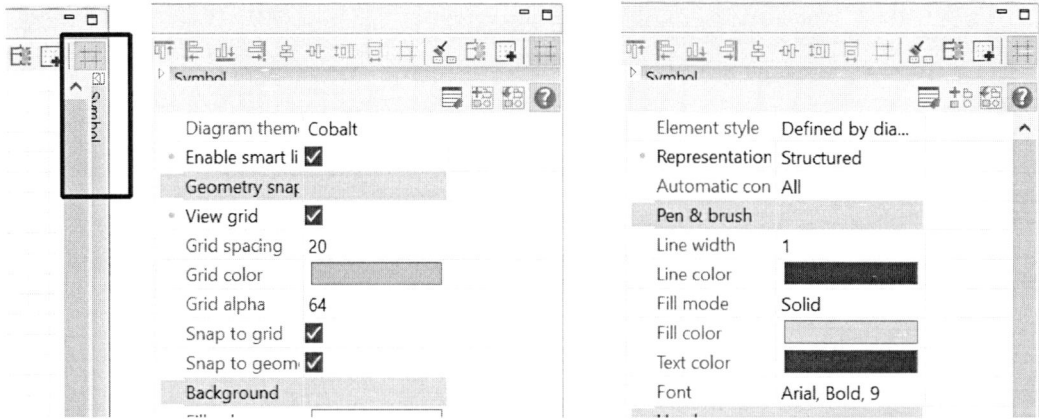

Figura 5.34. Vista _Symbol_.

Ejemplo 1: Se trata de desarrollar una aplicación Java que permita gestionar varios tipos de trabajadores. Los trabajadores trabajan en un departamento, y un departamento puede tener muchos trabajadores. Todos los trabajadores tienen la siguiente información en común: el identificador (*integer*), el nombre (*string*) y el tipo de irpf (*double*). El salario del trabajador dependerá del tipo de trabajador que se trate. Partimos de las clases **Trabajador** y **Departamento** definidas anteriormente. Los tipos de trabajadores son los siguientes:

- **Trabajador Tipo1**: este trabajador tiene un sueldo base de 1200 (constante), nos interesa saber los años trabajados (*integer*) y un complemento (*double*) para poder calcular el salario. El salario para este trabajador se calcula de la siguiente manera: *sueldoBase – sueldoBase * tipoirpf/100 + añostrabajados* complemento*.

- **Trabajador Tipo2**: este trabajador tiene un sueldo base de 1150 (constante), es un vendedor y su sueldo va en función del importe de las ventas que realiza (*double*) y de la comisión (*double*). El salario para este trabajador se calcula de la siguiente manera: *sueldoBase – sueldoBase * tipoirpf/100 + importeventas * comisión*.

Definiremos las clases que heredan de la clase base de **Trabajador**, los atributos privados, estáticos y finales, los métodos *get* y *set* para acceder a ellos y el método *obtenerSalario()* que tienen que implementar. También los constructores, un constructor vacío y otro con todos los atributos. El diagrama de clases se muestra en la Figura 5.35 considerando todos sus elementos como elementos Java.

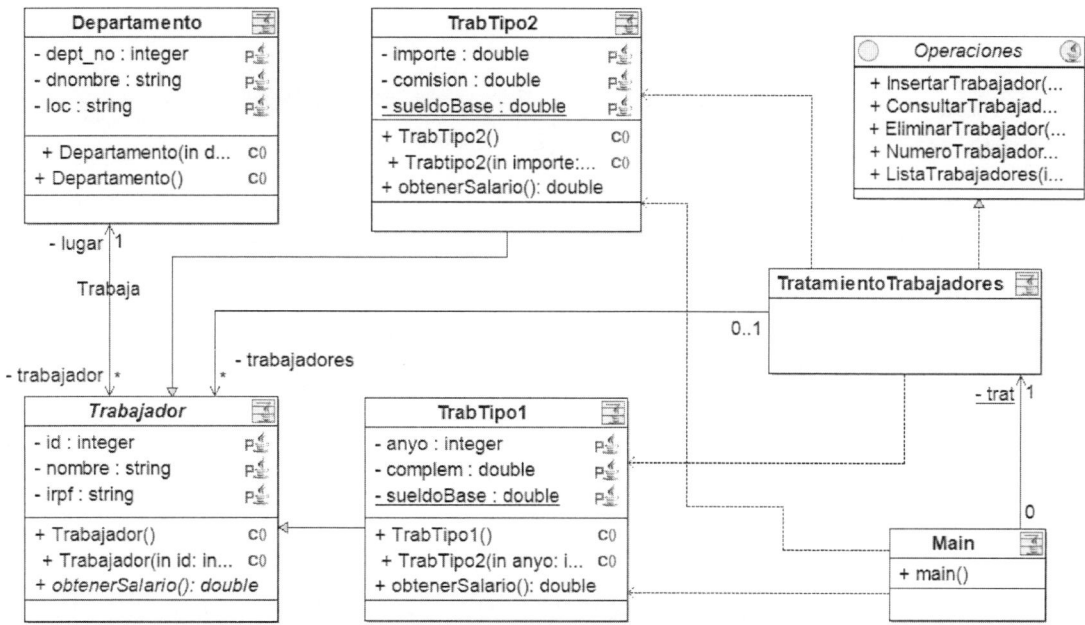

Figura 5.35. Diagrama de clases Ejemplo 1.

Crearemos una interface de nombre **Operaciones** en donde se definan las operaciones a realizar con los trabajadores, los métodos de la interface son los siguientes:

```
boolean InsertarTrabajador(Trabajador t);
Trabajador ConsultarTrabajador(int id);
boolean EliminarTrabajador(int id);
int NumeroTrabajadores(int tipo);
List <Trabajador> ListaTrabajadores(int tipo);
```

Crearemos otra clase de nombre ***TratamientoTrabajadores*** que implementará la interface anterior. Crearemos una relación de asociación con la clase ***Trabajador*** que nos permita manejar una colección de trabajadores. Añadiremos relaciones de dependencia a las clases que representan los trabajadores de tipo 1 y tipo 2.

Por último crearemos la clase ***Main*** con el método *main()* y una relación de asociación para poder acceder a las operaciones implementadas en la clase ***TratamientoTrabajadores***.

En primer lugar, creamos una clase para cada tipo de trabajador con sus atributos y operaciones. Para las clases ***TrabTipo1*** y ***TrabTipo2*** definimos un atributo estático y final que es el sueldo base, al ser una constante hay que asignarle el valor en la propiedad *Value*. También definimos el método *obtenerSalario()* que devuelve un tipo *double*. Desde la pestaña ***Properties*** de este método indicamos que redefine el método *obtenerSalario()*, hemos de escribirlo en el campo *Redefined operation* y pulsar la tecla [intro]. Se muestran los métodos con ese nombre, elegimos el de la clase ***Trabajador***, véase Figura 5.36.

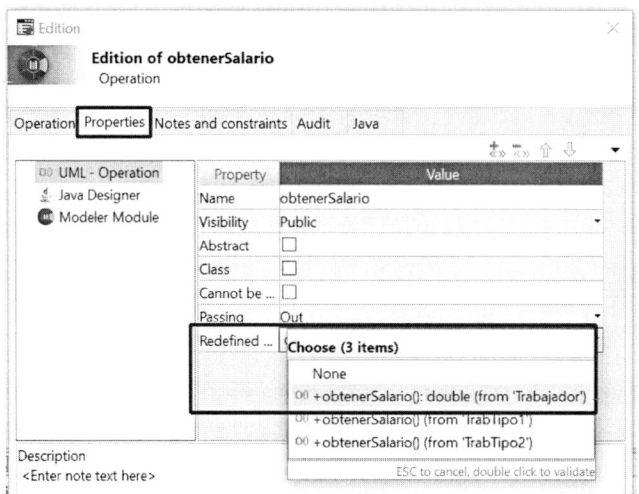

Figura 5.36. Redefiniendo método de la clase *Trabajador*.

Para crear la relación de herencia entre las clases ***Trabajador*** y ***TrabTipo1*** usamos el elemento *Generalization* ⬆. Hacemos clic en la subclase, ***TrabTipo1***, y después clic en la superclase ***Trabajador***. Repetimos los pasos para establecer la relación entre ***Trabajador*** y ***TrabTipo2***. Marcamos la propiedad *Java element:* Java element ☑ en cada clase. Desde el ***Model Explorer*** podemos ver como nos van quedando las clases, véase Figura 5.37.

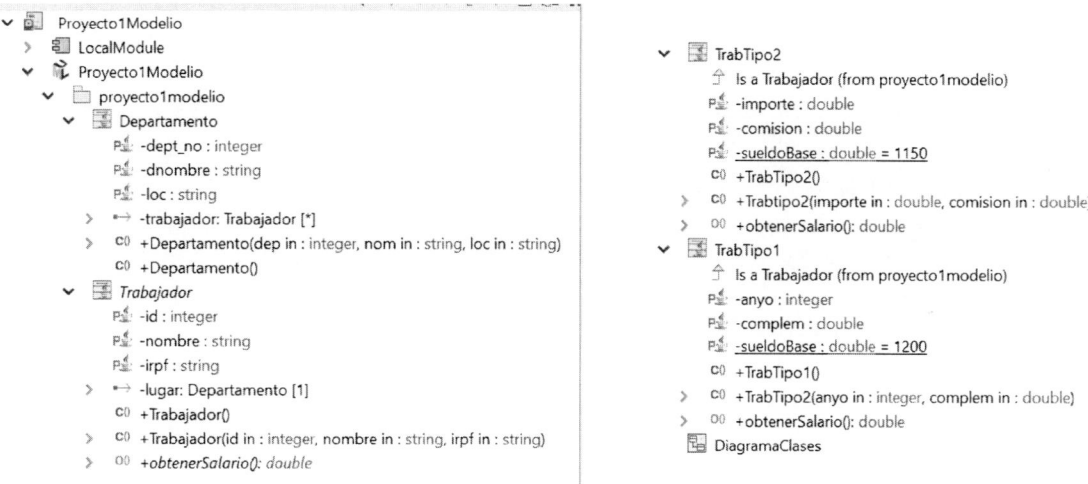

Figura 5.37. Clases creadas en el *Model Explorer.*

Desde la pestaña *Audit* podemos comprobar si se ha producido algún error al definir las clases.

Para crear una interface utilizamos el elemento *Interface* ⬭, le damos un nombre y creamos las operaciones definidas anteriormente pulsando en el círculo 🔳*Operaciones* y con el botón derecho del ratón seleccionamos *Create element / Operation*. O bien pulsamos en el elemento *Operation* ⬭⬭ y hacemos clic en el símbolo de la interface. En la Figura 5.38 se muestra la interface con sus operaciones.

Para indicar que los métodos reciban o devuelvan un objeto de nombre *Trabajador* se escribe en la columna *Type* dicho nombre. Por ejemplo, para el método *ListaTrabajadores()* que recibe un tipo entero y devuelve una colección de trabajadores escribimos en el campo *Type* **Trabajador**; también hemos de indicar que devuelve un conjunto de elementos en el campo *Multiplicity*; elegimos de la lista 0..*, véase Figura 5.38. Marcamos en la interface la propiedad *Java Element* desde la vista *Java*.

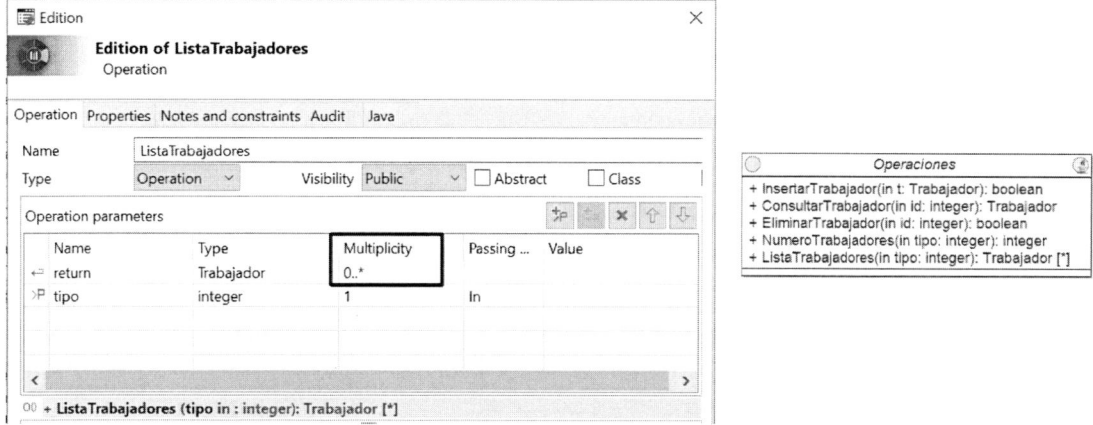

Figura 5.38. Multiplicidad 0..* en el método *ListaTrabajadores()* e interface Operaciones.

Creamos la clase ***TratamientoTrabajadores*** y establecemos la asociación de realización entre la interface y dicha clase ya que implementará la interface. Usamos el elemento *Interface Realization* - - ▷, lo arrastramos de la clase que implementa la interface a la interface; se muestra un cuadro de diálogo preguntando si queremos modificar el modelo, *Update model from the interface "Operaciones"?*, pulsamos en *Yes*.

Desde el ***Model Explorer*** veremos que se han añadido las operaciones de la interface en la clase ***TratamientoTrabajadores***. Para mostrarlas en el diagrama tendremos que arrastrar los métodos desde el ***Model Explorer*** a la clase. En cada operación y desde la pestaña ***Property***, podemos acceder al campo ***Redefined operation*** para ver la operación de la interface que va a redefinir el método, se genera sólo. Por ejemplo:

Redefined operation	00 +InsertarTrabajador(t in : Trabajador): boolean

Para ocultar los métodos de la clase abrimos la vista ***Symbol,*** hacemos clic con el ratón en el cuadradito donde están todos los métodos, y desmarcamos la opción ***Operations /Show.***

Para establecer las relaciones de dependencia entre la clase ***TratamientoTrabajadores*** y las clases de trabajador tipo 1 y tipo 2 pulsamos en el elemento ***Smart links*** ⊙ y arrastramos desde la clase ***TratamientoTrabajadores*** a la clase de trabajador que queramos, al hacer clic en esta clase se mostrarán en un menú contextual las distintas asociaciones, en este caso elegimos *Dependency* ⟨d⟩ Dependency, véase Figura 5.39. En las propiedades de la relación se puede observar la dependencia: Depends on ▤ TrabTipo2

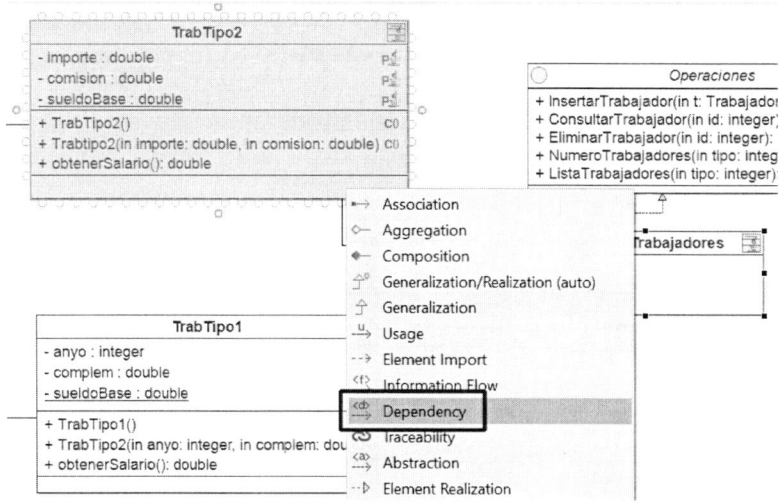

Figura 5.39. Relación de dependencia entre la clase *TratamientoTrabajadores-TrabTipo2*.

Para establecer la relación de asociación entre la clase ***TratamientoTrabajadores*** y la clase ***Trabajador*** usamos el elemento *Association*: ▬▶ hacemos clic en ***TratamientoTrabajadores*** y arrastramos hacia ***Trabajador***. Accedemos a la pestaña ***Property***, en la parte de trabajador damos un nombre al rol, en este caso *trabajadores*, asignamos la multiplicidad [0..*] y la visibilidad

Private. En las propiedades de la pestaña **Java** marcamos **Java Property**, los *getter* y *setter* y visibilidad *Public* para ellos, véase Figura 5.40. Con estas especificaciones se generará un atributo privado de nombre *trabajadores* en la clase **TratamientoTrabajadores** y los métodos *get* y *set*: *private List<Trabajador> trabajadores = new ArrayList<Trabajador> ()*.

Property	From: TratamientoTrabajadores	To: Trabajador
Association name		
Navigable	☐	☑
Role		trabajadores
Target	<null>	Trabajador
Association type	Association	Association
Multiplicity min	0	0
Multiplicity max	1	*
Visibility	N/A	Private
Is changeable	N/A	☑
Accessors	N/A	Read/Write

Pestaña Java

Property	Value
No code	☐
Java Property	☑
Getter	☑
Getter Visibility	Public
Setter	☑
Setter Visibility	Public
Static	☐
Final	☐

Figura 5.40. Relacion de dependencia y asociación t*ratamientoTrabajadores-Trabajador.*

Para definir el atributo en la clase **Main** se define una relación de asociación entre esta clase y la clase **TratamientoTrabajadores**, usamos el elemento *Association*: ▪—→ . En las propiedades de la relación asignamos el nombre *trat* al rol del lado de **TratamientoTrabajadores**, en *Multiplicity min* y *Multiplicity max* asignamos el valor 1 y *Visibility Private*; se generará en esta clase el siguiente atributo: *private static tratamientoTrabajadores trat*. En el lado de la clase **Main** asignamos el valor 0 a las dos multiplicidades. En las propiedades **Java** de la relación marcamos *Java Property* y *Static*. Creamos también un método *main()* y asociaciones de dependencia hacia las clases de trabajador tipo 1 y tipo 2.

Una vez que tenemos el diagrama creado hacemos que todos los elementos se consideren como elementos Java. Hemos visto como se hace en los atributos y las relaciones para generar los métodos *get* y *set* y su visibilidad. En las clases, desde la pestaña **Java**, también tenemos que marcar la casilla **Java element**, se mostrará el siguiente icono en la clase ▦. En las relaciones hay que marcar la casilla **Java Property**.

Los botones de la barra de herramientas del editor de diagramas nos permitirán imprimirlo, guardarlo en disco, copiarlo al portapapeles y alinearlo de distintas formas:

A continuación, se crearán 3 paquetes desde el **Model Explorer**:

- **datos**: para almacenar la clase **Departamento** y las 3 clases de trabajadores.

- **operaciones**: contendrá la interface y la implementación de la interface.

- **principal**: contendrá la clase **Main**.

Y moveremos cada una de las clases a su paquete correspondiente. Para crear un paquete pulsamos con el botón derecho del ratón sobre el icono que representa el proyecto 🗀 proyecto1modelio, seleccionamos **Create element** y a continuación, **Package**; se muestra el elemento 🗀 Package en el **Model Explorer**, le damos un nombre y desde la pestaña **Java** marcamos la casilla **Java element**. El **Model Explorer** quedará como muestra la Figura 5.41.

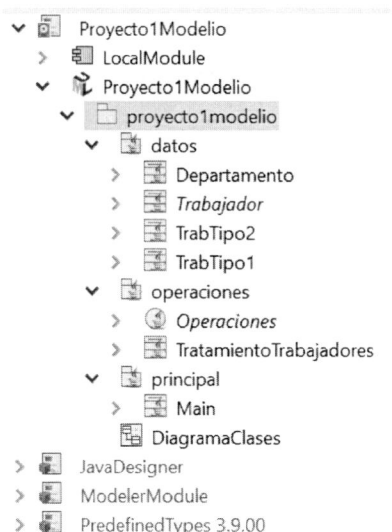

Figura 5.41. Paquetes del Ejemplo 1 en el *Model Explorer*.

Para generar el diagrama de paquetes pulsamos con el botón derecho del ratón sobre el proyecto, a continuación, ***Create Diagram*** y seguidamente ***Sub-Packages Structure Diagram (automatic)***, le damos un nombre y pulsamos el botón *OK*. Automáticamente aparecen los paquetes en el área de edición. Las relaciones las añadimos de forma manual, usamos los elementos del grupo ***Import links***, en este caso *Element Import* $- - >$. Véase Figura 5.42. El uso de esta relación hace que al generar las clases Java a partir del diagrama de clases se inserten las sentencias ***import*** necesarias en cada clase.

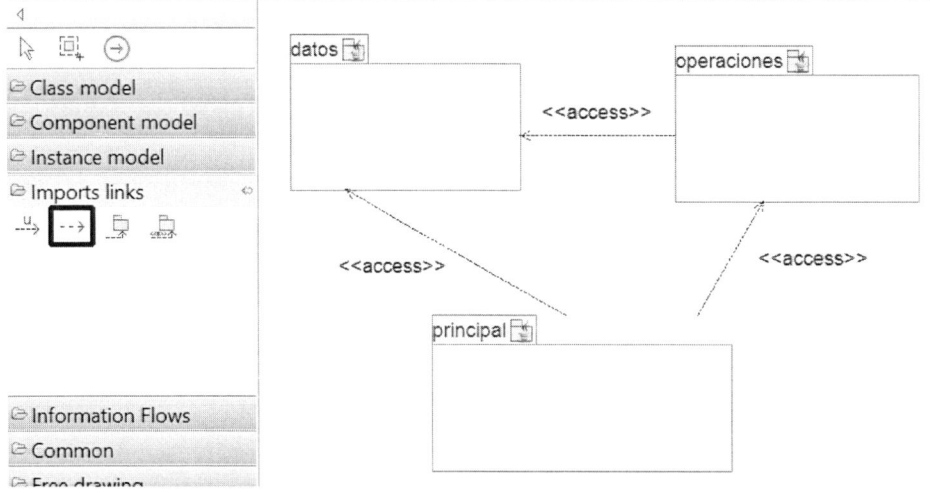

Figura 5.42. Diagrama de paquetes del Ejemplo 1.

Ejemplo 2: Se trata de realizar un diagrama de clases para representar las relaciones entre empresa, empleados y clientes. Utilizaremos asociaciones de composición y generalización en el diagrama. Todos los atributos de las clases serán privados. Los requisitos son los siguientes:

- La empresa se compone de clientes y de empleados. Utilizaremos para estas relaciones asociaciones de composición.

- Datos de la empresa son cif, razón social, dirección y teléfono.

- Datos de clientes son código de cliente, nombre, fecha de nacimiento, teléfono y comisión.

- Datos de empleados son código de empleado, nombre, fecha de nacimiento, teléfono, fecha de alta en la empresa y salario.

- Como los atributos nombre, fecha de nacimiento y teléfono son comunes para clientes y empleados se creará una clase ***Persona*** para esos atributos, y las clases ***Cliente*** y ***Empleado*** heredarán la clase ***Persona***.

- Un empleado puede ser director de varios empleados. De este director se necesita saber también la categoría y la fecha de alta como director. ***Director*** heredará de empleado y además tendrá una asociación [0..*] con empleado.

- Para todas las clases crearemos los métodos públicos get-set y un constructor sin parámetros.

- El diagrama a crear debe ser como el que se muestra en la Figura 5.43.

Creamos un nuevo proyecto en Modelio desde el menú ***File / Create a Project*** y le asignamos un nombre. Añadimos el módulo ***Java Designer*** al proyecto pulsando en la opción de menú ***Configuration/ Modules***. Empezamos a desarrollar las clases con sus atributos. Una vez creadas las clases se crean las relaciones. Marcamos en las clases y atributos la propiedad ***Java element*** y ***Java property***.

Entre ***Empresa*** y ***Cliente*** se crea una asociación de composición, usamos el elemento *Composition*: ◆— que va del compuesto (***Empresa***) al componente (***Cliente***), se selecciona el elemento, se pincha de la clase ***Empresa*** y se arrastra a la clase ***Cliente***, desde el nombre de clase origen al nombre de clase destino. Hacemos cambios en las propiedades de la relación. Asignamos un nombre en el campo ***Association name*** y cambiamos la multiplicidad, véase Figura 5.44.

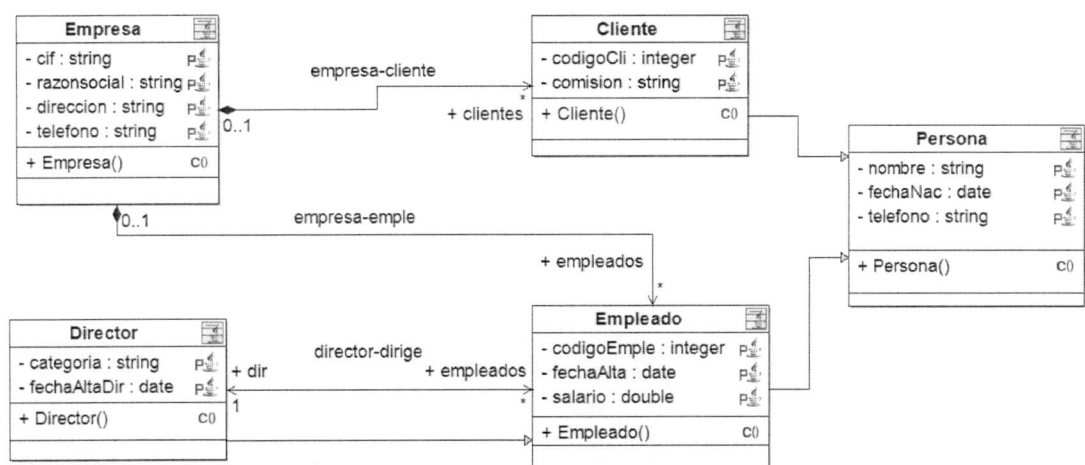

Figura 5.43. Diagrama de clases del Ejemplo 2.

La multiplicidad del lado de la clase **Empresa** es [0..1], y del lado de la clase **Cliente** es [*] (en las propiedades se selecciona [0..*]), esto quiere decir que una empresa tiene muchos clientes [*]. Esto se traduce en Java a que la clase **Empresa** tendrá un *ArrayList* de objetos **Cliente** llamado *clientes*. La clase **Cliente** no tendrá un objeto de la clase *Empresa* ya que solo se ha indicado la navegabilidad en la clase **Cliente** (propiedad **Navigable** chequeada). Figura 5.44.

Property	From: Empresa	To: Cliente
Association name	empresa-cliente	
Navigable	☐	☑
Role		clientes
Target	\<null\>	⊞ Cliente
Association type	Association	▾ Composition
Multiplicity min	0	▾ 0
Multiplicity max	1	▾ *
Visibility	N/A	Public
Is changeable	N/A	☑

Figura 5.44. Asociación de composición entre Empresa y Cliente.

Se hace lo mismo entre las clases **Empresa** y **Empleado**. Los nombres de las asociaciones se pueden cambiar para hacer más legible el diagrama. Figura 5.45.

Property	From: Empresa	To: Empleado
Association name	empresa-emple	
Navigable	☐	☑
Role		empleados
Target	\<null\>	⊞ Empleado
Association type	Association	▾ Composition
Multiplicity min	0	▾ 0
Multiplicity max	1	▾ *
Visibility	N/A	Public
Is changeable	N/A	☑

Figura 5.45. Asociación de composición entre Empresa y Empleado.

Para crear las asociaciones de herencia entre las clases **Persona-Cliente**, y **Persona-Empleado**, se selecciona la asociación de *Generalization* ⬆. Se hace clic en la clase que hereda y se arrastra el puntero del ratón a la clase padre, es decir, de **Cliente** a **Persona**, y de **Empleado** a **Persona**. En Java la generalización crea una herencia, así la clase **Cliente** y **Empleado** serán *extends* de **Persona**.

Se hace lo mismo entre las clases **Director** y **Empleado**, la clase **Director** hereda de la clase **Empleado**, con lo que se selecciona la relación de generalización y se arrastra de la clase **Director** a **Empleado**. En el caso de este tipo de asociaciones no se añaden nombres

Finalmente se crea la asociación entre **Director** y **Empleado**. Es una asociación normal con una multiplicidad de [0..*], es decir un **Director** dirige a muchos empleados, y un **Empleado** es dirigido por un director. Se selecciona el elemento *Association* ▭➝ de la paleta de elementos y se arrastra de **Director** a **Empleado**, en este caso da igual el orden, por defecto la asociación que se crea es de 1 en ambos sentidos. Es necesario cambiar la multiplicidad de la asociación para dejarla en [0..*]. Al lado de la clase **Director** hay que poner la multiplicidad de [1], y al lado de la clase **Empleado** la de [0..*]. Hacemos que la asociación sea navegable en ambos sentidos, seleccionamos el campo *Navigable*. La Figura 5.46 muestra las propiedades de esta asociación.

Property	From: Director	To: Empleado
Association name	director-dirige	
Navigable	☑	☑
Role	dir	empleados
Target	🔲 Director	🔲 Empleado
Association type	Association	▾ Association
Multiplicity min	1	▾ 0
Multiplicity max	1	▾ *
Visibility	Public	▾ Public
Is changeable	☑	☑

Figura 5.46. Asociación entre *Empleado-Director*

Si el modelo se convierte a Java la clase **Director** tendrá un *ArrayList* de objetos **Empleado** llamado *empleados*, y la clase **Empleado** tendrá un objeto de la clase **Director** llamado *dir*.

5.6. GENERACIÓN DE CÓDIGO A PARTIR DE DIAGRAMAS DE CLASES

Una vez realizado el modelo vamos a generar las clases en Java. Ya hemos visto con *Modelio* como preparar las clases, atributos, relaciones y demás elementos. Para generar el código Java tiene que estar instalado en el proyecto el módulo **Java Designer**. Para generar el código de una clase o paquete se selecciona en el *Model Explorer* o en el diagrama de clases y desde el menú contextual se pulsa en la opción **Java Designer / Generate**, véase Figura 5.47.

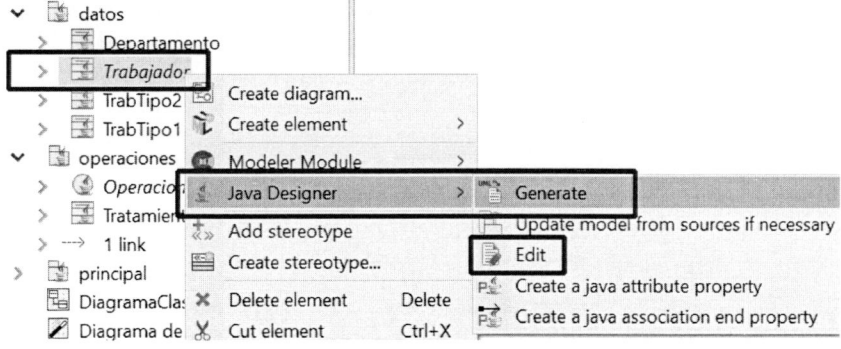

Figura 5.47. Generar código Java en *Modelio*.

En las clases se puede ver el resultado seleccionando desde el mismo menú contextual **Java Designer / Edit**. Se abrirá una pestaña con el código de la clase que hemos elegido, véase Figura 5.48. Si la generación de código se hace con el paquete se creará una carpeta con el mismo nombre y dentro las clases.

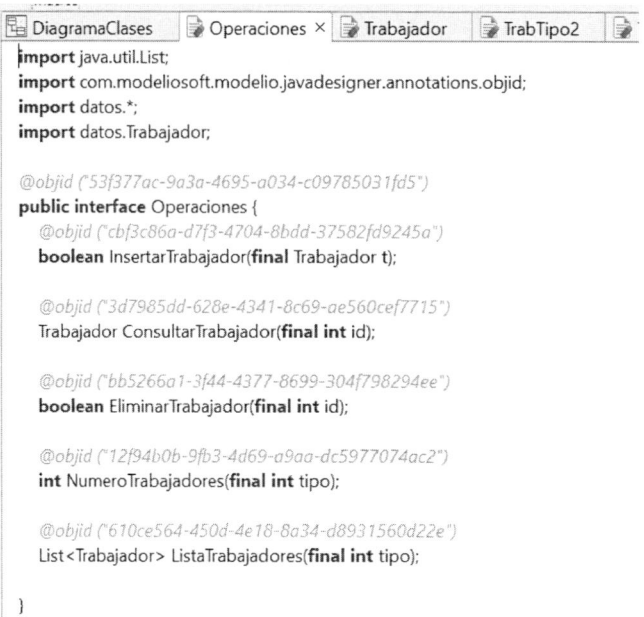

Figura 5.48. Clase Java generada con *Modelio*.

Desde la pestaña ***Java*** de cada elemento también podemos generar y editar las clases usando los botones *Generate* y *Edit*. El resultado de la generación de código es más o menos razonablemente bueno. Podemos observar que *Modelio* utiliza *import* y anotaciones propias para incluir información que necesita para gestionar internamente los diferentes elementos.

Puede ocurrir que al generar las clases Java se produzca algún error warning (que no impide que la clase se genere), por ejemplo, al generar las clases Java ***TrabTipo1*** y ***TrabTipo2*** se produce un error en el método *obtenerSalario()*, véase Figura 5.49. Para resolver el error hemos de editar las propiedades del método, pulsar sobre la pestaña ***Notes and constraints***, pulsar sobre el botón *Add a note*, seleccionar *JavaReturned* y escribir el código Java, en este caso se escribe *return 0;* Figura 5.49. Guardamos todos los cambios y volvemos a generar el código.

Figura 5.49. Error warning al generar una clase Java.

Desde la pestaña *Notes and constraints* de las propiedades del elemento se pueden personalizar los elementos del diagrama, se pueden añadir comentarios javadoc, código Java, anotaciones, llamadas al constructor de la clase padre, etc. Desde la pestaña **Properties** del elemento también podemos acceder a *Notes and constraints*, véase Figura 5.50. Los botones son los siguientes:

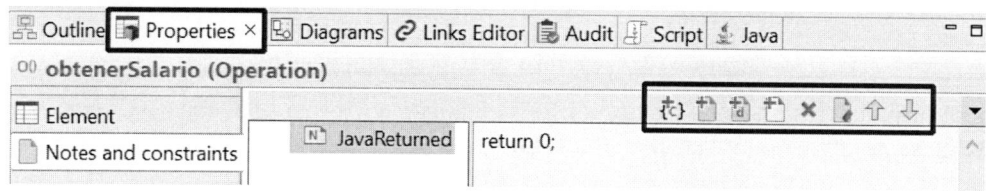

Figura 5.50. Properties / *Notes and constraints.*

- {c} *Add a constraint*: en esta ventana se puede seleccionar las restricciones que deseamos agregar al elemento seleccionado y luego mostrar su contenido en la zona de entrada / modificación.

- *Add a note*: en esta ventana se pueden seleccionar las notas que deseamos agregar al elemento seleccionado.

- *Add a description*: agrega directamente una nota de descripción al elemento

- *Add a document*: Crea un documento adjunto con un contenido donde se puede definir el nombre, el formato MIME, luego puedes abrir el editor correspondiente.

- *Delete*: elimina la nota / restricción del elemento seleccionado.

- *Clear note/constraint*: elimina el contenido de la nota o restricción seleccionada, pero no la nota o restricción en sí.

- *Subir*: mueve el elemento seleccionado hacia arriba en la estructura del modelo.

- *Bajar*: Mueve el elemento seleccionado hacia abajo en la estructura del modelo.

5.6.1. Crear un proyecto Eclipse a partir de un proyecto Modelio

En Modelio podemos crear un artefacto de compilación que represente el fichero jar del proyecto. Para ello hacemos clic con el botón derecho del ratón sobre el proyecto y seleccionamos *Java Designer /Create a compilation artifact* del menú contextual. Se crea automáticamente un diagrama de implementación en el que se muestra el artefacto y un enlace de manifestación (*Manifestation*) a los paquetes que se incrustarán en su archivo jar, Figura 5.51.

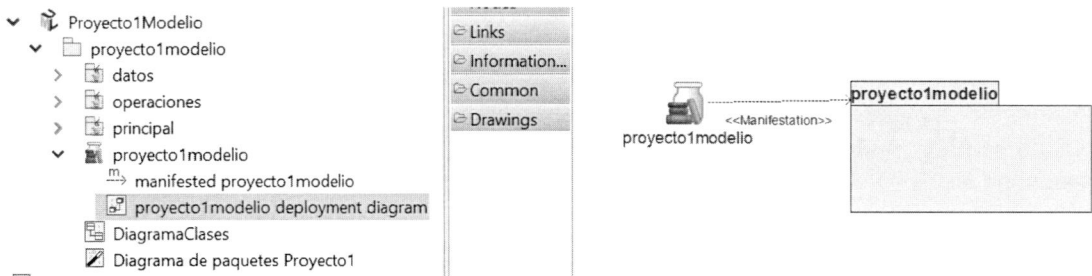

Figura 5.51. Crear un artefacto de compilación.

En este artefacto, se pueden ejecutar varios comandos a los que se accede pulsando sobre el artefacto y seleccionando desde el menú contextual **Java Designer**, véase Figura 5.52. Los comandos son los siguientes:

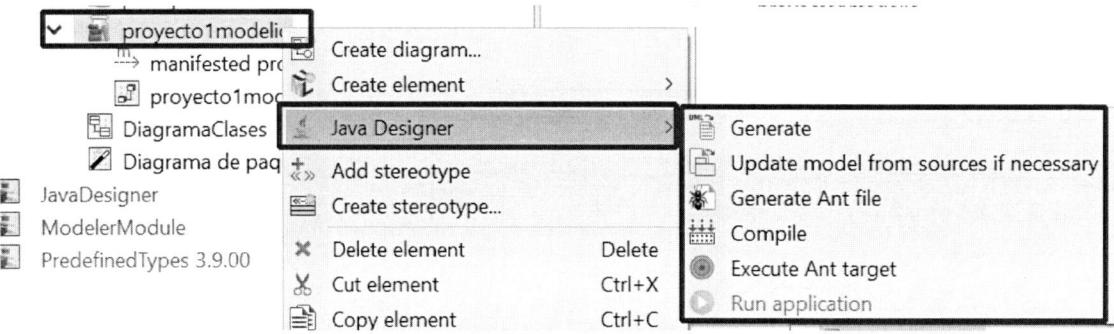

Figura 5.52. Comandos de *Java Designer*.

- **Generate**: generará código Java para todos los elementos manifestados por el artefacto.

- **Update model if necessary**: actualizará el código del modelo para todos los elementos manifestados por el artefacto.

- **Generate Ant file**: generará el fichero *build.xml* en el directorio del espacio de trabajo de Java para compilar los elementos manifestados. Un fichero ANT (también conocido como *build.xml*) es un fichero de configuración que se usa para automatizar tareas de compilación, prueba, empaquetado y despliegue en proyectos de software.

- **Compile**: iniciará la compilación para crear ficheros *.class* a partir de los ficheros Java generados.

- **Execute Ant target**: abrirá una ventana para presentar todos los objetivos definidos en el fichero ANT, para que se pueda seleccionar el objetivo que se va a ejecutar.

- **Run application**: se utiliza para ejecutar una aplicación generada y compilada desde un fichero ANT.

Para el objetivo de llevar el proyecto Modelio a un proyecto Eclipse el comando que más nos interesa es **Generate Ant File** ya que se puede crear un proyecto Eclipse a partir de un fichero ANT. Por lo tanto, generamos el fichero ANT. Se mostrará en pantalla un mensaje mostrando que el fichero se ha creado y la localización del mismo, en este caso el nombre del fichero es *proyecto1modelio.xml*, véase Figura 5.53.

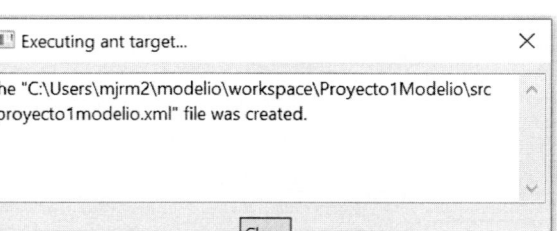

Figura 5.53. Fichero Ant creado.

Una vez que tenemos localizado el fichero ANT abrimos el entorno Eclipse. Pulsamos sobre la opción de menú *File/ New/ Other/Java/ Java Project From Existing Ant BuildFile,* pulsamos el botón *Next,* en la siguiente pantalla pulsamos el botón *Browse* para localizar el fichero *proyecto1modelio.xml.* Una vez localizado pulsamos el botón *Finish.* Puede que al abrir el proyecto se muestren errores en las clases debido a que hay una librería, JRE_LIB, que está repetida muchas veces, pulsamos con el botón derecho sobre ella y seleccionamos *Build Path/ Remove from Build Path*, véase Figura 5.54.

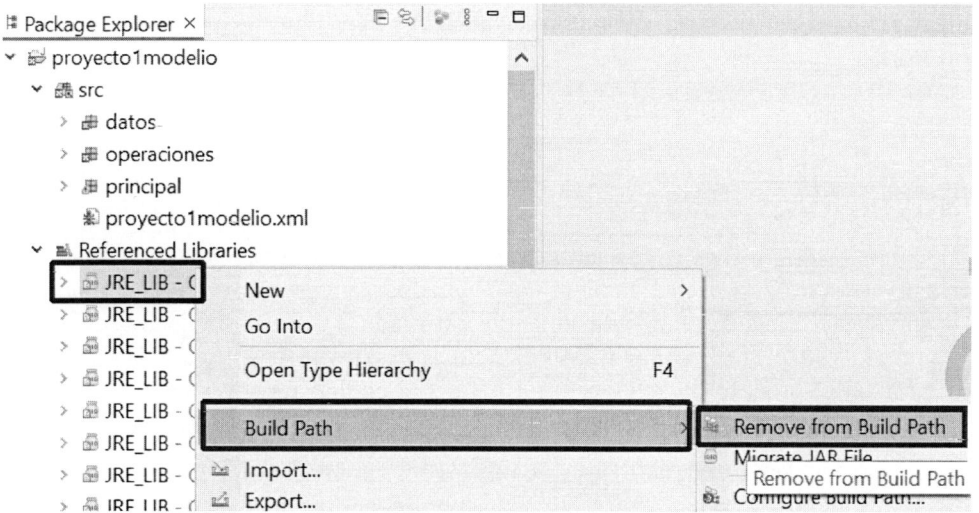

Figura 5.54. Proyecto Modelio en Eclipse con errores.

Se mostrará el proyecto sin errores, si se muestra algún error hemos de ir a la línea y solucionarlo. Las dos librerías que necesita son *javadesigner.jar* y *rt.jar*, véase Figura 5.54. Esta segunda librería contiene las clases proporcionadas por el JRE definido en *Java Designer*. Este se configura automáticamente, es necesario disponer de un JDK instalado en el path del ordenador.

Para comprobar cual es el JRE definido pulsamos en el botón *Open the Project configurator* , localizado debajo de la barra de menús. A continuación, seleccionamos la pestaña *Modules*, pulsamos en *Java Designer* y abrimos el nodo *Directories*, véase Figura 5.55.

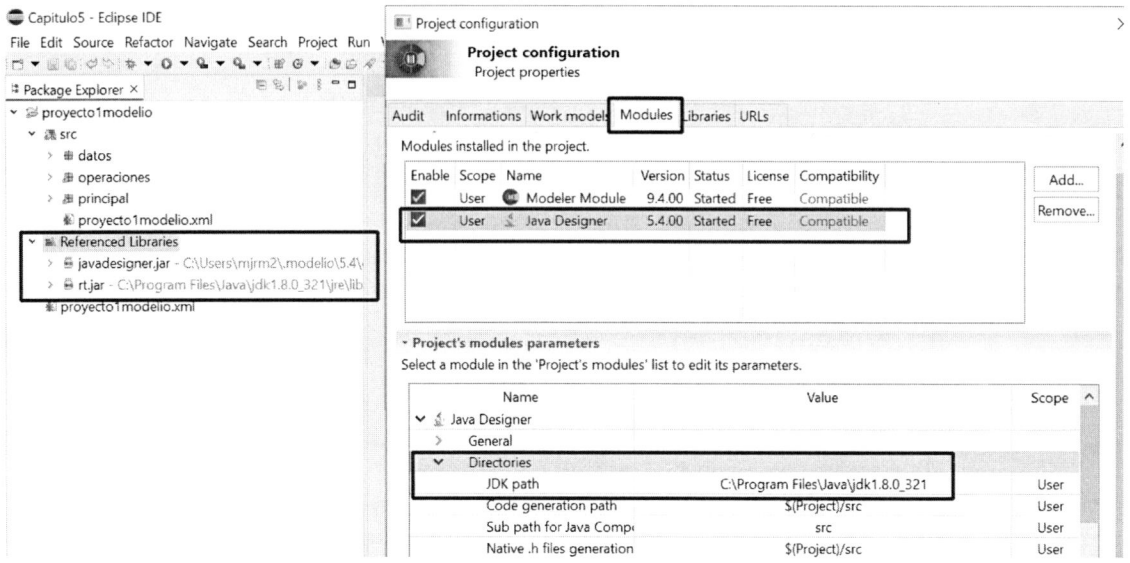

Figura 5.55. Proyecto Eclipse sin errores y configuración del path JDK path en *Java Designer*.

Desde la opción de menú ***Help/ Help*** podemos obtener más información sobre *Modelio* y sobre *Java Designer*.

5.7. INGENIERÍA INVERSA

En el contexto del software, los autores *E.J. Chikofsky* y *J.H. Cross*, establecen que la ingeniería inversa es el proceso de analizar un sistema para crear una representación del mismo, pero a un nivel más elevado de abstracción. Por otro lado, *P. Hall* establece que la ingeniería inversa es un proceso que recorre hacia atrás el ciclo de desarrollo de software. Bajo este enfoque, es posible iniciar el proceso de abstracción a partir del código fuente y llegar hasta la fase de análisis, lo cual representa un flujo inverso al tradicional en el modelo de cascada[1].

En la práctica se han considerado dos tipos de ingeniería inversa: basada en el código fuente, y basada en el programa ejecutable. En el primer tipo, el código fuente está disponible; pero se desconocen aspectos de más alto nivel, existe una documentación pobre o existe documentación, pero no está actualizada. En el segundo tipo, no existe código fuente disponible, así que los esfuerzos se concentran en descubrir el correspondiente código fuente.

En este apartado aprenderemos a crear un diagrama de clases a partir de proyectos Java ya realizados. Partimos de un proyecto Java creado desde Eclipse (que se encuentra en la carpeta de recursos del capítulo), la estructura se muestra en la Figura 5.56. Su nombre es *EjercicioTrabajadores* y está formado por tres paquetes: ***datos***, ***operaciones*** y ***principal*** (similares a los usados en el Ejemplo 1).

---

[1] Fuente: http://www.iiisci.org/journal/CV$/risci/pdfs/X581YP.pdf.

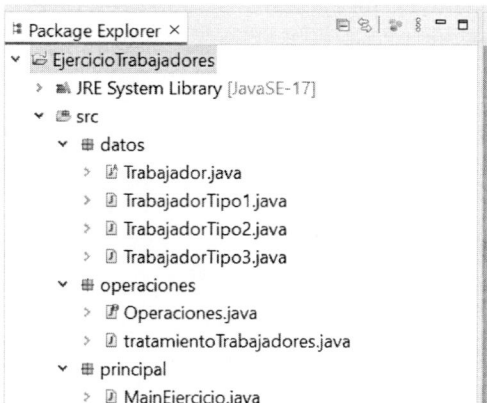

Figura 5.56. Proyecto *EjercicioTrabajadores* en Eclipse.

INGENIERIA INVERSA EN MODELIO versión 4

Usaremos *Modelio* versión 4, ya que la versión 5 no permite esta operación. En primer lugar, creamos un proyecto marcando la casilla ***Java Project***. Una vez creado pulsamos con el botón derecho del ratón sobre el proyecto y seleccionamos ***Java Designer >> Reverse >> Reverse Java application from sources***, véase Figura 5.57

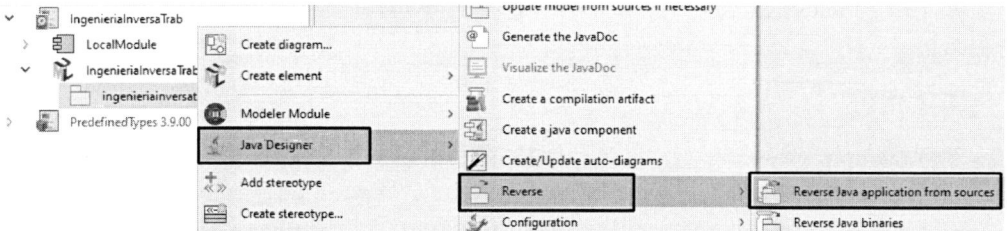

Figura 5.57. Generar ingeniería inversa en *Modelio*.

En la siguiente pantalla hay que seleccionar los archivos que contienen las clases que queremos añadir a nuestro proyecto, pulsamos en el botón de carpeta para buscar las clases, localizamos la carpeta ***src*** y seleccionamos los 3 paquetes, véase Figura 5.58. Pulsamos un par de veces el botón *Next* y por último en *Reverse*.

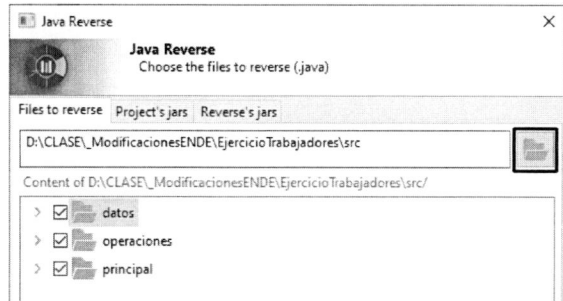

Figura 5.58. Carpetas a las que aplicar ingeniería inversa en *Modelio*.

Desde el ***Model Explorer*** podemos ver la estructura de paquetes y clases del proyecto. El siguiente paso es crear el diagrama de clases y arrastrar los elementos del ***Model Explorer*** al área de edición del diagrama. Se arrastrarán los elementos que se desee incluir en el diagrama, por ejemplo, para incluir las clases de trabajadores y su relación de herencia tendríamos que marcar las cuatro clases, sin los atributos y métodos, y la relación, véase Figura 5.59.

Figura 5.59. Arrastrar los elementos del *Model Explorer* al diagrama de clases en *Modelio*.

Observamos que las clases aparecen amontonadas. Podemos moverlas a lo largo del área de edición para obtener el resultado deseado.

Algunas clases tienen un icono de error *Warning* a su lado; desde la pestaña **Audit** podemos consultar dichos errores. Se producen en los métodos de la clase que implementan la interface y en el método *toString()*; para eliminarlo hay que añadir en la propiedad **Redefined operation** el método que sobreescriben.

En la siguiente URL https://sourceforge.net/projects/modeliouml/files/4.0.1/ se puede descargar la versión 4 de *Modelio*. También se puede dscargar desde de los recursos del capítulo.

INGENIERIA INVERSA EN ECLIPSE

Para este ejemplo usaremos la versión de Eclipse 2022-12, ya que para la última versión no funciona correctamente. Instalamos el plugin **Amateras Modeler** que permite generar el diagrama de clases incluyendo las relaciones. Para instalarlo seguimos los siguientes pasos:

1. Pulsamos en la opción de menú **Help >> Install New Software**. Pulsamos en el botón *Add*, en *Name* escribimos un nombre, por ejemplo, *AMATERAS* y en *Location* escribimos la URL http://takezoe.github.io/amateras-update-site, pulsamos el botón *Add*. Véase Figura 5.60.

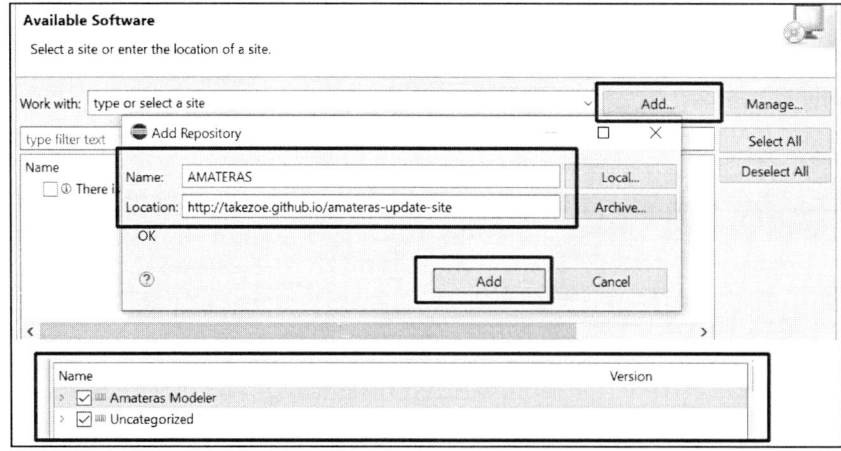

Figura 5.60. Instalación del plugin *AmaterasUML* en Eclipse.

2. A continuación, seleccionamos los dos elementos y pulsamos el botón *Next.*Se muestran los detalles de la instalación, pulsamos de nuevo en el botón *Next*. A continuación, aceptamos los términos de licencia y pulsamos el botón *Finish.*

3. Se muestra una ventana avisando de que estamos instalando software que contiene contenido sin firmar, aceptamos instalarlo. Finalmente el proceso de instalación solicita que reiniciemos Eclipse. Para hacer uso del plugin hemos de cerrar Eclipse y añadir al archivo ***eclipse.ini*** (se localiza en el directorio raíz de Eclipse) la siguiente línea[2]:

```
--add-opens=java.desktop/java.beans=ALL-UNNAMED
```

Iniciamos de nuevo Eclipse. Para crear el diagrama de clases de nuestro proyecto Eclipse seguimos estos pasos:

1. Pulsamos con el botón derecho del ratón sobre el proyecto *EjercicioTrabajadores* (o sobre una carpeta o paquete) y seleccionamos ***New/ Other/ AmaterasUML/ Class Diagram***, véase Figura 5.61; y pulsamos el botón *Next*.

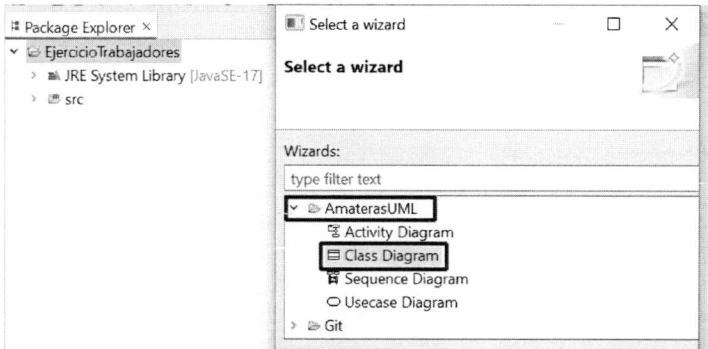

Figura 5.61. Creación del diagrama de clases con *Amateras* en Eclipse.

2. Seleccionamos la carpeta del proyecto donde instalarlo, escribimos un nombre y pulsamos el botón *Finish*. Se abre el área de edición para el diagrama con una serie de elementos a la izquierda. En el proyecto o en la carpeta donde hayamos creado el diagrama se muestra un fichero con la extensión *cld*.

3. A continuación, arrastramos las clases del proyecto al área de edición. Se mostrarán muy desordenadas, hemos de colocarlas. Para que no se muestren tan grandes pulsamos sobre la clase y del menú contextual desmarcamos ***Filter / Show Public Operation*** para que no muestre los métodos públicos, o ***Show Private Operation*** para que no muestre los privados. También podemos ir seleccionando los elementos del diagrama que no nos interese ver y los eliminamos.

4. El resultado final se muestra en la Figura 5.62, en el diagrama se muestran de forma automática algunas de las relaciones entre las clases, como la de herencia y la de realización. El resto se añaden de forma manual. Accediendo a sus propiedades se puede modificar la multiplicidad.

---

[2] Fuente: https://github.com/takezoe/amateras-modeler

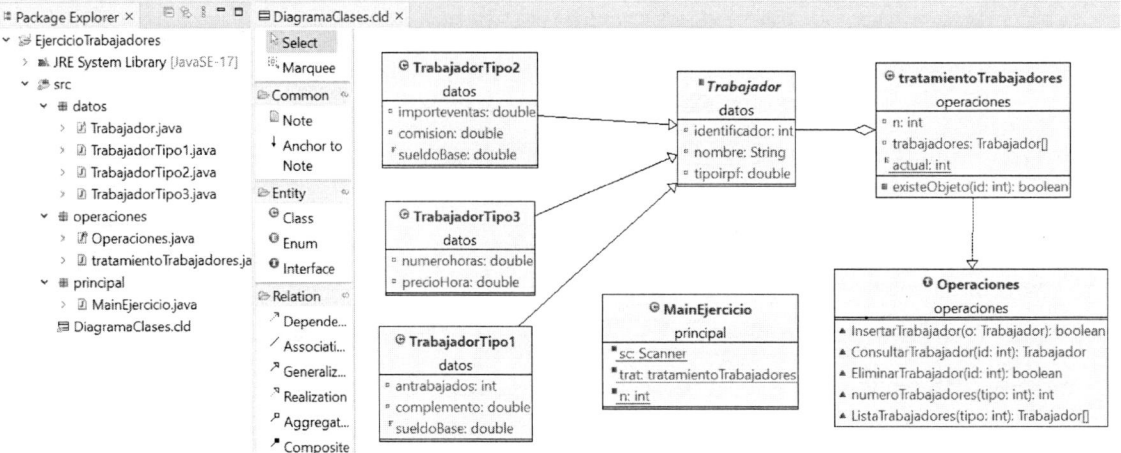

Figura 5.62. Diagrama de clases generado con amateras.

INGENIERIA INVERSA EN NETBEANS

Desde el entorno Netbeans podemos instalar el plugin ***easyUML*** para poder generar diagramas de clases a partir de un proyecto Java. El plugin se encuentra en los recursos del capítulo en un fichero zip que hay que descomprimir. Al descomprimirlo hay un conjunto de ficheros *nbm* que son los que hay que instalar.

Para instalar el plugin pulsamos sobre el menú ***Tools/Plugins***, pulsamos sobre la pestaña *Downloaded* y pulsamos el botón *Add Plugins,* localizamos la carpeta donde hemos descomprimido los ficheros, los seleccionamos todos y pulsamos el botón *Open*. Véase Figura 5.63.

Se muestran todos los plugin, pulsamos el botón *Install*, a continuación, *Next* y aceptamos la licencia. Se muestra un error porque no puede validar los ficheros del plugin y necesita el paquete ***Unpack200***. Véase Figura 5.64. Pulsamos sobre el botón *Choose Unpack200* para que instale dicho fichero. Se abre la carpeta con el JDK8, JDK11 o JDK13 que tengamos instalado ya que el fichero *unpack200.exe* existe en esos JDK. Si no tenemos ninguno de esos JDK instalado, buscamos el fichero *unpack200.exe* en el disco duro (el fichero se encuentra en los recursos del capítulo). Continuamos el proceso de la instalación y finalizamos.

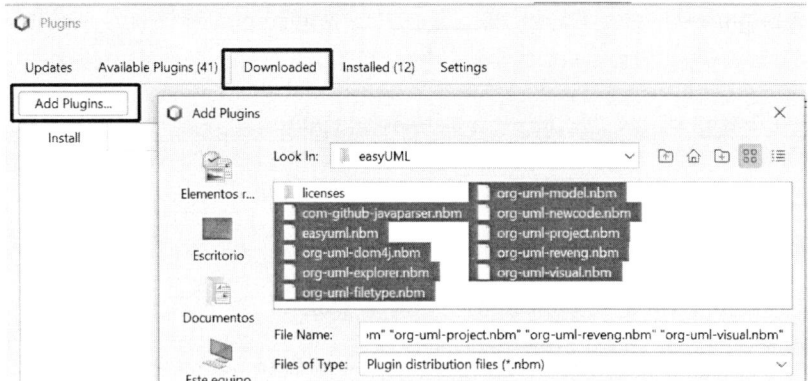

Figura 5.63. Instalación del plugin *easyUML en Netbeans* (1).

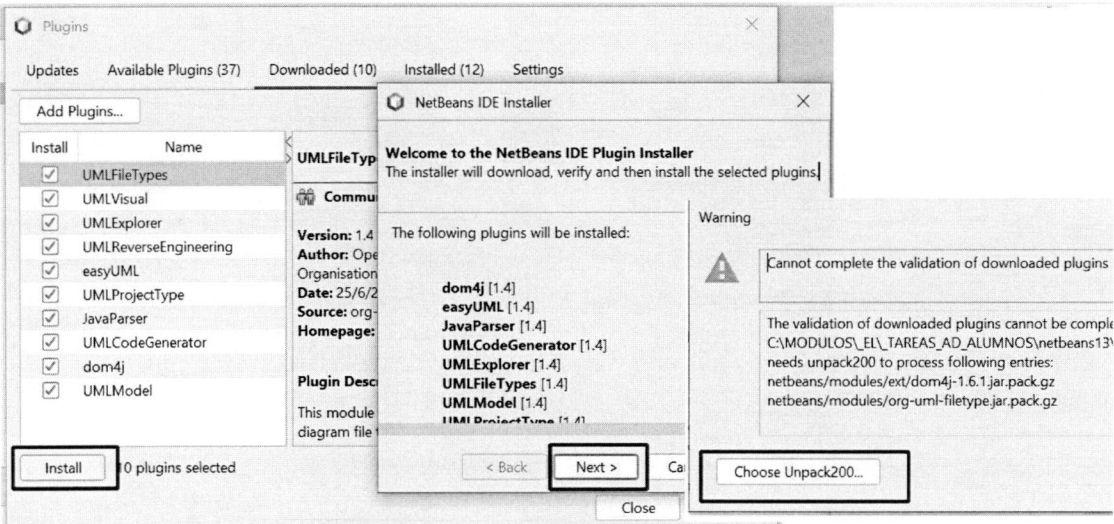

Figura 5.64. Instalación del plugin *easyUML en Netbeas* (2).

Una vez instalado el plugin creamos el proyecto Java *EjercicioTrabajadores*: **File/ New Project/ Java with Ant/ Java Application** y copiamos los paquetes *datos*, *operaciones* y *principal*. A continuación, creamos un proyecto UML desde el menú **File/ New Project/UML /UML Diagrams Project**, pulsamos *Next*, asignamos un nombre al proyecto, por ejemplo, *UMLEjercicioTrabajadores* y pulsamos el botón *Finish*.

Para crear un diagrama de clases en el proyecto UML, pulsamos con el botón derecho del ratón sobre el elemento **Class Diagrams** y seleccionamos **UML/ Class Diagram**, Figura 5.65, pulsamos *Next*. Asignamos un nombre y pulsamos *Finish*. Se mostrará el área para el diagrama de clases y una paleta para los elementos a incluir

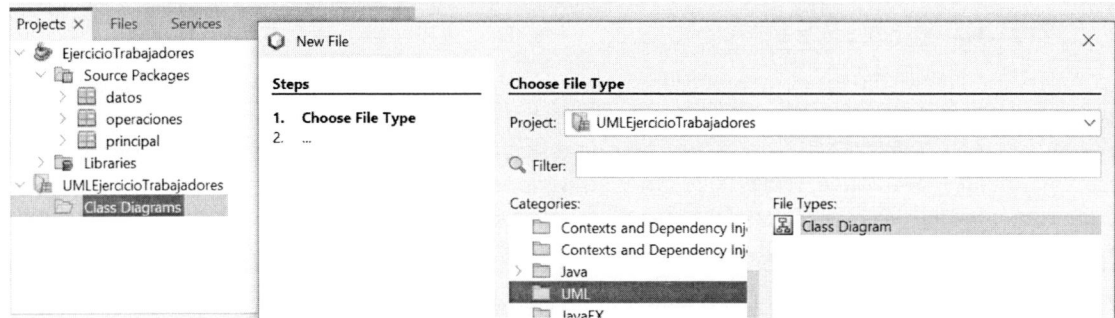

Figura 5.65. Crear diagrama de clases en Netbeans.

Como nuestro objetivo es crear un diagrama de clases a partir del proyecto Java, hemos de pulsar con el botón derecho del ratón sobre el proyecto Java de los trabajadores y seleccionar del menú contextual **easyUMLCreate Class Diagram**, nos pide el proyecto UML donde crearlo, seleccionamos el proyecto UML creado anteriormente y pulsamos el botón *Create class diagram*, véase Figura 5.66. Automáticamente se crea el diagrama de clases en el proyecto.

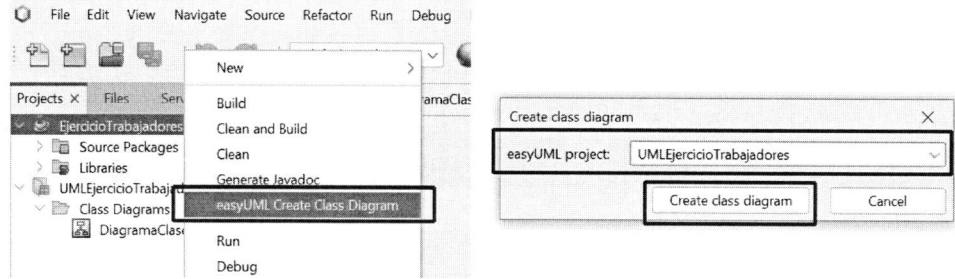

Figura 5.66. Generar el diagrama a partir de proyecto Java en NetBeans.

El diagrama aparece muy desordenado y tendremos que recolocar las clases para que se vea mejor. Podemos observar que se crean todas las relaciones, véase Figura 5.67.

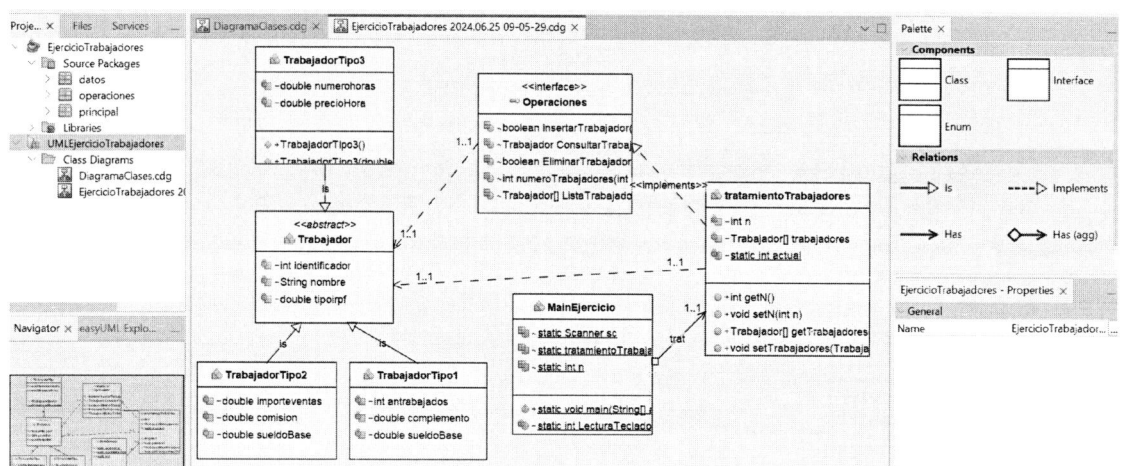

Figura 5.67. Diagrama de clases generado con NetBeans.

5.8. HERRAMIENTAS ONLINE

Actualmente existen en el mercado una gran cantidad de herramientas web para el modelado que como mínimo ofrecen la posibilidad de dibujar y compartir los modelos online, sobre todo modelos UML (diagramas de clase, secuencia, casos de uso y máquinas de estado principalmente), esquemas de bases de datos (diagramas ER) y procesos de negocio con BPMN. Cada una con una funcionalidad diferente y pensada para un público específico. Normalmente para poder utilizarlas es necesario registrarse. Algunas de estas herramientas son:

- **Visual Paradigm**: ofrece una versión limitada basada en web. Proporciona un editor intuitivo, potente y fácil de usar hecho para todos. Permite trabajo colaborativo y proporciona gran cantidad de plantillas profesionales. Para poder trabajar con ella es necesario registrarse desde la URL *https://online.visual-paradigm.com/es/*.

- **Lucidchart**: es un espacio de trabajo gráfico que combina diagramas, visualización de datos y colaboración para acelerar la comprensión e impulsar la innovación. Para poder crear diagramas UML tenemos que registrarnos desde la URL *https://www.lucidchart.com/pages/es/ejemplos/diagrama-uml*.

- **draw.io**: es un entorno muy simple en el que nada más entrar obtenemos un lienzo vacío donde empezar a dibujar sin tener que darnos de alta ni nada. No permite la colaboración a la hora de dibujar, pero a cambio se integra bien con *Google Drive*, *OneDrive* y otros dispositivos para guardar los modelos que creemos. Como punto negativo es que se pueden construir diagramas sin respetar las normas de modelado.

Las herramientas UML textuales son una opción más "ligera" para dibujar modelos. Tienen un editor online desde el que utilizan su propia notación textual para "escribir" los modelos, normalmente son lenguajes simples que recuerdan a notaciones típicas de programación. A partir de ese texto, la herramienta es capaz de crear automáticamente la representación UML gráfica "tradicional". Ejemplos de herramientas de este tipo son:

- **PlantUML:** es un proyecto *Open Source* que soporta los diagramas UML más importantes (*https://plantuml.com/es/*). Proporciona gran cantidad de extensiones que hacen posible utilizarlo en una amplísima variedad de escenarios: *Word, Eclipse, Netbeans, Google Docs, WordPress, Doku Wiki,* etc. ***PlantText UML Editor*** (*https://www.planttext.com/*) permite utilizar PlantUML en un editor online.

- **yUML**: es un servicio online para la creación de clases, de casos de uso y de actividad a partir de unos comandos escritos en texto plano. Para poder guardarlos hemos de registrarnos (*https://yuml.me/users/sign_up*). La versión gratuita permite crear un workspace y almacenar hasta 5 diagramas. El modelo generado se puede incrustar fácilmente en blogs, emails, wikis, etc.

COMPRUEBA TU APRENDIZAJE

1. ¿Cuáles son los principios del modelado Orientado a Objetos?

2. En UML ¿Cuáles son Diagramas de estructura y qué representan?

3. En UML ¿Cuáles son Diagramas de comportamiento?

4. En UML ¿Cuáles son Diagramas de interacción y qué representan?

5. ¿Qué son los diagramas de clase y para qué se utilizan?

6. ¿Qué son los diagramas de casos de uso y para qué se utilizan?

7. ¿Qué son los diagramas de secuencia y para qué se utilizan?

8. ¿Qué es un diagrama de paquetes y para qué se utiliza?

9. Componentes de una clase.

10. ¿Qué representan las asociaciones y la multiplicidad en un diagrama de clases?

11. ¿Qué es la navegabilidad entre clases?

12. ¿Qué es una Clase Asociación?

13. ¿Qué es una Asociación de generalización y cómo se representa?

14. ¿Qué es una Asociación de composición y cómo se representa?

15. ¿Qué es una Asociación de agregación y cómo se representa?

16. ¿Qué son los estereotipos?

17. ¿Qué representa el estereotipo Boundary?

18. ¿Qué representa el estereotipo Control?

19. ¿Qué representa el estereotipo Entity?

20. Realiza el siguiente diagrama de clases (véase la Figura 5.68) y genera el código Java correspondiente.

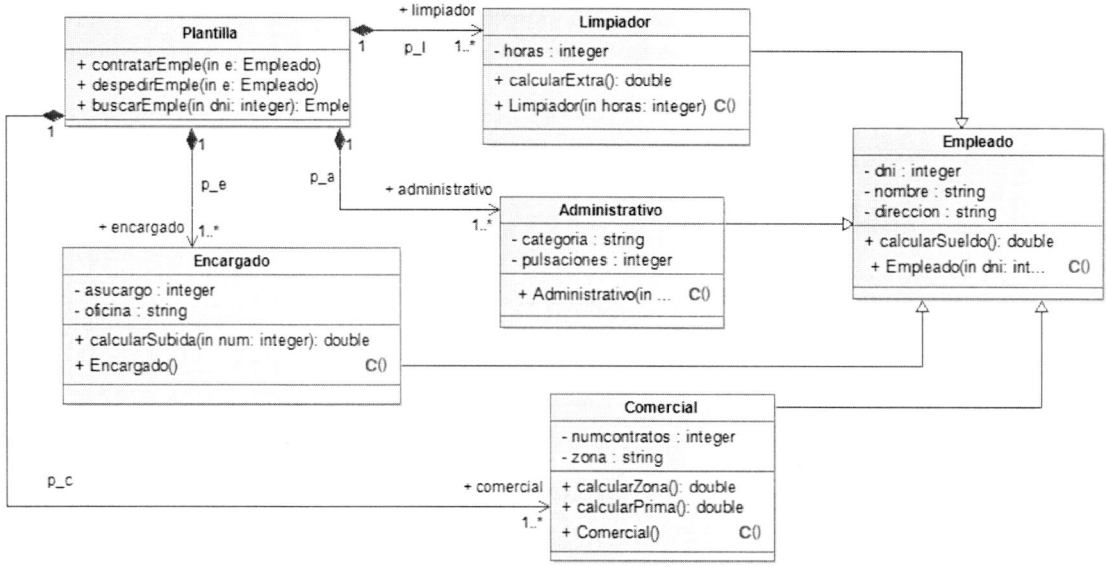

Figura 5.68. Actividad 20.

21. Realiza el diagrama de clases que cumpla estas especificaciones.

- Un centro de instalaciones deportivas quiere hacer una aplicación de reservas.

- En el centro existen varias instalaciones deportivas, (piscinas, gimnasios, frontones, etc.), datos de las instalaciones son su nombre y el precio hora, entre otros.

- Las instalaciones deportivas pueden ser de 2 tipos, interiores y exteriores. De las interiores nos interesa saber el consumo de luz, y de las exteriores el gasto de mantenimiento de jardín.

- El centro en cuestión cuenta con muchos socios, de los cuales se almacenan su dirección, ciudad, provincia, teléfono, nombre y cuota.

- Existen una serie de artículos que se pueden alquilar junto con las reservas, (balones, redes, raquetas, etc.).

- Cada instalación es reservada por un socio en una fecha dada desde una hora de inicio hasta una hora de fin. Un socio podrá hacer varias reservas.

- Cada reserva puede tener asociada uno o varios artículos deportivos que se alquilan aparte. Por ejemplo, si yo quiero hacer una reserva para jugar a voleibol tengo que reservar una instalación polideportiva más un artículo red, más un artículo balón.

22. Realiza cambios al ejercicio anterior para que la aplicación de reservas permita hacer lo siguiente:

La aplicación debe proporcionar una ventana inicial que dará paso a las ventanas para gestionar los datos de las reservas y de los socios:

- La gestión de las reservas incluye las operaciones de altas, bajas, modificaciones, consultas y listado de reservas.

- La gestión de los socios de las instalaciones incluirá altas, bajas, modificaciones, consultas y listados de socios.

Identificar las clases de diseño del tipo Control y tipo Interfaz y sus relaciones. Identificar los atributos y las operaciones. Identificar los paquetes (incluir las clases del tipo Entidad del ejercicio anterior).

Realizar el diagrama de clases y de paquetes utilizando las herramientas estudiadas.

## CAPÍTULO 6

ELABORACIÓN DE DIAGRAMAS DE COMPORTAMIENTO

Contenidos

Diagramas de casos de uso.

Diagrama de secuencia.

Diagrama de comunicación.

Diagrama de estado.

Diagrama de actividades.

Objetivos

Identificar los tipos de diagramas de comportamiento.

Interpretar diagramas de interacción.

Interpretar el significado de los diagramas.

Elaborar diagramas de comportamiento e interacción sencillos.

RESUMEN DEL CAPÍTULO

El modelado es una parte esencial en los grandes proyectos software y útil incluso en pequeños proyectos. UML nos permite modelar casi cualquier tipo de aplicación que se ejecuta en cualquier tipo y combinación de hardware, sistema operativo, lenguaje de programación, red, etc. Este capítulo hace una introducción a los diagramas de comportamiento centrados en modelar lo que sucede en un sistema software.

6.1. INTRODUCCIÓN

En el capítulo anterior vimos como modelar diagramas de clases, estos diagramas nos dan información sobre la estructura estática del sistema, no nos dan información sobre el comportamiento dinámico del mismo. Para modelar esta información utilizamos otros tipos de diagramas UML, **los diagramas de comportamiento**.

Dentro del grupo de diagramas de comportamiento se incluyen los diagramas de casos de uso, actividad, estado e interacción. Los diagramas de interacción incluyen el diagrama de secuencia, diagrama de comunicación, diagrama de tiempos y diagrama de vista de interacción.

Los diagramas de comportamiento muestran las características de comportamiento de un sistema o proceso de negocio. Incluyen los siguientes tipos:

Diagrama	Resumen
Diagrama de casos de uso	Describe el comportamiento del sistema desde el punto de vista de un usuario/sistema que interactúa con él.
Diagrama de actividad	Parecido a los diagramas de flujo, muestra los pasos, puntos de decisión y bifurcaciones. Son útiles para modelar el flujo en un caso de uso o entre casos de uso.
Diagrama de estado	Muestra el conjunto de estados por los cuales pasa un objeto y cómo se producen las transiciones de un estado a otro.
Diagrama de secuencia	Muestra como interactúan unos objetos con otros.
Diagrama de comunicación	Muestra las interacciones entre los elementos en tiempo de ejecución.
Diagrama de tiempos	Definen el comportamiento de diferentes objetos dentro de una escala de tiempo.
Diagrama de vista de interacción	Muestra la cooperación entre otros diagramas de interacción.

En este capítulo se estudiarán algunos de estos diagramas a través de ejemplos sencillos y se utilizarán herramientas para elaborarlos.

6.2. DIAGRAMA DE CASOS DE USO

Los **casos de uso** modelan el sistema desde el punto de vista del usuario. Constituyen una excelente herramienta para la obtención de los requisitos software durante la fase de análisis de un proyecto. Deben cumplir los siguientes objetivos[1]:

- Definir los requisitos funcionales y operativos del sistema, diseñando un conjunto de escenarios que faciliten una descripción de cómo se usará el sistema.

- Proporcionar una descripción clara de cómo el usuario interactúa con el sistema y viceversa.

- Proporcionar una base para la validación de las pruebas.

---

[1] Ingeniería del software. Un enfoque práctico. Roger S. Pressman.

Un caso de uso se suele escribir en un lenguaje sencillo y sin tecnicismos para que pueda ser entendido y comprendido por todos los participantes en el proceso de análisis. Un conjunto completo de casos de uso especifica todas las diferentes formas de utilizar el sistema y por lo tanto, definen todo el comportamiento requerido del mismo.

Utilizando UML se puede crear una representación visual de los casos de uso llamada **diagrama de casos de uso**.

6.2.1. Elementos del diagrama de casos de uso

Los elementos de un diagrama de casos de uso son los siguientes:

- Los **actores**. Un actor puede ser cualquier cosa que interactúa con el sistema y es externo a él. No necesariamente es una persona, puede ser un dispositivo u otro sistema. Se representan mediante un monigote con un nombre debajo.

- Los **casos de uso**. Representan una unidad funcional del sistema que se realiza tras una orden de algún agente externo que puede ser un actor u otro caso de uso. Un caso de uso es iniciado por un actor, a partir de ese momento, ese actor junto con otros interactúa con el sistema participando de ese caso de uso. Se representan mediante un óvalo o elipse y dentro se escribe una descripción textual.

- Las **relaciones**. Existen varios tipos de relaciones que se verán más adelante. La más típica es la asociación entre actores y casos de uso que se representan mediante una línea continua, significa la participación del actor en el caso de uso.

- Puede aparecer un rectángulo que muestre los límites del sistema.

La Figura 6.1 representa un modelo de caso de uso con dos actores y dos casos de uso. El rectángulo muestra los límites del sistema, dentro de él se pone el nombre. Las líneas representan la comunicación entre el actor y el caso de uso.

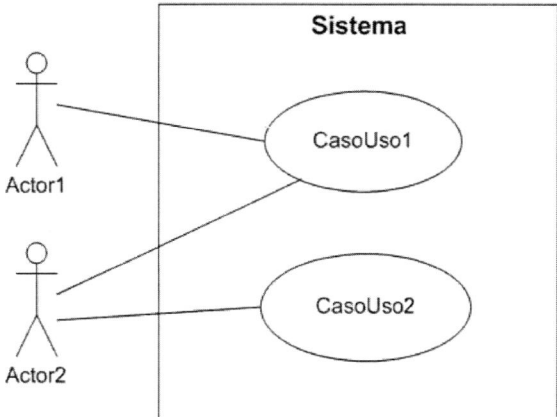

Figura 6.1. Diagrama de caso de uso.

Ejemplo 1. Caso de uso que representa a dos actores interactuando con una máquina de refrescos. El cliente que compra una bebida y el reponedor que abastece de bebidas a la máquina. Los casos de uso serán *ComprarRefresco* y *Reabastecer*. Véase Figura 6.2.

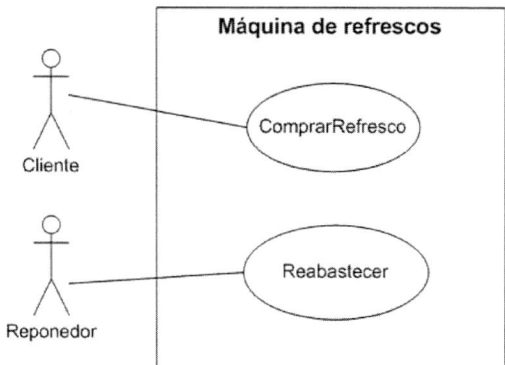

Figura 6.2. Ejemplo 1.

Ejemplo 2. Caso de uso que que representa a dos actores interactuando con un sistema de venta de productos. El cliente interactúa con el sistema para buscar y comprar productos. El administrativo interactúa con el sistema para insertar nuevos productos. Se definen dos casos de uso para representar la interacción del cliente con el sistema: *BuscarProductos* y *ComprarProductos*; y un caso de uso para representar la interacción del administrativo: *InsertarProductos*.

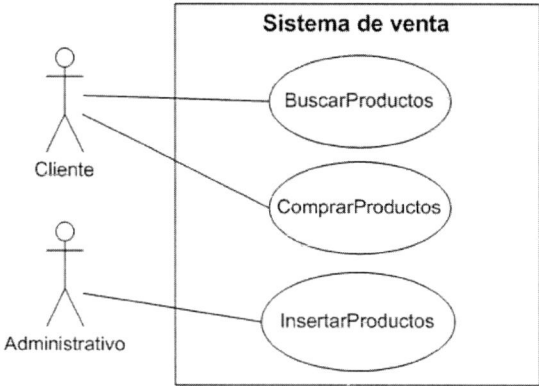

Figura 6.3. Ejemplo 2.

Los casos de uso siempre lo inician los actores para solicitar o modificar información del sistema, o para informar al sistema de que ha ocurrido algo en su entorno que le incumbe. El nombre del caso de uso debe coincidir con el objetivo del actor principal, que es normalmente el que comienza el caso de uso.

6.2.2. Identificar actores

Los actores son entidades externas al sistema que proporcionan los estímulos al mismo. Normalmente son seres humanos, pero pueden ser también otros sistemas o incluso dispositivos. Para identificar los actores se necesita saber qué y quién interactúa con el sistema y qué roles desempeñan cuando interactúan con él. Hay que tener en cuenta los siguientes puntos a la hora de definir actores:

- Los actores son siempre externos al sistema.

- Interactúan directamente con el sistema.

- Representan roles que personas y elementos desempeñan en relación al sistema.

- Necesitan un nombre que describa el papel que desempeñan.

- La misma persona o elemento puede interpretar varios roles como actores distintos.

Por ejemplo, en una tienda online pueden interactuar diferentes actores: un usuario normal que visita la tienda, un usuario registrado que compra productos, un administrativo que comprueba el estado del stock de los productos realiza pedidos a proveedores y da de alta nuevos productos; el empleado de almacén encargado de tramitar los pedidos de los clientes, etc.

6.2.3. Identificar casos de uso

Para identificar los casos de uso es necesario entender lo que el sistema debe hacer, y la mejor forma de empezar es identificar los actores que usarán el sistema y cómo lo usarán. En base a esto, nos planteamos una serie de preguntas:

- ¿Qué tareas realizan los actores involucrados en el sistema?

- ¿Qué información crea, almacena, modifica, destruye o lee el actor?

- ¿Debe el actor notificar al sistema los cambios externos ocurridos?

- ¿Debe el sistema informar a algún actor de cambios internos?

- ¿Interactúa el sistema con algún sistema externo?

Los casos de uso se documentan con texto informal. Describen tanto lo que hace el actor como lo que hace el sistema cuando interactúa con él. Una plantilla para una especificación sencilla de casos de uso contiene la siguiente información:

- **Nombre** del caso de uso.

- **ID** del caso de uso.

- **Breve descripción** de lo que se espera que haga el caso de uso.

- **Actores implicados en el caso de uso**. Existen dos tipos de actores: principales y secundarios. Los primeros son los que activan el caso de uso, los segundos interactúan con el caso de uso después de haberse activado; suelen ser otros sistemas, componentes externos o dispositivos con los cuales interactúa nuestro sistema.

- **Precondiciones**. Condiciones que se deben de cumplir antes de que el caso de uso pueda empezar.

- **Curso normal**. Pasos en el caso de uso que llevan a la finalización con éxito del mismo. Los pasos se escriben ordenados cronológicamente.

- **Postcondiciones**. Condiciones que se deben cumplir al final del caso de uso.

- **Alternativas**. Durante la ejecución de un caso de uso, suelen aparecer errores o excepciones. Por ejemplo, un usuario accede a un sistema escribiendo el nombre de usuario y la clave, y los escribe mal. El sistema deberá informar esta situación al usuario que introduce los datos. Esas desviaciones del curso normal del caso de uso se llaman alternativas.

Ejemplo 3. Partimos del diagrama de casos de uso representado en la Figura 6.3. La siguiente tabla muestra un ejemplo de caso de uso que describe los pasos que sigue un cliente para buscar productos en el sistema de venta según los criterios solicitados. Como ***precondición*** se indica que el cliente que interactúa debe estar registrado en el sistema, la ***postcondición*** será que el sistema muestra los productos que coincidan con el criterio de búsqueda:

Nombre: BuscarProductos **ID: CU-1**
Descripción: El cliente solicita consultar productos que cumplan una serie de criterios de búsqueda. El sistema muestra los datos de los productos solicitados.
Actores: Cliente.
Precondiciones: Se requiere que el cliente esté registrado en el sistema.

Curso normal del caso de uso:
 	
    1.   El cliente selecciona buscar productos.
    2.   El sistema solicita los criterios de búsqueda.
    3.   El cliente introduce los criterios solicitados.
    4.   El sistema busca productos que cumplan los criterios introducidos por el cliente.
    5.   El sistema encuentra productos y se los muestra al cliente.

Postcondiciones: El sistema muestra los productos encontrados.

Alternativa 1:
 	
    5.   El sistema no encuentra productos.
    6.   El sistema informa al cliente que no hay productos que cumplan el criterio de búsqueda.
    7.   Fin del caso de uso.

En el ejemplo se ha incluido una ***alternativa*** en el paso 5 para el caso que el sistema no encuentre productos que cumplan los criterios de búsqueda. En este caso el sistema informa al cliente que no ha encontrado productos. Normalmente los flujos alternativos no regresan al flujo principal ya que a menudo tratan con errores y excepciones. En el paso 7 se indica el final del caso de uso.

Ejemplo 4. Partimos del ejemplo anterior. En este caso se incluye un ***paso condicional*** para comprobar si el sistema encuentra o no productos. También se incluye un ***paso repetitivo*** para que el cliente realice todas las búsquedas que desee. No se indica ninguna postcondición, ya que el curso normal del caso de uso puede o no encontrar productos:

Nombre: BuscarProductos **ID: CU-1**
Descripción: El cliente solicita consultar productos que cumplan una serie de criterios de búsqueda. El sistema muestra los datos de los productos solicitados.
Actores: Cliente.
Precondiciones: Se requiere que el cliente esté registrado en el sistema.

Curso normal del caso de uso:
    1.   El cliente selecciona buscar productos.
    2.   El sistema solicita los criterios de búsqueda.
    3.   El cliente introduce los criterios solicitados.
    4.   El sistema busca productos que cumplan los criterios introducidos por el cliente.
    5.   *SI* el sistema encuentra algún producto
          5.1 *Para* cada producto encontrado
              5.1.1. El sistema muestra sus datos.
    6.   *SINO*
        6.1 El sistema comunica al cliente que no ha encontrado productos.
    7.   El cliente repite los pasos 2 a 6 hasta finalizar las búsquedas.

Postcondiciones: Ninguna.
Alternativas: Ninguna

En los pasos 5 y 6 se ha definido un ***paso condicional***. Para ello se utilizan las palabras clave *SI* y *SINO*, para indicar una ramificación en el flujo. Detrás de la palabra *SI* se indica una expresión booleana sencilla que devuelva verdadero o falso. En este caso la expresión es *SI el sistema encuentra algún producto*, que puede devolver verdadero o falso. Debajo del *SI* y del *SINO* se ha escrito un texto sangrado que indica el paso a realizar si la expresión es verdadera o no. En este caso no se ha indicado ninguna postcondición y es que las ramificaciones reducen el número de postcondiciones. Recuerda que las postcondiciones son condiciones que se deben cumplir al final del caso de uso, y en este caso, en el curso normal no siempre el sistema encuentra los productos.

En el paso 5.1 se ha utilizado la palabra clave *Para*. Esta palabra la podemos utilizar para modelar la repetición. En el ejemplo se ha escrito: *Para cada producto encontrado* y debajo *El sistema muestra sus datos*, es decir, para cada producto que cumpla los criterios de búsqueda el sistema lo que hace es mostrar los datos. En el paso 7 se ha definido un ***paso repetitivo*** indicando que se repitan los pasos 2 a 6 hasta que el cliente no desee realizar más búsquedas.

Ejemplo 5. A continuación se describe el caso de uso *InsertarProductos*. El administrativo solicita dar de alta un nuevo producto; se requiere que esté registrado en el sistema. El sistema pedirá los datos del nuevo producto y validará si son correctos; si son correctos se inserta el producto, en caso contrario se comunica al administrativo que ha introducido datos erróneos. No se indica ninguna postcondición por el mismo motivo que en el ejemplo anterior:

Nombre: InsertarProductos **ID: CU-2**
Descripción: El administrativo solicita insertar un producto en el sistema. El sistema inserta los datos del producto introducido por el administrativo.
Actores: Administrativo.
Precondiciones: Se requiere que el administrativo esté registrado en el sistema.

Curso normal del caso de uso:
1. El administrativo solicita insertar un producto.
2. El sistema solicita los datos del producto.
3. El administrativo introduce los datos.
4. El sistema valida los datos introducidos por el administrativo.
5. *SI* los datos son correctos
      5.1 El sistema inserta el producto.
6. *SINO*
      6.1 El sistema comunica al cliente que ha introducido datos erróneos.
7. El administrativo repite los pasos 2 a 6 hasta finalizar la inserción de productos.

Postcondiciones: Ninguna.
Alternativas: Ninguna

En este ejemplo se podría haber definido una alternativa para los datos introducidos de manera errónea como se hizo en el *Ejemplo 3* en lugar de utilizar la estructura ***SI-SINO***. En el paso 7 se ha definido un paso repetitivo que indica la repetición de los pasos 2 a 6 hasta que el administrativo finalice la inserción de productos.

Ejemplo 6. En este ejemplo se describe el caso de uso *ComprarProductos*. El cliente puede comprar uno o varios productos siempre y cuando haya existencias. Cuando finaliza la compra el sistema le muestra el total de la misma y solicita al cliente los datos para realizar el pago. El cliente introduce los datos y el sistema muestra la confirmación del pago:

Nombre: ComprarProductos **ID: CU-3**
Descripción: El cliente selecciona los productos a comprar y escribe la cantidad deseada. El sistema comprueba si hay existencias y muestra el importe por cada producto seleccionado. Cuando el cliente no desea comprar más productos el sistema muestra el importe total de la compra y solicita al cliente el pago de la misma.

Actores: Cliente.

Precondiciones:

Se requiere que el cliente esté registrado en el sistema.

Curso normal del caso de uso:

1. El cliente selecciona comprar productos.
2. El cliente selecciona un producto y escribe la cantidad.
3. El sistema valida los datos introducidos.
4. El sistema muestra el importe y el total acumulado.
5. El cliente repite los pasos 2 a 4 hasta indicar el fin de la compra.
6. El sistema calcula el importe total y lo muestra al cliente.
7. El sistema finaliza la compra y solicita la forma de pago al cliente.
8. El cliente selecciona la forma de pago.
9. El sistema solicita los datos al cliente según la forma de pago elegida.
10. El cliente introduce los datos.
11. El cliente realiza el pago.
12. El sistema muestra la confirmación del pago y registra la compra del cliente.

Postcondiciones:

El cliente realiza la compra de productos.

Alternativa 1:

3.1 El producto seleccionado no tiene existencias.

3.2 El sistema informa al cliente que no hay existencias.

3.3 Continuar en el paso 5 del curso normal.

Alternativa 2:

6.1 *SI* el importe total es 0.

6.1.1 Fin del caso de uso.

Alternativa 3:

10.1 Los datos introducidos por el cliente no son correctos.

10.2 El sistema informa al cliente.

10.3 Fin del caso de uso.

En este ejemplo no se ha utilizado ningún paso condicional, se han utilizado varias alternativas. En el paso 5 se ha definido un *paso repetitivo* indicando que se repitan los pasos 2 a 4 hasta que el cliente finalice la compra. La *Alternativa 1* muestra la situación en la que, al validar los datos del producto, se comprueba que no tiene existencias; esta situación parte del paso 3, por ello se han numerado los pasos como 3.1, 3.2 y 3.3. En este caso se informa al cliente y se continúa con el paso 5 donde el cliente puede seguir comprando si así lo desea.

En la *Alternativa 2* se parte del paso 6, situación en la que se calcula el importe total. Si este importe es 0 es que el cliente no ha seleccionado productos con existencias disponibles, en esta situación finaliza el caso de uso. Por último, la *Alternativa 3* muestra la situación en que los datos introducidos por el cliente para el pago de la compra (paso 10) no son correctos, en este caso finaliza el caso de uso.

A la hora de describir un caso de uso se deben utilizar frases sencillas, no se deben hacer referencias a elementos de la interfaz de usuario, tales como página principal, pantalla de ingreso, hacer clic en un botón, etc. Igualmente se deben evitar detalles arquitectónicos. Por ejemplo, para indicar que el sistema debe almacenar un pedido hemos de evitar expresiones de este tipo: *el sistema almacena el pedido en la base de datos MySQL*. Sería más correcto indicar: *el sistema almacena el pedido*.

A menudo se utiliza el término **escenario** en el contexto del UML. Según *Martin Fowler* la palabra escenario se refiere a una sola ruta a través de un caso de uso, una ruta que muestra una particular combinación de condiciones dentro de dicho caso de uso. Cada caso de uso es una colección de escenarios, y cada escenario es una secuencia de pasos que ilustran el comportamiento. Por ejemplo, en el caso de uso de comprar productos tenemos varios escenarios, uno en el que todo va bien, otro donde no hay suficientes existencias en el producto seleccionado, otro en que los datos introducidos por el cliente para el pago no son correctos y otro en el que el importe total es cero (porque no se han seleccionado productos o los que se han seleccionado no tienen existencias) y no se puede realizar la compra.

ACTIVIDAD 6.1

Realiza un caso de uso describiendo los pasos que sigue un usuario para identificarse en un sistema (curso normal, precondiciones, postcondiciones y alternativas). El usuario debe estar registrado en el sistema. El sistema le pedirá su nombre y su contraseña, el sistema le dará acceso si esos datos son correctos. El sistema bloquea al usuario si escribe 3 veces mal la contraseña.

6.2.4. Relaciones en un diagrama de casos de uso

En un diagrama de casos de uso nos podemos encontrar con varios tipos de relaciones: Las relaciones de extensión, generalización e inclusión de la tabla anterior representan las relaciones entre los casos de uso. A menudo las relaciones **«extend»** e **«include»** son fuente de confusión para quienes mezclan los significados de ambos conceptos, por lo tanto, deben usarse con discreción y sólo donde mejoren la claridad del modelo de caso de uso.

Relación	Función	Notación
Asociación	Es la línea de comunicación entre un actor y un caso de uso en el que participa.	————
Extensión «extend»	Permite que un caso de uso extienda su comportamiento con uno o más fragmentos de comportamiento de otro. Se utiliza para especificar que el comportamiento de un caso de uso es diferente dependiendo de ciertas circunstancias. Se representa mediante una flecha discontinua con la palabra **«extend»**. La relación apunta al caso de uso que se extenderá.	«extend» ‑ ‑ ‑ ‑➤
Generalización de casos de uso	Es como la generalización entre clases. El caso de uso hijo hereda el comportamiento y el significado del caso de uso padre. Se representa mediante una flecha continua con una cabeza triangular en el caso de uso padre.	——————▷
Inclusión «include» o «uses»	Permite que un caso de uso base incluya el comportamiento de otro caso de uso. Se representa mediante una flecha discontinua con la palabra **«include»**. La relación apunta al caso de uso a ser incluido.	«include» ‑ ‑ ‑➤

Veamos cómo diferenciarlas:

- La relación **«include»** ocurre cuando se tiene una porción de comportamiento que es similar en más de un caso de uso. Si por ejemplo tenemos dos casos de uso A y B que tienen una serie de pasos en común, se ponen esos pasos en un tercer caso de uso C; y A y B lo incluyen para usarlo, véase Figura 6.4. Los casos de uso incluidos son como subrutinas. En esta relación es necesario que ocurra el caso incluido para satisfacer el objetivo del caso de uso base.

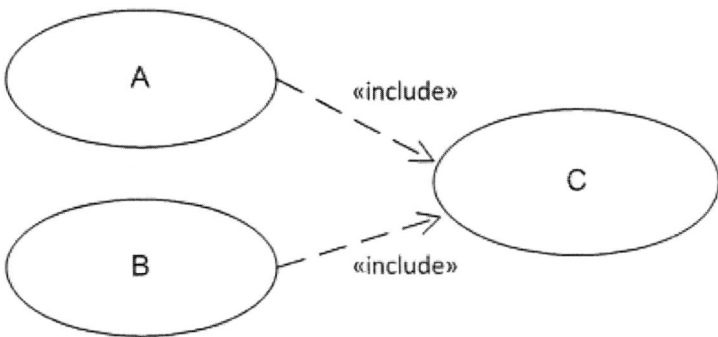

Figura 6.4. Relación «include».

- Se usa la relación **«extend»** cuando se tiene un caso de uso que extiende o amplia la funcionalidad de otro caso de uso (caso de uso base). Por ejemplo, el caso de uso B extiende la funcionalidad del caso de uso A añadiendo algunos pasos, véase Figura 6.5. Una diferencia con respecto al anterior es que el caso de uso que es extendido no sabe nada del caso de uso que lo extiende. En la relación **«extend»** el caso de uso de extensión (el B) no es indispensable que ocurra, y cuando lo hace ofrece un valor extra al objetivo original del caso de uso base (el A). El caso de uso base se describe como un caso de uso normal, no contiene ninguna referencia al caso de uso extendido. No obstante, debe contener una descripción textual que marque los puntos de extensión en los que puede ser ampliado. Más adelante se verá un ejemplo de cómo dibujar un caso de uso extendido.

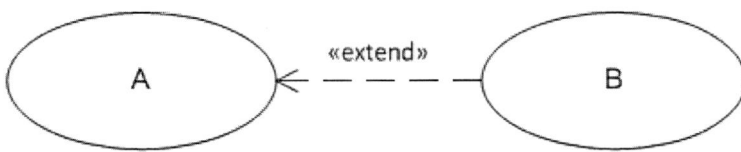

Figura 6.5. Relación «extend».

Ejemplo 7. En el modelo de un sistema de viajes aéreos se tienen dos casos de uso que tienen unos pasos comunes que se incluyen en otro caso de uso. Los casos de uso *RealizarReserva* y *ModificarReserva* incluyen el caso de uso *ComprobarAsientos* disponibles. Véase Figura 6.6.

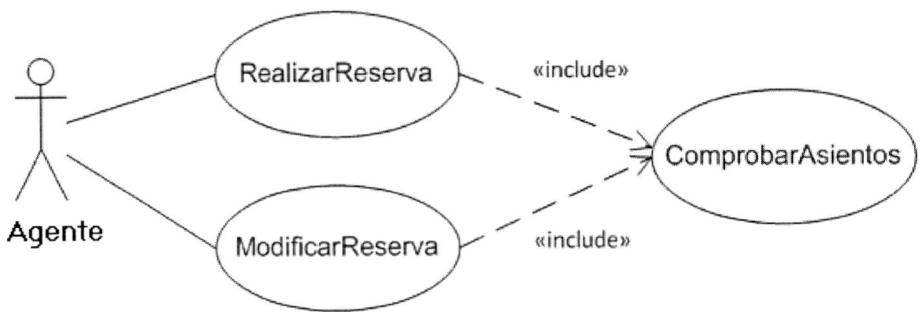

Figura 6.6. Un caso de uso incluido.

ACTIVIDAD 6.2

Se dispone de un sistema de personal donde el director puede realizar dos operaciones: consultar y modificar datos de los empleados. Para realizar esas operaciones se necesita localizar los detalles del empleado a modificar o consultar. ¿Cuántos casos de uso se podrían definir? Realiza la representación gráfica.

Ejemplo 8. En el siguiente ejemplo se amplía el caso de uso *RealizarReserva* para incluir la situación de que se puedan reservar asientos en primera clase. El caso de uso de extensión se llama *RealizarReserva 1ª clase*. El punto de extensión se llama *Establecer clase de asiento*. La circunstancia que causa que se active la extensión es la condición de que el pasajero solicite 1ª clase. La Figura 6.7 muestra como dibujar un caso de uso extendido.

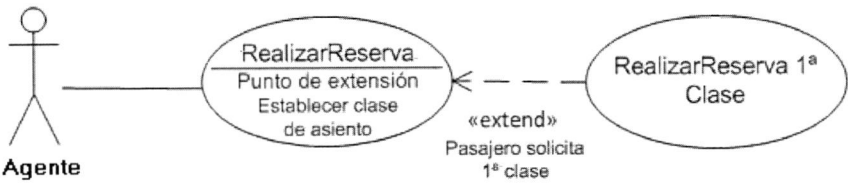

Figura 6.7. Un caso de uso extendido.

ACTIVIDAD 6.3

Representa gráficamente los siguientes casos de uso: un sistema de procesamiento de textos tiene un caso de uso básico llamado *EditarDocumento*, este es ampliado para que el usuario pueda comprobar la ortografía del documento, el caso de uso de extensión se llama *ComprobarOrtografía*, la condición que lo activa es que el usuario selecciona la opción de comprobar la ortografía del documento.

Ejemplo 9. En el ejemplo del sistema de venta a la hora de comprar productos se requería que el cliente estuviese registrado en el sistema. Supongamos ahora que cuando un cliente quiere realizar una compra, si no está registrado se le ofrece la posibilidad de registrarse en ese momento. Para ello, se añade un caso de uso para que el cliente se registre, que extienda el caso de uso de comprar productos. También se pueden comprar productos sin pasar por el caso de uso de registrar cliente. Véase Figura 6.8.

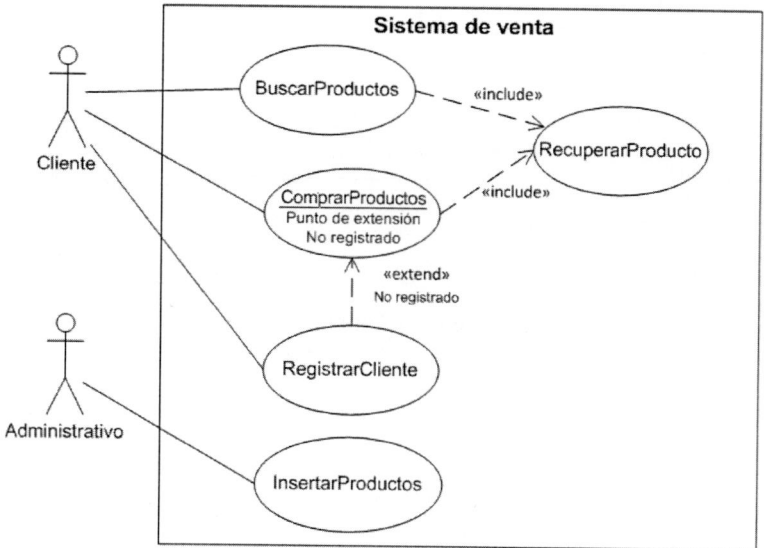

Figura 6.8. Sistema de venta con relaciones «include» y «extend».

Ejemplo 10. En el ejemplo del sistema de venta cuando se van comprando los productos se necesita recuperar su información para obtener el precio. También cuando se realiza la búsqueda de productos se necesita recuperar dicha información para mostrarla al cliente. Por tanto, podemos añadir un nuevo caso de uso en el que se recupere la información de un producto, este caso de uso se incluirá mediante una relación **«include»** en los otros dos casos de uso. Véase Figura 6.8.

Vamos a ver como quedaría la descripción de los casos de uso con las relaciones **«include»** y **«extend»**. El caso de uso *RecuperarProducto* se expone a continuación:

Nombre: RecuperarProducto **ID: CU-4**
Descripción:
El cliente recupera los datos de los productos solicitados.
Actores: Cliente.
Precondiciones:
Se requiere que el cliente esté registrado en el sistema.

Curso normal del caso de uso:
    1.   El sistema solicita los criterios de búsqueda.
    2.   El cliente introduce los criterios solicitados.
    3.   El sistema encuentra el producto o productos solicitados según los criterios especificados.

Postcondiciones:
El sistema encuentra los datos del producto o productos solicitados

Alternativas:
    3.   El sistema no encuentra los productos solicitados.
    4.   Fin del caso de uso.

Nombre: BuscarProductos   **ID: CU-1**
Descripción: El cliente solicita consultar productos que cumplan una serie de criterios de búsqueda. El sistema muestra los datos de los productos solicitados.
Actores: Cliente.
Precondiciones: Se requiere que el cliente esté registrado en el sistema.
Curso normal del caso de uso: 1. El cliente selecciona buscar productos.   2. **Include (RecuperarProducto)**   3. *Para* cada producto encontrado.   3.1 El sistema muestra sus datos.   4. El cliente repite los pasos 2 a 3 hasta finalizar las búsquedas.
Postcondiciones: El sistema muestra al cliente los productos solicitados.
Alternativas: 3. El sistema no encuentra los productos solicitados   3.1 El sistema informa al cliente.   4. Continuar en el paso 4.

El caso de uso *ComprarProductos* incluye el punto de extensión *No registrado* cuando el sistema solicita al cliente la forma de pago de la compra. Se requiere que el cliente esté registrado para poder realizar el pago. No se numera el paso porque no forma parte del curso normal del caso de uso, el resto de los pasos del caso de uso son similares a los vistos inicialmente:

Nombre: ComprarProductos   **ID: CU-3**
Descripción: El cliente selecciona los productos a comprar escribiendo la cantidad deseada. El sistema comprueba si hay existencias y muestra el importe por cada producto seleccionado. Cuando el cliente no desea comprar más productos el sistema muestra el importe total de la compra y solicita al cliente el pago de la misma.
Actores: Cliente.
Precondiciones: Clientes registrados y no registrados en el sistema.
Curso normal del caso de uso: 1. El cliente selecciona comprar productos.

2. Include (RecuperarProducto).
3. El cliente introduce la cantidad.
4. El sistema valida los datos introducidos.
5. El sistema muestra el importe y el total acumulado.
6. El cliente repite los pasos 2 a 4 hasta indicar el fin de la compra.
7. El sistema calcula el importe total y lo muestra al cliente.
8. El sistema finaliza la compra y solicita la forma de pago al cliente.
   Punto de extensión: No registrado.
9. El cliente selecciona la forma de pago.
10. El sistema solicita los datos al cliente según la forma de pago elegida.
11. El cliente introduce los datos.
12. El cliente realiza el pago.
13. El sistema muestra la confirmación del pago y registra la compra del cliente.

. . . .
. . . .

Nombre: RegistrarCliente
ID: CU-5

Descripción:

El cliente se da de alta en el sistema para poder comprar productos.

Actores: Cliente.

Precondiciones:

El cliente no esté registrado en el sistema.

Curso normal del caso de uso:

1. El sistema solicita los datos del cliente.
2. El cliente introduce los datos solicitados.
3. El sistema registra al cliente

Postcondiciones:

El sistema da de alta al cliente.

En general, la inclusión de estas relaciones hace que los diagramas de casos de uso sean más complicados y difíciles de leer. Las relaciones **«include»** y **«extend»** generan mucha polémica entre la gente que modela casos de uso. Es preferible diseñar un modelo de casos de uso simple que facilite la comunicación entre todas las personas que forman parte del proyecto, aunque ello signifique utilizar menos elementos gráficos de UML.

La relación de **generalización** en los casos de uso se utiliza cuando se tiene uno o más casos de uso que son especificaciones de un caso de uso más general. Por ejemplo, supongamos que en nuestro sistema de ventas se pueden buscar dos tipos de productos, libros y CDs de música, entonces podemos representar el diagrama de casos de uso con un caso de uso padre *BuscarProductos* y dos especializaciones, el caso de uso *BuscarLibros* y el caso de uso *BuscarCD*, véase Figura 6.9.

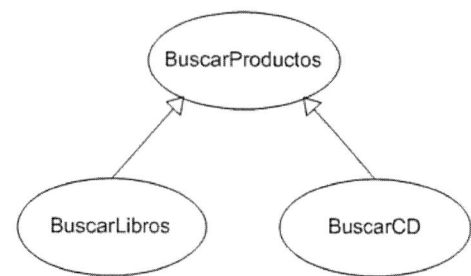

Figura 6.9. Relación de generalización en buscar productos.

Ejemplo 11. En este ejemplo se muestra un caso de uso que se encarga de verificar la identidad de un usuario, el caso de uso se llama *ValidarUsuario*. Esta se puede verificar de varias formas, introduciendo una palabra clave, escaneando la retina del ojo o mediante la huella dactilar del usuario. Podemos representar el caso de uso padre con tres especializaciones: *ComprobarClave*, *EscanearRetina* y *ObtenerHuella*; cada una añade su propio comportamiento. Véase Figura 6.10.

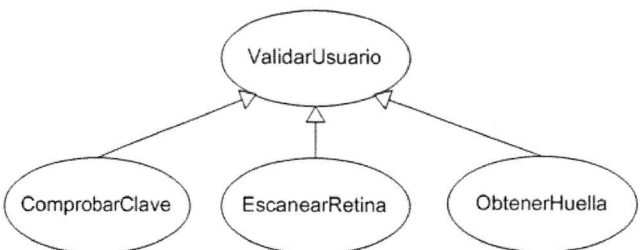

Figura 6.10. Relación de generalización al validar usuario.

El caso de uso *ComprobarClave* comprueba y verifica la clave introducida por teclado, *EscanearRetina* busca entre los modelos de retina de ojo el correspondiente al usuario y *ObtenerHuella* busca la huella dactilar del usuario entre los modelos de huellas dactilares que tiene registrados el sistema. La generalización entre casos de uso se representa por una línea continua dirigida hacia el caso de uso padre, en este caso es *ValidarUsuario*, con la punta de una flecha en forma triangular

Ejemplo 12. A partir de la siguiente descripción vamos a desarrollar un sistema de gestión de notas donde los profesores pueden registrar y actualizar las notas de los alumnos y los alumnos pueden consultarla. La lista de requerimientos para este sistema es:

- El profesor puede introducir y modificar las notas de los alumnos. Para ello seleccionará el curso, la asignatura y el alumno y dará el valor a la nota. Las notas se almacenan en una base de datos. Para que un profesor pueda introducir o modificar notas debe estar autenticado en el sistema, es decir debe introducir el nombre de usuario y la contraseña.

- Los alumnos pueden consultar la nota. Las notas se pueden consultar por asignatura (el alumno elige la asignatura) o se pueden consultar todas las asignaturas del alumno con su nota. Para que un alumno pueda consultar las notas debe de estar autenticado en el sistema, es decir, debe haber introducido su nombre de usuario y su contraseña.

- El sistema debe generar un listado de notas por asignatura. Para ello el profesor seleccionará el curso y la asignatura, el sistema generará un informe PDF con dicha información.

- Cuando los usuarios son autenticados el sistema muestra la funcionalidad disponible dependiendo del tipo de perfil del usuario.

La Figura 6.11 muestra los actores y casos de uso del sistema.

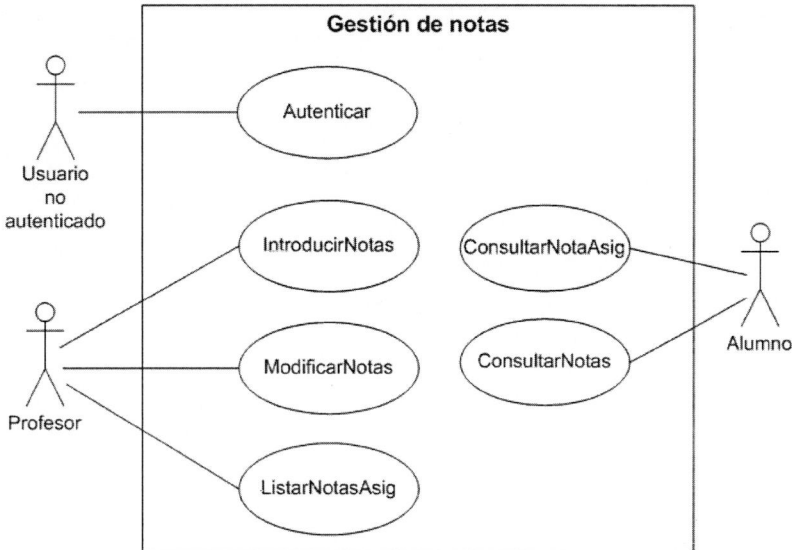

Figura 6.11. Sistema de gestión de notas, casos de uso y actores.

La siguiente tabla muestra los actores y los casos de uso con los que interactúan:

Actores	Casos de Uso
Usuario no autenticado (representa a un usuario del sistema, que una vez autenticado será un profesor o un alumno)	***Autenticar***: permite a un usuario acceder al sistema, introduciendo su nombre de usuario y su contraseña. Dependiendo del tipo de usuario accederá a unas funciones u otras del sistema. El actor principal es el usuario no autenticado.
Profesor	***IntroducirNotas***: permite al profesor introducir las notas de los alumnos.
	ModificarNotas: permite al profesor modificar las notas de los alumnos.
	ListarNotasAsig: permite al profesor obtener un listado de notas por asignatura.
Alumno	***ConsultarNotaAsig***: permite a un alumno consultar la nota de una asignatura.
	ConsultarNotas: permite a un alumno consultar todas sus notas en todas sus asignaturas.

La descripción del caso de uso *Autenticar* es la siguiente:

Nombre: Autenticar
ID: CU-GN1
Descripción:
El caso de uso permite a un usuario acceder al sistema introduciendo su nombre de usuario y contraseña. Dependiendo del tipo de usuario accederá a unas funciones u otras del sistema. Si los datos introducidos no son correctos el sistema solicitará de nuevo los datos al usuario.
Actores: Usuario del sistema no autenticado.
Precondiciones:
Se requiere que el usuario no haya sido autenticado por el sistema.
Curso normal del caso de uso:

1.   El usuario solicita autenticarse.
     2.   El sistema solicita los datos al usuario.
     3.   El usuario introduce el nombre de usuario y la contraseña.
     4.   El sistema valida los datos introducidos.

Postcondiciones:
El usuario accede al sistema.
Alternativas:

4.1 El usuario o la contraseña no son correctos.
     4.2 El sistema muestra un mensaje indicando el error.
     4.3 El sistema solicita que se introduzcan de nuevo los datos.
     4.4 Continuar en el paso 2 del curso normal.

Los casos de uso *IntroducirNotas* y *ModificarNotas* son similares. La descripción del caso de uso *IntroducirNotas* es la siguiente:

Nombre: IntroducirNotas
ID: CU-GN2
Descripción:
El profesor introduce las notas de los alumnos. Debe seleccionar el curso, la asignatura y el alumno al que asignará la nota.
Actores: Profesor.
Precondiciones:
Se requiere que el usuario haya sido autenticado en el sistema.

Curso normal del caso de uso:

1. El profesor selecciona introducir notas.
2. *El sistema solicita el curso y la asignatura.*
3. *El profesor introduce el curso y la asignatura.*
4. *El sistema muestra la lista de alumnos.*
5. El profesor selecciona el alumno e introduce la nota.
6. Repetir el paso 5 hasta que el profesor termine de introducir notas.
7. El sistema valida las notas introducidas.

Postcondiciones:

El sistema registra las notas de los alumnos.

Alternativas:

7.1 Las notas introducidas no son correctas.
7.2 Fin del caso de uso.

La descripción del caso de uso *ListarNotasAsig* es la siguiente:

Nombre: ListarNotasAsig
ID: CU-GN3

Descripción:

Se desea obtener un listado de notas por asignatura. Para ello el profesor seleccionará el curso y la asignatura. El profesor solicitará al sistema un listado con la nota de los alumnos en la asignatura seleccionada, el sistema generará un informe PDF con dicha información.

Actores: Profesor.

Precondiciones:

Se requiere que el usuario haya sido autenticado en el sistema.

Curso normal del caso de uso:

1. El profesor selecciona listar notas por asignatura.
2. *El sistema solicita el curso y la asignatura.*
3. *El profesor introduce el curso y la asignatura.*
4. *El sistema muestra la lista de alumnos.*
5. El sistema solicita confirmación para generar el listado.
6. El profesor confirma la generación del listado.

Postcondiciones:

El sistema obtiene un informe en PDF con las notas de los alumnos en la asignatura seleccionada.

Alternativas:

6. El profesor no confirma la generación del listado.
7. Fin del caso de uso.

En la descripción de los dos casos de uso anteriores se puede observar que se repiten los pasos 2, 3 y 4. En este sentido podemos ponerlos en un caso de uso aparte y utilizar una relación **«include»**. En la Figura 6.12 se muestra el caso de uso *SolicitarCurAsig* que contiene pasos comunes a los casos de uso *IntroducirNotas*, *ModificarNotas* y *ListarNotasAsig*. En estos casos de uso, será necesario sustituir los pasos 2, 3 y 4 por la inclusión de este nuevo caso de uso: *Include(SolicitarCurAsig)*; y reenumerar los pasos del flujo normal y de las alternativas.

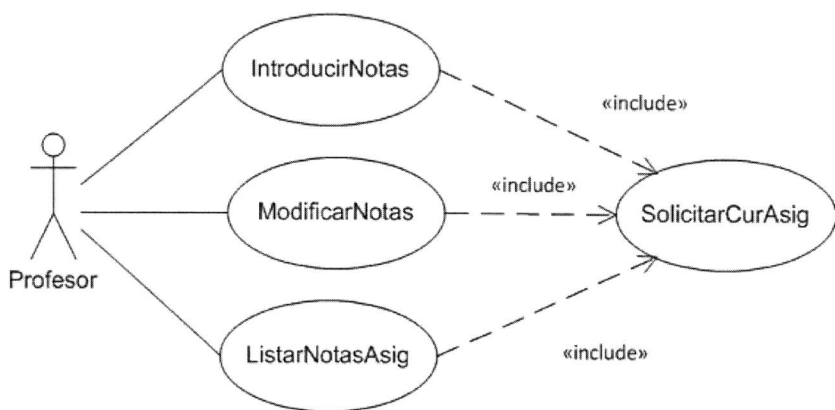

Figura 6.12. Sistema de gestión de notas, relación «include».

La descripción del caso de uso *SolicitarCurAsig* es la siguiente:

Nombre: SolicitarCurAsig **ID: CU-GN4**
Descripción: El sistema recupera los alumnos de un curso y una asignatura seleccionada por el profesor.
Actores: Profesor.
Precondiciones: Se requiere que el usuario haya sido autenticado en el sistema.

Curso normal del caso de uso:
   1. El sistema solicita el curso y la asignatura.
   2. El profesor introduce el curso y la asignatura.
   3. El sistema muestra la lista de alumnos.

Postcondiciones: El sistema obtiene los alumnos solicitados.

La descripción de los casos de uso *ConsultarNotaAsig* y *ConsultarNotas* es la siguiente:

Nombre: ConsultarNotaAsig
ID: CU-GN5
Descripción:
Este caso de uso permite al alumno consultar la nota de una asignatura. El alumno seleccionará la asignatura y el sistema mostrará la nota.
Actores: Alumno.
Precondiciones:
Se requiere que el usuario haya sido autenticado en el sistema.
Curso normal del caso de uso:
1. El alumno selecciona consultar nota de una asignatura. 2. El sistema solicita la asignatura. 3. El alumno introduce la asignatura. 4. El sistema muestra la nota.
Postcondiciones:
El sistema obtiene la nota de la asignatura solicitada por el alumno.

Nombre: ConsultarNotas
ID: CU-GN6
Descripción:
Este caso de uso permite al alumno consultar las notas que tiene en sus asignaturas.
Actores: Alumno.
Precondiciones:
Se requiere que el usuario haya sido autenticado en el sistema.
Curso normal del caso de uso:
1. El alumno selecciona consultar notas. 2. El sistema solicita confirmación para obtener las notas. 3. El alumno confirma la obtención de notas.
Postcondiciones:
El sistema muestra al alumno las notas de sus asignaturas.

ACTIVIDAD 6.4

Añade un nuevo caso de uso al sistema de gestión de notas que permita al profesor consultar las notas de un alumno. El sistema solicitará del profesor los datos del alumno, y le devolverá las notas en sus asignaturas. Considera alternativas si los datos introducidos no son correctos.

6.2.5. Elaboración de casos de uso

Usaremos *Modelio 4.1* para elaborar los diagramas de casos de uso ya que nos permite generar la documentación. Lo primero que haremos será crear un proyecto desde la opción de menú *File / Create a project*. Le damos un nombre y una descripción. A continuación para crear los casos de uso pulsamos con el botón derecho del ratón sobre el icono que representa el proyecto dentro del nodo con el icono UML 🖥, seleccionamos *Create diagram/Use Case diagram*, 👤 Use Case diagram, le damos un nombre y pulsamos el botón *OK*, Figura 6.13.

Figura 6.13. Paleta de *Modelio* para elaborar los casos de uso.

A la izquierda del área de edición podemos ver la paleta de los elementos que podemos añadir al diagrama, véase Figura 6.13. Para crear un caso de uso pulsamos en el elemento *Use Case* ⊖ y para añadir un actor pulsamos en el elemento *Actor* 👤; y después hacemos clic en el área de edición donde queremos incluirlo. En primer lugar creamos los 5 casos de uso y los dos actores. Para crear un punto de extensión pulsamos sobre el elemento *Extension Point* ⊜ y a continuación sobre el caso de uso a incluirlo y asignamos un nombre, por ejemplo, *No registrado*.

Para mostrar el límite del sistema tenemos que abrir la vista *Symbol* ▷ Symbol que se encuentra en la parte derecha de la ventana y marcar la opción *Show System Bound*. Los límites del sistema ahora serán visibles en el diagrama, véase Figura 6.14.

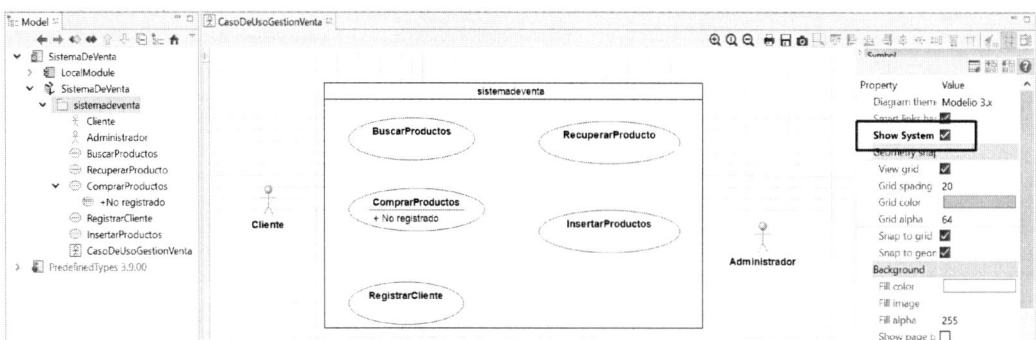

Figura 6.14. Casos de uso, actores y límite del sistema.

Para crear la relación de asociación se ha utilizado el elemento *Comunication Link* └─ pulsando sobre el actor y a continuación sobre el caso de uso. Para la relación **«include»** pulsamos sobre el elemento *Inclusion* ⤳ y a continuación se pulsa desde el caso de uso *ComprarProductos* o *BuscarProductos* al caso de uso a incluir, en este caso *RecuperarProducto*. Para la relación **«extend»** pulsamos en el elemento *Extension* ⤳ y a continuación, pulsamos desde el caso de uso *RegistrarCliente* al caso de uso *ComprarProductos,* véase Figura 6.15.

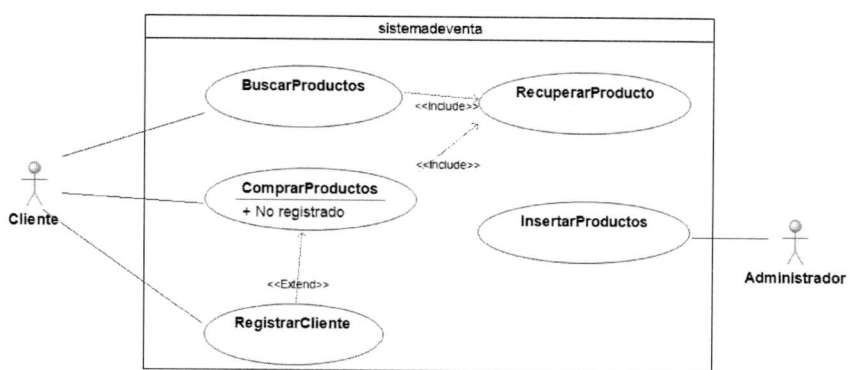

Figura 6.15. Casos de uso con las relaciones.

Cuando añadimos una relación **«extend»** es necesario editar las propiedades de la misma para que haga referencia al punto de extensión. En la Figura 6.16 se muestran las propiedades de la relación, en el campo *Target* se muestra el caso de uso al que se le ha añadido el punto de extensión y que está implicado en la relación **«extend»**, *ComprarProductos*. Pulsamos en el campo *Extensions Points*, a continuación, en la ventana que se muestra pulsamos sobre la lupa para que aparezcan los puntos de extensión disponibles, con el botoncito de flecha **>** lo movemos al área *Chosen elements* y pulsamos *Ok*. Al final se debe mostrar en el campo *Extensions Points* el punto de extensión al que se le asignó el nombre de *No registrado*.

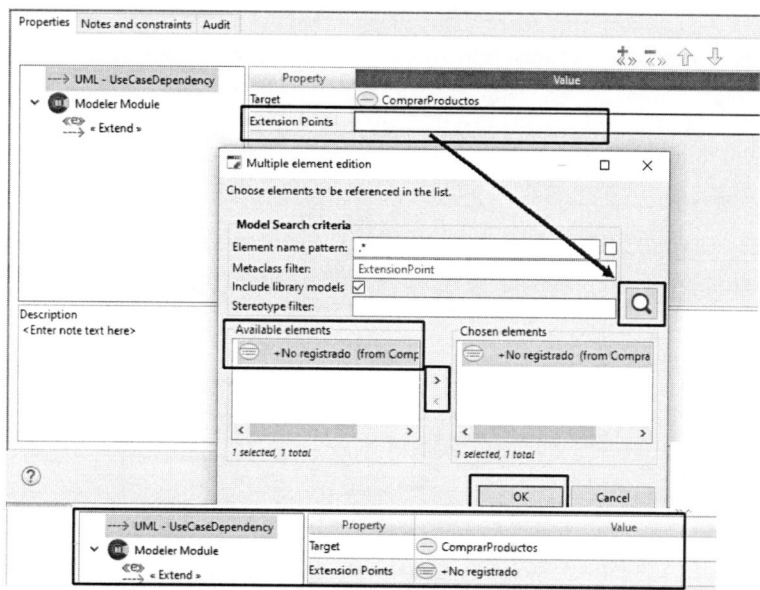

Figura 6.16. Propiedades de la relación **«extend»**.

Para acceder a las propiedades del caso de uso lo seleccionamos y pulsamos *Edit element*, podemos añadir la descripción, precondiciones, alternativas, postcondiciones, etc. Véase Figura 6.17. Desde la pestaña ***Notes and constraints*** podemos ver y modificar la información que hemos añadido al caso de uso en las notas que aparecen. Desde esta vista se pueden documentar los casos de uso y los actores añadiendo información en la nota [N] Description .

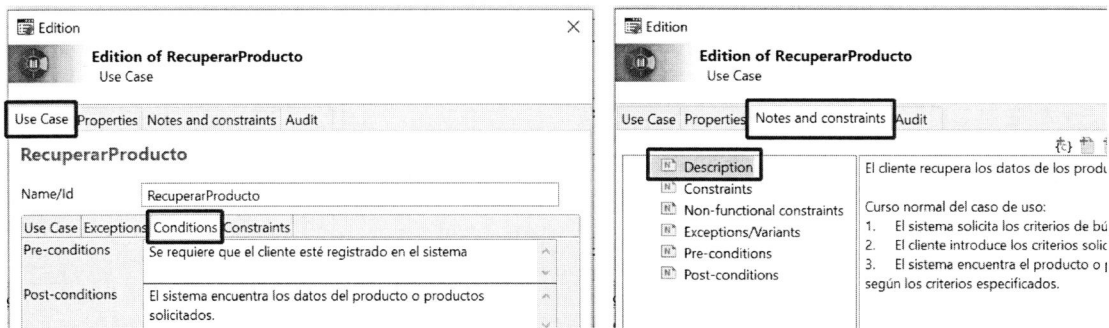

Figura 6.17. Propiedades del caso de uso *RecuperarProducto*.

Para generar la documentación a partir del modelo hemos de tener instalado el módulo ***Web Model Publisher***. Para ello pulsamos en el menú ***Configuration / Modules***, se muestran las propiedades del proyecto, desde la pestaña ***Modules*** hacemos clic en el botón *Add* y seleccionamos el módulo WebModelPublisher 4.10.01, pulsamos en el botón *Deploy in the project* para que lo instale. Una vez instalado pulsamos con el botón derecho del ratón sobre el paquete de nuestro diagrama y seleccionamos ***Web Model Publisher / Generate,*** véase Figura 6.18.

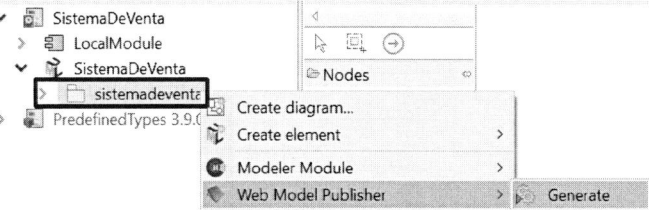

Figura 6.18. Generación de la documentación en *Modelio*.

Nos pedirá un nombre, el directorio donde se almacenará, un título, pulsamos *Ok*. Se abrirá el navegador web con la documentación generada para el diagrama de casos de uso, Figura 6.19.

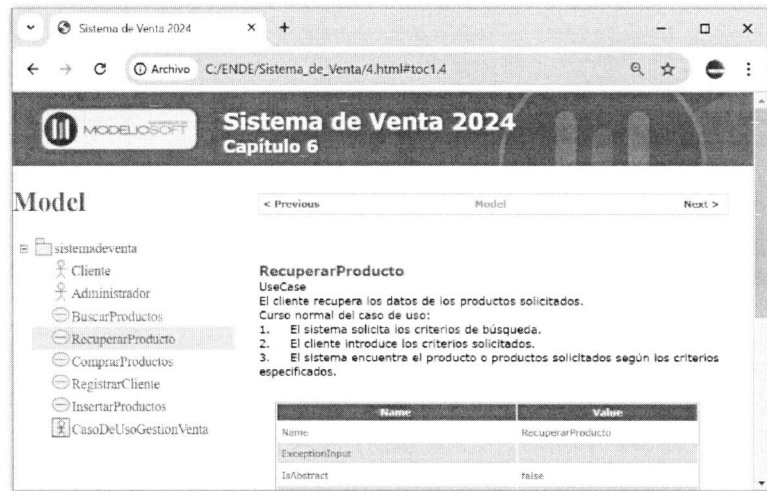

Figura 6.19. Documentación del caso de uso en *Modelio*.

6.3. DIAGRAMAS DE INTERACCIÓN

El diagrama de interacción describe el intercambio de secuencias de mensajes entre las partes de un sistema. Proporciona una visión integral del comportamiento de un sistema, es decir, muestra el flujo de control a través de varios objetos.

Dentro de la categoría de diagramas de interacción tenemos dos diagramas que se centran en aspectos distintos: el diagrama de secuencia (centrado en la ordenación temporal de los mensajes) y el diagrama de comunicación o colaboración (centrado en la organización estructural de los objetos que envían y reciben mensajes).

6.3.1. Diagrama de secuencia

El **diagrama de secuencia de sistema** muestra gráficamente los eventos que fluyen de los actores al sistema. Para su elaboración se parte de los casos de uso elaborados durante la etapa de análisis. Un diagrama de secuencia tiene dos dimensiones: la **dimensión vertical** que representa el tiempo y la **dimensión horizontal** que representa los roles que participan en la interacción. La Figura 6.20 muestra el diagrama de secuencia de sistema para el caso de uso *BuscarProductos*.

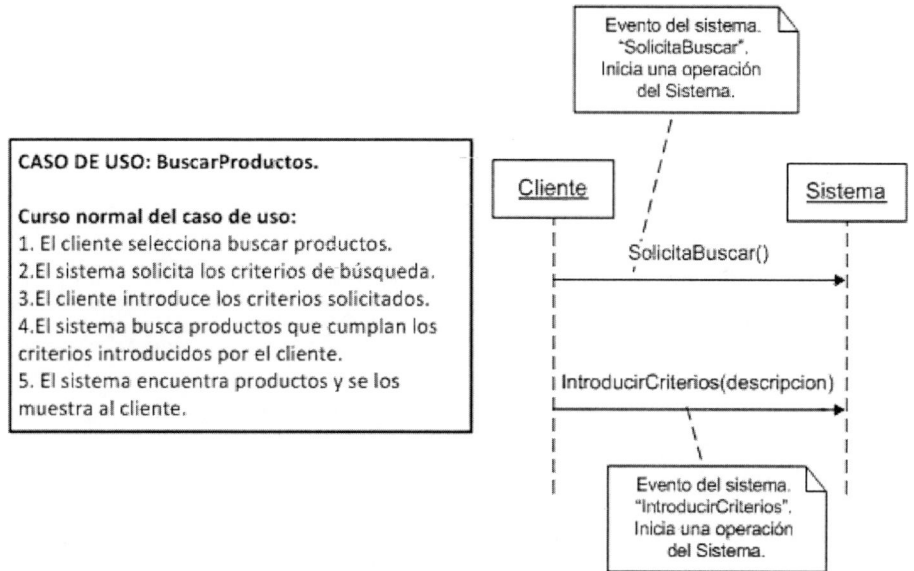

Figura 6.20. Diagrama de secuencia de sistema para el caso de uso *BuscarProductos*.

Cada **rol**, ya sea actor u objeto, se representa mediante un rectángulo distribuido horizontalmente en la zona superior del diagrama. A cada uno se le asocia una línea vertical llamada **línea de vida**, donde se describe la interacción a lo largo del tiempo. De cada línea vertical salen diferentes mensajes representados mediante flechas que muestran la interacción, encima de la flecha se muestra el mensaje. Es importante la secuencia de los mensajes en esta línea ya que indican el orden en que ocurren los eventos. A menudo el diagrama de secuencia va acompañado de la descripción del curso normal de eventos del caso de uso.

En la Figura 6.28 se muestran horizontalmente los roles que participan en la interacción: el cliente y el sistema, con sus líneas de vida (algunas herramientas gráficas, utilizan para representar el actor el símbolo del monigote en lugar del rectángulo). Se muestran dos mensajes, que parten del cliente (están señalizados con una nota). El primer mensaje (también le podemos llamar evento), *SolicitaBuscar()*, inicia la operación de búsqueda de productos en el sistema. El segundo, *IntroducirCriterios(descripción)*, inicia la operación de búsqueda de productos según los criterios especificados, en este caso se ha considerado una búsqueda de productos por descripción.

Los principales elementos en un diagrama de secuencia son los siguientes:

Símbolo	Función	Notación
Marco	Se utiliza para dar un borde visual al diagrama de secuencia. A la izquierda del marco se escribe la etiqueta **sd** seguida de un nombre.	
Línea de vida	Representa a un participante durante la interacción. Normalmente contiene un rectángulo con el nombre del objeto y una línea punteada. Algunas veces un diagrama de secuencia tendrá una línea de vida con un símbolo de actor en la parte superior.	
Actor	Representa el papel desempeñado por un usuario.	
Mensaje	Mensaje síncrono.	
	Mensaje asíncrono.	
	Mensaje de retorno.	
Activación	Son opcionales. Representan el tiempo durante el que se ejecuta una función. Se suelen poner cuando está activo un método, ya sea porque está efectuando operaciones o porque se encuentra esperando la devolución de otro método.	

Los **mensajes** representan la comunicación entre los participantes. Se dibujan como flechas dirigidas desde el participante que lo envía hasta el que lo ejecuta. Se etiquetan con un nombre acompañado o no de parámetros. Pueden ser de varios tipos:

- **Mensaje síncrono**: su comportamiento es el siguiente: cuando se envía un mensaje a un objeto, no se recibe el control hasta que el objeto receptor ha finalizado la ejecución.

- **Mensaje asíncrono**: representa flujo de control asíncrono. En este caso, quien envía un mensaje asíncrono continúa con su trabajo después de enviado, es decir, no necesita esperar su finalización en el objeto receptor. Este tipo de mensaje se representa mediante una flecha con la punta abierta o con media punta de flecha abierta. Se utiliza en sistemas multihilo donde se producen procesos concurrentes.

- **Mensaje de retorno**: representa un mensaje de confirmación. Su uso es opcional. Se representa mediante una flecha punteada.

La Figura 6.21 muestra el diagrama de secuencia de sistema del caso de uso *BuscarProductos* con activaciones y mensajes de retorno. Tanto las activaciones como los mensajes de retorno son opcionales, conviene no abusar de ellos y utilizarlos sólo para aumentar la claridad del diagrama.

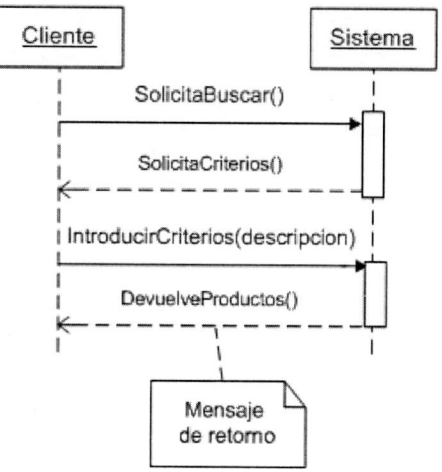

Figura 6.21. Diagrama de secuencia con activaciones y mensajes de retorno.

En un diagrama de secuencia los mensajes que se repiten se pueden incluir dentro de un marco. Por ejemplo, el curso normal del diagrama de casos de uso *ComprarProductos* se puede representar como se muestra en la Figura 6.22. Se encierra en una caja, etiquetada con **loop**, los eventos de recuperar el producto y escribir la cantidad del producto que el cliente desea comprar. Se escribe debajo la condición del bucle entre corchetes, para el ejemplo se ha etiquetado como *[Más productos]*, indicando que se repita mientras el cliente quiera comprar más productos.

Más adelante se mostrará como representar bucles y alternativas en los diagramas de secuencia utilizando una extensión denominada **fragmento combinado**; estos utilizarán una palabra clave o etiqueta (**loop**, **opt**, **alt**) para indicar el tipo.

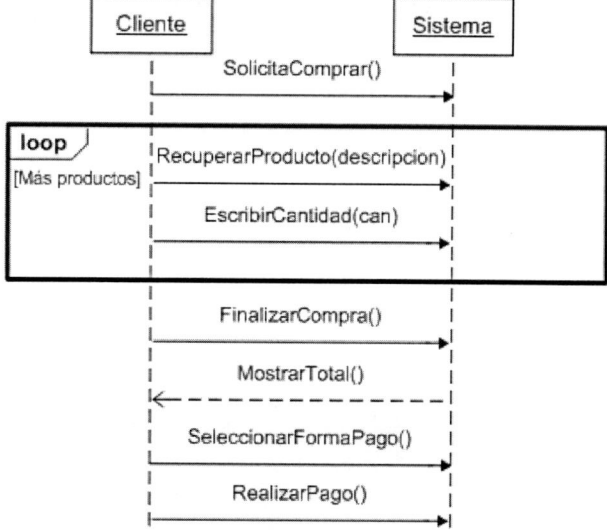

Figura 6.22. Diagrama de secuencia de sistema del caso de uso *ComprarProductos*.

En los ejemplos vistos hasta ahora se ha utilizado el **diagrama de secuencia de sistema** para describir dentro de un caso de uso **los eventos que fluyen desde el cliente hacia el sistema**. Sólo se incluía en la dimensión horizontal esos dos roles. En un sistema orientado a objetos, donde tenemos varias clases y varios objetos que se comunican unos con otros, las clases y los objetos se representan en la dimensión horizontal.

Existe una nomenclatura a la hora de nombrar los rectángulos que representan los objetos: **nombre:tipo**. Tanto el nombre como el tipo pueden omitirse, pero no ambos a la vez. El nombre representa el objeto dentro de la interacción, el tipo es el tipo de objeto (es decir, la clase).

Ejemplos:

Una clase *Empleado*.	Empleado
emp es un objeto de la clase *Empleado*.	emp:Empleado
Un objeto cualquiera de la clase *Empleado*.	:Empleado

Ejemplo 13. En el análisis del sistema de venta se han diseñado varias clases Java, una clase para datos de cliente, otra clase para datos de un producto, una clase para representar una venta y otra clase para representar una línea de venta. Un cliente puede tener muchas ventas, una venta puede tener muchas líneas de venta y cada línea de venta tiene un producto. Para representar que una venta puede tener muchas líneas de venta se define un atributo *ArrayList* en la clase *Venta*: *ArrayList<LineaVenta> lineas*. Estas clases se agrupan en el paquete *Datos*. El diagrama y sus relaciones se muestran en la Figura 6.23.

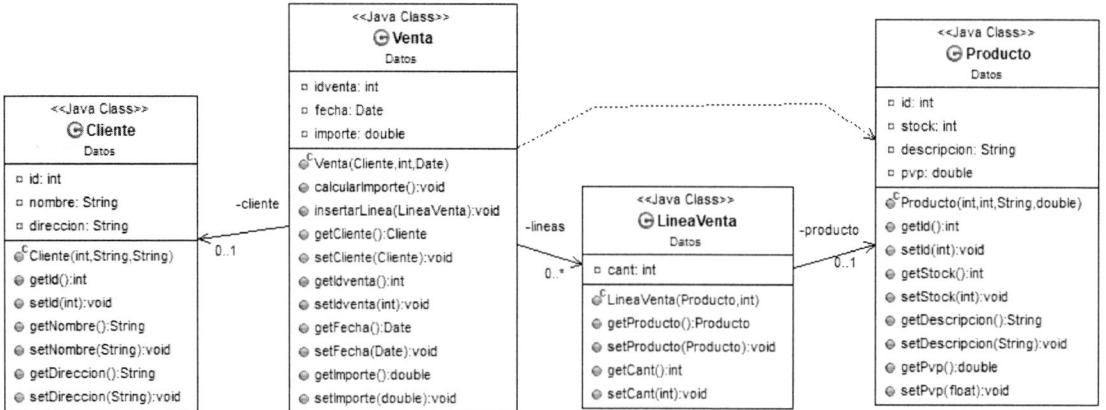

Figura 6.23. Diagrama de clases del paquete *Datos* del sistema de venta.

Todas ellas definen métodos get y set para acceder a los atributos. Para la gestión de productos se ha diseñado otra clase llamada *GestorProductos* (incluida en el paquete *Gestion*) con las operaciones a realizar sobre los productos: recuperar, insertar, eliminar y modificar un producto, actualizar las existencias de un producto y obtener una lista con los identificadores de todos los productos, véase Figura 6.24.

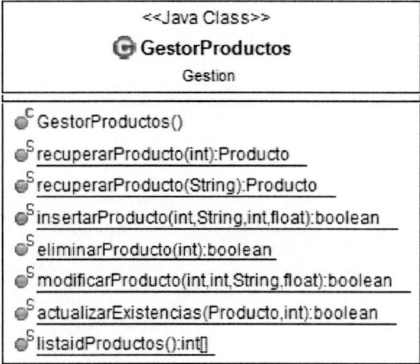

Figura 6.24. Clase GestorProductos.

El aspecto de esta clase es el siguiente:

```
package Gestion;
import Datos.Producto;
public class GestorProductos {
  public static Producto recuperarProducto(int id) {
     .....
     return producto;
  }

  public static Producto recuperarProducto(String descripcion) {
     .....
     return producto;
  }

  public static boolean insertarProducto (int id, String descripcion,
           int stock, float pvp) {
     ......
     return valor;
  }

  public static boolean eliminarProducto(int id) {
     ......
     return valor;
  }

  public static boolean modificarProducto(int id, int stock,
               String descripcion, float pvp) {
     ......
     return valor;
  }
```

```
public static boolean actualizarExistencias(Producto p,
    int cantidad) {
    int cant = p.getStock() - cantidad;
    p.setStock(cant);
    return true;
}

public static int[] listaidProductos () {
    ......
    return valor;
}
}
```

Se define también una clase *Pantalla* que constituye la interfaz gráfica desde la que el cliente se comunica con el sistema. El diagrama de secuencia correspondiente al caso de uso *BuscarProductos* es el mostrado en la Figura 6.25. Muestra lo siguiente:

- El cliente escribe la descripción del producto que desea buscar en la pantalla gráfica (objeto de la clase *Pantalla*)

- El objeto pantalla envía el mensaje *recuperarProducto(desc)* a la clase *GestorProductos* solicitando obtener los datos del producto cuya descripción se envía. Esta operación devuelve un objeto de la clase *Producto*, esto se indica en el rectángulo etiquetado como *p.Producto*. En este caso *GestorProductos* es una clase, no un objeto, entonces *recuperarProducto()* es un método estático.

- El objeto pantalla envia los mensajes *getId()*, *getPvp()* y *getStock()* al objeto *p.Producto* solicitando los datos del producto, el identificador, el pvp y el stock.

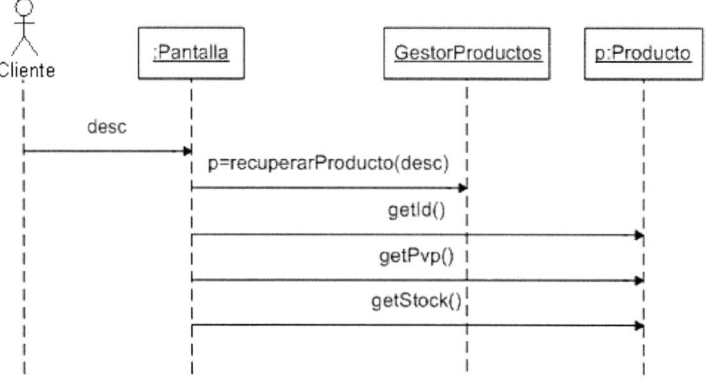

Figura 6.25. Diagrama de secuencia del Ejemplo 13.

CREACIÓN Y DESTRUCCIÓN DE OBJETOS

En un diagrama de secuencia se puede mostrar la creación y destrucción de objetos. La creación se representa mediante un mensaje que termina en el objeto que va a ser creado. El mensaje puede llevar la identificación **«create»**. La destrucción del objeto da lugar a la finalización de su línea de vida, se denota mediante una X grande en su línea de vida. El mensaje puede llevar la identificación **«destroy»**. Las Figuras 6.26 y 6.27 muestran un ejemplo de creación y destrucción de objetos.

En la Figura 6.26 se muestra el diagrama de secuencia correspondiente al caso de uso de *InsertarProductos*. El administrativo escribe los datos del producto en la pantalla gráfica (objeto de la clase *Pantalla*). El objeto pantalla envía el mensaje *insertarProducto(id, desc, pvp, stock)* al gestor de productos (que se encarga de gestionar todas las operaciones para la gestión de productos) con los datos del producto a insertar. Desde el gestor de productos se creará el objeto *Producto* con los datos enviados por el objeto *Pantalla*.

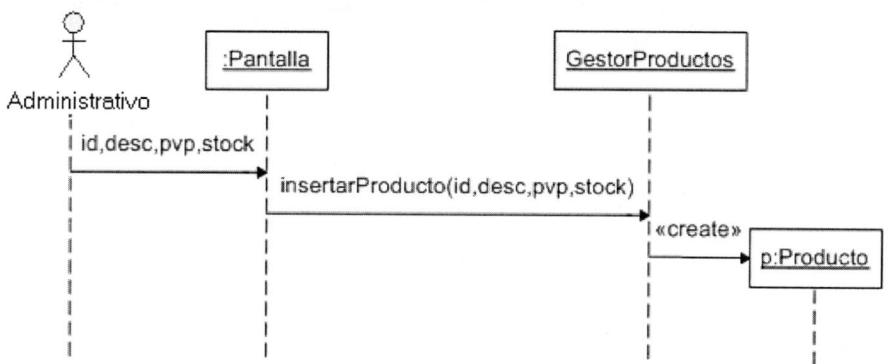

Figura 6.26. Creación de un objeto.

En la Figura 6.27 se muestra el diagrama de secuencia correspondiente al caso de uso de eliminar un producto. El administrativo escribe el identificador del producto a eliminar en la pantalla gráfica. El objeto pantalla envía el mensaje *eliminarProducto(id)* al gestor de productos con el identificador del producto a eliminar. Desde el gestor de productos se recupera el objeto *Producto* y se elimina incluyendo la X en su línea de vida.

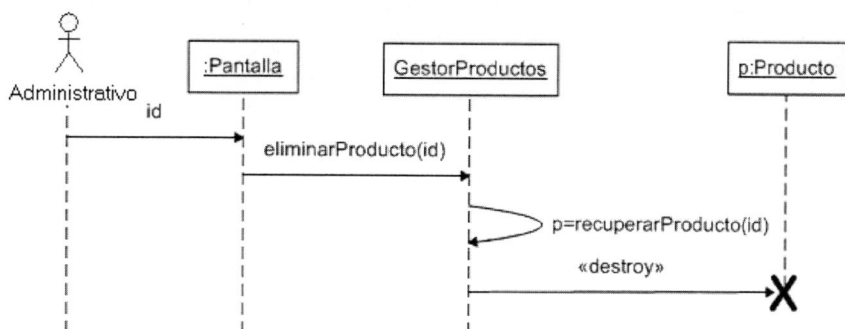

Figura 6.27. Destrucción de un objeto.

En la línea de vida de la clase *GestorProductos* se muestra un mensaje enviado a sí mismo (es decir, dentro de la clase *GestorProductos* se hace una llamada a la operación *recuperarProducto(id)*), a este mensaje se le llama **autodelegación** o **mensaje reflexivo**. La **autodelegación** es un mensaje que un objeto se envía a sí mismo regresando la flecha del mensaje de vuelta a la misma línea de vida.

Cuando se programa en Java normalmente no se destruye explícitamente un objeto, ya que el recolector de basura se encarga de esta acción. Sin embargo, hay veces que queremos resaltar lo que hacemos con el objeto.

ALTERNATIVAS Y BUCLES

En los diagramas de secuencia podemos introducir extensiones para dar soporte a los bucles y a las alternativas. A estas extensiones se les llama **fragmentos combinados**, hay varios tipos, entre ellos están las alternativas y los bucles.

Ya vimos en el caso de uso *ComprarProductos* como se podían representar, encerrados en un marco o caja, los eventos que se repiten. En UML podemos modelar varios tipos de alternativas:

- Utilizando el operador **opt** seguido de una condición, si la condición se cumple, el contenido del marco se ejecuta. Véase Figura 6.28.

- Utilizando el operador **alt**, este va seguido de varias condiciones y al final la palabra clave *else*. El marco se divide en varias zonas, dependiendo de las condiciones que haya, cuyo contenido se ejecuta si se cumple la condición asociada. La parte *else* se ejecuta si no se cumplen las condiciones. Se utiliza para modelar estructuras *if...then...else*.

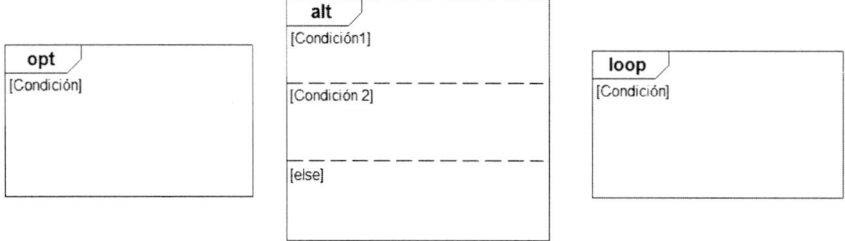

Figura 6.28. Marcos que representan alternativas y bucles.

Para representar un bucle se utiliza el operador **loop** seguido de una condición. Lo encerrado en el marco se ejecutará mientras se cumpla la condición. En la Figura 6.29 se muestra un diagrama de secuencia con un bucle y una alternativa. En este caso el objeto pantalla manda el mensaje *listaidProductos()* a la clase *GestorProductos* para obtener una lista con todos los identificadores de productos. En el bucle, para cada identificador de producto que se encuentre en la lista se obtiene un objeto *Producto*, y si el stock del producto es mayor que 100 se muestran sus datos.

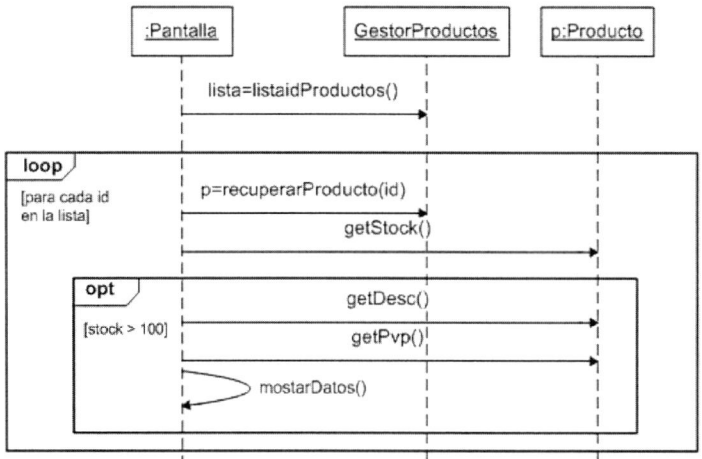

Figura 6.29. Diagrama de secuencia con bucle y alternativa.

Ejemplo 14. El siguiente ejemplo muestra el diagrama de secuencia considerando las clases y objetos que intervienen en el caso de uso *ComprarProductos*, véase Figura 6.31. Para la gestión de compras de productos se ha diseñado la clase llamada *GestorVentas* (incluida en el paquete *Gestion*) con las operaciones a realizar sobre las compras de productos: iniciar el proceso de venta, obtener el identificador de la venta, insertar los datos de la línea de venta en la venta, finalizar la venta y realizar el pago, véase Figura 6.30.

En Java la clase *GestorVentas* tiene el siguiente aspecto:

```java
package Gestion;
import Datos.*;
public class GestorVentas {
  static Venta v;
  public static void iniciarVenta(Cliente c) {.....}

  private static int obtenerIdventa() {
        .....
        return valor;
  }

  public static void datosLinea(int id, int cantidad) {.....}

  public static void finalizarVenta()
  {
        v.calcularImporte();
        realizarPago();
  }

  private static void realizarPago() {.....}

}
```

Figura 6.30. Clase *GestorVentas*.

El diagrama de secuencia se muestra en la Figura 6.31. Muestra lo siguiente:

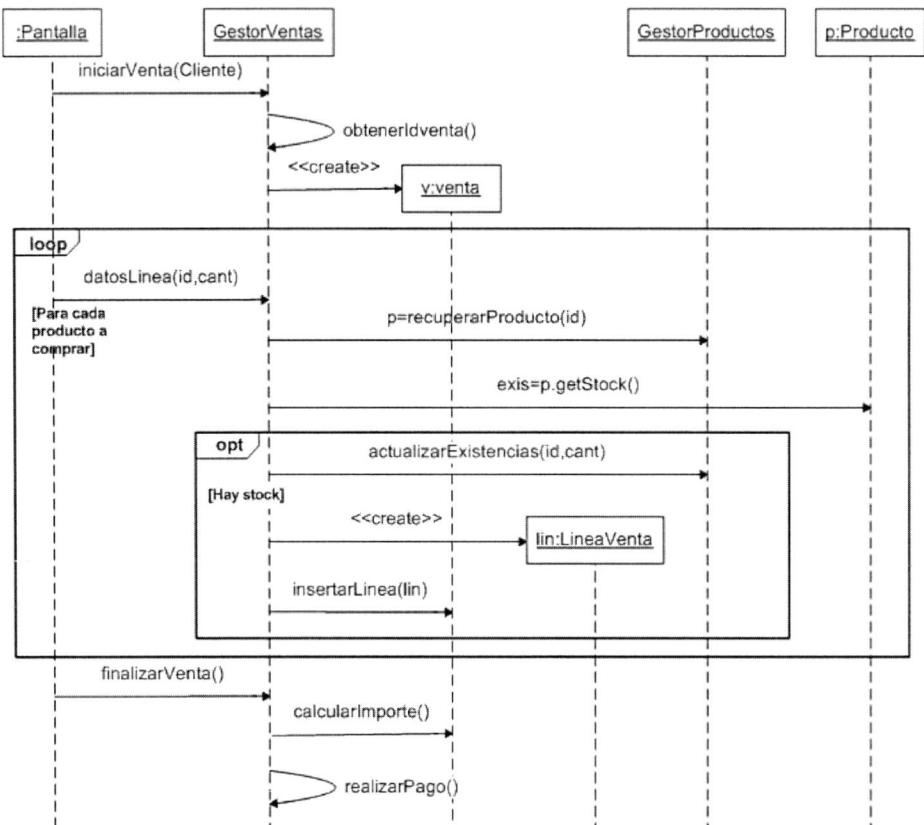

Figura 6.31. Diagrama de secuencia con clases y objetos, caso de uso *ComprarProductos*.

- Desde el objeto pantalla se envía el mensaje *iniciarVenta(Cliente)* a la clase *GestorVentas*.

- Desde esta clase se envía un mensaje a sí misma, *obteneridVenta()*, para obtener el identificador de la venta.

- Una vez obtenido el identificador se crea un objeto *Venta*.

- Se encierra en un marco etiquetado con **loop** el conjunto de operaciones que se van a repetir por cada producto que desee comprar el cliente.

- El objeto pantalla envía el mensaje *datosLinea(id, cantidad)* al gestor de ventas, con el identificador de producto y la cantidad deseada.

- Desde la clase *GestorVentas* se envía el mensaje *recuperarProducto(id)* a la clase *GestorProductos* solicitando los datos del producto cuyo identificador se envía. La operación devuelve un objeto de la clase *Producto*.

- Desde la clase *GestorVentas* se envía el mensaje *getStock()* al objeto producto recuperado para obtener el stock actual del producto.

- Se encierra en un marco etiquetado con **opt** el conjunto de operaciones que se realizan si hay stock en el producto solicitado.

- Si hay stock el gestor de ventas envía el mensaje *actualizarExistencias(id, cant)* al gestor de productos para que actualice el stock. Después crea un objeto *LineaVenta* con los datos del producto y la cantidad. Por último, envía el mensaje *insertarLinea(lin)* al objeto venta creado inicialmente para añadir una nueva línea a la venta.

- Al finalizar el proceso repetitivo, cuando el cliente no desea comprar más productos, desde el objeto pantalla se envía el mensaje *finalizarVenta()* al gestor de ventas.

- Entonces el gestor de ventas envía el mensaje *calcularImporte()* al objeto venta creado.

- Por último, desde la clase *GestorVentas* se envía el mensaje de autodelegación *realizarPago()*.

Podemos imaginar que desde el objeto*: Pantalla* se realizan las siguientes llamadas a las operaciones de la clase *GestorVentas*:

```
GestorVentas.iniciarVenta(Cliente);
while (el cliente quiera comprar productos) {
  //introducir datos del producto a comprar
  GestorVentas.datosLinea(id de producto, cantidad);
}
GestorVentas.finalizarVenta();
```

6.3.2. Diagrama de comunicación o colaboración

El diagrama de colaboración muestra los objetos junto con los mensajes que se envían entre ellos. Representa la misma información que el diagrama de secuencia, de hecho, muchas de las herramientas UML permiten convertir el diagrama de secuencia en un diagrama de colaboración y viceversa.

A diferencia del diagrama de secuencia, centrado en el orden a través del tiempo en que ocurren los mensajes; el diagrama de colaboración se centra en el contexto y la organización general de los objetos que envían y reciben mensajes. El diagrama de objetos muestra los objetos y sus relaciones, el de colaboración es una extensión a este, además de la relación entre los objetos muestra los mensajes que se envían entre sí.

Un diagrama de colaboración es como un grafo con los siguientes elementos:

Símbolo	Función	Notación
Objetos o roles	Se representan mediante un rectángulo que contiene el nombre y la clase del objeto en el siguiente formato: ***objeto:Clase***. Se puede omitir el nombre del objeto o la clase, pero no ambos a la vez.	objeto:Clase
Enlaces	Son los arcos del grafo que conectan los objetos. En un mismo enlace se pueden mostrar muchos mensajes, pero cada uno de ellos con un número de secuencia único.	———
Mensajes	Se representan mediante una flecha dirigida con un nombre y un número de secuencia. Sintaxis: *[nº secuencia][*] [Condición de guarda]{valorDevuelto por el mensaje}: Mensaje (argumentos)*	1: Mensaje() ➞
Número de secuencia	Indica el orden de un mensaje dentro de la interacción. Comienza en 1 y se incrementa en una unidad por cada nuevo mensaje en el flujo de control. El mensaje que inicia el diagrama no lleva número de secuencia.	
Iteración	Se representa colocando un * después del número de secuencia y la condición de guarda encerrada entre corchetes. Ejemplo: *2*[para cada identificador de la lista]:prepara()*.	
Alternativa	Las alternativas se indican con condiciones entre corchetes, por ejemplo: *2 [condición]: operación()*. Los caminos alternativos tendrán el mismo número de secuencia, seguido del número de subsecuencia.	
Anidamiento	Se puede mostrar el anidamiento de mensajes con números de secuencia y subsecuencia. Por ejemplo 2.1, significa que el mensaje con número de secuencia 2 no acaba de ejecutarse hasta que no se han ejecutado todos los 2. X.	

Para la numeración de los mensajes se pueden usar varios esquemas:

- **Numeración simple**: empieza en 1, se va incrementando en 1 y no hay ningún nivel de anidamiento; véanse Figuras 6.32 y 6.34.

- **Numeración decimal**: se muestran varios niveles de subíndices para indicar anidamiento de operaciones. Por ejemplo, 1 es el primer mensaje; 1.1 es el primer mensaje anidado en el mensaje 1, 1.2 es el segundo mensaje anidado en el mensaje 1; y así sucesivamente; véanse Figuras 6.33 y 6.35.

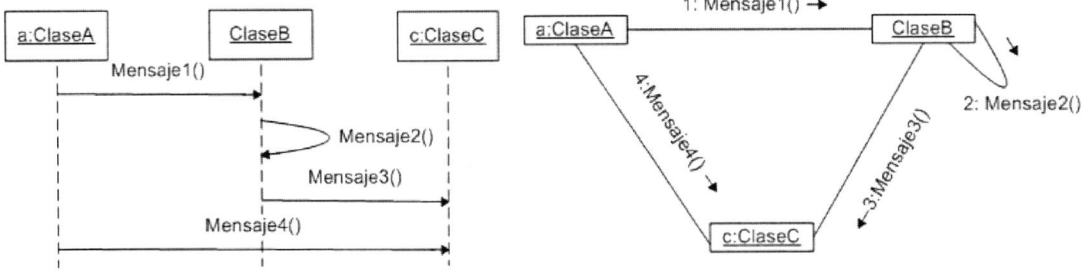

Figura 6.32. Diagrama de secuencia y diagrama de colaboración con numeración simple.

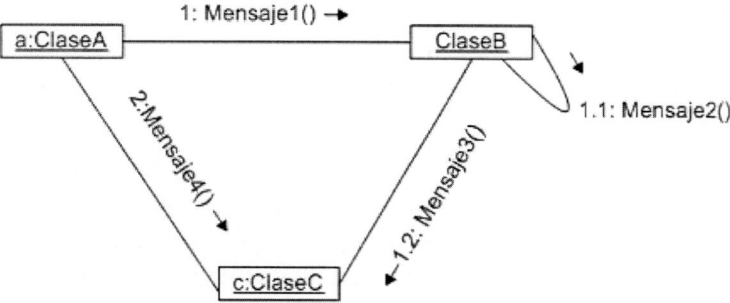

Figura 6.33. Diagrama de colaboración con numeración decimal.

En las Figuras 6.34 y 6.35 se muestran diferentes esquemas para la numeración de los mensajes, quizá en la figura con numeración decimal resulte más difícil apreciar la secuencia general de los mensajes que en la figura con numeración simple.

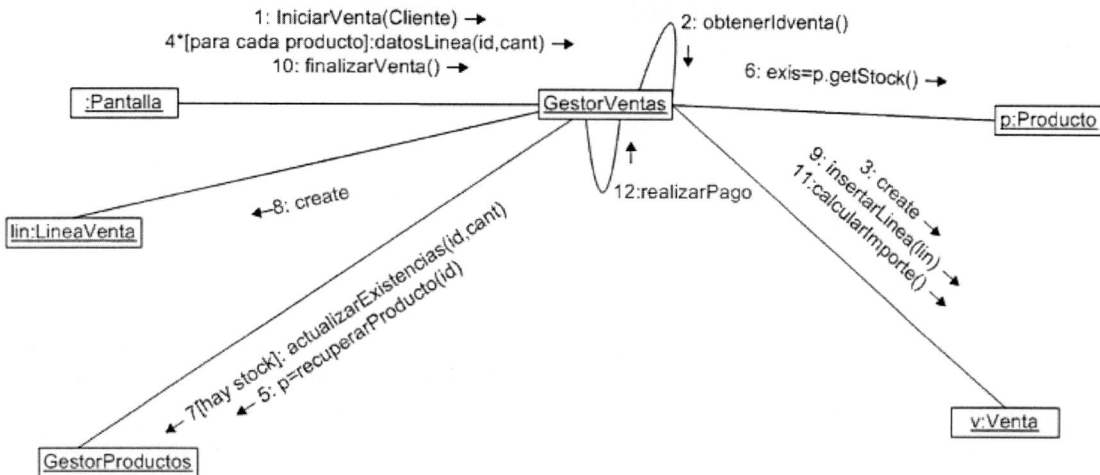

Figura 6.34. Diagrama de colaboración del caso de uso *ComprarProductos* con numeración simple.

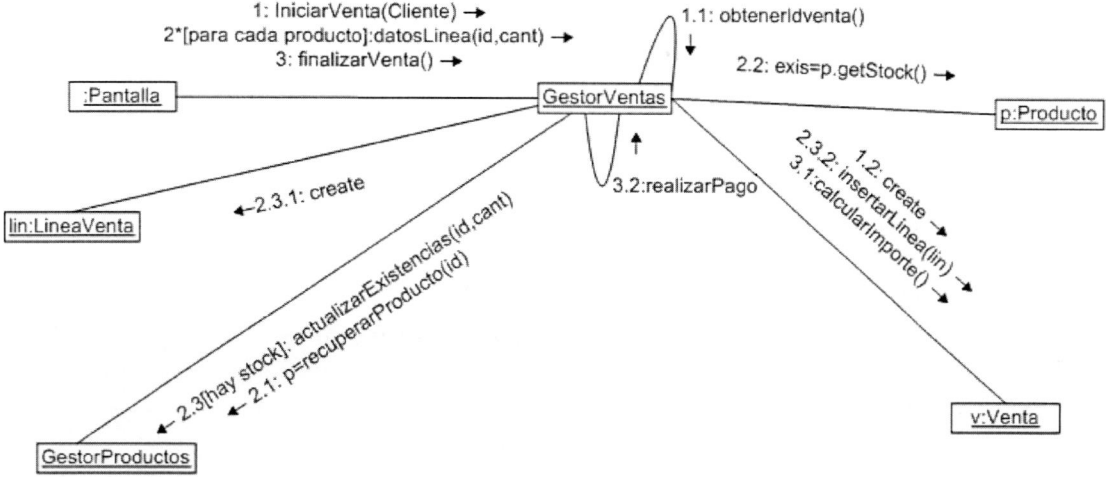

Figura 6.35. Diagrama de colaboración del caso de uso *ComprarProductos* con numeración decimal.

6.3.3. Elaboración de diagramas de interacción

Podríamos empezar a crear directamente un diagrama de secuencia, pero dado que éste describe las interacciones entre las partes del modelo, es recomendable comenzar a partir del diagrama de clases.

Ejemplo 15. Se va a desarrollar el diagrama de secuencia partiendo de un diagrama de clases diseñado para resolver el siguiente problema. Se trata de llevar a cabo la gestión de los datos de los empleados de una empresa, las clases que se han diseñado son las siguientes:

- Del tipo **Entidad**: *Empleado*, con la información de los empleados, código, nombre y dirección, las operaciones get y set y la operación *Empleado()* para crear un empleado (constructor).

- Del tipo **Control**: *OpEmple*, con las operaciones a realizar sobre los empleados: insertar, modificar, borrar, consultar y validar los datos de empleados.

- Del tipo **Interfaz**: *VentanaEmple*, esta clase representa la ventana con la que interactúa el operador. Desde aquí se elegirá la operación que se desea hacer.

Las clases del ejemplo se pueden encontrar en los recursos (*srcEjemplo15*). Creamos un proyecto en *Modelio* marcando la casilla **Java Project**. Una vez creado pulsamos con el botón derecho del ratón sobre el proyecto y seleccionamos **Java Designer / Reverse / Reverse Java application from sources**, seleccionamos la carpeta *srcEjemplo15* y sus paquetes. Pulsamos un par de veces el botón *Next* y por último en *Reverse*.

Desde el **Model Explorer** creamos el diagrama de clases y el diagrama de paquetes y creamos los links entre los paquetes de forma manual. Cada clase se ha agrupado en un paquete, la clase *Empleado* en el paquete *datos*, la clase *OpEmple* en el paquete *gestor* y la clase *Principal* en el paquete *ventanas*. En la Figura 6.36 se muestra el diagrama de paquetes.

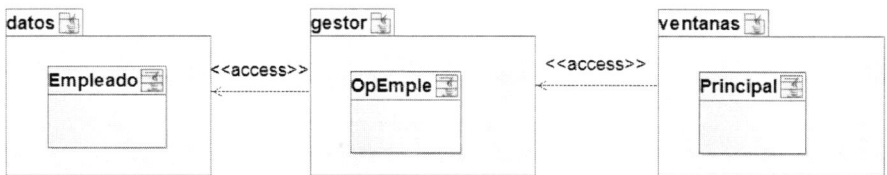

Figura 6.36. Jerarquía de paquetes Ejemplo 15.

En este sistema sólo el operador manejará la aplicación y las operaciones a realizar son altas, bajas, modificaciones y consultas sobre los datos de empleados. El diagrama de casos de uso se creará asociado al paquete *ventanas*, ya que el operador interactuará sólo con las clases de tipo ventanas. En la Figura 6.37 se muestra el diagrama de casos de uso.

Para crear el diagrama de casos de uso asociado al paquete, se selecciona el paquete desde el **Model Explorer**, se pulsa el botón derecho del ratón y se elige la *opción* **Create Diagram / Use Case Diagram** y le damos un nombre, el actor que interactuará será *Operador*. Los casos de uso definidos en el diagrama son: *InsertarEmple*, *BorrarEmple*, *ModificarEmple* y *ConsultarEmple*.

La descripción del caso de uso *InsertarEmple* es la siguiente:

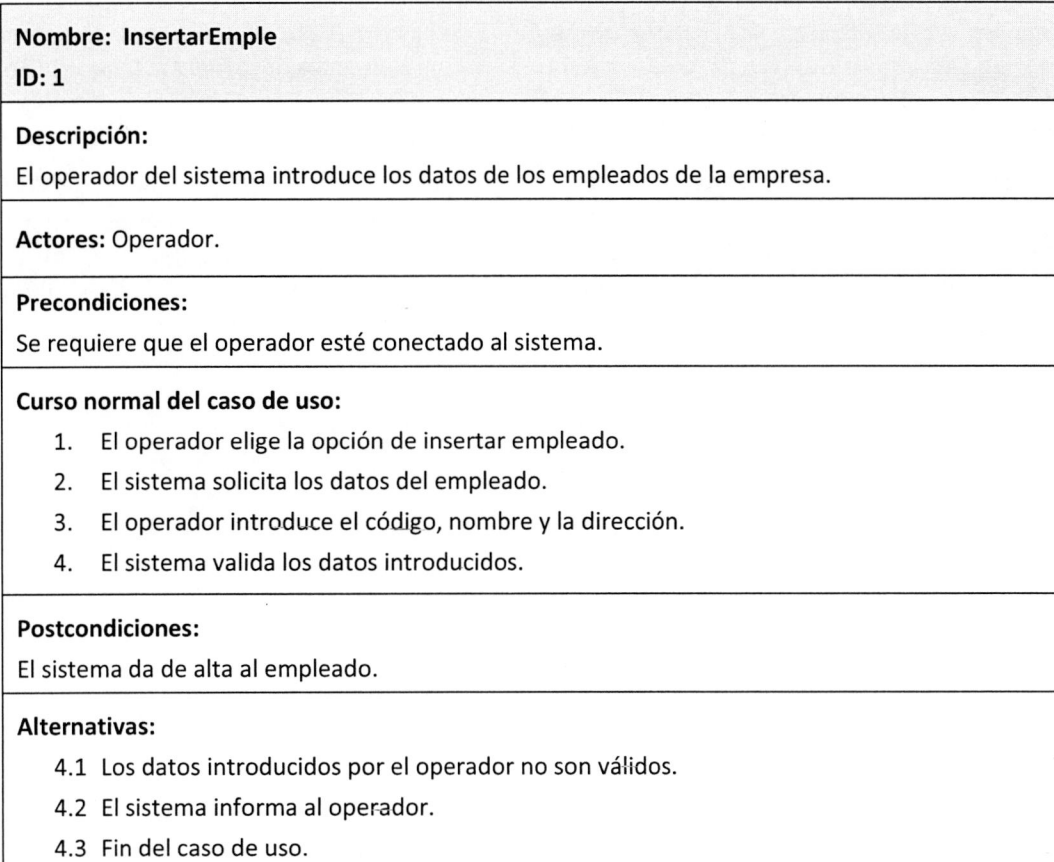

Nombre: InsertarEmple
ID: 1

Descripción:
El operador del sistema introduce los datos de los empleados de la empresa.

Actores: Operador.

Precondiciones:
Se requiere que el operador esté conectado al sistema.

Curso normal del caso de uso:
1. El operador elige la opción de insertar empleado.
2. El sistema solicita los datos del empleado.
3. El operador introduce el código, nombre y la dirección.
4. El sistema valida los datos introducidos.

Postcondiciones:
El sistema da de alta al empleado.

Alternativas:
4.1 Los datos introducidos por el operador no son válidos.
4.2 El sistema informa al operador.
4.3 Fin del caso de uso.

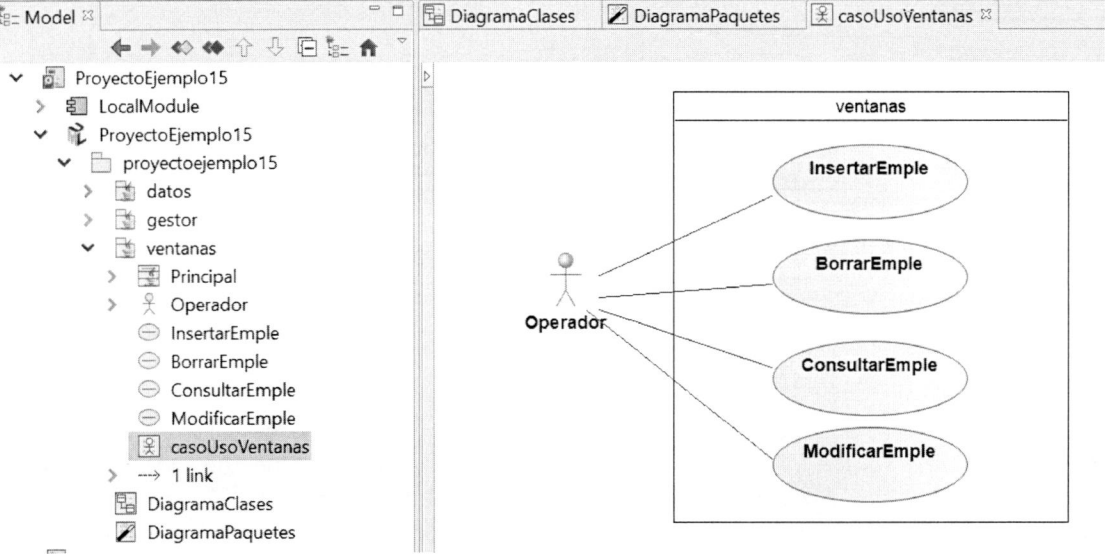

Figura 6.37. Diagrama de casos de uso asociado al paquete *ventanas*, Ejemplo 15.

A continuación, hemos de crear el diagrama de secuencia asociado al paquete *ventanas* de la misma forma que anteriormente creamos el diagrama de casos de uso, opción **Create Diagram / Sequence Diagram** y le damos un nombre. Arrastramos los elementos del **Model Explorer** al área de edición del diagrama, en este caso el *Operador* y las clases *Principal, OpEmple* y *Empleado*, véase Figura 6.38. A la izquierda podemos observar la paleta de elementos que podemos incluir en el diagrama. Los tres elementos principales del diagrama son: las líneas de vida ⊤ *Lifeline*, los mensajes →*Synchronous Message* que hay varios tipos y las acciones de ejecución ▯ **Execution Specification**. Las líneas de vida se crean automáticamente al arrastrar los elementos al área de edición, el nombre se puede cambiar, se asigna un nombre por defecto, en los ejemplos el nombre es: *r, r1, r2,* y *r3*.

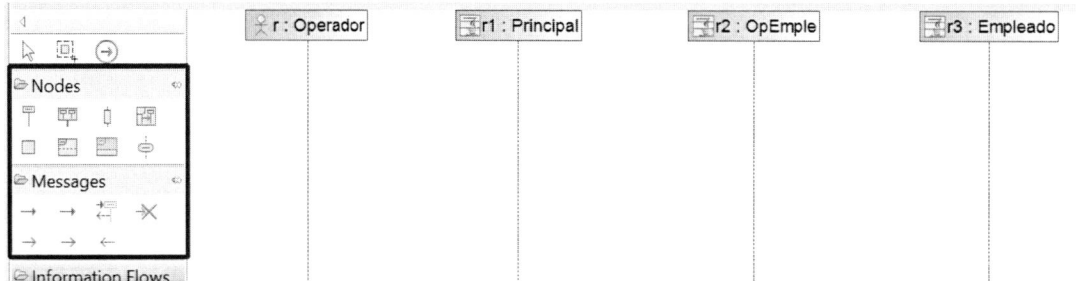

Figura 6.38. Lineas de vida.

En primer lugar el operador envía el mensaje *eligeInsertar()* al objeto de la clase *Principal*. Para añadir los mensajes entre los elementos del diagrama pulsamos el elemento **Synchronous Message** → del grupo **Messages**, y a continuación arrastramos desde la línea de vida del emisor del mensaje a la línea de vida del receptor, es decir, desde el operador a la ventana *Principal*. Veremos que también se muestra la activación y el mensaje de retorno. Accedemos a las propiedades del mensaje y en la propiedad **Invoked** elegimos la operación *eligeInsertar()*, véase Figura 6.39.

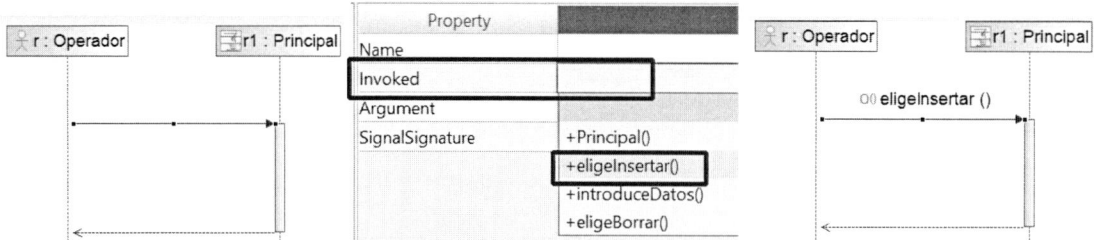

Figura 6.39. Mensaje entre *Operador* y *Principal*.

A continuación el objeto de la clase *Principal* se envía a sí mismo el mensaje *muestraPantalla()* (el punto de inicio y fin del mensaje es la misma línea de vida), el tipo de mensaje es **Inner Synchronous Message** → es un tipo de mensaje síncrono interno que se manda el sistema a sí mismo. Pulsamos en el mensaje, y luego sobre la línea de vida hacia abajo, eliminamos el mensaje de retorno, véase Figura 6.40. En la propiedad **Invoked** elegimos la operación *muestraPantalla()*.

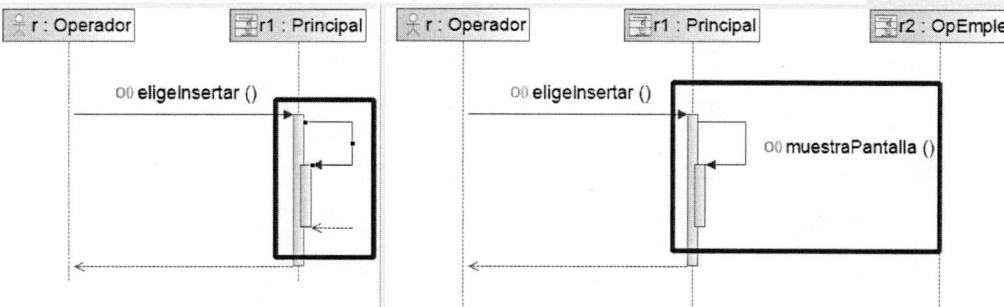

Figura 6.40. Mensaje síncrono interno en *Principal*.

Después el operador envía el mensaje *introduceDatos()* al objeto de la clase *Principal*. Desde *Principal* se envía el mensaje *insertarEmp()* al objeto de la clase *OpEmple*, que se envía a sí mismo el mensaje *validar()*. Por último, se envía el mensaje *Empleado()* para crear el objeto empleado. Para enviar el mensaje de creación del *Empleado* usamos el elemento **Creation Message**. El resultado final se muestra en la Figura 6.41.

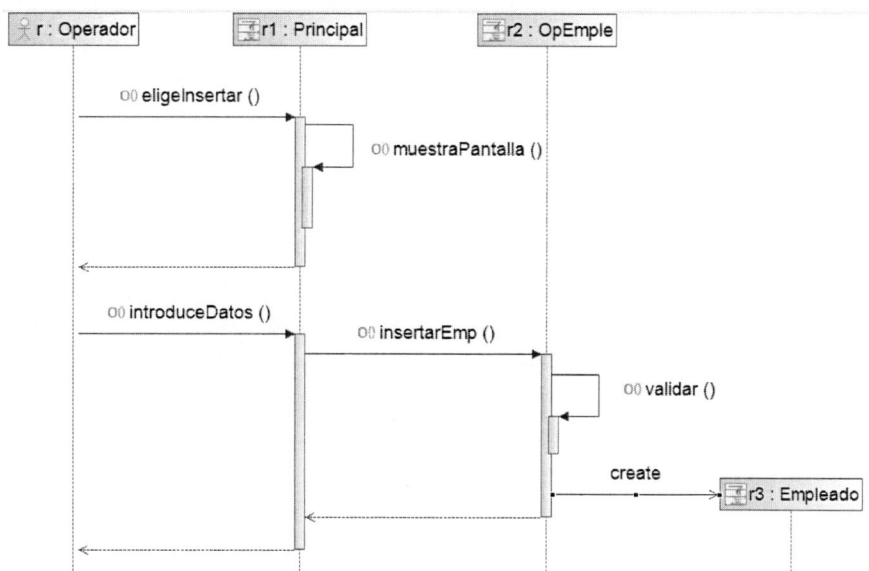

Figura 6.41. Diagrama de secuencia del Ejemplo 15.

Se pueden añadir alternativas y bucles al diagrama usando el elemento **Combined Fragment**. La Figura 6.42 muestra un ejemplo de la consulta de todos los productos del sistema de venta. Las clases del ejemplo se pueden encontrar en los recursos (*srcEjemplo13*). Creamos un proyecto en *Modelio* marcando la casilla **Java Project**. Una vez creado pulsamos con el botón derecho del ratón sobre el proyecto y seleccionamos **Java Designer / Reverse / Reverse Java application from sources**, seleccionamos la carpeta *srcEjemplo13* y sus paquetes. Creamos el diagrama de secuencia y arrastramos las clases *Pantalla*, *GestorProductos* y *Producto* al diagrama. Eliminamos los mensajes de retorno.

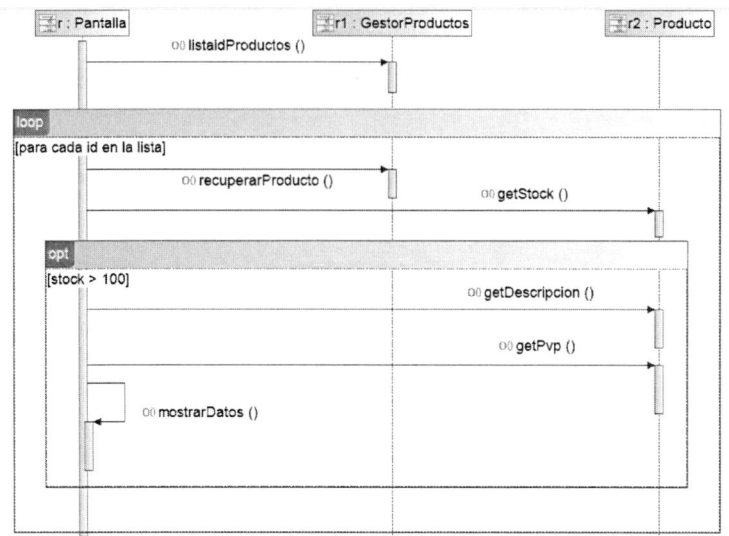

Figura 6.42. Diagrama de secuencia con bucle y alternativa.

Añadimos el primer mensaje (*listaidProductos()*) que estará fuera del bucle, podemos añadir el resto de los mensajes y al final añadimos los fragmentos combinados pulsando en el elemento **Combined Fragment** y hacemos un marco en el área de edición con suficiente espacio para que quepan todos los elementos. Se creará el fragmento combinado con la operación por defecto **seq**, dentro aparecerá un par de corchetes [] en el que tenemos que escribir la condición, propiedad *Guard*. Accedemos a las propiedades del fragmento combinado para elegir de la lista *Operator* la operación, para el primer fragmeto combinado seleccionamos **loop**, véase Figura 6.43, y para el segundo seleccionamos **opt**.

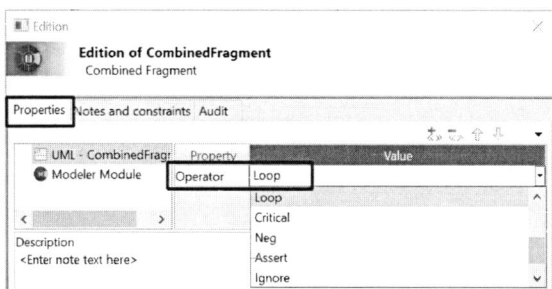

Figura 6.43. Añadir una restricción de interacción en *Eclipse Papyrus*.

Para escribir la condición en ambos fragmentos combinados lo podemos hacer directamente desde el diagrama o desde la propiedad *Guard*, véase Figura 6.44.

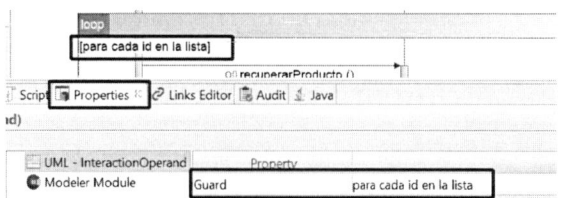

Figura 6.44. Propiedad *Guard* en fragmento combinado.

En *Modelio* los diagramas de comunicación tienen una capacidad limitada en términos de mostrar secuencia, alternativas o bucles o hacer referencia a ellos mismos. Para estos propósitos, los diagramas de secuencia son más apropiados. Partimos del Ejemplo 15. Creamos el diagrama de comunicación desde el *Model Explorer*: *Create Diagram / Communication Diagram*. Añadimos los elementos anteriores, el *Operador* y las clases *Principal*, *OpEmple* y *Empleado*. A continuación, creamos los canales de comunicación usando el elemento — *Communication Channel* del grupo *Links*, en cada canal aparecerá un texto, véase Figura 6.45.

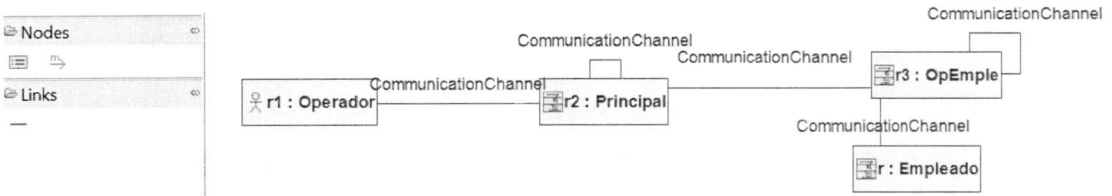

6.45. Canales de comunicación en *Modelio*.

Lo siguientes es crear un mensaje de comunicación en cada canal y configurarlo. Para ello seleccionamos el elemento ⟶ *Communication Message* de la paleta y pulsamos en el canal de comunicación, se debe mostrar mostrar una flechita y la letra *m*. Desde el *Model Explorer* accedemos a las propiedades del mensaje creado, Figura 6.46. En *Invoked* elegimos la operación a invocar y en *Sequence* el número de secuencia. Repetimos los pasos para todos los mensajes.

En la Figura 6.47 se muestra el modelo final, se han eliminado los campos *name* de los canales de comunicación para que el diagrama quede más limpio. También desde el nodo *Communication Interaction / locals* ⬭ locals podemos cambiar el nombre de los objetos para que no aparezcan con nombres *r, r1, r2* y *r3*.

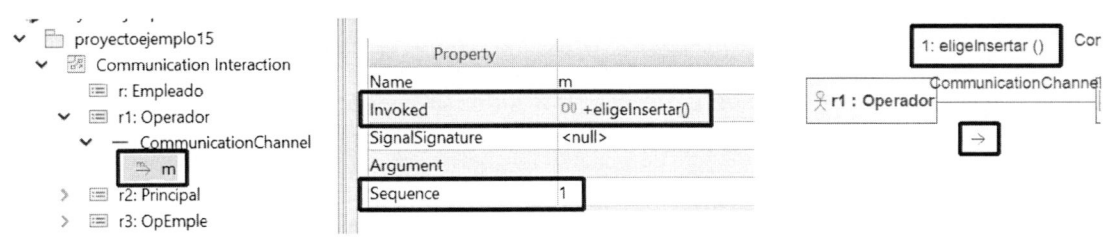

6.46. Propiedades del mensaje de comunicación en *Modelio*.

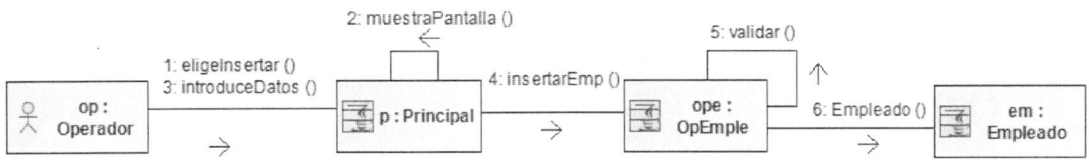

6.47. Diagrama de comunicación del Ejemplo 15.

6.4. DIAGRAMA DE ESTADO

Los diagramas de estados se utilizan para describir el comportamiento de un sistema. Describen todos los estados posibles en los que puede entrar un objeto particular y la manera en que cambia su estado como consecuencia de los eventos que le llegan. Son útiles para los objetos con un comportamiento significativo.

En la mayor parte de las técnicas orientadas a objetos, los diagramas de estados se dibujan para una sola clase mostrando el comportamiento de un solo objeto durante todo su ciclo de vida.

Un diagrama de estados se compone de los siguientes elementos:

- **Estado**. Es una condición o situación durante la vida de un objeto, durante la cual se satisface alguna condición, ejecuta alguna actividad a realizar o espera por algún evento[2]. Existen dos tipos de estado especiales, estado inicial y estado final.

- **Evento**. Es algo que ocurre durante la ejecución de un sistema. La ocurrencia de un evento en el objeto es la aparición de un estímulo que puede producir la transición de un estado a otro. Esta ocurrencia puede ser de varios tipos: una condición que se cumple, la recepción de una llamada a una operación, el paso de cierto período de tiempo o la recepción de una señal de otro objeto del modelo.

- **Transición**. Relación entre dos estados que indica que un objeto que se encuentra en un primer estado (estado inicial), cuando se produce un evento específico y se satisface una condición especificada, realizará ciertas acciones y entrará en el segundo estado (estado final). Véase Figura 6.48.

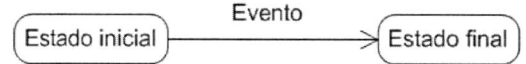

Figura 6.48. Representación gráfica de una transición.

Los elementos básicos de un diagrama de estados son los siguientes:

Símbolo	Función	Notación
Estado inicial del objeto	Es el punto de partida del diagrama de estados. Se corresponde con el estado inicial del objeto a la salida de su fase de creación. También se le conoce como pseudoestado inicial.	●
Estado final del objeto	Es el último estado del objeto que cuando se entra en él indica que se ha finalizado la ejecución. No todos los objetos tienen estado final.	◉
Transición	Se representa como una flecha continua desde el estado origen al estado destino etiquetada con el nombre de evento que dispara la transición. Una **transición reflexiva** tiene el mismo estado inicial y final.	Evento →
Estado	Se dibuja como un rectángulo con los bordes redondeados con su nombre en el interior.	Estado

[2] El lenguaje unificado de modelado. Manual de referencia. James Rumbaugh, Ed: Addison-Wesley, 2007.

DEFINICIONES: MÁQUINA DE ESTADOS Y DIAGRAMA DE ESTADOS[2]

Máquina de estados: es una especificación de las secuencias de los estados por los que un objeto o una interacción pasa en respuesta a eventos durante su vida, junto con sus efectos correspondientes. Una máquina de estados se representa mediante un diagrama de estados.

Diagrama de estados: nombre usado por David Harel para su extensión a la notación básica de la máquina de estados que incluye estados anidados y estados concurrentes. Esta notación sirvió como base para la notación de la máquina de estados de UML.

Diagrama de máquina de estados: es un diagrama que demuestra una máquina de estados, incluyendo estados simples, transiciones y estados compuestos anidados. El concepto original fue inventado por David Harel, que los llamó los diagramas de estados.

Los diagramas de estado no solo se aplican a las clases, también se pueden vincular a los casos de uso para describir su ejecución, para estos, un estado representa un paso en su ejecución.

Ejemplo 16. En la Figura 6.49 se muestra el diagrama de estados del caso de uso de *ComprarProductos*. Se inicia el proceso de venta pasando a un estado de espera hasta que se seleccionen los productos que se van a comprar. Cuando se produce el evento *seleccionarProducto* se pasa al estado *Introduciendo Productos*. En este estado permanecerá hasta que se produzca el evento de finalizar la venta, entonces se pasa al estado en el que el sistema espera el pago de la venta, estado *Esperando Pago*, de este estado se sale cuando se efectúa el pago. Una vez realizado el pago la venta finaliza.

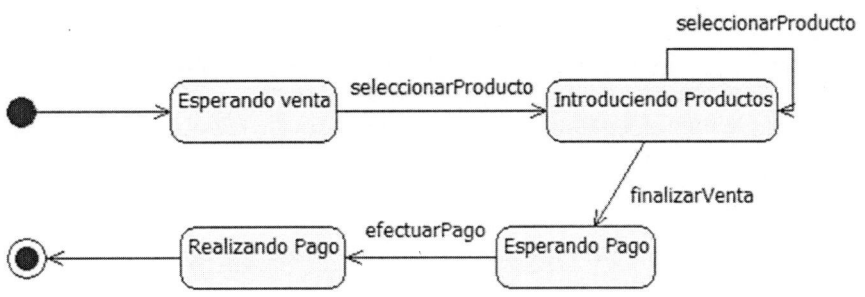

Figura 6.49. Estados para el caso de uso de *ComprarProductos.*

Ejemplo 17. En la Figura 6.50 se muestra la clase *Libro* con tres atributos y tres operaciones. El diagrama de estado muestra los estados por los que puede pasar un objeto *Libro* en una biblioteca. Del estado inicial del objeto se pasa al estado *Disponible*, en este estado el libro puede ser prestado a dado de baja. Si ocurre el evento *prestar* el objeto pasa al estado *Prestado,* si ocurre el evento *darDeBaja()* el objeto pasa al estado *Baja*, y desde este estado se llega al estado final del objeto. Desde el estado *Prestado,* se pasa al estado *Disponible* si ocurre el evento *devolver().* Los eventos son los métodos definidos en la clase *Libro.*

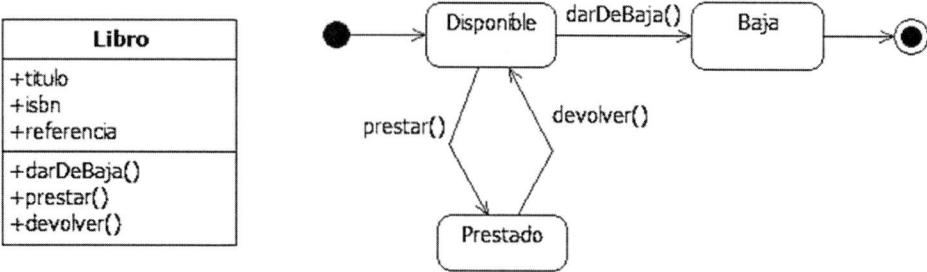

Figura 6.50. Estados de un objeto Libro.

Ejemplo 18. En la Figura 6.51 se muestra los estados por los que pasa la vida laboral de una persona. Inicialmente está desempleada, si se la contrata cambia de estado y empieza a trabajar, en este estado la pueden despedir, entonces vuelve a estar desempleada. Por último, cuando se jubila cambia de estado y finaliza la vida laboral. Se muestra la clase *Persona* con las operaciones (los eventos) que producen un cambio de estado en el objeto: *contratar(), despedir()* y *jubilar()*.

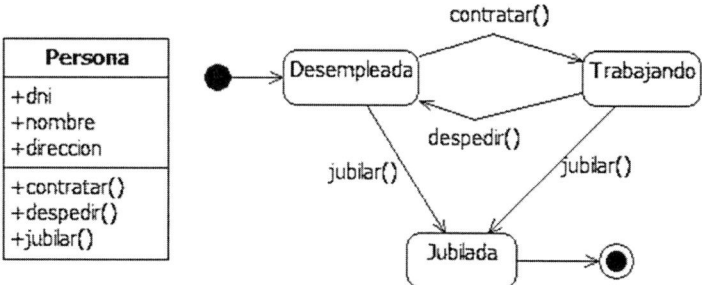

Figura 6.51. Estados de un objeto Persona.

ACTIVIDAD 6.5

Realiza un diagrama de estados que muestre los distintos estados por los que pasa una persona desde que nace hasta que muere. Considera los siguientes estados: niño, adulto, soltero y casado. El niño nace, del estado niño al estado adulto se pasa cuando la edad es > 18, del estado de adulto se pasa a soltero, el soltero cambia de estado si se casa y el casado cambia de estado a soltero si se divorcia. Etiqueta las transiciones que consideres necesarias entre un estado y otro.

Las transiciones se etiquetan con el nombre de evento que dispara la transición. Una transición sin evento asociado se dispara al terminar la actividad que se realiza en el estado correspondiente. La sintaxis de una etiqueta de transición tiene tres partes (véase Figura 6.52), las cuales son opcionales: *Evento [Condición de guarda] / Acción*:

- **Evento**: es el evento que da origen a una transición.

- **Condición de guarda**: es una expresión lógica que se evalúa cuando ocurre el evento. Si la condición de guarda es verdadera entonces se produce la transición; si se evalúa a falso, la transición no ocurre. Se escribe entre corchetes.

- **Acción**: es una expresión procedimental que se ejecuta si se produce la transición. Suelen ser procesos que suceden con rapidez y se corresponden con algún método declarado en la clase. También en la acción se puede solicitar a otro objeto un servicio (*OtroObjeto.Operación*).

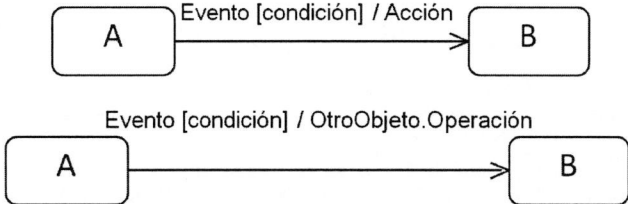

Figura 6.52. Sintaxis de una transición.

En la Figura 6.53 se muestra el diagrama de estado de la clase *VentanaEmple* del ejemplo de la gestión de empleados. Las transiciones se han etiquetado con ***Evento/Acción***. Inicialmente un objeto de la clase *VentanaEmple* se encuentra esperando que ocurra un evento. Cuando se produce el evento *eligeInsertar(),* el sistema dispara una transición, se produce la acción *muestraPantalla().*

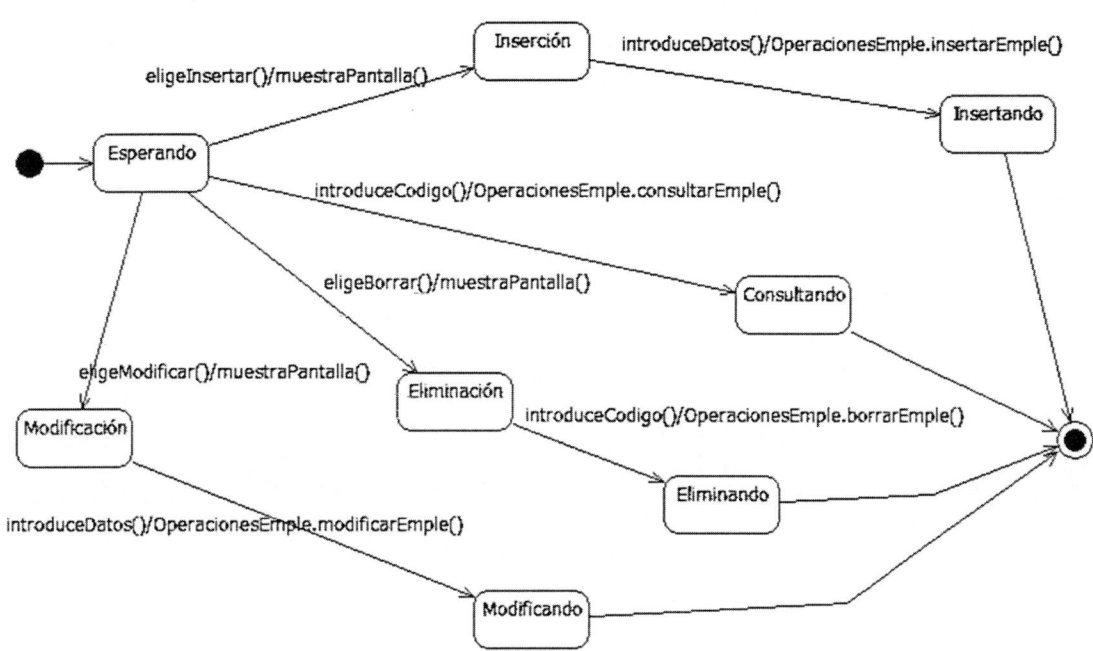

Figura 6.53. Diagrama de estado de la clase *VentanaEmple.*

Después de que se haya realizado esta acción el sistema entra en el estado *Inserción.* Permanecerá en este estado hasta que se produzca el evento *introduceDatos().* Cuando se produce dicho evento, el sistema dispara una transición provocando la acción de *InsertarEmple()* sobre un objeto *OperacionesEmple.* Después de que se haya realizado esta acción el sistema entra en el estado *Insertando.* Finalizada la inserción se origina la transición al estado final. El proceso es similar para el resto de eventos *introduceCodigo(), eligeBorrar(),* y *eligeModificar().*

El estado inicial no tiene evento, sí tiene acción (véase la Figura 6.54); el evento es la creación de la máquina de estados o diagrama de estados; la acción sería la primera acción invocada después de la creación de la máquina de estados. En la transición hacia el estado final sí puede haber un par ***Evento/Acción*** (véase la Figura 6.54), la acción será la última invocada por la máquina de estados.

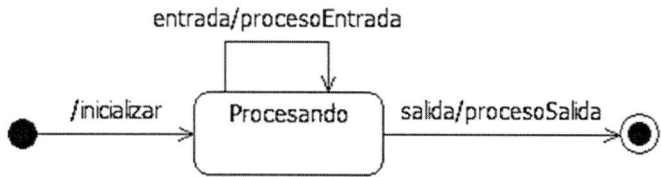

Figura 6.54. Eventos y acciones en transiciones de estados inicial y final.

Los estados se pueden especificar con más detalle. Se pueden especificar con dos compartimentos (Figura 6.55), el nombre del estado se indica en el compartimento superior. En el inferior se escriben pares *Evento/ Acción* con acciones especiales que nos dicen qué hacer cuando ocurre un evento; estas acciones o actividades se realizan mientras los objetos permanecen en un estado, pueden tardar más (que las acciones definidas en la transición) y suelen corresponderse con métodos de la clase. Cada nombre de evento puede aparecer más de una vez en un único estado. Se pueden especificar diferentes tipos de eventos:

- **entry/acción de entrada.** Cualquier transición que entra en un estado invoca a la acción indicada a la derecha de *entry* si la hay. Tambien se puede etiquetar como *entrada/acción de entrada*.

- **exit/ acción de salida.** La acción a la derecha de *exit* se ejecuta cuando se sale de un estado. Tambien se puede etiquetar como *salida/acción de salida*.

- **do/acción interna.** Una acción interna empieza después de que la actividad de entrada se complete y puede que termine por sí misma o por la salida a otro estado. Se ejecuta mientras se está en un estado.

- **evento/acción de evento.** Son transiciones internas que no causan un cambio de estado. Si el evento ocurre se ejecuta la acción indicada.

Una acción consiste en asignar un valor a un atributo, crear o destruir un objeto, efectuar una operación, enviar una señal a otro objeto o a sí mismo, etc. En la Figura 6.55 se muestra un estado con compartimentos y diferentes acciones: al entrar en el estado *INTRODUCIENDO LOGIN* se realiza la acción de *MostrarPantallaEntrada*, al salir del estado se realiza la acción *OcultarPantallaEntrada*, cuando se produde el evento *help* se ejecuta la acción *MostrarAyuda* y por último, mientras se esté en el estado se ejecuta la actividad *OcultarCaracteres*.

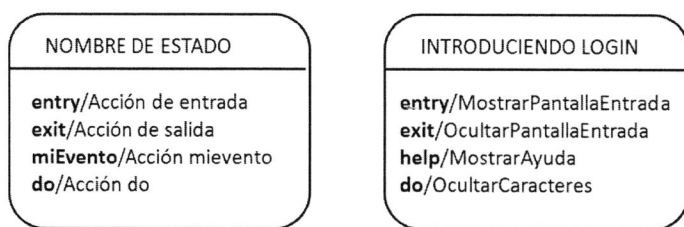

Figura 6.55. Compartimentos de un estado y diferentes actividades.

En la Figura 6.56 se muestra el diagrama de estado para la clase *GestorVentas*. Se ha seguido el diagrama de secuencia de la Figura 6.31 para construirle. En el diagrama de secuencia se muestran tres llamadas desde la clase *Pantalla* a métodos de la clase *GestorVentas()*, estos métodos se han definido como los eventos que producen cambios de estado en el objeto. Son los siguientes: *iniciarVenta()*, *datosLinea()* y *finalizarVenta()*.

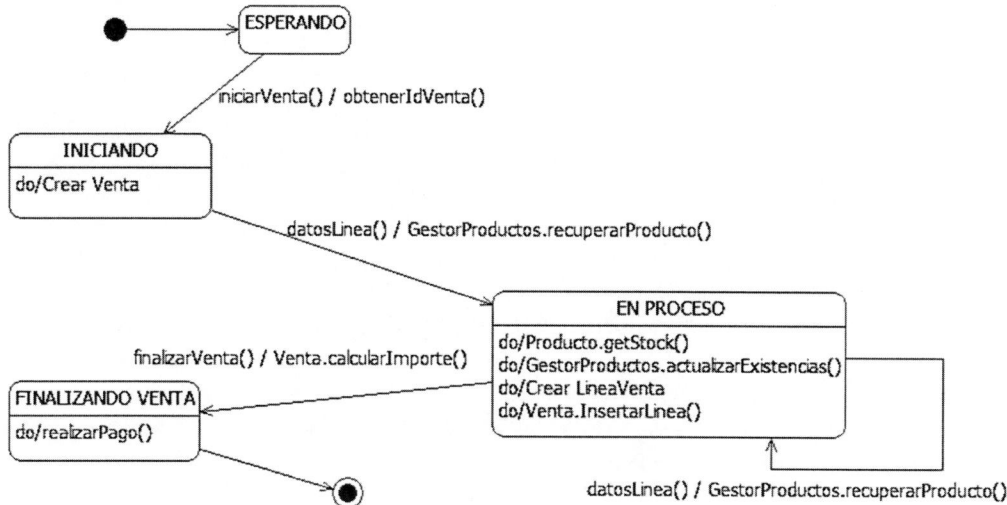

Figura 6.56. Diagrama de estado de la clase *GestorVentas.*

Inicialmente el sistema está en un estado de espera hasta que le llega el evento *iniciarVenta()* que hace que se ejecute la acción *obtenerIdVenta(),* una vez ejecutada esta acción el objeto entra en el estado *INICIANDO*, dentro de este estado se crea una venta.

Cuando se produce el evento *datosLinea(),* se dispara una transición produciendo la acción *GestorProductos.recuperarProductos()*; finalizada la acción el objeto entra en estado *EN PROCESO* donde se realizan las acciones indicadas en **do/**. En este estado permanecerá hasta que se produzca el evento *finalizarVenta()*. Si se vuelve a producir el evento *datosLinea()* se volverán a ejecutar las acciones **do/**.

6.4.1. Elaboración de diagramas de estado

Imaginemos el siguiente escenario, inicialmente el sistema está en un estado de espera mostrando una pantalla que muestra diferentes acciones a realizar (*ESPERANDO*), se añade la acción **entry** con el método de *mostrarPantalla()* [**entry/mostrarPantalla()**]. Se sale de este estado cuando se produce un evento, por ejemplo, desde la pantalla inicial solicitamos la lista de los identificadores de los productos, etiquetamos la transición como *[solicitaListado]*. En el siguiente estado (*INICIANDO*) se recuperan los identificadores solicitados, se añade la acción **do** con el método *listaIdProductos()* [**do/listaIdProductos()**].

Una vez recuperados todos los productos ya están disponibles para su proceso, se pasa al siguiente estado (*PROCESANDO*), se etiqueta la transición como *[productosDisponibles]*, donde se mostrarán los datos del producto por pantalla cuando el stock > 100. Se añaden los eventos **do** para recuperar el producto y para mostrar los datos por pantalla si el stock > 100. Se vuelve a producir el mismo evento para el siguiente producto. En este estado permanecerá hasta que no haya más productos disponibles. La Figura 6.59 muestra el diagrama de estados.

Partimos del proyecto del ejemplo anterior del sistema de venta, las clases del sistema de venta las puedes encontrar en los recursos (*srcEjemplo13*). Desde el **Model Explorer** pulsamos con el botón derecho del ratón sobre la carpeta del proyecto, seleccionamos **Create diagram / State Machine diagram** y le asignamos un nombre. Podemos observar a la izquierda la paleta con los elementos para este tipo de diagramas.

Los elementos que utilizaremos para crear un diagrama de estados son los siguientes:

- ⊟ *State*: se utiliza para crear un estado.

- ● *Initial State*: se utiliza para crear el estado inicial.

- ◉ *Final State*: se utiliza para crear el estado final.

-)⊶ *Transition*: se utiliza para crear una transición.

- do/.. *Internal Transition*: se utiliza para crear eventos de acciones internas.

Empezaremos el diagrama creando los estados y las transiciones. Recordemos la sintaxis de una etiqueta de transición: ***Evento [Condición de guarda]/ Acción***. En *Modelio* para etiquetar las transiciones hemos de acceder a sus propiedades:

- ***Received event***: permite definir el evento que da origen a la transición.

- ***Guard***: expresión que se evalúa cuando se produce el evento. En el nombre de la transición se muestra lo indicado en este campo.

- ***Expression of the action***: expresión que indica la acción que se produce.

En la Figura 6.57 se muestran las propiedades para la transición del estado *ESPERANDO* al estado *INICIANDO*. Damos un nombre al evento en el campo ***Received event***, por ejemplo, *solicita*, en este campo se pueden seleccionar métodos de las clases que tengamos en el modelo. En el campo ***Guard*** escribimos la expresión que se mostrará en la transición, en el ejemplo *solicitaListado*. Por último la acción se indica en el campo ***Expression of the action***, en este caso se ha seleccionado la acción *listaidProductos()*, se puede escribir la expresión que queramos. En el ***Model Explorer*** podemos ver cómo queda la transición con su etiqueta completa.

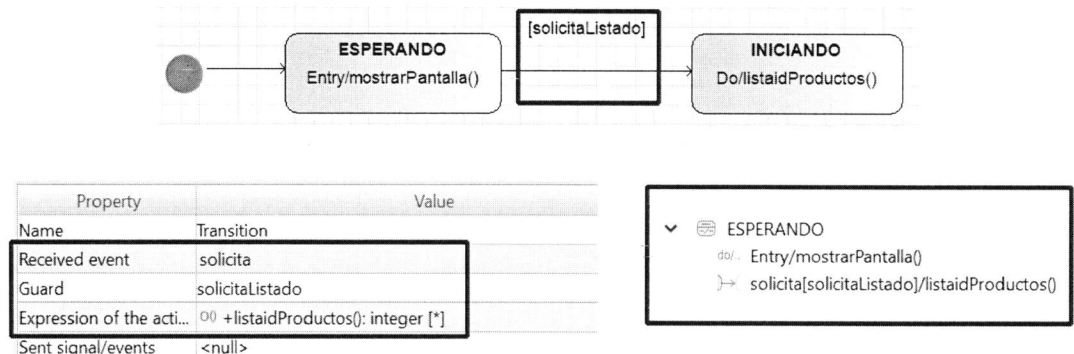

Figura 6.57. Propiedades de la transición en *Modelio*.

Para añadir las acciones hemos de pulsar en el elemento do/.. *Internal Transition* y a continuación hacer clic sobre el estado al que vamos a añadir la acción. Se pueden añadir las acciones que queramos.

Desde las propiedades hemos de configurar los campos *Guard* y *Expression of the action*. En el campo *Received event* se muestra *DO*, se pueden seleccionar las acciones *ENTRY* o *EXIT*. Si se necesita añadir una condición para que se realice la acción se rellena el campo *Guard*, si no es necesario se deja en blanco. En el campo *Expression of the action* podemos elegir algún método que tengamos en el modelo o ponemos directamente la acción. Véase Figura 6.58. Se muestran las propiedades de una de las acciones **entry/** para el estado *ESPERANDO* y **do/** para el estado *PROCESANDO*.

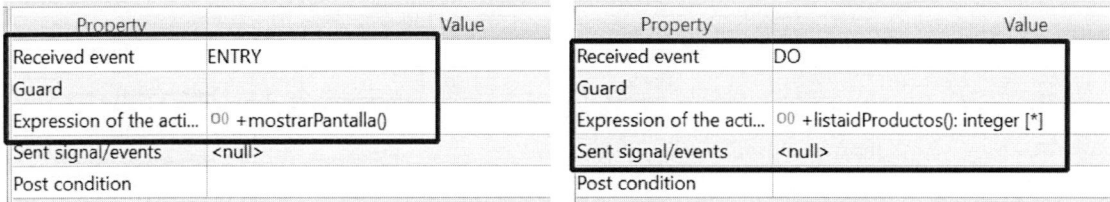

Figura 6.58. Propiedades de las acciones en *ENTRY* y *DO*.

El diagrama de estados y el *Model Explorer* con los elementos que forma parte del diagrama se muestra en la Figura 6.59. Se puede observar como las etiquetas de las transiciones se muestran completas en el *Model Explorer* y sólo el campo *Guard* en el diagrama.

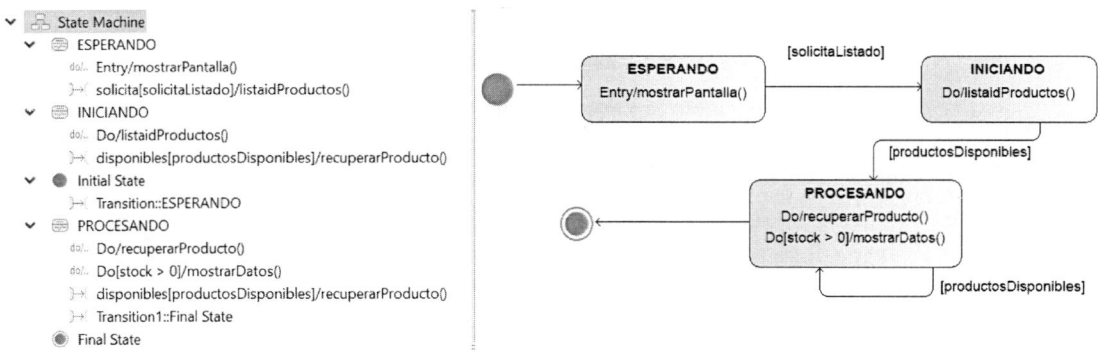

Figura 6.59. *Model Explorer* y dagrama de estados.

6.5. DIAGRAMA DE ACTIVIDAD

El diagrama de actividad es una variante del diagrama de estado. Muestra el flujo de control de las acciones que tienen lugar dentro de un caso de uso o dentro del comportamiento de un objeto. Podemos utilizarlo para definir el comportamiento de un método, el comportamiento de casos de uso, para definir estados complejos, modelar procesos de negocio o modelar la dinámica de un conjunto de objetos.

Los elementos básicos de un diagrama de actividad son los siguientes:

Símbolo	Función	Notación
Nodo inicial	Es el punto de partida del diagrama de actividad.	
Nodo final de actividad	Representa el término de la ejecución de las actividades de un diagrama. Puede haber 0 o más estados finales.	
Flujo de control	Se muestra como una flecha, determina la actividad que va a continuación de otra.	⟶
Actividad o acción	Se dibuja como una caja con las esquinas redondeadas con el nombre en su interior.	Nombre
Bifurcación o fusión	Se muestra como un rombo de decisión. La bifurcación puede tener un flujo de entrada y dos o más de salida. En cada flujo de salida se coloca una condición de guarda. En la fusión los caminos antes separados se pueden volver a juntar en un rombo con varias entradas y una salida. En este caso no hay condición de guarda en la entrada.	
División o unión	Se muestra mediante múltiples flechas saliendo o entrando en una barra gruesa de sincronización. La división representa la separación de un flujo de control sencillo en dos o más flujos de control concurrentes. Tienen una transición de entrada y dos o más de salida. La unión marca el fin del flujo de actividades concurrentes. Tienen dos o más transiciones de entrada y una de salida.	

Una **actividad** es una especificación de comportamiento que describe los pasos secuenciales y concurrentes de un procedimiento de cómputo. Los flujos de trabajo, algoritmos y el código de computadora son ejemplos de procedimiento que a menudo se modelan como actividades[3]. Un diagrama de actividad muestra la descomposición de una actividad en sus componentes.

Una **acción** es un nodo de actividad atómica, es decir el cómputo más pequeño que se puede expresar en UML. Una actividad es un conjunto de acciones que modelan un proceso; por ejemplo, *enjabonar, enjuagar* o *secar un coche* son acciones de la actividad "*Lavar un coche*".

La Figura 6.60 muestra un diagrama de actividad con una **bifurcación** y una **fusión**. Se observa que en la bifurcación se indica la condición y en la fusión no es necesario. A la derecha se muestra el correspondiente diagrama de actividad sin bifurcaciones ni fusiones.

---

[3] El lenguaje unificado de modelado. Manual de referencia. James Rumbaugh , Ed: Addison-Wesley, 2007.

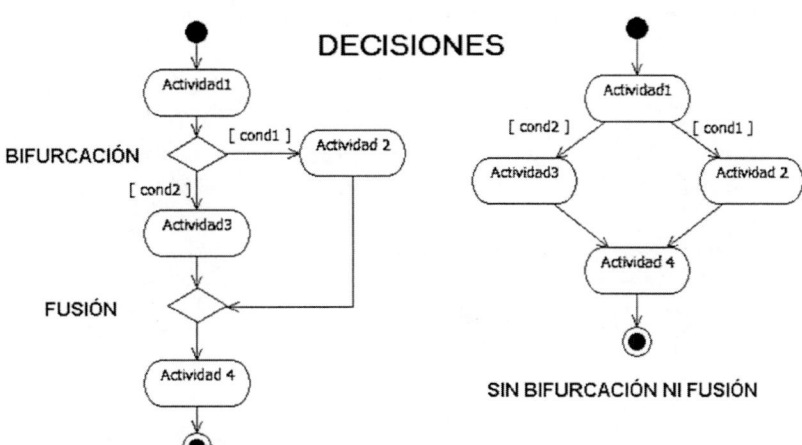

Figura 6.60. Bifurcación y fusión en diagramas de actividad.

La Figura 6.61 muestra un diagrama de actividad con una ***división*** y una ***unión***. En la división se ve como un flujo de control sencillo se divide en dos flujos de salida, que van a dos actividades diferentes. Las actividades 2 y 3 después de la división continúan en paralelo. La unión representa la sincronización de dos o más flujos de control concurrentes, el flujo de salida de la unión se dispara cuando han finalizado todos los flujos de entrada en la unión, es decir, cuando las actividades 2 y 3 han finalizado.

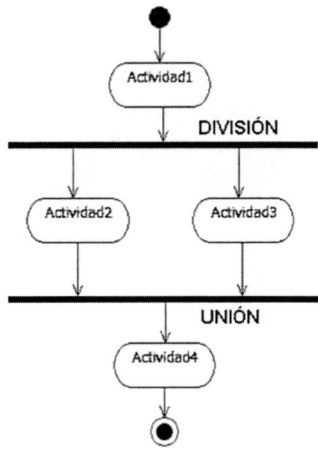

Figura 6.61. División y unión en diagramas de actividad.

Lo diagramas de actividad son los que menos se utilizan, son útiles para describir un comportamiento paralelo (por ejemplo, en aplicaciones multitarea), o para mostrar qué comportamientos interactúan entre varios casos de uso. Para mostrar como colaboran los objetos usamos el diagrama de interacción y para mostrar cómo cambia un objeto a lo largo de su vida se utiliza el diagrama de estado.

A continuación, se muestra el diagrama de actividad para el caso de uso del *Ejemplo 10* de *ComprarProductos*, Figura 6.62, se observa un gran parecido con los diagramas de flujo.

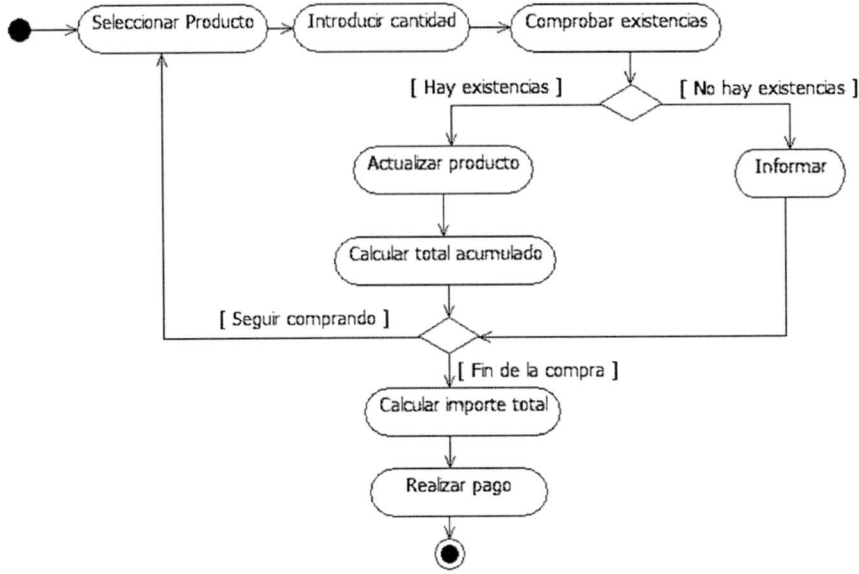

Figura 6.62. Diagrama de actividad para el caso de uso de *ComprarProductos*.

6.5.1. Elaboración de diagramas de actividad

A continuación, vamos a ver cómo construir un diagrama de actividad sencillo en *Modelio*. En la Figura 6.63 se muestra el diagrama de actividad para el caso de uso de *ComprarProductos*.

En este diagrama se observan dos particiones o **calles**, con los nombres de *Cliente* y *Sistema*. Existirán tantas particiones como actores participantes, más una adicional para el sistema. Cada una de las actividades se muestra en su partición correspondiente según las realice el sistema o un actor, así podemos ver quiénes son los responsables de las actividades. Cada calle tiene un nombre único dentro del diagrama. Para el ejemplo se ha usado la partición vertical, en la propiedad *Name* escribimos *Cliente* para una de las particiones y *Sistema* para la otra.

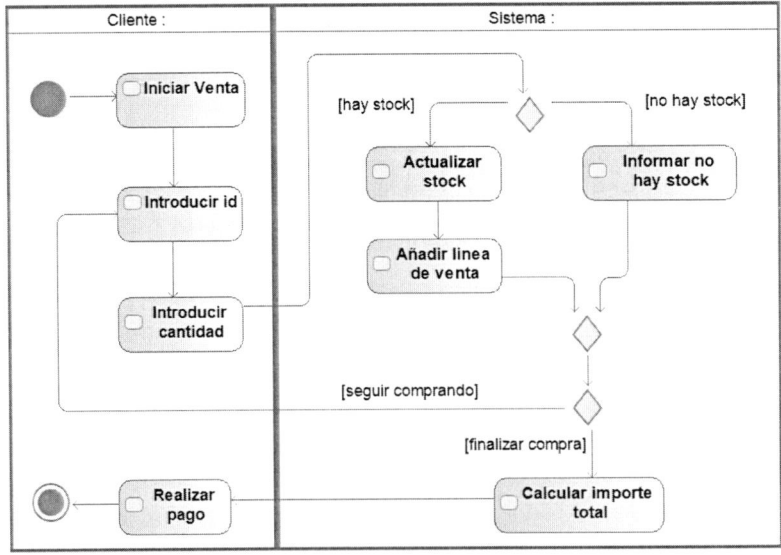

Figura 6.63. Diagrama de actividad en *Modelio*.

Desde el ***Model Explorer*** pulsamos con el botón derecho del ratón sobre la carpeta del proyecto, seleccionamos ***Create diagram/ Activity diagram*** 🖼 Activity diagram y le asignamos un nombre. Los elementos básicos para realizar un diagrama de actividades se muestran en la Figura 6.64. Se muestran varios grupos: ***Control nodes*** donde se encuentran los estados inicial y final, las acciones y las decisiones, ***Flows*** donde se encuentran los flujos de control y ***Partitions*** donde se encuentran las calles.

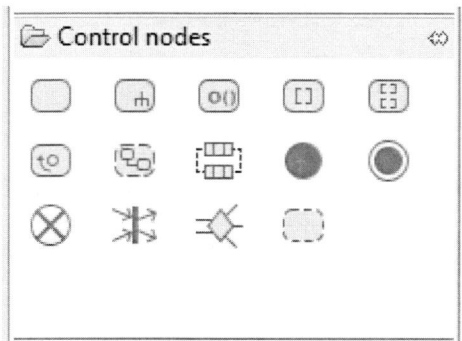
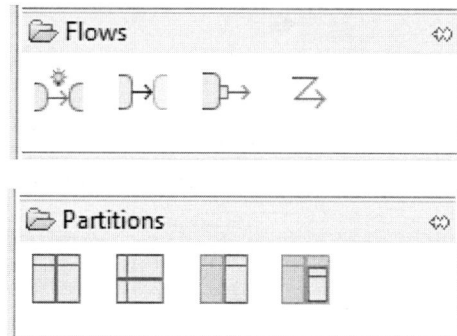

Figura 6.64. Elementos para el diagrama de actividad en *Modelio.*

Para añadir el elemento al diagrama pulsamos sobre él y luego en el diagrama en el lugar donde queremos situarlo. Los elementos básicos son los siguientes:

- ⬤ *Initial Node*: se utiliza para crear el nodo inicial del diagrama.

- ◉ *Activity Final Node*: se utiliza para crear el nodo final.

-]•{ *Control Flow*: se utiliza para crear el flujo de control entre las actividades.

- ⬜ *Action*: para crear un nodo de actividad en el diagrama.

- ◇ *Decision-Merge:* se utiliza para representar la bifurcación y fusión. La decisión especifica caminos alternativos, elegidos según el valor de alguna expresión booleana. La fusión (*merge*) se utiliza para crear la fusión de caminos separados, redirigen varios flujos de entrada en un único flujo de salida. Para representar fusión se necesitan dos símbolos.

- ⚡*Fork/Join*: se utiliza para representar la división y la unión.

- ▯ *Vertical Partitions*: crea una partición vertical. Las particiones son **carriles o calles** para ver quiénes son los responsables de realizar las distintas actividades. Pueden ser horizontales o verticales

- ▤ *Horizontal Partitions*: crea una partición horizontal.

- ▥ *Sibling Partition*: añade una partición.

- ▤ *Sub-Partitions*: añade una subpartición.

Para empezar del diagrama pulsamos sobre el elemento *Vertical Partitions* y marcamos en el área de edición lo que ocupará la partición. Los elementos los vamos añadiendo a cada partición. Para representar la fusión (dos caminos se juntan en un rombo), usaremos dos rombos. En la Figura 6.65 se muestra el *Model Explorer* para los elementos del diagrama. Se muestran también las propiedades asociadas al flujo de control que sale de la primera decisión y que se dirige a la actividad de *Informar no hay stock*, en la propiedad **Guard** escribimos la condición asociada, en este caso *no hay stock*.

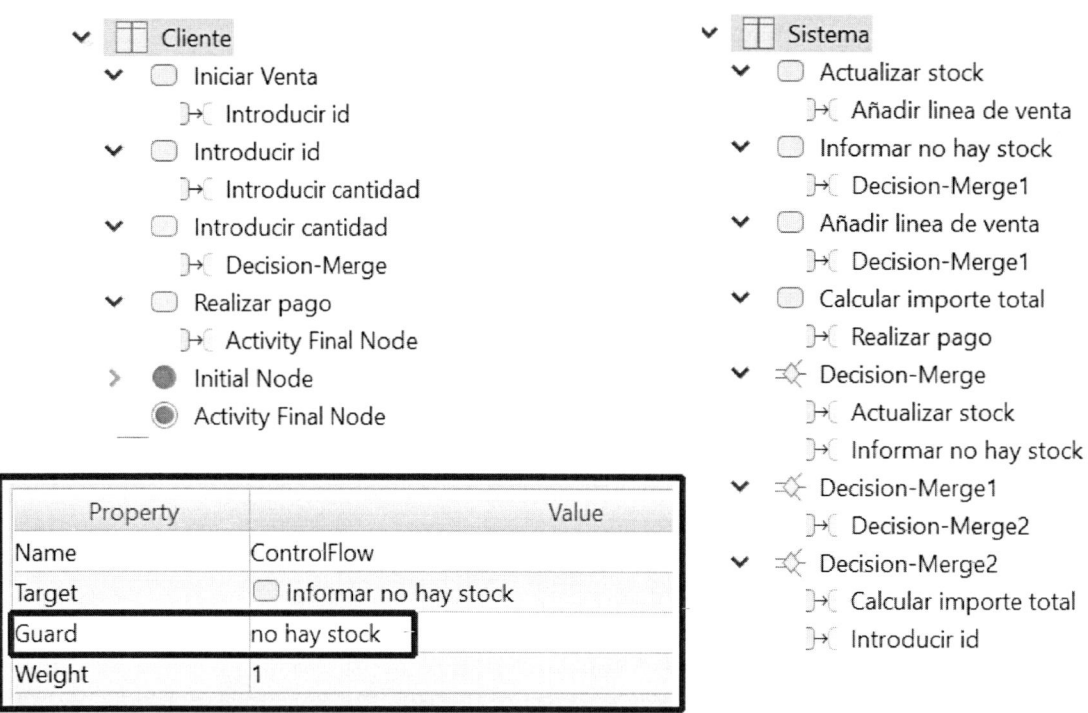

Figura 6.65. Model Explorer del diagrama de actividad.

COMPRUEBA TU APRENDIZAJE

1. Construye el diagrama de casos de uso para el siguiente enunciado: en una oficina se lleva a cabo la gestión de proyectos. La única persona que controla los proyectos es el administrador, cuyas funciones son las siguientes:

   - Puede agregar, eliminar y actualizar un proyecto, pero para eliminar y actualizar es necesario encontrar el proyecto en cuestión.

   - A la hora de actualizar un proyecto se pueden dar dos situaciones: cambiar la información sobre las tareas del proyecto o cambiar los recursos asociados al proyecto.

   - Para informar a todos los miembros del equipo sobre los avances en el proyecto se envía un documento por e-mail.

   Utiliza las relaciones **«include»**, **«extend»** y de generalización que consideres.

2. Escribe un diagrama de casos de uso para modelar la interacción de un cliente y un empleado de un banco con un cajero automático. No utilices relaciones **«extend»** e **«include»**. Las especificaciones son las siguientes:

   - El cajero automático lo puede utilizar el cliente del banco y el empleado de la sucursal.

   - El cliente debe identificarse en el cajero antes de realizar cualquier operación

   - El cliente puede cambiar el pin, sacar dinero, consultar el saldo y consultar los últimos movimientos.

   - El empleado utiliza el cajero únicamente para reponer dinero.

3. Realiza una segunda aproximación del diagrama del ejercicio 2 considerando la relación **«extend»**.

4. Realiza una tercera aproximación del diagrama del ejercicio 2 considerando la relación **«include»**.

5. Realiza la descripción del caso de uso de sacar dinero del ejercicio 2. La situación que vive el cliente al retirar el dinero es la siguiente: el cliente se acerca al cajero automático de su banco, introduce la tarjeta, escribe el pin, solicita retirar dinero y escribe la cantidad a retirar. El cajero le entrega el dinero solicitado siempre y cuando la operación se pueda realizar. Por último, el cliente retira la tarjeta y se va. No incluyas alternativas.

6. Completa la descripción del caso de uso anterior incluyendo las siguientes alternativas: PIN incorrecto para la tarjeta, PIN introducido de forma incorrecta durante 3 veces consecutivas y la cantidad solicitada supera el saldo.

7. Realiza un diagrama de actividad para el caso de uso de sacar dinero del cajero automático.

8. Disponemos de las siguientes clases Java incluidas en el paquete con nombre *Datos*:

```java
package Datos;

public class Puerta {
   private double alto;
   private double ancho;

   public Puerta(double alto,
         double ancho) {
      this.alto = alto;
      this.ancho = ancho;
   }
   public double getAlto() {
      return alto;
   }
   public void setAlto(double alto) {
      this.alto = alto;
   }
   public double getAncho() {
      return ancho;
   }
   public void setAncho(double ancho)
{
      this.ancho = ancho;
   }
}
```

```java
package Datos;

public class Ventana {
   private double alto;
   private double ancho;

   public Ventana(double alto,
         double ancho) {
      this.alto = alto;
      this.ancho = ancho;
   }
   public double getAlto() {
      return alto;
   }
   public void setAlto(double alto) {
      this.alto = alto;
   }
   public double getAncho() {
      return ancho;
   }
   public void setAncho(double ancho) {
      this.ancho = ancho;
   }
}
```

```java
package Datos;

public class Habitacion {
   Puerta puerta;
   Ventana ventana;
   double metros;

   public Habitacion(double metros) {
      this.metros = metros;
   }
   public      void      setPuerta(Puerta
puerta)
   {    this.puerta = puerta;
   }
   public Ventana getVentana() {
      return ventana;
   }
   public void
      setVentana(Ventana ventana) {
      this.ventana = ventana;
   }
   public double getMetros() {
      return metros;
   }
   public      void      setMetros(double
metros)
   {  this.metros = metros;
   }
}
```

```java
package Datos;

public class Casa {
   int numhabit;//num de habitaciones
   Habitacion [] habitaciones;
   int n; //para llenar el array

   public Casa(int numhabit) {
      this.numhabit=numhabit;
      habitaciones =
         new Habitacion[numhabit];
      n=0;
   }

   public void addHabitacion
      (Habitacion h){
      habitaciones[n] = h;
      n++;
   }

   public Habitacion[] getHabitaciones()
   {
      return habitaciones;
   }
}
```

Se pide realizar el diagrama de secuencia para la operación *main()* de la clase *ConstruirCasa1*:

```
package Proceso;
import Datos.*;

public class ConstruirCasa1 {
  public static void main(String[] args) {
      Casa casa = new Casa(1); //casa con una habitación
      Habitacion h = new Habitacion(15); //15 metros
      Puerta p = new Puerta(2.10, 1); // alto 2.10, ancho 1

      h.setPuerta(p);
      Ventana v = new Ventana(1.60, 1.20);// //alto 1.60 ancho 1,20
      h.setVentana(v);

      casa.addHabitacion(h); //añadir habitación a la casa

      Habitacion hab[] = casa.getHabitaciones();
      System.out.println("Número de Habitaciones:" + hab.length);
  }
}
```

9. Construye el diagrama de secuencia para la operación *main()* de la clase *ConstruirCasa2*:

```
package Proceso;
import Datos.*;

public class ConstruirCasa2 {
  public static void main(String[] args) {
      Casa casa = new Casa(1); //casa con una habitación
      boolean conventana = true;
      Habitacion h = new Habitacion(15);
      Puerta p = new Puerta(2.10, 1); // alto 2.10, ancho 1
      h.setPuerta(p);

      if (conventana) {
          Ventana v = new Ventana(1.60, 1.20);// alto 1.60 ancho 1.20
          h.setVentana(v);
      }

      casa.addHabitacion(h); //añadir habitación a la casa

      Habitacion hab[] = casa.getHabitaciones();
      System.out.println("Número de Habitaciones:"+ hab.length);
  }
}
```

10. Construye el diagrama de secuencia para la operación *main()* de la clase *ConstruirCasa3*:

```
package Proceso;
import Datos.*;

public class ConstruirCasa3 {
  public static void main(String[] args) {
      //Crear una casa con 4 habitaciones
      Casa casa = new Casa(4);
      boolean conventana = true;
```

```
    for (int i = 0; i < 4; i++) {
        Habitacion h = new Habitacion(15);
        Puerta p = new Puerta(2.10, 1); // alto 2.10, ancho 1
        h.setPuerta(p);

        if (conventana) {
            Ventana v = new Ventana(1.60, 1.20);
            h.setVentana(v);
        }
        casa.addHabitacion(h);
    }
    Habitacion hab[] = casa.getHabitaciones();
    System.out.println("Número de habitaciones:" + hab.length);
  }
}
```

11. Crea el diagrama de colaboración de los diagramas de secuencia creados anteriormente.

12. La Figura 6.66 muestra un diagrama de secuencia de una aplicación Java en la que un usuario se identifica ante el sistema. Construye a partir de este diagrama las clases y métodos que intervienen en la aplicación:

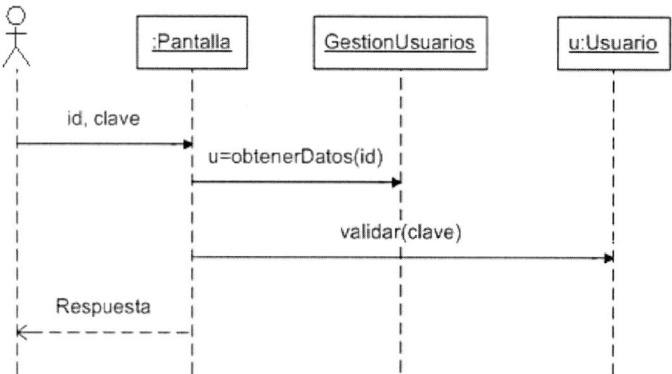

Figura 6.66. Diagrama de secuencia del Ejercicio 12.

13. Realiza el diagrama de casos de uso para una empresa de Radiotaxis que ha solicitado el desarrollo de un sistema que le apoye en sus procesos clave. Hay tres tipos de usuarios: administrativos, choferes, y el gerente. Los requerimientos son los siguientes:

Los administrativos de la empresa de Radiotaxis podrán:

- Dar de alta nuevos clientes.

- Dar de alta reservas de viajes indicando el cliente, el chofer solicitado, la dirección de origen, de destino y la fecha y hora de salida. Será necesario consultar los datos del chofer solicitado para comprobar si esta disponible. Si al dar de alta una reserva, el cliente no existe en el sistema se podrá dar de alta directamente. Desde aquí también se podrá confirmar la reserva que se está dando de alta.

- Confirmar y cancelar las reservas ya dadas de alta.

Los choferes podrán consultar las reservas que tienen asignadas para el día de la fecha.

El gerente podrá dar de alta nuevos choferes al sistema y liquidar las comisiones de los choferes mensualmente, para ello se necesita consultar la información del chofer.

14. Realiza la descripción del caso de uso de dar de alta reservas de viajes. Considera los pasos que lleva a cabo el administrativo para dar de alta las reservas. Ten en cuenta varias alternativas: si el cliente no existe se puede dar de alta, chofer no disponible o inexistente, datos incorrectos, etc.

15. Realiza un diagrama de estado para un torno de metro. La situación es la siguiente: inicialmente el torno está bloqueado. Si el usuario introduce el ticket el torno se desbloquea para que pase, una vez que el usuario ha pasado el torno vuelve al estado de bloqueado. Si el usuario intenta pasar con el torno bloqueado se emite una alarma.

16. Realiza un diagrama de estado para un reproductor de mp3. La situación es la siguiente: inicialmente el reproductor está parado. Si se pulsa el botón play empieza a reproducir música, en estado pasa a parado si terminan las canciones o si se pulsa el botón de stop. Si se pulsa el botón pausa, y el reproductor está sonando entonces cambia de estado; de este estado se sale cuando se pulsa el botón stop o el botón play.

17. Se desea cambiar la hora y los minutos de un reloj digital. Para ello el reloj dispone de los botones A y B. Inicialmente el reloj muestra la hora y los minutos. Si pulso el botón A la hora parpadea, en esta situación si pulso el botón B se cambia la hora. Si pulso A de nuevo los minutos parpadean, en esta situación si pulso el botón B se cambian los minutos. Por último, si pulso el botón A la hora se muestra sin parpadear. Realiza el diagrama de estados para este reloj.

18. ¿Cuál de las siguientes afirmaciones sobre los diagramas de estados es correcta?:
   a) Son adecuados para describir el comportamiento de varios objetos en un mismo caso de uso.
   b) Son adecuados para describir el comportamiento de un objeto.
   c) Son adecuados para mostrar la secuencia general de acciones de varios objetos y casos de uso.

19. ¿Cuál de las siguientes afirmaciones sobre los diagramas de interacción es correcta?:
   a) Son adecuados para describir el comportamiento de varios objetos en un mismo caso de uso.
   b) Son adecuados para describir el comportamiento de un objeto.
   c) Son adecuados para mostrar la secuencia general de acciones de varios objetos y casos de uso.

20. ¿Cuál de las siguientes afirmaciones sobre los diagramas de actividad es correcta?:
   a) Son adecuados para describir el comportamiento de varios objetos en un mismo caso de uso.
   b) Son adecuados para describir el comportamiento de un objeto.
   c) Son adecuados para mostrar la secuencia general de acciones de varios objetos y casos de uso.

ACTIVIDADES DE AMPLIACIÓN

1. Se desea representar el diagrama de casos de uso del funcionamiento de una empresa agrícola dedicada a la siembra de cereales. En la empresa las funciones del personal son las siguientes:

   - El obrero se encarga de preparar el terreno para la siembra, sembrar, controlar la cosecha, recolectar la cosecha y enviarla al almacén.

   - El encargado se encarga de solicitar material para la siembra. Puede haber tres tipos de solicitudes de material: solicitar semillas, solicitar abonos y solicitar maquinaria agrícola.

   - Preparar el terreno para la siembra incluye también solicitar material para la siembra, siempre que se necesite.

   - El encargado también se encarga de enviar el informe de plagas, para ello es necesario controlar la cosecha.

2. En una gestión de almacén el Jefe de Marketing es el encargado de actualizar el catálogo de los productos que se venden en el almacén. La actualización consistirá en mantener los productos borrando o añadiendo nuevos. También puede para un producto determinado modificar sus características como el nombre, precio, etc. El proceso que hace es el siguiente:

   - La aplicación mostrará una pantalla en la que se puede ver la lista del catálogo actual. Desde esa pantalla se podrá seleccionar la operación a realizar añadir, borrar o modificar.

   - Si se pulsa a añadir se mostrará la ventana de inserción de datos, para teclear la descripción, el precio, el código, también el proveedor. El proveedor se puede elegir de una lista o se puede añadir un nuevo proveedor. En este caso se mostrará una nueva ventana para teclear sus datos y añadirlo a la base de datos. Finalmente, el producto se añadirá a la base de datos.

   - Si se ha elegido borrar el producto, se selecciona del catálogo, se consulta si tiene pedidos y si no está en ningún pedido se borra del catálogo.

   - Si se ha elegido modificar el producto, se mostrará la ventana con los datos del producto para modificarlos, se teclean los datos y se modifica.

   Realiza la descripción del caso de uso ACTUALIZAR CATÁLOGO.

3. Realiza el diagrama de secuencia del caso de uso ACTUALIZAR CATÁLOGO del ejercicio anterior. Considera las siguientes líneas de vida: Jefe de Marketing, Ventana, Producto y Proveedor. Añadir fragmentos combinados.

BIBLIOGRAFÍA

Ingeniería del Software. Un enfoque práctico. Roger S Pressman, 2001; Mc Graw Hill, España. ISBN: 84-481-3214-9.

Análisis y diseño detallado de Aplicaciones Informáticas de Gestión. Mario G. Piattini, Jose A. Calvo-Manzano, Joaquín Cervera Bravo, y Luis Fernández Sanz. Rama. ISBN 84-7897-233-1.

Análisis y diseño detallado de Aplicaciones Informáticas de Gestión. Sara Mª García Blanco, Enrique Morales Ramos. Paraninfo. ISBN: 8497322304.

Compiladores, principios, técnicas y herramientas. Alfred V. Aho, Ravi Sethi, Murray Hill, Jeffrey D. Ullman. Pearson Addison Wesley. ISBN: 9789702611332.

Montaje y mantenimiento de equipos. Alicia Ramos, Mª Jesús Ramos, Santiago Viñas. McGraw-Hill. ISBN: 978-84-481-8036-2. Edición 2009.

El lenguaje unificado de modelado. Manual de referencia (2ª ED). Rumbaugh, Jacobson y Booch. Addison-Wesley, 2007. ISBN 9788478290871

UML gota a gota. Martin Fowler; Kendall Scott, Alhambra Mexicana, S.A., 1999. ISBN 9789684443648.

UML para programadores Java. Martin, Rober C. Alhambra Longman S.A. ISBN: 978-84-205-4109-9

UML 2: Iniciación, ejemplos y ejercicios corregidos. Laurent Debrauwer, Fien Van Der Heyde. Ediciones ENI.

Programación UML. Howard Podeswa, Anaya Multimedia. ISBN 9788441527195.

UML 2 (Programación). Jim Arlow, Lla Neustadt. Anaya Multimedia. ISBN 9788441520332.

Programación orientada a objetos. 2ª Ed. Prentice-Hall, 1998. Joyanes, L. ISBN: 8448105907

The Unified Modeling Language, http://www.uml-diagrams.org/

http://www.literateprogramming.com/documentation.pdf

http://alarcos.esi.uclm.es/per/fruiz/curs/mso/comple/IEEE1219.pdf

http://temariotic.wikidot.com/lenguajes-de-programacion

http://www.revista.unam.mx/vol.1/num2/art4/index.html

Eclipse marketplace: https://marketplace.eclipse.org/

JUnit 5: https://junit.org/junit5/docs/current/user-guide/

    https://junit.org/junit5/docs/current/api/

Repositorio Maven: https://mvnrepository.com/

Python: https://www.python.org/

Apache Friends: https://www.apachefriends.org/

    https://www.apachefriends.org/download.html

phpMyAdmin: https://www.phpmyadmin.net/

    https://es.wikipedia.org/wiki/Eclipse_(software)

Open JDK: https://openjdk.org/projects/jdk/

Versiones Java: https://en.wikipedia.org/wiki/Java_version_history

Modelio: https://www.modelio.org/

    https://github.com/ModelioOpenSource/Modelio/releases

    https://github.com/ModelioOpenSource/Modelio/releases/tag/v5.4.1

    https://github.com/ModelioOpenSource/Modelio/releases/tag/v4.1.0

GIT: https://docs.github.com/es/get-started/start-your-journey/hello-world

    https://git-scm.com/

    https://git-scm.com/doc

    https://gitforwindows.org/

    https://docs.github.com/es/get-started/getting-started-with-git/ignoring-files

Refactorización: http://es.wikibooks.org/wiki/Refactorización/Definición

    https://refactoring.guru/es/refactoring

Analizadores de código: https://docs.pmd-code.org/latest/

    https://www.mstsolutions.com/technical/programming-mistake-detector-pmd/

    https://es.wikipedia.org/wiki/PMD_(software)

Integración Continua: https://www.atlassian.com/es/continuous-delivery/continuous-integration

    https://azure.microsoft.com/es-es/resources/cloud-computing-dictionary/what-is-devops

    https://www.jenkins.io/doc/book/

    https://www.jenkins.io/doc/book/installing/windows/